# 丛书编委会

**主　编**

陈国青　教　授　清华大学

张　维　教　授　天津大学

**编　委**（按姓氏拼音排序）

陈　峰　教　授　南京医科大学

陈晓红　教　授　中南大学/湖南工商大学

程学旗　研究员　中国科学院计算技术研究所

郭建华　教　授　东北师范大学

黄　伟　教　授　南方科技大学

黄丽华　教　授　复旦大学

金　力　教　授　复旦大学

李立明　教　授　北京大学

李一军　教　授　哈尔滨工业大学

毛基业　教　授　中国人民大学

卫　强　教　授　清华大学

吴俊杰　教　授　北京航空航天大学

印　鉴　教　授　中山大学

曾大军　研究员　中国科学院自动化研究所

# 总　　序

互联网、物联网、移动通信等技术与现代经济社会的深度融合让我们积累了海量的大数据资源，而云计算、人工智能等技术的突飞猛进则使我们运用掌控大数据的能力显著提升。现如今，大数据已然成为与资本、劳动和自然资源并列的全新生产要素，在公共服务、智慧医疗健康、新零售、智能制造、金融等众多领域得到了广泛的应用，从国家的战略决策，到企业的经营决策，再到个人的生活决策，无不因此而发生着深刻的改变。

世界各国已然认识到大数据所蕴含的巨大社会价值和产业发展空间。比如，联合国发布了《大数据促发展：挑战与机遇》白皮书；美国启动了"大数据研究和发展计划"并与英国、德国、芬兰及澳大利亚联合推出了"世界大数据周"活动；日本发布了新信息与通信技术研究计划，重点关注"大数据应用"。我国也对大数据尤为重视，提出了"国家大数据战略"，先后出台了《"十四五"大数据产业发展规划》《"十四五"数字经济发展规划》《中共中央　国务院关于构建数据基础制度更好发挥数据要素作用的意见》《企业数据资源相关会计处理暂行规定（征求意见稿）》《中华人民共和国数据安全法》《中华人民共和国个人信息保护法》等相关政策法规，并于2023年组建了国家数据局，以推动大数据在各项社会经济事业中发挥基础性的作用。

在当今这个前所未有的大数据时代，人类创造和利用信息，进而产生和管理知识的方式与范围均获得了拓展延伸，各种社会经济管理活动大多呈现高频实时、深度定制化、全周期沉浸式交互、跨界整合、多主体决策分散等特性，并可以得到多种颗粒度观测的数据；由此，我们可以通过粒度缩放的方式，观测到现实世界在不同层级上涌现出来的现象和特征。这些都呼唤着新的与之相匹配的管理决策范式、理论、模型与方法，需有机结合信息科学和管理科学的研究思路，以厘清不同能动微观主体（包括自然人和智能体）之间交互的复杂性、应对由数据冗余与缺失并存所带来的决策风险；需要根据真实管理需求和场景，从不断生成的大数据中挖掘信息、提炼观点、形成新知识，最终充分实现大数据要素资源的经济和社会价值。

在此背景下，各个科学领域对大数据的学术研究已经成为全球学术发展的热点。比如，早在2008年和2011年，*Nature*（《自然》）与*Science*（《科学》）杂志分别出版了大数据专刊 *Big Data: Science in the Petabyte Era*（《大数据：PB（级）时代的科学》）和 *Dealing with Data*（《数据处理》），探讨了大数据技术应用及其前景。由于在人口规模、经济体量、互联网/物联网/移动通信技术及实践模式等方面的鲜明特色，我国在大数据理论和技术、大数据相关管理理论方法等领域研究方面形成了独特的全球优势。

鉴于大数据研究和应用的重要国家战略地位及其跨学科多领域的交叉特点，国家自然科学基金委员会组织国内外管理和经济科学、信息科学、数学、医学等多个学科的专家，历经两年的反复论证，于 2015 年启动了"大数据驱动的管理与决策研究"重大研究计划（简称大数据重大研究计划）。这一研究计划由管理科学部牵头，联合信息科学部、数学物理科学部和医学科学部合作进行研究。大数据重大研究计划主要包括四部分研究内容，分别是：①大数据驱动的管理决策理论范式，即针对大数据环境下的行为主体与复杂系统建模、管理决策范式转变机理与规律、"全景"式管理决策范式与理论开展研究；②管理决策大数据分析方法与支撑技术，即针对大数据数理分析方法与统计技术、大数据分析与挖掘算法、非结构化数据处理与异构数据的融合分析开展研究；③大数据资源治理机制与管理，即针对大数据的标准化与质量评估、大数据资源的共享机制、大数据权属与隐私开展研究；④管理决策大数据价值分析与发现，即针对个性化价值挖掘、社会化价值创造和领域导向的大数据赋能与价值开发开展研究。大数据重大研究计划重点瞄准管理决策范式转型机理与理论、大数据资源协同管理与治理机制设计以及领域导向的大数据价值发现理论与方法三大关键科学问题。在强调管理决策问题导向、强调大数据特征以及强调动态凝练迭代思路的指引下，大数据重大研究计划在 2015～2023 年部署了培育、重点支持、集成等各类项目共 145 项，以具有统一目标的项目集群形式进行科研攻关，成为我国大数据管理决策研究的重要力量。

从顶层设计和方向性指导的角度出发，大数据重大研究计划凝练形成了一个大数据管理决策研究的框架体系——全景式 PAGE 框架。这一框架体系由大数据问题特征（即粒度缩放、跨界关联、全局视图三个特征）、PAGE 内核 [即理论范式（paradigm）、分析技术（analytics）、资源治理（governance）及使能创新（enabling）四个研究方向] 以及典型领域情境（即针对具体领域场景进行集成升华）构成。

依托此框架的指引，参与大数据重大研究计划的科学家不断攻坚克难，在 PAGE 方向上进行了卓有成效的学术创新活动，产生了一系列重要成果。这些成果包括一大批领域顶尖学术成果 [如 *Nature*、PNAS（*Proceedings of the National Academy of Sciences of the United States of America*，《美国国家科学院院刊》）、*Nature/Science/Cell*（《细胞》）子刊，经管/统计/医学/信息等领域顶刊论文，等等] 和一大批国家级行业与政策影响成果（如大型企业应用与示范、国家级政策批示和采纳、国际/国家标准与专利等）。这些成果不但取得了重要的理论方法创新，

也构建了商务、金融、医疗、公共管理等领域集成平台和应用示范系统，彰显出重要的学术和实践影响力。比如，在管理理论研究范式创新（P）方向，会计和财务管理学科的管理学者利用大数据（及其分析技术）提供的条件，发展了被埋没百余年的会计理论思想，进而提出"第四张报表"的形式化方法和系统工具来作为对于企业价值与状态的更全面的、准确的描述（测度），并将成果运用于典型企业，形成了相关标准；在物流管理学科的相关研究中，放宽了统一配送速度和固定需求分布的假设；在组织管理学科的典型工作中，将经典的问题拓展到人机共生及协同决策的情境；等等。又比如，在大数据分析技术突破（A）方向，相关管理科学家提出或改进了缺失数据完备化、分布式统计推断等新的理论和方法；融合管理领域知识，形成了大数据降维、稀疏或微弱信号识别、多模态数据融合、可解释性人工智能算法等一系列创新的方法和算法。再比如，在大数据资源治理（G）方向，创新性地构建了综合的数据治理、共享和评估新体系，推动了大数据相关国际/国家标准和规范的建立，提出了大数据流通交易及其市场建设的相关基本概念和理论，等等。还比如，在大数据使能的管理创新（E）方向，形成了大数据驱动的传染病高危行为新型预警模型，并用于形成公共政策干预最优策略的设计；充分利用中国电子商务大数据的优势，设计开发出综合性商品全景知识图谱，并在国内大型头部电子商务平台得到有效应用；利用监管监测平台和真实金融市场的实时信息发展出新的金融风险理论，并由此建立起新型金融风险动态管理技术系统。在大数据时代背景下，大数据重大研究计划凭借这些科学知识的创新及其实践应用过程，显著地促进了中国管理科学学科的跃迁式发展，推动了中国"大数据管理与应用"新本科专业的诞生和发展，培养了一大批跨学科交叉型高端学术领军人才和团队，并形成了国家在大数据领域重大管理决策方面的若干高端智库。

展望未来，新一代人工智能技术正在加速渗透于各行各业，催生出一批新业态、新模式，展现出一个全新的世界。大数据重大研究计划迄今为止所进行的相关研究，其意义不仅在于揭示了大数据驱动下已经形成的管理决策新机制、开发了针对管理决策问题的大数据处理技术与分析方法，更重要的是，这些工作和成果也将可以为在数智化新跃迁背景下探索人工智能驱动的管理活动和决策制定之规律提供有益的科学借鉴。

为了进一步呈现大数据重大研究计划的社会和学术影响力，进一步将在项目研究过程中涌现出的卓越学术成果分享给更多的科研工作者、大数据行业专家以及对大数据管理决策感兴趣的公众，在国家自然科学基金委员会管理科学部的领导下，在众多相关领域学者的鼎力支持和辛勤付出下，在科学出版社的大力支持下，大数据重大研究计划指导专家组决定以系列丛书的形式将部分研究成果出版，其中包括在大数据重大研究计划整体设计框架以及项目管理计划内开展的重点项目群的部分成果。希望此举不仅能为未来大数据管理决策的更深入研究与探讨奠定学术基础，还能促进这些研究成果在管理实践中得到更广泛的应用、发挥更深远的学术和社会影响力。

　　未来已来。在大数据和人工智能快速演进所催生的人类经济与社会发展奇点上，中国的管理科学家必将与全球同仁一道，用卓越的智慧和贡献洞悉新的管理规律和决策模式，造福人类。

　　是为序。

国家自然科学基金"大数据驱动的管理与决策研究"

重大研究计划指导专家组

2023 年 11 月

# 前　言

随着信息技术的快速发展，尤其是大数据技术的兴起和应用，我们已经迈入了一个全新的数字化时代。这一时代的特征是信息快速流通和知识广泛传播，给各行各业，尤其是给公共管理领域带来了前所未有的挑战和机遇。公共管理作为社会治理的重要组成部分，其目的在于通过高效、科学的管理方法，提升公共服务的质量，保障和促进社会的和谐稳定。在大数据背景下，如何有效集成和利用海量的数据资源，已成为推动公共管理现代化的关键。中国作为世界上最大的发展中国家，近年来经济社会快速发展，公共管理领域面临的任务和挑战日益增多，特别是在公共安全、生态环境、交通运输等重要领域，亟须通过科学的数据分析和决策支持，提高治理能力和效率。然而，长期以来，由于数据资源分散、信息孤岛现象严重、数据利用效率低下，公共管理的数据资源并没有得到充分的利用，这在一定程度上限制了公共服务和社会治理水平的提升。

本书正是基于这样的背景和需求而著。它集中反映了国家自然科学基金重大研究计划集成项目"大数据驱动的公共管理决策创新模式与集成示范平台"的最新研究成果。本书涵盖了公共管理大数据治理、分析、预测、决策以及集成平台构建的理论和方法，探讨了集成平台的关键技术，并通过在公共安全、生态环境和交通运输等领域的应用示范，展示了大数据技术在公共管理领域的实践应用和显著效益。本书的研究成果不仅有助于突破传统公共管理方法在数字经济时代的局限，为公共管理领域的研究和实践提供新的理论支撑和方法工具，而且对于推动中国公共管理平台的智能化、科学化发展，提升社会治理水平和效率，具有重要的现实意义和长远的战略价值。

全书共十章，系统性地介绍了公共管理大数据集成平台的理论基础、技术路径、应用实践和未来发展趋势，不仅为公共管理领域的研究者和实践者提供了宝贵的参考资料，也为高等院校相关专业的教学和研究提供了丰富的教材资源。

第 1 章：深入剖析我国公共管理大数据治理的现状与挑战，详细阐述当前公共管理大数据治理体系，为全书的研究设定基础框架。

第 2 章：详细阐述了公共管理大数据集成平台的理论基础，包括公共管理大数据关联挖掘技术、公共管理大数据预测算法、公共管理大数据异常监测预警模型以及公共管理大数据驱动的虚拟仿真技术，构建了公共管理大数据处理的整体理论模型。

第 3 章：阐述公共管理大数据决策理论，包括决策范式、不确定性问题决策方法与模型及多目标多主体协同的智能决策模型等，强调智能决策在提高公共管理效率中的重要性。

第 4 章：讨论公共管理大数据质量评价体系与评估模型，包含数据质量的评价指标和方法，以及如何利用数据质量评价驱动大数据集成，提升数据质量管理的有效性。

第 5 章：详述如何实现数据集成与协作共享，从技术与管理两个维度分析，提高数据的共享性和一致性，探讨数字安全和社会运行机制下的数据共享策略。

第 6 章：介绍大数据计算能力集成的架构和策略，解决计算资源的高效管理和利用问题，阐述如何通过集成提高大数据应用的性能与效率。

第 7 章：探索应用集成平台的构建与敏捷应用开发方法，通过微服务和服务编排技术，实现公共信息管理的快速响应和高效服务。

第 8 章：以公共安全为例，展示大数据集成平台在食品安全等公共安全领域的应用示例，突出大数据技术在提升公共安全管理能力中的作用。

第 9 章：聚焦生态环保，通过大气和水环境管理案例，展示大数据集成分析与应用在生态环保中的实践价值。

第 10 章：分析区域交通运输管理中的痛点难点，通过粤港澳大湾区等案例，展示大数据在提升交通运输效率和安全性方面的应用成效。

本书的特点主要体现在以下三方面。

（1）理论与实践相结合：不仅深入探讨了大数据在公共管理中的理论基础和方法论，还通过实际案例展示了这些理论和方法的应用成果。

（2）跨学科视角：融合信息科学、管理科学、公共政策等多个学科的理论和技术，为公共管理大数据集成平台的构建和应用提供了多角度的视野及解决方案。

（3）注重实用性：书中提供的建议和解决方案均基于实际问题和需求，旨在为政府部门和公共管理人员提供可操作的指导和工具。

本书的研究工作得到了国家自然科学基金重大研究计划集成项目"大数据驱动的公共管理决策创新模式与集成示范平台"（91846301）的支持，在此，作者对国家自然科学基金委员会及重大研究计划指导专家组表示衷心的感谢！

本书由陈晓红院士及翁文国教授、叶强教授、蒋洪强研究员、吕欣教授等撰写，其中第 1、4 章由清华大学翁文国教授、北京化工大学郭旦怀教授等撰写，第 2、3 章由国防科技大学吕欣教授等撰写，第 5、6、7 章由中南大学与湖南工商大学陈晓红院士等联合撰写，第 8 章由清华大学翁文国教授与国防科技大学吕欣教授等联合撰写，第 9 章由中南大学与湖南工商大学陈晓红院士、生态环境部环境规划院蒋洪强研究员等联合撰写，第 10 章由中国科学技术大学叶强教授等撰写。同时，在写书过程中，作者在自己已有成果的基础上参考了诸多同行的研究工作和成果，得到了科学出版社的支持、项目组老师与研究生的帮助，在此表示诚挚的感谢！

　　由于作者水平有限，书中不足之处在所难免，恳请广大读者批评指正。

作　者

2024 年 7 月

# 目　　录

第一篇　理论方法篇

第二篇　集成平台篇

第三篇　应用示范篇

第一篇

理论方法篇

# 第1章

## 公共管理大数据治理理论与机制

数据是数字经济时代最为关键的生产要素，是国家基础性战略资源，是 21 世纪的"石油"。当前，我国互联网、云计算、人工智能（AI）、物联网、第五代移动通信技术（fifth generation of mobile communications technology，5G）等新技术迭代迅猛，工业互联网、无人驾驶、智慧物流、类脑智能、量子通信等新业态层出不穷，数字化园区、数字政府和智慧城市建设蓬勃发展，使得数据爆发式增长、海量聚集。2024 年 6 月发布的《数字中国发展报告（2023 年）》显示，2023 年我国数据生产总量达 32.85ZB，同比增长 22.44%。数字经济核心产业增加值占 GDP 的比重为 10%左右[1]。我国已经进入大数据时代，在社交、电商、金融、电信、医疗、教育、环境、气象、交通、政务等行业产生海量数据，如何将海量数据应用于社会治理、国家管理、优化决策、产品创新、提升服务？如何充分挖掘和有效利用大数据以促进数字经济发展、改变社会生活方式和提升国家治理能力？这些问题催生了公共管理大数据治理。

## 1.1 大数据治理相关概念

"大数据"作为一种治理理念和技术革新，其由计算机领域发端，之后逐渐渗透到各个行业和职能领域。"大数据"这一词汇最早于 1998 年由美国硅图公司（Silicon Graphics）首席科学家约翰·马西（John Mashey）在一个国际会议报告中提出。2012 年，牛津大学教授维克托·迈尔-舍恩伯格（Viktor Mayer-Schönberger）在其畅销著作《大数据时代：生活、工作与思维的大变革》中指出，大数据时代的数据分析向"全体数据"、"近似求解"和"相关关系"的新模式转变[2]。随着大数据时代的到来，流动的数据已成为连接全世界的载体，为了解决数据流动过程中存在的问题，"大数据治理"一词逐渐兴起。

目前，学界对于"大数据治理"的相关定义和内涵尚未形成一致意见。不同学者从不同的角度对其进行了描述，桑尼尔·索雷斯认为"大数据治理是广义信息治理计划的一部分，即制定与大数据有关的数据优化、隐私保护与数据变现的政策"[3]。大卫·洛辛将大数据治理定义为"描述数据该如何在其全生命周期内有用并对其进行管理的组织策略或程序"[4]。张绍华等认为"大数据治理是对组织的大数据管理和利用进行评估、指导和监督的体系框架。它通过制定战略方针、建立组织框架、明确职责分工等，实现大数据的风险可控、安全合规、绩效提升和价值创造，并提供不断创新的大数据服务"[5]。王宏志和李默涵认为"大数据治理是通过制定正确的政策、操作规程，确保以正确的方式对数据和信息进行管理"[6]。王秀利等认为"大数据治理是组织在大数据环境下的数据治理工作，是传统数据治理（围绕业务系统的数据资产治理）的延续和扩展，二者是高度融合不可分割的"[7]。

## 1.2 公共管理大数据治理现状与存在的问题

### 1.2.1 公共管理大数据治理现状

当前，数据正在成为重塑全球经济结构与竞争格局的重要资源，世界各国认识到大数据对于国家战略发展的重要意义，正在稳步推进向数字经济转型，探索数字经济发展方向。美国、英国和欧盟早期的数据治理更加注重个人隐私保护与使用数据的合法权利，如美国的《信息自由法》、英国的《数据保护法案》、欧盟的《通用数据保护条例》[8]。近些年，美国、英国与欧盟积极实施大数据战略，聚焦数据共享与价值释放。美国极其重视数据资源的战略属性，其在 2019 年 12 月发布了国家级战略规划《联邦数据战略与 2020 年行动计划》，2021 年 10 月美国管理和预算办公室发布了 2021 年的行动计划，都强调开展联邦数据战略，加强跨部门间的数据流通与价值挖掘。英国政府为了促进数据的流通，在 2020 年 9 月发布的《国家数据战略》和 2021 年 5 月在官方渠道上发布的《政府对于国家数据战略咨询的回应》中都强调数据应用，旨在运用数据资源和价值促进经济发展与转型。欧盟在各成员国间稳步推进单一数据市场建设，在 2020 年 2 月推出的《欧盟数据战略》和 2021 年 9 月提交的《通向数字十年之路》提案中都强调各成员国间数据共享、流通与使用，旨在打造欧盟共同数据空间[9]。

我国在 2014 年《政府工作报告》中首次提到"大数据"，之后陆续出台大数据相关政策，旨在推动数据要素市场化。总体来看，我国大数据治理经历了三个阶段：酝酿阶段（2014~2015 年）、落地阶段（2016~2019 年）、深化阶段（2020年至今）。酝酿阶段（2014~2015 年）：2014 年 3 月，"大数据"首次写入《政府工作报告》，表明政府认识数据并重视数据价值；2015 年 8 月，国务院印发《促进大数据发展行动纲要》，对大数据发展的总体目标、政策机制进行宏观规划，标志着我国大数据产业发展起步[9]。落地阶段（2016~2019 年）：2016 年 3 月，《中华人民共和国国民经济和社会发展第十三个五年规划纲要》正式提出实施国家大数据战略；2017 年 10 月，党的十九大报告提出推动互联网、大数据、人工智能和实体经济深度融合[10]。这一时期，国家高度重视大数据对于经济发展与转型的驱动作用。深化阶段（2020 年至今）：2020 年 4 月，中共中央、国务院发布《关于构建更加完善的要素市场化配置体制机制的意见》，将数据作为生产要素，提出"加快培育数据要素市场"；2023 年 2 月，中共中央、国务院印发《数字中国建设整体布局规划》，指出建设数字中国是数字时代推进中国式现代化的重要引擎，是构筑国家竞争新优势的有力支撑，强调夯实数字基础设施和数据资源体系。这表明数据已成为推动经济社会发展与全面建设社会主义现代化国家的基础性、战略性资源。

随着我国大数据产业的发展，政府、行业组织和企业从不同层面，通过立法、发布政策与标准以及搭建平台等方式推动大数据的治理和应用，我国公共管理大数据治理主要关注数据开放共享、数据质量管理、数据交易流通和数据风险规制等方面。

### 1. 我国公共管理大数据开放共享现状

目前，国家、地方政府发布了多部政策文件，企业搭建了诸多平台，推进公共数据资源开放。在国家层面，国务院印发了《促进大数据发展行动纲要》和《政务信息资源共享管理暂行办法》，强调政务数据信息资源开放共享。在地方政府层面，北京、上海、广东等地的地方政府发布规范性文件，促进地方政府公共管理大数据的开放共享，如《北京市政务数据开放服务指南（试行）》《上海市公共数据开放暂行办法》《广东省公共数据管理办法》等。同时，在企业层面，阿里巴巴、腾讯、京东等互联网企业依托自身业务资源，分别搭建了阿里巴巴开放平台、腾讯开放平台、京东开放平台，成为互联网企业对外开放共享数据的重要实践。

### 2. 我国公共管理大数据质量管理现状

随着我国数据的海量增长和数据格式的多样化，我国多部委、地方政府与行业组织发布相关规定，要求加强数据质量管理，促进数据质量整体提升。例如，2022 年 4 月，中国银行保险监督管理委员会①印发《中国银保监会银行业金融机构监管数据标准化规范（2021 版）》；2020 年 6 月，浙江省人民政府公布《浙江省公共数据开放与安全管理暂行办法》；2021 年 1 月，中国民用航空局印发《民航

———————
① 2023 年，组建国家金融监督管理总局，不再保留中国银行保险监督管理委员会。

统计数据质量责任管理办法》；2021 年 6 月，深圳市第七届人民代表大会常务委员会第二次会议通过《深圳经济特区数据条例》，并于 7 月公布[11]。行业组织通过制定行业数据质量管理标准提供要求和指引，如《信息技术　数据质量评价指标》（GB/T 36344—2018）。

**3. 我国公共管理大数据交易流通现状**

数据交易是数据流通的主要模式，我国鼓励和促进合法的数据交易。例如，2020 年 4 月，工业和信息化部印发《关于工业大数据发展的指导意见》，提出研究制定公平、开放、透明的数据交易规则，加强市场监管和行业自律，开展数据资产交易试点，培育工业数据市场；2021 年 12 月，国务院印发《"十四五"数字经济发展规划》，明确指出规范数据交易管理，培育规范的数据交易平台和市场主体。截至 2022 年 3 月，全国由地方政府发起、主导或批复的数据交易所已有 39 家（未包括香港、澳门、台湾）[12]。行业组织和企业等通过政策引导、行业自律、自发联盟等方式促进数据流通，如中国互联网金融协会组织建设"互联网金融行业信用信息共享平台"，京东和腾讯推出"京腾计划"。

**4. 我国公共管理大数据风险规制现状**

大数据不仅影响人们的生产、生活方式，同时还伴随着数据泄露、数据监听、数据窃取等风险，严重影响国家战略安全、企业信息安全和个人隐私保护。2017 年 6 月 1 日，《网络安全法》正式施行，完善了网络运营、关键信息基础设施、个人信息保护等方面的安全监管。2021 年 9 月 1 日，《数据安全法》施行，对数据安全制度、数据安全保护义务、政务数据安全与开放等方面进行规范和监管。2021 年 11 月 1 日，《个人信息保护法》施行，为保护个人信息权益、信息处理、信息利用等相关活动提供了法律保障。2022 年 7 月 7 日，国家互联网信息办公室公布了《数据出境安全评估办法》，加强对数据跨境安全、自由流动等方面风险评估和安全监管。

## 1.2.2　公共管理大数据治理问题

公共管理大数据不同于煤炭、石油、电力等传统资源，其价值在于开放共享和交易流通。虽然我国公共管理大数据治理取得了比较显著的成效，但是在数据价值释放过程中亦存在诸多数据风险和问题，主要表现在公共管理大数据开放共享供需不平衡、公共管理大数据质量管理体系不完善、公共管理大数据交易流通系统不成熟、公共管理大数据风险规制措施不健全等方面，对于培育数据要素市场与发展数字经济造成阻碍。

### 1. 公共管理大数据开放共享供需不平衡

我国各省经济技术水平发展不均衡，导致公共管理大数据开放水平及程度各不相同。目前，开放程度较高的地方主要集中在我国东南沿海，但在政府、行业组织、企业等推进公共管理大数据开放共享实践中，公共管理大数据开放共享的广度和深度均有限，仍存在较为严重的"信息孤岛""数据鸿沟""供需不均"等问题[13]。同时，我国公共管理大数据开放缺乏具体的实施规则、评估细则等制度设计，导致实践中公共管理大数据开放共享范围和权责不明确，缺乏有效的激励机制等问题[14]。

### 2. 公共管理大数据质量管理体系不完善

我国每年产生海量的公共管理数据，数据来源呈现多部门、多行业、多系统等特征，公共管理大数据质量面临诸多问题，其治理过程需要系统化、整体化、标准化推进。一方面，公共管理大数据质量缺乏具体的政府法规、企业规范和行业标准要求，导致数据格式、标准、类型不同，难以进行跨部门、跨行业的数据对接与融合[11]。另一方面，公共管理大数据质量管理的人员、工具、技术仍然欠缺，相对应的管理机制、评估机制与沟通机制的建设与运行体系尚不成熟，公共管理大数据质量管控流程尚不完善，系统支撑能力也较为不足。

### 3. 公共管理大数据交易流通系统不成熟

目前，我国公共管理大数据交易流通尚处于探索与建设阶段，在交易流通合法性、交易流通规则、交易流通模式等方面存在诸多障碍。一是公共管理大数据交易流通合法性不明确，数据交易的主体、类型、范围等界定不清晰，导致存在数据敏感性问题，从而阻碍了公共管理大数据的交易流通。二是公共管理大数据交易流通规则仍不健全，存在数据资源定价不规范、交易双方权责不明、数据不正当竞争等现象，导致数据交易流通的动力不足[11]。三是公共管理大数据交易流通模式不完善，各地第三方数据交易平台处于建设发展阶段，在数据质量、技术、标准等方面尚不成熟，影响了公共管理大数据交易流通的增值服务与整体规模。

### 4. 公共管理大数据风险规制措施不健全

随着公共管理大数据的开放共享和交易流通整体水平的提高，数据安全和隐私保护问题日益严重，已经成为我国公共管理大数据治理过程中的掣肘问题。目前，我国公共管理大数据风险规制仍存多方不足：一是数据安全相关立法缺乏实操性，缺乏针对数据安全与隐私保护的具体指导与追责措施[15]；二是规制数据风险执法机制不明确，未确立监管执法主体与实施细则[16]；三是数据安全科研体系仍不完善，缺乏引领国际数据安全的龙头企业和行业标准，影响了我国数据安全与隐私保护相关技术和产品的发展。

# 1.3  公共管理大数据治理体系框架

公共管理大数据治理是一项复杂、系统的长期投入工程，涉及业务、技术与应用等多方面，需要全方位调动治理主体资源和工具，形成一个科学的、高效的、多元的公共管理大数据治理体系，促进公共管理大数据治理得到充分应用，公共管理大数据的创新价值得到充分挖掘。

## 1.3.1  公共管理大数据治理原则

公共管理大数据治理原则是大数据治理过程中所遵循的基本准则，为大数据治理战略实施和目标实现发挥指导性作用。本节借鉴国家标准《信息技术服务 治理 第1部分：通用要求》，在这些原则基础上结合自身实际情况和发展特点进行优化。

### 1.  战略一致

在公共管理大数据治理过程中，公共管理大数据治理战略与规划应与组织的整体战略保持统一，满足组织对大数据的质量、安全和利用率的客观需求，为组织的业务发展、战略决策和服务创新提供保障。

### 2.  风险可控

大数据既是组织发展的核心资源，也是组织发展的潜在风险。公共管理大数据治理有助于充分挖掘大数据价值和降低大数据应用产生的风险[5]。在公共管理大数据治理过程中，组织应该对大数据合规使用进行风险监控与评估，防止出现不合规滥用数据的情况。

### 3.  运营合规

在公共管理大数据治理过程中，组织的大数据治理过程应符合国内外法律法规、政策文件、行业规范与标准。通过使治理与运营过程合法、合规、合标，提高组织的大数据治理附加效益与核心竞争力，强化组织应对国内外复杂多变监管环境的适应能力[5]。

### 4.  绩效提升

公共管理大数据治理需要在资源约束条件下提高大数据利用率和价值，满足组织对大数据治理目标与业务应用的需求，从而为战略和业务提供高质量的大数据服务。

### 1.3.2　公共管理大数据治理要素

#### 1. 公共管理大数据治理目标

在公共管理大数据治理实施过程中，首要任务是明确公共管理大数据治理目标，因为这有助于治理主体制定公共管理大数据治理的战略方向、总体规划和控制标准。从宏观层面来看，公共管理大数据治理的最终目标是确保数据安全和挖掘数据价值，是治理主体推动战略、规划与标准落实的基础；从微观层面来看，公共管理大数据治理目标可归纳为数据确权、数据流通、数据共享、数据增值等，是促进数据产业发展和保护个人数据权益的基本需求。

#### 2. 公共管理大数据治理主体

公共管理大数据治理主体是多利益相关者，包括政府、企业、行业组织、个人及其他等，是公共管理大数据治理活动的决策者、组织者、协调者及实施者。根据治理体系中的层级和职责的不同,公共管理大数据治理主体一般包括决策层、管理层、执行层，其中决策层主要是指政府、企业或行业组织的高层领导；管理层一般是指政府职能部门、企业数据或信息部门、行业组织分部门等的相关领导；执行层主要指政府职能部门、企业业务部门、行业组织等部门的工作人员[17]。此外，个人也属于执行层，其主要关注个人隐私安全与经济权益。

#### 3. 公共管理大数据治理客体

公共管理大数据治理客体主要指的是治理对象和内容。从狭义角度来讲，公共管理大数据治理客体是数据本身，通常依据数据结构、数据载体、行业数据等来划分数据。例如，按照数据结构进行划分，数据可分为结构化数据、半结构化数据和非结构化数据[17]。从广义角度来讲，公共管理大数据治理客体不仅包括数据本身，还包括与大数据治理相关的活动和要素，涉及数据管理体系要素（数据质量、数据安全、元数据管理等）、数据价值体系要素（数据流通、数据服务、数据洞察等）、数据基础设施、数据的相关技术与平台、业务管理等。

#### 4. 公共管理大数据治理工具

公共管理大数据治理工具是实现大数据治理降本增效的管理与技术手段。根据组织关注的重点和任务的不同，可以将公共管理大数据治理工具分为治理战略层工具、数据管理层工具、数据操作层工具。在治理战略层面，治理工具侧重宏观管理的工具或功能，如体系与制度、计划与监控、成效与评估等。在数据管理层面，治理工具侧重数据管理过程的工具或功能，如元数据管理、数据质量管理、数据安全管理等。在数据操作层面，治理工具侧重数据操作活动的工具或功能，如数据存储工具、数据共享交换工具、数据分析应用工具等[18]。

### 1.3.3　公共管理大数据治理框架

随着人工智能技术和数字经济的快速发展，大数据治理将是重要的研究和应用领域，目前我国公共管理大数据治理框架研究处于发展阶段。然而，数据治理作为大数据治理的基础，其理论和实践都已比较成熟，能够为公共管理大数据治理框架构建提供一定的借鉴意义。

数据治理框架是将数据治理要素以某种逻辑关系组合起来，为数据治理战略目标的实现和数据治理的具体实践提供理论指导。目前，国内外行业形成了四种典型的数据治理框架：国际数据管理协会（Data Management Association International，DAMA）的数据治理框架、数据治理研究所（The Data Governance Institute，DGI）的数据治理框架、IBM①数据治理委员会（IBM Data Governance Council）的数据治理框架、中国电子工业标准化技术协会信息技术服务分会的数据治理框架[19]。四种数据治理框架构建的出发点各不相同，DAMA 的数据治理框架以数据资产管理为切入点，强调数据管理的权力和控制；DGI 的数据治理框架以数据治理理论为体系，从组织、规则、过程三个层面探讨数据治理关键要素；IBM 数据治理委员会的数据治理框架以数据特点和业务目标为关键点，提出了数据治理要素模型；中国电子工业标准化技术协会信息技术服务分会的数据治理框架是以我国的行业应用需求为基础构建的属于我国的数据治理框架。

在进行公共管理大数据治理框架设计时可将中国电子工业标准化技术协会信息技术服务分会的数据治理框架作为重要参考和理论基础。选用中国电子工业标准化技术协会信息技术服务分会的数据治理框架作为公共管理大数据治理框架重要参考的主要原因：中国电子工业标准化技术协会信息技术服务分会的数据治理框架的制定晚于 DAMA 的数据治理框架、DGI 的数据治理框架和 IBM 数据治理委员会的数据治理框架，其制定融合了国际标准和上述三种框架的优势；中国电子工业标准化技术协会信息技术服务分会的数据治理框架是根据我国实践基础和行业应用需求，融合我国近百家机构数据治理实践经验研制的，对数据治理标准的完善进行了充分论证，更符合我国的大数据治理实际情况和行业要求。

以中国电子工业标准化技术协会信息技术服务分会的数据治理框架为基础，改进形成公共管理大数据治理框架，主要包含总体目标、外部环境、内部环境、

---

① IBM 即国际商业机器公司（International Business Machines）。

大数据治理域、大数据治理过程、大数据治理主体、大数据治理工具 7 部分，见图 1-1。总体目标包含释放数据价值与保障数据安全，是公共管理大数据治理的目的；大数据治理内外部环境，是公共管理大数据治理实施的保障；大数据治理域包含数据权属、数据流通、数据共享、数据质量、数据价值与数据安全，是公共管理大数据治理实施的对象；大数据治理过程包含统筹和规划、构建和运行、监控和评价、改进和优化四个步骤，是公共管理大数据治理实施的方法；大数据治理主体包含政府、行业组织、企业与个人，是公共管理大数据治理的执行者；大数据治理工具包含法律法规、标准规范、技术平台与自律规范，是公共管理大数据治理的具体手段[20-21]。

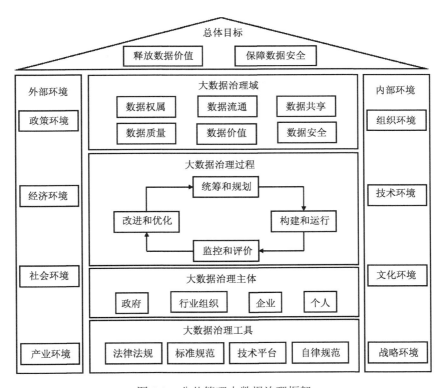

图 1-1　公共管理大数据治理框架

资料来源：改自中国电子工业标准化技术协会信息技术服务分会的数据治理框架[20-21]

## 1.4　公共管理大数据运营机制与效益评估体系

2022 年 9 月国务院办公厅印发了《全国一体化政务大数据体系建设指南》（以

下简称《指南》),《指南》在实施层面要求各地区各部门政务数据平台协同发展,通过推动配套法规政策建设、加强政务数据管理工作和加大建设运行支持力度,提升全国一体化政务大数据体系业务侧的应用成效。在运营层面注重专业数据人才队伍建设,提升"关键少数"领导干部群体的数字素养,培养数字思维,夯实数字技能,补齐数据运营过程中"木桶效应"的短板,结合数据应用场景,明确政务数据运营规则和主体责任,建立专业化、规范化的数据运营管理队伍。在落实层面要求各地区各部门以全国一体化政务大数据管理和应用评价评估体系为标准,加强政务数据管理与应用,将数据的使用、流通、效能情况与政府绩效关联,激发各地区各部门主观能动性,加强监督管理责任,保证数据完整性、安全性。其中就强调了公共管理大数据效益评估的重要性,公共管理大数据质量评价体系的建立有助于帮助各级参与者更好评估公共管理大数据在不同生命阶段的成本,能够充分发挥公共管理大数据的作用和降低成本。

公共管理大数据效益评估体系服务于公共管理大数据全生命周期,主要包括数据生产、数据运营和数据使用三大模块。公共管理大数据生产成本模型是基于期间平均成本(period average cost,PAC)模型建立的,PAC模型的主要特点是可以随时进行成本的推倒重来式计算,每当有新的变化产生的时候,则重新计算一次所有成本,这样会使最终的结果比较接近真实成本。

公共管理大数据运营成本模型较为复杂,要综合考虑硬件、软件、电力、网络和人工等诸多因素。总体上的公共管理大数据运营成本模型以数据中心总拥有成本(total cost of ownership,TCO)模型为基础进行构建。TCO提供了一种通过计算与购买和运行信息技术设备相关的所有成本来了解用户如何做出购买决策的方法。由于不同用户的业务目标和购买标准差异很大,一刀切的TCO模型并不足以满足所有存储工作负载。通过检查存储的资本支出,典型数据中心机架中通常主导信息技术预算的所有其他内容,以及由电源、冷却和设备故障成本主导的模型运营支出,可以定义非常适合存储的TCO模型。在其中的数据存储方面,我们提出一种基于访问热度的数据服务调度方法。数据服务是一种软件服务,它封装了数据实体的相关操作,面向服务的数据存储在多个系统中,若要和服务数据交互,则需要多个接口和多种机制。数据服务还要给不同需求的用户提供不同的服务,这给数据服务带来了挑战。集中式数据服务让数据使用者无须访问或者更新多个数据源,更重要的是,当用户需要操作多个数据源时,数据服务有助于维持数据的完整性。此外,它们还能够帮助构建可被多个项目创新利用的可重用数据服务。数据服务还能够执行关键的治理职能——有助于度量指标的集中化、监视、版本管理、数据类型的重用等情况,以及执行数据可视化和访问规则。

衡量数据服务质量的一个重要因子就是数据访问的处理速度,访问速度的一个重要因子是计算存储器输入/输出(input/output,I/O)的速度,目前的计算存储器主要有半导体、磁芯、磁鼓、磁带、激光光盘和闪存。就同一个计算机而言，可以分为主存储器、副存储器、三级存储设备和离线存储设备。图 1-2 展示了公共管理大数据在大数据管理系统中的不同节点和存储介质的分布。由于不同存储设备的设计目的不同，不同的设备有不同的特点，衡量存储介质的特点有持久性、多次擦写性、读取顺序、寻址能力、存储能力、访问延迟、吞吐效率、粒度、可靠性、能耗等。数据服务不仅提供数据的上传下载服务，还承担大量的数据计算等任务，其中承担计算任务的计算机的能力根据其配置有所不同。衡量计算机计算和存储能力的指标主要包括中央处理器（central processing unit，CPU）主频、CPU 数量、内存、本地硬盘种类和转速容量以及显卡类型及显存等。随着数据体量的不断增大，依赖单个的存储介质的数据存放方式已经不能满足存储和计算的需要，不同的存储介质与计算设备之间需要利用网络设备进行连接，数据在网络之间传输。衡量网络的主要指标有网络结构、网络吞吐效率、不确定性、丢包率和延迟等。我们的目的在于提供对数据服务系统中的各个环节进行量化建模，进而进行数据服务调度的方法，以实现数据密集型计算环境中的数据的合理调度。

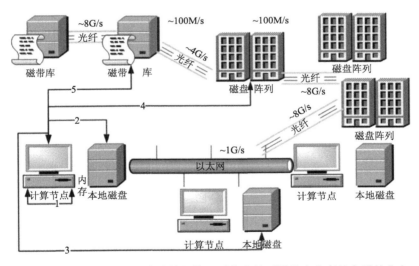

图 1-2　公共管理大数据在大数据管理系统中的不同节点和存储介质的分布

　　以公共管理中的时空数据为例，基于访问热度的公共管理大数据服务调度方法的具体步骤如下。

　　步骤一：采集服务系统中各存储介质的参数，以及服务系统中各计算节点的参数。

　　步骤二：根据步骤一采集的数据，编制服务系统的网络拓扑图，包括网络的结构、网络之间的链接方式、交换机效率、网络各存储介质在网络中的位置、各计算节点在网络中的位置。

步骤三：根据所述网络拓扑图，将时空数据进行时空分片，采集并记录每个时空区块的访问数据的访问热度。

步骤四：根据访问热度调整时空数据的分布位置，并对计算节点进行调度。

步骤三所述访问数据的访问热度，是指不同的区间内用户访问某些服务的频度，主要包括访问次数，可通过日志记录的方法获得该热度。

进一步地，步骤一所述存储介质的参数，包括 ID、品牌、介质性质、容量大小、读取速度读取方式、存储粒度、可靠性、能耗、使用年限、地理位置、网络节点位置等；所述计算节点的参数，包括 ID、品牌、主频、CPU 个数、内存、本地硬盘大小、个数、性质、能耗、使用年限、地理位置、网络节点位置等。

步骤四可通过如下数据分布优化策略实现。

（1）集群主计算节点获取计算任务，分析计算任务所需的数据，根据数据特征将数据划分为多个数据块。

（2）把计算任务分解为和数据块对应的子任务，每个子任务完成时间由每个计算节点完成子任务的计算时间和数据传输时间决定。

（3）根据数据在整个资源放置矩阵中的位置，计算数据的迁移所需消耗的时间：

$$TT_i = v_i/(r_i + s_i) \tag{1-1}$$

其中，$v_i$ 为迁移到计算节点 $i$ 处的数据量；$r_i$ 为到计算节点 $i$ 处的存储介质的读写速率；$s_i$ 为数据抵达计算节点 $i$ 的传输速率。

（4）获取每个计算节点的计算资源情况，计算节点 $i$ 处理等量数据的执行时间：

$$TC_i = \left( \frac{V}{1/f_i} + \frac{V}{c_i} + \frac{V}{m_i} + \frac{V}{IO_i} \right) \Big/ CC_i \tag{1-2}$$

其中，$V$ 为要处理的数据量；$f_i$ 为计算节点计算核心频率；$c_i$ 为总线速度；$m_i$ 为主存储器速度；$IO_i$ 为 I/O 速率；$CC_i$ 为计算节点核心数；$TC_i$ 越小，表示处理数据的耗时越短，此计算节点计算性能越强。计算节点 $i$ 的计算性能表示为

$$P_i = \frac{1}{TC_i} \tag{1-3}$$

（5）每个计算节点完成子任务的时间为数据迁移所需消耗的时间和执行时间之和：

$$T_i = TT_i + TC_i \tag{1-4}$$

计算任务所分解的子任务是并行运行的，所以完成任务的时间为耗时最长的子任务的执行时间：

$$T = \max(T_i) \tag{1-5}$$

（6）计算每个计算节点计算性能占所有参与计算任务的计算节点计算性能的比率，以及每个计算节点的数据传输的带宽所占的比率，为计算性能较强和传输速率较快的计算节点分配相对较多的数据，为计算性能较弱和传输速率较慢的计算节点分配相对较少的数据；计算节点 $i$ 的性能比率：

$$\mathrm{PR}_i = \frac{P_i}{\sum\limits_{j=1}^{k} P_j} \tag{1-6}$$

其中，$\mathrm{PR}_i$ 为计算节点 $i$ 的性能比率；$k$ 为所有参与计算任务的计算节点的数量；$P_i$ 和 $P_j$ 分别为计算节点 $i$ 和 $j$ 的性能。同理计算每个计算节点传输速率占所有计算节点传输速率的比重，即传输比率：

$$\mathrm{TR}_i = \frac{\mathrm{TT}(i)}{\sum\limits_{j=1}^{k} \mathrm{TT}(j)} \tag{1-7}$$

其中，$\mathrm{TR}_i$ 为计算节点 $i$ 传输数据的传输比率；$k$ 为所有参与计算任务的计算节点的数量；$\mathrm{TT}(i)$ 和 $\mathrm{TT}(j)$ 分别为 $i$ 和 $j$ 的传输速率。

（7）使所有子任务能够同时完成，即为计算节点分配的数据量占整个计算任务所需数据量的比重等于计算节点性能比率，也即保证计算节点的性能比率 $\mathrm{PR}_i$ 等于传输比率 $\mathrm{TR}_i$。

我们根据数据访问热度的调度模型和方法，只需要采集数据服务系统的各设备参数和历史访问热度，就可以据此制定一套合理的调度方法，从而缩短数据服务系统的响应时间，提高数据服务系统的服务质量。

上述方法与模型统筹软件硬件资源分配，最大程度合理调度存储资源，做到软件硬件有效搭配，是公共管理大数据运营成本计算较为适用的模型。

在公共管理大数据的数据使用阶段，我们将基于层次分析法（analytic hierarchy process，AHP）的综合评价模型作为大数据运营评估模型，主要考察单位数据体的使用率、转化率、数据生产能力利用率、数据社会贡献率和社会积累率等。层次分析法主要对目标层、准则层和方案层三个层面之间的交互关联性进行效益评估，得出最佳方案，其中目标层即为模型最终的目的，准则层为需要考虑的主要的标准，方案层为目前提出的方案，根据目标层决定准则层应制定什么样的标准，再根据准则层来评估方案层符合哪些准则，以此来得到最终的结果。

我们通过数据生产、数据运营和数据使用三个方面确定了三个主要的效益评估模型，其中在数据运营部分进行了主要的创新，提出了基于访问热度的公共管理大数据服务调度模型，使数据存储、资源调度能够更加充分和合理，也能够使效益在一定程度上实现最大化。

# 1.5 公共管理大数据的综合治理机制

基于目前国内公共管理大数据治理现状与问题，提出适用于国内现有环境下的公共管理大数据的综合治理机制十分必要。公共管理大数据治理可从宏观与微观两个层面来分析。从宏观角度来看，基于政府治理现代化视域，应从基础保障、信息共享、市场赋能、政务公信、绩效评估、法律保障等六维度构建大数据治理机制。从微观角度来看，基于公共管理大数据全流程结构与使用效率，应建立大数据生产、运营与使用三方微观协同治理机制，描述微观治理域开展数据治理活动的关注对象间的相互作用关系，同时应引入监督方，使其对生产、运营与使用三方进行监督与调节，综合构成有效的公共管理大数据的综合治理机制[13-14]。

## 1.5.1 宏观角度下的公共管理大数据的综合治理机制

从宏观层面上看，公共管理大数据的综合治理机制的构建主要基于政府治理现代化视域。具体来说，若要构建完整的公共管理大数据的综合治理机制，需从基础保障、信息共享、市场赋能、政务公信、绩效评估、法律保障等六维度进行构建。

基础保障机制：基础保障机制主要保障数据资源、计算资源、存储资源和网络资源等不同资源。这些资源的基础保障机制为构建公共管理大数据的综合治理机制提供根基，帮助公共管理大数据的综合治理机制实现有关处理公共管理大数据的各种功能，如数据传输、数据共享、数据应用等。

信息共享机制：过去，无论是政府还是企业，都将数据掌握在自己的手中，缺乏共享，这是目前公共管理大数据的一大问题所在。建立合理有效的信息共享机制非常重要，能够令不同部门之间的数据实现共享，无论是政府数据还是企业数据，均可做到内部共享与外部开放，实现数据协同，以真正实现信息公开与数据开放的最终目的。

市场赋能机制：企业开发阶段，应从现状统计、趋势预测、安全预警、决策支持等方面对数据状态与数据价值进行挖掘创新，从而构建完整有效的市场赋能机制，作为建立公共管理大数据的综合治理机制的重要组成部分。

政务公信机制：对政府政务而言，需从审批管理、政法管理、应急管理、交通管理、医疗管理、产业管理等不同方面建立公信机制。完善的政务公信机制不仅能够提升政府的治理能力、公开水平，还能创新民生服务途径，并推动产业转型升级，令政府的决策更加科学、政策的执行更加合法、政府受到的监督更加透明，因此政务公信机制对公共管理大数据的综合治理具有十分重要的意义。

绩效评估机制：需针对政府各部门、市场各主体、社会各组织及公众，设立合适的指标体系，以建立能够支撑完整的公共管理大数据综合治理机制的绩效评估机制。

法律保障机制：从安全策略、隐私保护和开放共享三方面，建立完善的法律保障机制，为信息共享机制提供法律保障。

### 1.5.2　微观角度下的公共管理大数据的综合治理机制

从微观层面来看，公共管理大数据的综合治理机制主要服务于公共管理大数据全生命周期，同时保障其使用效率。具体来说，应建立大数据生产、运营、使用与监督四方微观协同治理机制，这四方分别参与公共管理大数据全生命周期的不同阶段，相互协作、制约，以此来提升公共管理大数据的治理使用效率及开放共享程度。

生产方：参与公共管理大数据全生命周期中的规划、采集和接入阶段。主要负责数据规划设计、数据加工处理、数据效率评估和数据冗余优化等工作，以期达到降低数据采集成本、降低数据规划成本同时提高数据增值的目的。

运营方：参与公共管理大数据全生命周期中的接入、处理、存储、计算、输出、分发阶段。主要负责数据服务配置、数据资源调度、数据运行优化等工作，制定和保障数据准入机制，完成数据安全合规、开放共享等任务，以期达到降低数据处理、存储成本，提高数据分发利润，挖掘数据潜在价值的目的。

使用方：参与公共管理大数据全生命周期中的分发、应用、规划阶段。主要负责数据目标需求提出、数据多维情境应用、数据质量反馈和数据方案优选等工作，以期达到降低数据应用成本同时提高数据应用价值的目的。

监督方：参与公共管理大数据全生命周期的所有阶段。对生产方、运营方和使用方三方在全生命周期各个阶段的行为进行监督，根据三方提供的意见策略合理加以调整和约束，进行监督管理。

上述四方以数据全生命周期为基础，并基于多元利益主体博弈理论分析，构建公共管理大数据微观协同治理机制，同时以政府决策为导向，建立公共管理大数据宏观协同治理机制，将宏微观协同治理机制应用于城市群重大公共安全事件应急决策。

多主体博弈，即当多决策主体之间的行为具有相互作用时，各主体根据所掌握信息及对自身能力的认知，做出有利于自己的决策的一种行为理论。它可以避免割裂式管理，加强不同部门之间的协同关系；将过程量化，使结果更直观、更能体现决策的完备性和可靠性；从大数据全生命周期的整体出发，保证数据的安全可靠性；通过耦合节点传递信息，相互影响，形成生产方、运营方和使用方之间的博弈，并在监督方合理约束下实现自身利益最大化。

多主体博弈具体体现为生产方、运营方和使用方各自制定符合其自身利益的初始策略，然后通过三方之间的耦合节点进行博弈，产生第一轮策略、第二轮策略……直至达到均衡，形成生产方、运营方和使用方的最终策略，在这个过程中，监督方全程参与监督，使得各方的策略始终处于一定的约束中。完整过程如图 1-3 所示。在公共管理大数据协同治理体系中，生产方对应着拥有大数据的企业和部门，运营方对应着进行大数据运行维护的企业，使用方对应着政府部门，监督方对应着大数据管理部门和中央政府，各方在公共管理大数据全生命周期中扮演各自的角色，在博弈中实现自身利益最大化。

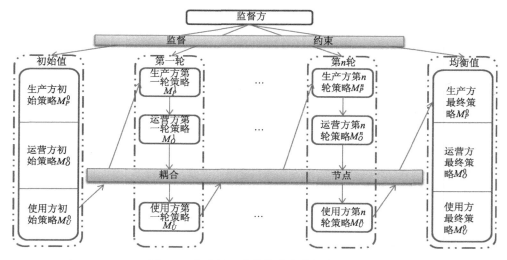

图 1-3　公共管理大数据多主体博弈机制

### 1.5.3　贵州省政府的公共管理大数据的综合治理机制解析

现阶段，公共安全大数据的运营越来越被重视，中央政府与地方政府也在思考并尝试构建相应的公共安全大数据运营机制。经过不断地探索与试错，中央政府与地方政府发现若想实现有效的公共安全大数据共享，如何有效地让各部门合作最为关键，即政府若要实现公共管理大数据共享目标，则需要建立一套有效的公共管理大数据跨部门运营机制。基于此背景，国内各地方政府都进行了探索，并分享了各自的经验，其中贵州省政府建立的公共管理大数据跨部门运营机制便非常具有代表性。下面将以贵州省政府建立的公共管理大数据跨部门运营机制为案例，对国内现阶段典型的公共管理大数据跨部门运营机制进行介绍。

#### 1.　贵州省公共管理大数据综合治理核心思路

2014 年，贵州省开启了整体的大数据治理征程，令该省大数据治理从无到有，并找到了新的经济转型升级的道路，从而令贵州省近些年的地区生产总值增量大幅提升，创造了贵州省高速发展的"黄金十年"（2014~2024 年），而 2014 年也被称作贵州省大数据元年。

贵州省进行大数据治理的核心思路主要是对数据进行整合共享，整合共享过程由专业部门执行；同时将法例作为第一保障，推出并实施许多法例和条例，使出现相关问题时能够通过法律进行解决。另外，贵州省将节约化的思维用于对数据的开放和共享，在应急云及应急相关行业实现全省统筹、分级部署，实现集中推动；同时各部门自建系统实现业务联动，在政务系统上办理相关政务，以此将各部门数据打通，将成本降至最低；以业务场景为系统的导火索，实现天然打通场景，立云上贵州大数据产业发展有限公司（以下简称云上贵州）为顶层业主，根据各部门需求进行数据互通，从而最终实现数据共享。

总结来看，贵州省建立其公共管理大数据跨部门运营机制的核心思路如下。

1）强化顶层设计

贵州省委领导重视数字政府建设，把大数据作为提升政府治理能力的新手段，将服务社会民生的新途径上升到省委政策层面，大力推动全省的"数字政府"基础设施建设，全面系统地推动数字化治理。

2）强化法规建设

围绕推动数据汇集、共享、开放和应用，制定出台法规，强化制度保障，如《贵州省大数据发展应用促进条例》《贵州省大数据安全保障条例》《贵州省政务数据资源管理办法》，为贵州省数据融合共享提供了法律制度支撑。

3）强化组织保障

建立负责统筹数据资源建设、管理的省直机构大数据局，各市（州）也通过单独设置、加挂牌子等方式，组建大数据管理机构，同时明确各厅局的本领域、本系统的数据采集、共享和开放的职责要求，为数据共享和开放提供有力的组织保障。

4）强化机制创新

省级政府部门作为用户单位，提出年度建设需求，由省大数据局统一规划、统一预算、统一采购，云上贵州统一建设，推进信息化建设全生命周期的闭环管理，实现由政务信息系统建设向平台集成建设的转变。

2. 贵州省公共管理大数据的综合治理机制进程

贵州省大数据治理主要经历了四个阶段，目前已成功跨过了前三个不同的阶段，正处于第四阶段。

贵州省大数据治理的第一个阶段是 2014 年到 2017 年，在这段时间中，贵州省秉持数据要发挥价值的核心思想，以聚集数据以通用的理念，提出建设"云上贵州"系统平台。在建设"云上贵州"的过程中与阿里巴巴进行合作，打造以阿里云为核心的数据整合、管理、共享、交换的系统平台，后经发展逐步建立起了电子政务、智慧交通、智慧旅游、工业、食品安全、环保、电子商务等"七朵云"。"云上贵州"的建设很大程度上促进了应用数据的汇集，其采用大数据技术，极大地提升了大数据的治理能力和治理水平。

贵州省大数据治理的第二个阶段在 2018 年前后，该阶段被省内定义为整合共享阶段。在经过第一阶段的发展后，贵州省进一步确立以政府部门为抓手、以老百姓为切入点、提升共享能力的大数据治理理念，并开始建设全省统一的数据共享体系，向上连接国家平台，向下连接各个机构，横向连接各厅局，并于同期建设省数据开放平台，加强数据对外开放。在这一阶段，贵州省在推进发展大数据治理的过程中也发现了许多问题：

（1）数据开放面临极大阻碍，尤其是在跨网交换方面（即安全原因）。

（2）数据的质量问题严重。过去都是以金融为导向，缺乏对数据质量的考虑，因此没有有效元数据标示，评价指标不统一。

（3）在整体交换体系中，厅局的应用场景有问题，不能有效提出对其他部门数据共享的需求，缺乏数据整合的思维。

贵州省大数据治理的第三个阶段在 2020 年左右，贵州省进一步明确了建设数字政府的基础设施是建设数字政府的根本这一核心思想，提出了数字政府的概念，包括共建共享、互联互通、协助共享等特点，同时启动了三年计划，提出"一云一网一平台"的建设构想，并开始建设贵州省数据网页平台。在建设过程中，贵州省坚持几个统一，具体如下。

（1）统一建设，公司作为业主建设应用系统，数据属于省政府，厅局为用户单位。

（2）统一政府托管服务（统一采购）。

（3）统一运算，从而具备按照统一的建设标准和规范来建设应用系统的建设前提和基础。对业务中台高效共用共享（如地图），形成"大中台，小应用"模式，充分依托数据中台和业务中台开展介绍，根据数据需要定制业务流程。同时也坚持几个原则。

（1）第一是坚持数据的前治理原则，从而节省成本。

（2）第二是坚持共建共享共用原则。

（3）第三是坚持推行大系统原则，确立从省政府视角看应用系统建设的思维。

（4）第四是坚持大政法原则，实现电子卷宗，确立大数据政府不是各个厅局的业务系统，而是有各个数据基础设施支持的数据网络的思想。经过努力，贵州省在坚持上述"统一"和"原则"的前提下也在政策方面付出了努力，出台了二十多个地方标准，同时出台了数据共享开放地方条例以及数据资源管理、数据调度等一系列机制。

目前贵州省在大数据治理方面已进入第四个阶段，该阶段主要着重于数据要素培育。具体而言，贵州省将开展三个方面的工作。

（1）第一个方面是推进公共数据资源开发，将政府数据资源在安全可控前提下开放出去，从而产生价值。除此之外，要在共享平台上建立可信流通的加密运算平台（同态加密、模型审定等），实现数据可用不可见，可用不可拿。

（2）第二个方面是推进大数据交易所的改革重组。

（3）第三个方面是与华为、贵州省量子信息和大数据应用技术研究院等企业和机构共同撰写省域数据安全可信流通白皮书，并探索下一步工作的规划，包括数据共享、可信流通、安全共享、可信增值等内容；同时进一步推动数据要素市场建设，并加快推进贵州大数据一体化进程，支撑全国范围算力支援和调度支援。

3．贵州省公共管理大数据支撑技术

为支持本省公共管理大数据跨部门运营机制的建设，贵州省设立"一云一网一平台"并将其作为技术支持，秉承"一云一网一平台"的建设思路以实现全省数据互通与数据共享。其中，"一云"指政务云服务，打造承载贵州省政务数据和应用的云上贵州"一朵云"。"一网"指电子政务网，构建贵州省政务信息系统互联互通的政务服务"一张网"。"一平台"指全省统一中台，建设贵州省政务服务和政务数据智能工作"一中台"。

1）政务云服务

以云上贵州"一朵云"聚合全省各级各类政务数据和应用，统揽政务、经济、社会、文化等各领域，面向全省提供统一的云服务，重点突破跨数据中心和实现异构云，形成"物理分散、逻辑集中"的全省一体化数据中心体系，实现省、市、县三级政府政务系统网络通、数据通，推动数据从"云端"向政用、民用、商用落地。

2）电子政务网

按照政务服务"一网通办"的要求，在满足专网数据安全前提下，建设安全网络接入平台，支持省级政府所有业务专网与电子政务外网数据共享，推动全省政务服务一网汇聚、一网受理、一网反馈，实现向上连接国家，向下覆盖省、市、县、乡、村五级，提高群众网上办事效率。

3）全省统一中台

面向公众和公务用户，建设全省统一的政务服务平台、政务数据平台，实现"服务到家"。全省统一中台主要包括视频中台、移动政务中台、审批中台、地图中台、身份认证中台、数据中台，实现全省的视频、办公、审批、地图、认证等政务数据共享和调度。

### 4. 贵州省公共管理大数据综合治理的多方协同合作模式

贵州省大数据治理主要是贵州省大数据发展管理局（以下简称大数据局）和云上贵州、贵州省各厅局部门（即政府部门）等多方协同合作模式，如图 1-4 所示。主要合作模式为三方互相监督和互相制衡，其中大数据局负责资金拨付、采购服务和监督管理，为甲方；云上贵州负责建设，为乙方；政府部门负责提出年度需求和反馈产品成效，为丙方。

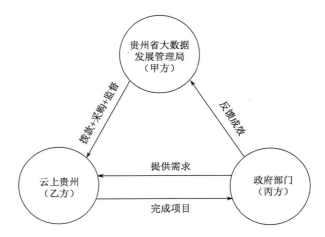

图 1-4　贵州省公共管理大数据综合治理的多方协同合作模式

# 第2章
## 公共管理大数据分析与挖掘方法

公共管理大数据分析作为现代社会治理的重要组成部分，为政府决策提供了全新的视角和有效的决策支持。这一领域的数据涵盖了多个方面，包括但不限于政府运营、社会服务、经济发展等。在公共管理过程中产生了大量数据，它们可分为结构化数据和非结构化数据，其中结构化数据涵盖了统计数据、人口普查数据等，而非结构化数据则包括社交媒体信息、文字报道等。这种多样性的数据类型为深度分析提供了广泛的基础。

通过对公共管理大数据进行分析和挖掘，政府可以更准确地洞察社会热点、舆论动向，实现公共服务的精准化和个性化。为了更深入地介绍公共管理大数据相关技术，本章将逐一探讨公共管理大数据关联挖掘技术、公共管理大数据预测算法、公共管理大数据异常监测预警模型以及公共管理大数据驱动的虚拟仿真技术。这些技术的应用不仅有助于政府加强对社会动态的感知和理解，还能够为未来的政策决策提供更为科学、精准的支持。通过对这些技术的深入研究和应用，我们能够更全面地理解和应对复杂的公共管理挑战，推动社会治理和公共服务的创新发展。

## 2.1 公共管理大数据关联挖掘技术

### 2.1.1 关联挖掘与公共管理

#### 1. 关联规则挖掘

关联规则挖掘是数据挖掘领域中的一种技术，旨在发现数据集中不同元素之间的关联关系。这种关联关系通常表示为"如果 $A$ 发生，那么 $B$ 也很可能发生"，或者"$A$ 和 $B$ 经常一起发生"。这样的规则有助于揭示数据集中的隐藏模式、趋势和规律。关联规则挖掘是一种强大的工具，可用于发现数据集中的潜在关系，从而帮助组织做出更明智的决策。

在公共管理上，关联规则挖掘在政府服务优化、资源分配、决策支持等领域有着许多应用。其中最经典的应用是决策支持分析，即通过分析公共管理记录，发现相关决策和行为的规律。例如，政府部门可能发现在某个地区增加教育投入的同时，社会治安状况也有所改善，这种关联关系有助于政府更好地制定教育和治安政策以提高公共管理效率。

设 $\Gamma = \{i_1, i_2, \cdots, i_m\}$ 是项的集合，设事务集 $D$ 是事务的集合，其中每个事务 $T$ 是一个非空项集，每个事务有唯一标识符，记为 TID。关联规则是形如 $A \Rightarrow B$ 的蕴涵式，其中 $A \subseteq \Gamma$，$B \subseteq \Gamma$，$A \neq \varnothing$，$B \neq \varnothing$，并且 $A \cap B = \varnothing$。规则 $A \Rightarrow B$ 在事务集 $D$ 中成立，具有支持度（support），其中 support 是 $D$ 中事务包含 $A \cup B$（即 $A$ 和 $B$ 的并集）的百分比，也即概率 $P(A \cup B)$，表示的是事务同时包含 $A$ 与 $B$ 的概率；规则 $A \Rightarrow B$ 在事务集 $D$ 中具有置信度（confidence），其中 confidence 是 $D$ 中包含 $A$ 的事务的同时也包含 $B$ 的事务的百分比[22]，即条件概率 $P(B \mid A)$。

$$support(A \Rightarrow B) = P(A \cup B) \tag{2-1}$$

$$confidence(A \Rightarrow B) = P(B \mid A) \tag{2-2}$$

规则的支持度（support）和置信度（confidence）是规则兴趣度的两种度量。它们分别反映所发现规则的有用性和确定性。如果关联规则满足最小支持度阈值和最小置信度阈值，则称其为强关联规则，一般情况下，强关联规则被认为是有趣的。

2. 公共管理大数据中的关联规则

在公共管理领域，关联规则挖掘技术具有重要的作用，可协助政府机构深入挖掘各项政策、服务和资源之间的潜在联系。运用这一技术，政府能够更全面地了解各项政策举措之间的相互关系，提升政策制定的科学性和准确性。借助关联规则挖掘技术，政府能够更加精细地分析社会需求，有效地调整和优化资源配置，以更好地满足广泛的社会需求。这种科学而精准的政策有助于推动公共事务的高效运行，从而使社会实现更为有效和可持续的发展。

关联规则挖掘技术在公共管理中还能为政府提供深刻的洞察，帮助相关机构更好地了解社会的变化趋势和民众的需求变化。通过分析大量的数据，政府可以更迅速地捕捉公共服务需求的变化，从而更灵活地调整政策方向和资源配置。这种数据驱动的决策过程使政府能够更加敏锐地应对社会的变化，提高应对危机和突发情况的能力。

### 2.1.2　Apriori 算法

Apriori 算法是一种用于关联规则挖掘的经典算法，它被用来发现数据集中的频繁项集以及这些项集之间的关联规则。该算法的主要目标是从大规模数据集中找出频繁出现的模式。其基本原理包括以下几个步骤[23]。

步骤 1：生成候选项集。将所有单个项作为候选项集的初始集合。

步骤 2：寻找频繁项集。扫描数据集，统计每个候选项集的出现次数，即支持度。如果一个项集的支持度不小于预定的阈值（最小支持度阈值），则称其为频繁项集。

步骤 3：连接。将两个频繁项集合并，形成一个新的候选项集。这里使用的连接操作是在前 $k-1$ 个项相同的前提下，连接两个 $k-1$ 项集来生成 $k$ 项集。

步骤 4：剪枝。根据最小支持度阈值，如果候选项集存在子集小于最小支持度阈值，则去除该候选项集。这样可以减少计算量，因为不频繁的项集及其子集一定不是频繁的。

重复交替执行步骤 2、3、4，直到无法再生成新的频繁项集为止。算法最终输出所有满足最小支持度阈值的频繁项集。

最后，根据找到的频繁项集生成关联规则，通常以"如果……那么……"形式表示，其中，前提是规则的前件，结论是规则的后件。关联规则的质量通常通过支持度和置信度来衡量。

Apriori 算法的优点是简单易懂，容易实现。然而，对于大规模数据集，其性能可能不够高，因为需要多次扫描数据集。有一些改进的算法，如 FP-growth（frequent pattern growth，频繁模式增长）算法，通过树结构方式在数据集中发现频繁项集，能够提高算法的效率。

### 2.1.3　FP-growth 算法

FP-growth 算法是一种用于挖掘频繁项集和关联规则的数据挖掘算法。该算法通过建立一棵名为 FP（frequent pattern，频繁模式）树的数据结构来实现高效的频繁项集挖掘。

FP 树是一种输入数据的压缩表示，如图 2-1 所示。事务中的项应按照支持度递减顺序排序，FP 树逐条读取事务，并以事务中的项为结点，按照事务中项的顺序形成一条路径。如果不同的事务中存在相同的前缀，如事务 $\{c,a,b\}$ 与 $\{a,b\}$，存在相同前缀 $\{a,b\}$，则由事务产生的路径也会出现部分重叠，如果事务的前缀不同，则事务的路径不会出现重叠。重叠的部分越多，FP 树的压缩效果越好，反之，FP 树的"枝叶"越多，说明 FP 树的压缩效果越差，占用的内存越多[24]。

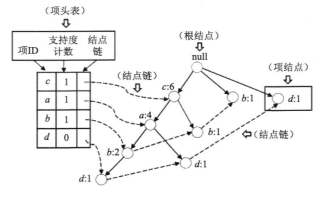

图 2-1　FP 树示意图

　　FP-growth 算法使用自底向上的方式在 FP 树上挖掘频繁项集。FP-growth 算法先挖掘以支持度最小的项为后缀的频繁项集，挖掘了所有以支持度最小的项为后缀的频繁项集后，再挖掘以支持度倒数第二小的项为后缀的频繁项集……直到挖掘了所有频繁项集[25]。下面是 FP-growth 算法的基本步骤。

---

**算法 2-1　FP-growth 算法**

**输入**：Tree 为待挖掘的 FP 树

　　　　$\alpha$ 为条件模式基

**输出**：Tree 中的所有频繁项集

**过程**：

1：if  Tree 包含单个路径 $P$, then

2：　　　　for  each  路径 $P$ 中节点的每个组合（记作 $\beta$）do

3：　　　　　　产生频繁项集 $\beta \cup \alpha$，其支持度计数等于 $\beta$ 中节点的最小支持度计数；若其支持度大于最小支持度阈值，将其输出

4：　　　　end

5：else　do

6：　　　　for  Tree 的头表中的每个 $\alpha_i$ do

7：　　　　　　产生模式 $\beta = \alpha_i \cup \alpha$，支持度等于 $\alpha_i$ 的支持度

8：　　　　　　构造 $\beta$ 的条件模式基，然后构造 $\beta$ 的条件 FP 树 $\text{Tree}_\beta$

9：　　　　　　if　$\text{Tree}_\beta \neq \varnothing$　then

10：　　　　　　　　FP $-$ growth $\left(\text{Tree}_\beta, \beta\right)$

11：　　　　　　end

12：　　　　end

13：end

---

FP-growth 算法的优点在于它能够高效地处理大规模数据集，并且在构建 FP 树的过程中，通过路径共享的方式减少了对存储空间的需求。相对于 Apriori 算法，FP-growth 算法通常具有更好的性能。

### 2.1.4 Eclat 算法

Eclat（equivalence class transformation，等价类转换）算法是一种用于数据挖掘的频繁项集挖掘算法。它的主要目标是发现数据集中频繁出现在事务中的项集。

Eclat 算法主要用于市场篮分析，它能够帮助发现顾客购物时常一起购买的商品组合。与 Apriori 算法不同，Eclat 算法不需要重复扫描数据集来识别频繁项集，它使用垂直数据格式来加速频繁项集的发现过程。设有项 $i$，包含项 $i$ 的所有事务的标识符的集合称为项 $i$ 的 TID 集。垂直数据格式是指数据库中的每一条记录由一个项及其 TID 集构成，以项为索引。

Eclat 算法使用垂直数据格式，由两个频繁 $k$ 项集求并集得到候选 $k+1$ 项集，对候选 $k+1$ 项集的事务集做交集操作，生成频繁 $k+1$ 项集。TID 集中事务的个数即为对应项集的支持度计数，因此确定了每个项集的 TID 集，即可判断项集是否为频繁项集[26]。使用 Eclat 算法挖掘频繁项集的基本步骤如下。

---

**算法 2-2　Eclat 算法**

---

**输入：** 垂直数据格式的事务数据库 DB
　　　　最小支持度计数阈值 minsup

**过程：**

1：扫描数据库，得到频繁 1 项集 $L_1$

2：for $\left(k=1; L_k \neq \varnothing; k++\right)$ do

3：　　　　for $L_k$ 中任意两个前 $k-1$ 个项相同的频繁 $k$ 项集 $X_i$、$X_j$ do

4：　　　　　　　候选 $k+1$ 项集 $R \Leftarrow X_i \bigcup X_j$

5：　　　　　　　$\mathrm{TIDset}(R) \Leftarrow \mathrm{TIDset}(X_i) \bigcap \mathrm{TIDset}(X_j)$

6：　　　　　　　if $\mathrm{len}\left(\mathrm{TIDset}(R)\right) \geqslant \mathrm{minsup}$ do

7：　　　　　　　　　添加 $R$ 到 $L_{k+1}$ 中

8：　　　　　　　end

9：　　　　end

10：end

**输出：** DB 中所有频繁项集

---

Eclat 算法的基本思想是通过递归地将等价类进行合并，找到频繁项集。算法

通过迭代生成越来越大的等价类，直到不能再生成更大的等价类为止。这种逐步合并的过程缩小了搜索空间，提高了算法的效率。因此，Eclat 算法是一种高效的频繁项集挖掘算法，特别适用于处理大规模数据集。

### 2.1.5　Relim 算法

FP-growth 算法挖掘频繁项集的过程中不需要候选项集，仅需扫描两次数据库就能挖掘所有的频繁项集，但建立的 FP 树结构复杂，空间利用率低，很多路径和结点在寻找频繁项集过程中并未派上用场。Relim（recursive elimination，递归消除）算法是在 FP-growth 算法的基础上提出的一种新的不需要候选项集的频繁项集挖掘算法。相比于 FP-growth 算法，它使用事务链表组（transaction lists）来挖掘频繁项集，具有算法结构简单，空间利用率高，易于实现等显著优点[27]。

事务链表组是 Relim 算法用来存储事务数据的数据结构，如图 2-2 所示。与 FP 树的构建不同，在构建事务链表组之前，需要对事务中的项按照支持度递增顺序进行重排序。扫描事务数据库，读取事务时，每个项对应一个事务链表（transaction list），每个事务以第一个项为划分依据加入第一个项对应的事务链表中，所有项的事务链表构成一个事务链表组。事务链表组中各个事务链表依旧按照项的支持度递增顺序排序。

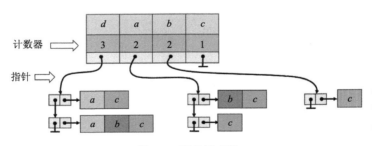

图 2-2　事务链表组

Relim 算法的主要思想和 FP-growth 算法相似，也是基于递归搜索，通过两次扫描事务数据库来对所有项集进行计数，通过"存储空间"的增加来换取"运行时间"的减少。在构建了事务链表组后，Relim 算法直接从事务链表组中挖掘频繁项集。Relim 算法逐个挖掘不同事务链表中的频繁项集，事务链表中的频繁项集输出完之后，就将事务链表的头元素数值设为 0，并将此事务链表从事务链表组中删除，之后将此事务链表的事务关联信息按照第二个项添加到其他项对应的事务链表中。如此依次挖掘出所有的频繁项集[28]。在 Relim 算法的挖掘过程中，不断有事务链表被删除，从而提高了空间利用率。下面是 Relim 算法的基本步骤。

**算法 2-3　Relim 算法**

输入：待挖掘的事务链表组 tran＿lists

支持度阈值 min＿sup

过程：

1：将事务链表按照前缀支持度递增顺序排序

2：for each 事务链表组（tran＿lists）中的事务链表（tran＿list） do

3：　　　　对 tran＿list 的前缀 tran＿list[0] 进行计数

4：　　　　if support(tran＿list[0]) ≥ min＿sup do

5：　　　　　　输出频繁项集 tran＿list[0]

6：　　　　　　将 tran＿list 的前缀+项作为前缀，构建新的事务链表组 sub＿tran＿list

7：　　　　　　Relim(sub＿tran＿lists, min＿sup)

8：　　　　　　for each tran＿list 中的事务 do

9：　　　　　　　　从事务中删除 tran＿list 的前缀，即第一个项

10：　　　　　　　　按照事务的第二个项，将事务加入其他事务链表中

11：　　　　　　　　删除 tran＿list

12：　　　　　　end

13：　　　end

14：end

输出：tran＿lists 中所有频繁项集

### 2.1.6　H-mine 算法

Apriori 算法和 FP-growth 算法都是传统数据挖掘算法，分别需要生成大量的候选项集和构建 FP 树，运行过程中需要的内存空间是不可预测的，在处理大型数据库时会产生大量的内存开销，此外，运用这两种算法处理密集型数据库和海量数据库时还存在效率较低的问题。H-mine（hyper-structure mining of frequent patterns，频繁模式的超结构挖掘）算法使用超链接数据结构（hyper-linked data structure，H-struct）来挖掘频繁项集，空间效率高，具有有限且可预测的内存开销，在不同环境下均能表现出良好的容错性，相比于传统数据挖掘算法，在大型数据库中的可扩展性更好[29]。

H-struct 是由项表头（header table）、队列和超链接构成的数据结构，如图 2-3 所示。项表头储存了频繁项与对应的支持度计数，每个项具有支持度计数、频繁项投影队列与超链接，项的频繁项投影队列由以项为前缀的频繁项投影构成，超

链接用于链接项与项的频繁项投影队列。

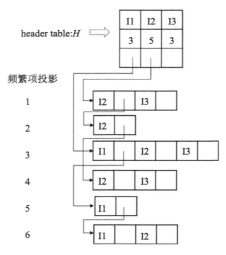

图 2-3    H-struct 示意图

　　与 FP-growth 算法构建 FP 树挖掘频繁项集的方式类似，H-mine 算法扫描事务数据库，将事务储存在 H-struct 中，然后利用 H-struct，将事务划分为多个分区，来挖掘频繁项集。建立好 H-struct 后，H-mine 算法直接利用 H-struct 来挖掘频繁项集，并且在挖掘过程中对链接进行动态调整。事务的频繁项投影按照首项被链接到不同队列，H-mine 算法在不同队列上依次挖掘不同前缀的频繁项集，将大型数据库的频繁项集挖掘问题划分为多个分区的频繁项集挖掘问题，且将频繁项集的集合划分为不同子集。下面是 H-mine 算法的基本步骤。

---

**算法 2-4    H-mine 算法**

---

**输入：**待挖掘的 H-struct $\{S\text{-header table}, S\text{-队列}\}$

　　　　最小支持度阈值 min _ sup

**过程：**

1：扫描事务队列，对 $S$-header table 中的项进行计数，将 sup(seq) 存储在 $S$-header table 中

2：for seq in $S$-header table  do

3：　　　if    sup(seq) ⩾ min _ sup   then do

4：　　　　　输出由头结点 $S$ 与频繁项 seq 构成的频繁项集 $\{S, \text{seq}\}$

5：　　　end

6：end

---

7：for　频繁项（seq）　in　S-header table　by　F-list　do

8：　　　　if　{S,seq}-队列不为空　then do

9：　　　　　　　{S,seq} 作为表前缀，创建 {S,seq}-header table

10：　　　　　　调整超链接，构建 header table-{S,seq} 中各项的事务队列

11：　　　　　　H-mine（H-struct{{S,seq}-header table,{S,seq}-队列}，min_sup）

12：　　　　　　调整 seq-队列的超链接，使其链接到事务中 S 的下一个项的队列中

13：　　　　end

14：end

输出：H-struct 中所有频繁项集

### 2.1.7　公共管理中的关联挖掘应用

在当今数字化时代，公共管理领域日益依赖大数据技术来应对复杂而庞大的信息流。其中，关联挖掘作为一项关键的应用，为公共管理提供了独特的洞察和决策支持。通过深入研究这一领域的发展趋势和实际应用，读者能够更好地理解大数据关联挖掘在公共管理中的角色，并揭示其对决策制定和执行的积极影响。

#### 1. 社会保障福利

在社会保障福利分析中，可以应用关联规则挖掘更公平地分配社会保障福利并确保资源得到有效利用。其核心在于挖掘福利项目之间可能存在的关联性，以便精准调整福利分配策略，使福利资源更加合理、高效地满足不同群体的需求。

通过关联规则挖掘，政府可以深入了解不同福利项目之间的潜在关系，例如，是否存在同时需要住房援助和医疗救助的群体。这种深入的洞察使政府能够制定更为灵活和有针对性的福利分配策略，确保社会福利分配的公平性和高效性。

在挖掘关联规则的过程中，政府可以识别那些在多个福利方面有需求的群体，为其提供综合性的福利服务。例如，如果某一群体同时存在住房和医疗方面的需求，政府可以通过整合资源，提供一揽子的支持措施，以更好地满足其全面性的需求。这种个性化、综合性的福利服务可以在一定程度上提高受益群体的生活质量，并促使社会保障福利得到更有效利用。

关联规则挖掘为政府在社会保障福利分配方面提供了一种有力的工具。通过深入分析福利项目之间的关联关系，政府可以更科学地调整福利分配策略，确保资源更公平、更有效地服务于社会各个层面的需求，进一步促进社会的公平与可持续发展。

## 2. 疾病流行病学

在疾病流行病学分析中，可以应用关联规则挖掘更及时地应对疾病传播、提高公共健康水平。其关键目标在于探索疾病在不同人群、地区和季节中传播的关联规律。通过挖掘关联规则，卫生部门可以更早地预警疾病流行趋势，采取相应的防控措施，以保护公众健康。

通过关联规则挖掘，可以深入了解不同人群、地区和季节中疾病传播的模式和规律。例如，某种疾病在特定人群中是否更容易传播，或者在特定地区和季节是否有更高的传播风险。这种深入了解有助于建立更准确的疾病传播模型，为卫生部门提供更为细致的流行病学信息。

基于关联规则挖掘的分析结果，卫生部门可以更早地预警潜在的疾病流行趋势。一旦发现与疾病传播相关的关联规律，卫生部门可以迅速采取有针对性的措施，包括加强监测、提高宣传力度、调配医疗资源等，以应对潜在的疫情威胁。这种预警机制有助于提高公共卫生体系的灵活性和应对能力，最大程度地减弱疾病对社会的影响。

关联规则挖掘为卫生部门提供了一种强大的工具，用于更深入、更全面地了解疾病传播的关联规律。通过实时监测和分析，卫生部门可以更加迅速、精准地响应疾病传播的动态，为公众提供更有效的预防和防控服务，提高公共健康水平。这种数据驱动的流行病学方法有助于建设更为健康、安全的社会。

## 3. 社会安全

在社会安全分析中，可以应用关联规则挖掘降低犯罪率、提高社会安全水平。其核心目标在于了解失业率、教育水平等因素与犯罪率之间的关系。通过关联规则挖掘，执法部门和社会管理机构可以采取更有针对性的措施，预防犯罪的发生。

通过关联规则挖掘，可以深入了解失业率、教育水平等社会因素与犯罪率之间的关系。例如，失业率上升时可能会出现犯罪率提高的趋势，或者教育水平较低的地区更容易出现高犯罪率。借助关联规则挖掘进行深入了解有助于建立更为准确的社会安全模型，帮助执法部门更有效地预防犯罪行为。

基于关联规则挖掘的分析结果，执法部门可以采取更有针对性的社会管理措施。例如，加强对高失业率地区的经济扶持和职业培训，有可能会降低该地区的犯罪率。另外，提升教育水平，可促进培养更多有素质、有责任心的市民，从而降低犯罪率。这种有针对性的社会干预有助于打破犯罪与社会问题之间的关联，进而提高整体社会安全水平。

关联规则挖掘为执法部门和社会管理机构提供了一种有力的分析工具，用于更深入地了解犯罪与社会因素之间的关系。采取有针对性的干预措施，可以更有效地预防犯罪的发生，提高社会的整体安全水平。这种基于数据的社会安全管理方法有望为社会创造更安全、更稳定的环境，促进社会的可持续发展。

## 2.2 公共管理大数据预测算法

### 2.2.1 预测算法与公共管理

#### 1. 预测算法

大数据预测算法是一种利用大规模数据集进行分析和学习，以预测未来事件、趋势或结果的计算方法。它融合了统计学、机器学习、数据挖掘等多个领域的技术，通过对大量数据进行处理和分析，揭示数据之间的潜在关系，从而提供对未来事件的合理估计。这种算法的基本思想是从历史数据中学习模式和规律，然后将这些模式和规律应用于新的数据集，以预测未知的结果。大数据预测算法通常需要处理多维度、高度复杂的数据，因此它们通常采用并行计算、分布式计算等技术，以提高计算效率。常见的大数据预测算法包括回归分析、支持向量机（support vector machine，SVM）、时间序列分析、贝叶斯（Bayes）网络、遗传算法等。

#### 2. 公共管理中的预测算法

在公共管理领域，预测算法可以用于多个方面，如人口数量变化、交通流量、经济发展、疾病传播等。有效利用大数据和先进的算法技术，从历史数据中识别模式，并根据这些模式对未来趋势进行预测，可以帮助制定有效的政策、规划资源分配和优化公共服务，从而帮助政府更好地应对社会、经济和环境变化。然而，对于预测算法也需要谨慎使用，应考虑数据隐私、公平性和伦理等因素，以确保其在公共管理中的应用是可靠和可持续的。

### 2.2.2 多元线性回归模型

多元回归分析是指在相关变量中，将一个变量视为因变量，将其他一个或多个变量视为自变量，建立多个变量之间的线性或者非线性的数学模型或数量关系式，并利用样本数据进行分析的统计分析方法[30]。在线性回归分析中，多元线性回归比一元线性回归具有更大的实用意义。多元线性回归分析的基本任务如下：根据因变量与多个自变量的实际观察值建立因变量对多个自变量的多元线性回归方程；评定各个自变量对因变量影响的相对重要性以及测定最优多元线性回归线性方程的偏高度等。许多多元非线性回归问题可以通过多元线性回归来解决，所以多元线性回归具有广泛的应用。

设变量 $Y$ 受到 $p$（$p > 0$）个非随机变量 $X_1, X_2, \cdots, X_p$ 和随机误差 $\varepsilon$ 的影响，$Y$ 与 $X_1, X_2, \cdots, X_p$ 间有如下线性关系：

$$Y = \beta_0 + \beta_1 X_1 + \beta_2 X_2 + \cdots + \beta_p X_p + \varepsilon \tag{2-3}$$

其中，$\beta_0$ 为回归常数；$\beta_1, \beta_2, \cdots, \beta_p$ 为总体回归参数，当 $p = 1$ 时，式（2-3）为一元线性回归模型，当 $p \geqslant 2$ 时，式（2-3）为多元线性回归模型；$\varepsilon$ 为随机误差，$\varepsilon \sim N(0, \sigma^2)$；$Y$ 为被解释变量；$X_1, X_2, \cdots, X_p$ 为解释变量。

总体 $(X_1, X_2, \cdots, X_p; Y)$ 的 $n$ 组观测值 $(X_{i1}, X_{i2}, \cdots, X_{ip}; y)$（$i = 1, \cdots, n; n > p$），满足：

$$\begin{cases} y_1 = \beta_0 + \beta_1 x_{11} + \beta_2 x_{12} + \cdots + \beta_p x_{1p} + \varepsilon_1 \\ y_2 = \beta_0 + \beta_1 x_{21} + \beta_2 x_{22} + \cdots + \beta_p x_{2p} + \varepsilon_2 \\ \cdots \\ y_n = \beta_0 + \beta_1 x_{n1} + \beta_2 x_{n2} + \cdots + \beta_p x_{np} + \varepsilon_n \end{cases} \tag{2-4}$$

其中，$\varepsilon_1, \varepsilon_2, \cdots, \varepsilon_n$ 相互独立，设 $\varepsilon_i \sim N(0, \sigma^2)(i = 1, \cdots, n)$，记

$$Y = \begin{bmatrix} y_1 \\ y_2 \\ \vdots \\ y_n \end{bmatrix}, X = \begin{bmatrix} 1 & x_{11} & x_{12} & \cdots & x_{1p} \\ 1 & x_{21} & x_{22} & \cdots & x_{2p} \\ \vdots & \vdots & \vdots & & \vdots \\ 1 & x_{n1} & x_{n2} & \cdots & x_{np} \end{bmatrix}, \beta = \begin{bmatrix} \beta_0 \\ \beta_1 \\ \vdots \\ \beta_p \end{bmatrix}, \varepsilon = \begin{bmatrix} \varepsilon_1 \\ \varepsilon_2 \\ \vdots \\ \varepsilon_n \end{bmatrix}$$

则模型可用矩阵形式表示为

$$Y = X\beta + \varepsilon \tag{2-5}$$

其中，$Y$ 为观测向量；$X$ 为设计矩阵；$\beta$ 为待估计向量；$\varepsilon$ 为不可观测的 $n$ 维随机向量，它的分量相互独立，假定 $\varepsilon \sim N(0, \sigma^2 I_n)$。

估计参数 $\beta$ 最常用的方法是最小二乘估计法，其目标函数为最小化：

$$Q(\beta) = \sum_{i=1}^{n} y_i - x_i \beta \tag{2-6}$$

多元线性回归建模的基本步骤如下。

步骤 1：对问题进行分析，选择因变量 $y$ 与解释变量 $X$，绘出因变量与各解释变量的散点图，初步设定多元线性回归模型的参数个数。

步骤 2：对数据进行处理，包括处理缺失值、异常值和标准化等。

步骤 3：将多元线性回归模型表示为矩阵形式，即 $Y = X\beta + \varepsilon$。

步骤 4：通过最小二乘法求解参数 $\beta$，计算残差平方和 $\mathrm{RSS} = \sum_{i=1}^{n} (y_i - \hat{y}_i)^2$，

参数 $\beta$ 的估计公式为 $\hat{\beta} = (X^{\mathrm{T}}X)^{-1}X^{\mathrm{T}}Y$。

步骤 5：使用统计指标，如决定系数（$R^2$）、调整决定系数（$R^2\text{-adj}$）、均方误差（mean square error，MSE）、均方根误差（root mean square error，RMSE）、平均绝对误差（mean absolute error，MAE）等来评估模型的性能。

培养公民意识与社会参与息息相关，涉及塑造社会参与的价值观念和文化氛围，这有助于建立协同治理的多方参与模式，提高社会治理水平。依据中国综合社会调查（Chinese General Social Survey，CGSS）数据库中网民社会意识调查项目的研究数据，李青运用多元回归分析模型深入探讨社会地位、社会参与权力以及社会满意度对城市居民社会参与意识的影响。研究表明，如表 2-1 所示，社会地位、社会参与权力以及社会满意度对城市居民的社会参与意识产生积极作用[31]。因此，在社会治理层面提升社会地位、社会参与权力以及社会满意度有助于营造参与氛围，推动公众参与治理模式的发展。

表 2-1　对流动人口社会融合的多因素回归模型

| 变量名称 | | 模型 1 | 模型 2 | 模型 3 | 模型 4 |
|---|---|---|---|---|---|
| 控制变量 | 性别 | 0.197*** | 0.188** | 0.176*** | 0.181*** |
| | 政治面貌 | 0.160*** | 0.104*** | 0.099*** | 0.077** |
| 社会地位 | 职业 | | 0.051*** | 0.050*** | 0.046*** |
| | 教育程度 高中及以下（参照组） | | | | |
| | 本专科 | | 0.146** | 0.139*** | 0.126** |
| | 硕博士 | | 0.131* | 0.106* | 0.126* |
| 社会参与权力 | | | | 0.164*** | 0.184*** |
| 社会满意度 | | | | | 0.190*** |
| $F$ 值 | | 56.71 | 39.14 | 39.72 | 43.70 |
| $P$ 值 | | 0.000*** | 0.000*** | 0.000*** | 0.000*** |
| $R^2$ | | 0.049 | 0.081 | 0.097 | 0.122 |

***表示 $p<0.001$，**表示 $p<0.01$，*表示 $p<0.05$

### 2.2.3　ID3 决策树算法

决策树（decision tree）是一种树形结构模型，由根节点、内部节点、叶子节点和有向边构成。在使用决策树进行分类时，首先从根节点开始，选择一个特征作为当前节点进行判断，自上而下生成子节点，每个分支代表一个判断结果的输出，直到到达叶子节点得出分类结果。因此，决策树本质上是通过一系列规则对数据进行分类的过程，具有很好的可解释性，在学术界和工业界被广泛使用。

　　ID3 决策树算法就是一种利用信息增益递归的选择特征划分数据集的决策树算法[32]。ID3 决策树计算每个属性引入后的信息增益，选择给数据集带来最大信息增益的属性，该属性即为最优划分属性。一般来说，信息增益越大，意味着使用该属性进行划分能够带来更大的纯度提升，即划分后的子集更趋于单一。选择信息增益较大的属性进行划分有助于缩短决策树的高度，从而提升模型的分类效率和泛化能力。

　　信息增益的计算包含信息熵和条件熵。信息熵用于度量随机变量的不确定性，其在决策树中用于度量数据集的纯度或不确定性。对于一组数据，不确定性越高，则信息熵越大；不确定性越低，则信息熵越小。假设 $X$ 是数据样本的集合，数据集中有 $k$ 类不同的样本，$p(c_i)$ 是样本类别属性为 $c_i$ 的概率。该数据样本集合 $D$ 的信息熵为

$$E(D) = -\sum_{i=1}^{k} p(c_i) \times \log_2 p(c_i) \tag{2-7}$$

　　条件熵是在给定某个条件下，关于某一随机变量的不确定性的度量。条件熵用于评估属性划分的效果，对于决策树中的某个节点，假设有一个属性 $A$，该属性有 $d$ 个不同的取值，根据属性 $A$ 的不同取值将数据集划分为 $d$ 个子集。然后，便可计算在给定属性 $A$ 条件下，关于目标变量 $D$ 的条件熵，计算公式如下：

$$E(D \mid A) = \sum_{i=1}^{d} \frac{|D_i|}{|D|} E(D_i) \tag{2-8}$$

　　信息增益代表了在划分数据集之后，信息复杂度（不确定性）的降低程度。ID3 决策树算法就是使用信息增益度量属性对数据集划分的影响程度的。信息增益的计算公式见式（2-9），信息增益越大，说明根据属性 $A$ 对数据进行划分后的数据子集纯度越高，该属性越适合作为决策树中的分裂节点。

$$\text{Gain}(D \mid A) = E(D) - E(D \mid A) \tag{2-9}$$

　　ID3 决策树算法的具体操作步骤如下。

　　步骤 1：对于样本集合 $D$，$C_i$ 是样本集合 $D$ 中的第 $i$ 个类别，$k$ 是类别的总数。计算所有属性的信息熵 $E(D) = -\sum_{i=1}^{k} \frac{|C_i|}{|D|} \log_2 \left( \frac{|C_i|}{|D|} \right)$。

　　步骤 2：对于每个属性 $A$，$\text{Values}(A)$ 是属性 $A$ 的取值集合，$D_v$ 是在属性 $A$ 上取值为 $v$ 的样本子集。计算其信息增益 $\text{Gain}(D \mid A) = E(D) - \sum_{v \in \text{Values}(A)} \frac{|D_v|}{|D|} E(D_v)$。

　　步骤 3：选择信息增益最大的属性作为划分属性，$A_{\max} = \operatorname{argmax}_A \text{Gain}(D \mid A)$，把数据集中在该属性上取值相同的样本划分到一个子样本集中。

步骤 4：若子样本集的类别属性中只包含单个属性，则分支为叶子节点，判断其所属分类；否则对子样本集递归调用本算法。

随着招生竞争的激烈化，充分利用数据挖掘技术对招生数据库中的潜在信息进行挖掘，有望为招生管理决策提供有益信息。朱莉萍采用决策树算法对历年招生数据进行挖掘，生成了相应的决策树和规则，如图 2-4 所示。其中，测试属性 T 为报到，F 为未报到。该研究对报到情况的影响因素进行重要程度排序，依次为录取方式、专业、生源地、考生科类、考生类别和性别。通过排序，可以对考生报到情况进行预测，为指导招生管理工作提供有力支持，从而提高报到率[33]。

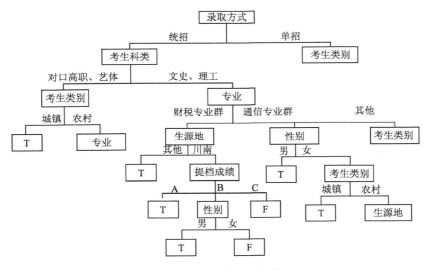

图 2-4　招生决策树（部分）

### 2.2.4　支持向量机

支持向量机是机器学习中最流行的算法之一，该算法建立在统计学习理论基础之上，拥有相对较优的性能指标[34]。

如图 2-5 所示，支持向量机的基本思想是将数据点看作特征空间中的向量，并试图找到一个最优的超平面（在二维空间中为一条直线，而在更高维度的空间中为一个平面），将不同类别的数据点尽可能地分开，即使得两个不同类别的数据点距离该超平面的最小间隔最大化,这些距离最近的数据点被称为"支持向量"。在二维空间中，这个最优的超平面就是能够将两类（正类和负类）数据点完美分开的直线。对于更复杂的数据，支持向量机可以使用非线性核函数将数据映射到高维空间，从而找到一个非线性的最优超平面。

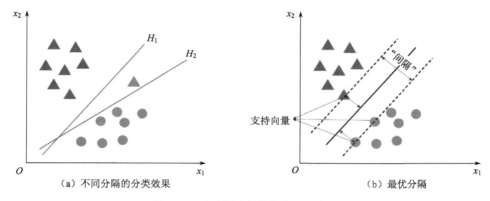

图 2-5　不同分隔和最优分隔示意图

假如给定一些训练样本集，它们分别属于两个不同的类，现在要找到一个线性分类器把这些样本分成两类。用 $x$ 表示样本点，用 $y$ 表示类别（$y$ 取 1 或者 -1，分别代表两个不同的类）。一个线性分类器的学习目标便是在高维的数据空间中找到一个超平面，将两类数据点分隔开，这个超平面的方程可以表示为

$$w^{\mathrm{T}}x + b = 0 \tag{2-10}$$

其中，$w = (w_1, w_2, \cdots, w_m)$ 为法向量，它决定了超平面的方向；$b$ 为位移项，决定了超平面与原点之间的距离。

超平面由法向量 $w$ 和位移项 $b$ 确定，假设超平面 $(w,b)$ 能将样本量为 $n$ 的所有训练样本正确分类，即对任意样本 $(x_i, y_i) \in D$，该样本距离决策边界的距离大于等于常数 $d$。因此，若 $y_i = 1$，则有 $\dfrac{w^{\mathrm{T}}x_i + b}{w} \geqslant d$；若 $y_i = -1$，则有 $\dfrac{w^{\mathrm{T}}x_i + b}{w} \leqslant -d$，即

$$\begin{cases} \dfrac{w^{\mathrm{T}}x_i + b}{w} \geqslant d, & y_i = 1 \\[2mm] \dfrac{w^{\mathrm{T}}x_i + b}{w} \leqslant -d, & y_i = -1 \end{cases} \tag{2-11}$$

其中，$\|w\| = \sqrt{w_1^2 + \cdots + w_d^2}$。

式（2-11）可转换为

$$y_i\left(w^{\mathrm{T}}x_i + b\right) \geqslant 1 \tag{2-12}$$

根据式（2-12），每个支持向量到超平面 $(w,b)$ 的距离可写为

$$r = \frac{\left| w^{\mathrm{T}} x_i + b \right|}{\| w \|}$$

　　　　　　　　　　　　　　　　　　　　　　　　　（2-13）

训练 SVM 的目标是最大化间隔，等同于使支持向量到超平面的距离最大。为了最大化间隔，仅需最大化 $\| w \|^{-1}$，等价于最小化 $\| w \|^2$。因此，SVM 的求解目标为

$$\min_{w,b} \frac{1}{2} \| w \|^2$$

$$\text{s.t. } y_i \left( w^{\mathrm{T}} x_i + b \right) \geqslant 1, i = 1, \cdots, n$$

　　　　　　　　　　　　　　　　　　　　　　　　　（2-14）

使用拉格朗日乘子将约束条件下的目标函数求解转化为对拉格朗日函数的无约束优化，求解式（2-14）可以得到"最优分隔"超平面，进而求解出 SVM 模型。

随着社会的不断进步，电力与人们的生活日益密切，而作为电力和信号传输重要载体的电缆，其作用也愈发凸显。电力隧道为一种保护电缆、容纳电缆的结构，以确保电力传输正常运行。然而，由于自然因素和其他因素的影响，电力隧道内可能出现异常情况，如电缆导体温度过高、护层电流异常、积水过多、异物入侵以及围岩变化等[35]。刘滨等提出了一种基于增强 SVM 的电力隧道多状态全过程监控方法[36]。具体步骤为：首先通过离散小波提取电力隧道动态数据流的低频近似因子，重新组合数据并提取特征，融合低频因子得到电力隧道多状态混合特征。其次，采用深度学习 SVM 并访问未获取类别的样本，通过标有"对"与"错"分类结果的访问点来优化分类器，从而增强 SVM。最后，使用粒子群优化（particle swarm optimization，PSO）算法优化增强 SVM 参数，形成基于 PSO-SVM 的电力隧道多状态识别模型。该模型经过训练和测试后，能够识别电力隧道的多种状态，实现全过程监控，如图 2-6 所示。实验证明，该方法能够及时、精确地监控电力隧道内各指标的多种状态，对异常情况进行及时预警，从而实现电力隧道多状态全过程的有效监控。

### 2.2.5　时间序列算法

时间序列算法是一类专门用于处理时间序列数据的算法。时间序列是按照时间顺序排列的数据点的集合，这些数据点通常表示在一系列连续的时间间隔内收集的观测结果。时间序列可以是等间隔的，也可以是不等间隔的。时间序列算法旨在分析和模型化时间序列数据的模式、趋势和周期性。该算法可以用于多种应用，包括预测未来的数值、检测异常、识别趋势和周期性，以及进行时间序列数据的降噪和平滑处理。

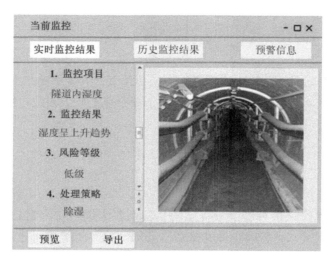

图 2-6    电力隧道内湿度情况监测结果

差分自回归移动平均（autoregressive integrated moving average，ARIMA）模型是一种常用于时间序列分析和预测的统计方法。ARIMA 模型的核心思想是通过对时间序列进行自回归（autoregressive，AR）和移动平均（moving average，MA）的建模，以及对非平稳性的操作，来捕捉序列的趋势和季节性[36]。

AR 部分表示当前时刻的观测值与过去若干时刻的观测值之间存在关系。$AR(p)$ 模型的数学表示为

$$X_t = c + \phi_1 X_{t-1} + \phi_2 X_{t-2} + \cdots + \phi_p X_{t-p} + \varepsilon_t \tag{2-15}$$

其中，$X_t$ 为时间序列的当前观测值；$\phi_1, \phi_2, \cdots, \phi_p$ 为模型的参数；$c$ 为常数；$\varepsilon_t$ 为白噪声误差；$p$ 为 AR 模型的阶数，即模型中自回归项的数量。

差分操作用于使非平稳的时间序列变得平稳。对时间序列进行 $d$ 次差分，即 ARIMA 模型中的 $I(d)$ 部分。差分操作的数学表示为

$$Y_t = X_t - X_{t-1} a X_t = c + \varepsilon_t - \theta_1 \varepsilon_{t-1} - \theta_2 \varepsilon_{t-2} - \cdots - \theta_q \varepsilon_{t-q} \tag{2-16}$$

其中，$Y_t$ 为一阶差分后的时间序列；$d$ 为差分的次数。

MA 部分表示当前时刻的观测值与过去若干时刻的白噪声误差之间存在关系。$MA(q)$ 模型的数学表示为

$$X_t = c + \varepsilon_t - \theta_1 \varepsilon_{t-1} - \theta_2 \varepsilon_{t-2} - \cdots - \theta_q \varepsilon_{t-q} \tag{2-17}$$

其中，$\theta_1, \theta_2, \cdots, \theta_q$ 为模型的参数；$c$ 为常数；$\varepsilon_t$ 为白噪声误差；$q$ 为 MA 模型的阶数，即模型中移动平均项的数量。

综合上述部分，ARIMA 模型的数学表示为

$$Y_t = c + \phi_1 Y_{t-1} + \phi_2 Y_{t-2} + \cdots + \phi_p Y_{t-p} + \varepsilon_t - \theta_1 \varepsilon_{t-1} - \theta_2 \varepsilon_{t-2} - \cdots - \theta_q \varepsilon_{t-q} \tag{2-18}$$

在实际应用中，ARIMA 模型的计算通常包括如下步骤。

步骤 1：平稳性检验。ARIMA 模型要求时间序列是平稳的，即均值和方差在时间上是恒定的。如果时间序列不是平稳的，就需要进行差分操作，直到获得平稳序列。平稳性检验通常包括观察图表、计算滚动统计量和进行统计检验，如单位根（augmented Dickey-Fuller，ADF）检验等方法。

步骤 2：确定差分次数（d 值）。如果差分操作是必要的，则需要确定差分的次数，即 d 值。通过观察平稳性检验的结果和自相关函数（autocorrelation function，ACF）图、偏自相关函数（partial autocorrelation function，PACF）图来确定合适的差分次数。

步骤 3：识别 AR 和 MA 的阶数。利用 ACF 图和 PACF 图，确定 AR 和 MA 的阶数。AR 的阶数是 ACF 图中拖尾的滞后数，MA 的阶数是 PACF 图中拖尾的滞后数。

步骤 4：建立 ARIMA 模型。将确定的 d、p 和 q 的值代入 ARIMA 模型中，形成 ARIMA(p, d, q)模型。该模型的数学表示为

$$Y_t' = c + \phi_1 Y_{t-1}' + \phi_2 Y_{t-2}' + \cdots + \phi_p Y_{t-p}' + \varepsilon_t - \theta_1 \varepsilon_{t-1} - \theta_2 \varepsilon_{t-2} - \cdots - \theta_q \varepsilon_{t-q} \tag{2-19}$$

其中，$Y_t'$ 为差分后的时间序列；$\phi_1, \phi_2, \cdots, \phi_p$ 为 AR 模型的参数；$\theta_1, \theta_2, \cdots, \theta_q$ 为 MA 模型的参数；$\varepsilon_t$ 为白噪声误差。

步骤 5：估计模型参数。利用似然函数或最小二乘法等方法，估计模型中的未知参数。

步骤 6：模型检验。对建立的 ARIMA 模型进行残差分析，检查残差序列是否是白噪声。可以使用统计检验、观察 ACF 图和 PACF 图等方法来验证模型的合适性。

步骤 7：模型预测。利用已建立的 ARIMA 模型对未来进行预测。可以通过逆差分操作（如果进行了差分）将预测结果转换为原始数据的预测值。

需要注意的是，根据具体情况，可能需要对模型进行调整和改进，如尝试不同的阶数、依据季节性进行调整等。ARIMA 模型是一种强大的时间序列分析工具，但也需要根据具体问题进行灵活应用。

流感是由流感病毒引起的呼吸道急性传染病，有季节性、气象、人口规模和病毒亚型等影响因素。全球每年大约有 10 亿人感染季节性流感，相关死亡病例达 29 万~64 万例，老年人死亡率较高。流感与心脏病、中风、肺炎等疾病密切相关，而近年来抗生素耐药性问题加剧，流感防控面临挑战。2019 年，世界卫生组织发布《2019—2030 年全球流感战略》。此外，新冠疫情的暴发使公众增加了对流感的关注。数学建模在疾病预测中得到广泛应用，ARIMA 模型作为一种线性模型，在预测传染病发病率上表现出了较好的可行性和准确性。邹小江等采用乘积季节

ARIMA 对重庆市流感发病率进行预测，旨在为卫生相关部门提供理论依据，加强流感防控[38]。

### 2.2.6　贝叶斯算法

贝叶斯算法是一种基于贝叶斯定理的统计学方法，用于推断事件发生的概率和可能性。其基本原理是通过先验概率和观察到的数据，更新对事件发生概率的估计。贝叶斯算法在机器学习和数据分析领域广泛应用，特别是在分类问题中[39]。

贝叶斯分类是一类利用概率统计知识进行分类的算法，假设 $X$ 是描述一个样本的特征，令 $H$ 为某种假设，如该样本属于某个特定类别 $C$。对于分类问题，我们需要根据 $X$，找出其对应类别 $C$ 的概率，为此需要计算在特征为 $X$ 的情况下假设 $H$ 成立的概率，也就是计算 $P(H|X)$。

$P(H)$ 是先验概率，表示 $H$ 发生的概率，是在观察到新数据之前，对事件发生概率的初始估计。它是基于经验、领域知识或先前的观察得出的，是不依赖于其他条件的客观存在的一个概率。

$P(H|X)$ 是后验概率，表示在 $X$ 发生的条件下，$H$ 发生的概率，称为"条件 $H$ 下，$X$ 的后验概率"。它是在观察到新数据后，通过贝叶斯更新得到的事件概率，是先验概率和观察到的数据共同影响的结果。

$P(X|H)$ 是似然度，表示在 $H$ 发生的条件下，$X$ 发生的概率。似然度描述观察到的数据在给定模型参数下的概率分布。贝叶斯算法通过似然函数来评估模型参数的可能性。

在实际的分类任务中，$P(X)$、$P(H)$、$P(X|H)$ 均可以通过样本集合计算得到，如果我们需要对某个样本进行预测，则需要计算 $P(H|X)$，贝叶斯定理提供了一种基于 $P(X)$、$P(H)$、$P(X|H)$ 估计 $P(H|X)$ 的方法：

$$P(H|X) = \frac{P(X|H)P(H)}{P(X)} \tag{2-20}$$

贝叶斯算法的优势在于能够灵活地利用先验信息，适用于小样本情况，并能够不断更新模型以反映新的观察结果。在实际应用中主要包括以下步骤。

步骤 1：获取先验概率。对于数据 $D = \{x_1, x_2, \cdots, x_n\}$，定义参数集合 $\Theta = \{\theta_1, \theta_2, \cdots, \theta_m\}$，先验概率的选择可能涉及领域专业知识（$I$）和先前的经验。使用贝叶斯定理表示先验概率 $P(\Theta|I) \propto P(I|\Theta)P(\Theta)$。

步骤 2：计算似然函数。似然函数描述了观测数据在给定模型参数下的概率分布，表示为 $P(D|\Theta) = \prod_{i=1}^{n} P(x_i|\Theta)$。

步骤 3：计算后验概率。利用贝叶斯定理，将先验概率、似然函数和边缘概率结合，计算得到后验概率 $P(\Theta\,|\,D,I) \propto P(D\,|\,\Theta,I)P(\Theta\,|\,I)$。

步骤 4：更新估计。利用得到的后验概率更新对参数的估计，计算参数的期望值 $\int\theta P(\Theta\,|\,D,I)\mathrm{d}\Theta$。

如果有新的观测数据，可以重复以上步骤，将后验概率作为新的先验概率，不断更新模型，提高参数估计的准确性。

道路养护区是指在道路的特定部分设立的，旨在进行道路保养和维护工作的区域。由于道路养护区占用了一定的车道空间，通常会对车辆在某些路段的正常行驶造成影响，迫使车辆改变行驶轨迹以换道。黎琼莹和周玉松分析车辆在接近道路养护区时的行驶轨迹，提前预测并分类车辆的换道位置，以便提前制定规避风险的决策[40]。这对于确保道路养护区相关工作的顺利进行，改善道路养护区设施布置，以及保障驾驶人安全驾驶具有重要的意义。具体地，如图 2-7 所示，他们采用雷达数据和朴素贝叶斯模型对车辆轨迹进行预测，使用雷达传感器采集高速公路路侧养护区上游车道的车辆轨迹参数，并建立朴素贝叶斯模型进行训练和测试，以期为道路养护区相关作业的顺利进行、设施布置的改善以及驾驶人安全驾驶提供技术支持。

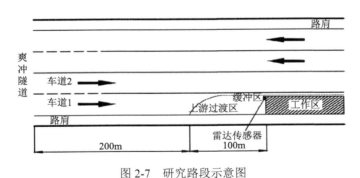

图 2-7　研究路段示意图

## 2.2.7　公共管理大数据中的预测算法应用

### 1. 就业与劳动力市场

在当今数字化时代，预测算法在公共管理大数据中的应用给就业与劳动力市场带来了全新的活力和智能决策支持。通过分析历史就业数据和趋势，预测算法可以为政府和企业提供准确的劳动力需求预测，从而帮助制定更有效的培训和教育计划，确保劳动力技能与市场需求紧密匹配。此外，预测算法在人才招聘和匹配方面也发挥着关键作用，深入分析求职者的技能和经验，以及企业的需求，可以实现更精准的匹配，提高招聘效率。

这一技术的应用不局限于招聘领域，还可以通过对大规模就业数据的分析，为政府制定更智能的劳动力市场政策提供支持。通过了解就业市场的趋势，政府可以及时采取政策措施，促进就业增长和经济发展。此外，预测算法还可以为个体提供更科学的职业生涯规划，通过深入了解行业趋势和市场需求，为求职者提供个性化的建议，助力其更好地规划职业发展。

通过预测算法，政府能够更全面、深入地了解劳动力市场的状况，为未来的政策决策提供科学的数据支持。这有助于政府及时调整就业政策，促进劳动力市场更加稳定和健康地发展。

## 2. 社会舆情

社会舆情分析方面的预测算法通过对社会媒体、新闻、评论等大量信息进行深度分析，来揭示公众对特定话题或事件的态度和情感倾向。这一方面的预测算法通过挖掘海量社交媒体数据、新闻报道以及其他在线交流信息，帮助政府、企业和组织了解社会舆情，预测潜在的社会动态和风险。

社会舆情分析预测算法利用自然语言处理、机器学习等技术，对大规模文本数据进行情感分析、主题挖掘和实体识别。通过分析言论的情感色彩，预测公众对某一事件或议题的态度，从而帮助决策者更好地理解社会动态，及时调整政策或战略。

社会舆情分析预测算法可以识别和追踪热点话题和趋势。通过对大数据的实时监测，算法能够迅速识别社会中出现的新议题，并分析其可能的发展趋势。这有助于政府和企业及时回应社会关切问题，制定更加灵活的沟通和管理策略。此外，社会舆情分析预测算法还可以用于风险管理。通过监测公众的反馈和情感波动，算法能够提前发现潜在的危机或负面舆情，并及时采取措施进行应对。这对于政府、企业和组织来说，是预防和化解危机的关键一环。

社会舆情分析预测算法能否成功应用取决于数据的质量、算法的准确性以及对社会文化和语境的理解程度。随着技术的不断进步，社会舆情分析预测算法不断演化，结合深度学习等技术，其能够更准确、全面地捕捉社会情感和动态，为决策者提供更为有力的舆情监测和预测工具。

## 3. 生态环境与可持续发展

生态环境与可持续发展预测算法的应用是为了更好地理解和管理地球上的生态系统，预测自然资源的变化、环境污染趋势以及可持续发展的路径。这一领域的预测算法结合地球科学、生态学和数据科学，通过分析各种环境数据，为决策者提供有关生态环境的未来趋势和可行的可持续发展策略。

　　预测算法在生态环境保护方面的应用主要涉及气候变化、生物多样性丧失、土地利用变化等方面。预测算法通过分析大气、海洋和陆地等多源数据，预测气候变化的趋势、生物多样性的演变以及土地利用的发展方向。这有助于制定更为科学合理的生态保护政策和可持续资源利用计划。

　　生态环境与可持续发展预测算法在自然灾害预测和风险管理方面发挥着关键作用。通过对地震、洪水、干旱等自然灾害的历史数据和环境要素的监测，算法能够预测潜在的自然灾害发生概率，并提前采取应急措施，减轻灾害造成的损失。

　　生态环境与可持续发展预测算法还可以用于资源管理和可持续发展规划。通过对水资源、土壤质量、森林覆盖等方面的数据进行分析，算法可以预测资源的供需状况，帮助制定可持续的资源管理策略，确保资源的合理利用和未来代际的可持续发展。

　　成功应用生态环境与可持续发展预测算法需要整合多学科的知识，包括地球科学、生态学、大数据分析等领域的专业知识。随着卫星遥感（remote sensing）、传感器技术等科技的不断进步，生态环境预测算法将能够更精准地监测和预测环境变化，为全球可持续发展提供更为强大的支持。

## 2.3　公共管理大数据异常监测预警模型

### 2.3.1　异常监测与公共管理

#### 1. 异常监测

　　异常监测首先要回答的是：如何界定时间序列数据中的异常。为此，国内外学者分别从不同的知识领域对时间序列数据的异常进行了定义，其中具有代表性的两个定义为：①在时间序列中，不服从某一个具体的数据分布且远离其他数据点的数据被视为异常（来自统计学家）；②在时间序列的数据分类中，与相同类别的数据集偏离程度较大的数据被视为异常（来自数据挖掘专家）。后来，随着研究工作的逐步深入，对时间序列数据中异常数据的定义愈发明确。Hawkins 对异常数据的定义得到了学术界的广泛认可[41]，即"异常数据指观测样本中与其他数据存在显著性差异或偏离预期行为模式的数据"。

　　根据时间序列数据异常的不同表现形式，可以将其分为点异常、上下文异常和集合异常三类。

　　（1）点异常：如果某个数据点在时间序列中偏离其他数据点，则该点被称为点异常。点异常是最简单的类型，它们在数据中有着和其他数据点明显不同的属性值，并且较易识别。

（2）上下文异常：某个时间点的表现与前后时间段内的表现存在较大的差异。

（3）集合异常：个体不存在异常，但多个个体形成的集合呈现出异常状态。

异常监测是指对某一系统、过程或事件进行实时监测，并通过比较实际观测数据与预期数据的差异，检测出异常情况的一种方法。在异常监测中，通常会建立一个模型或规则集来描述正常状态下的行为和特征，如基准线、正常范围等。之后，通过收集和分析实际数据，可以及时地发现与预期不符的情况，即异常情况，并采取相应的处理措施。

**2. 公共管理大数据中的异常监测**

公共管理大数据驱动的异常监测算法可以帮助政府及时发现和应对各种异常情况，提高公共管理的效率和决策的科学性，促进社会的平稳运行和可持续发展。

1）社会治安领域

利用公共管理大数据，可以在城市犯罪率、交通违章等方面开展异常监测。通过分析历史数据和实时数据，建立模型监测异常事件，如突发事件的发生、犯罪活动的变化等，以便政府及时采取措施维护社会治安。例如，随着视频监控数据的快速增长与人工智能技术的飞速发展，社会对公共安全的重视程度逐渐加深，基于视频监控的智能感知技术已经成为安全监控发展的重要方向。基于视频监控的智能感知技术应用较广泛的领域之一就是异常行为监测，在各个涉及安防领域的场景基本都适用。传统的模拟视频监控系统和数字视频监控系统，仅仅包含视频录制与存储等基础功能，在后期的人工甄别筛选过程中会浪费大量的时间、人力、物力、财力等资源，已难以满足现在社会对公共安全保护的需求。当前，基于海量视频数据的智能感知技术在异常行为监测中的应用，可以实现事前实时监测、事中实时报警、事后报警记录查询的全时段业务覆盖。在智慧城市管控系统中，异常行为监测是非常重要的组成部分，如在社区内公共区域、学校、娱乐场所、沿街商铺等地点通过智能视频监控系统实时监测人员异常行为，如聚集、打架斗殴、快速奔跑等，可以及时对异常事件发出警示，使异常事件得到及时处理。智能视频监控系统可对一系列的异常行为进行实时监测并报警，使居民受到的伤害得到降低。

2）公共卫生领域

利用大数据技术，可以监测公共卫生事件的异常情况，如传染病的暴发、环境污染事件的发生等。对医疗卫生数据、环境监测数据等进行分析，可以及时发现异常情况并采取相应的防控措施。大数据技术的应用给公共卫生领域带来了巨大的优势。首先，大数据技术能够帮助收集和整合各种卫生信息源，包括医院数据、社交媒体信息、在线搜索记录等，从而提供全面和准确的数据。其次，大数据技术可以实现实时监测和分析，从而帮助迅速发现疾病的暴发或流行趋势。最后，大数据技术还可以挖掘隐藏在海量数据中的关联模式和异常规律，为疾病预警和防控提供科学依据。例如，公共卫生大数据可以用于监测疫情的发展趋势和预测疫情的暴发概率。对大规模的流行病学数据进行分析，可以掌握疾病传播的模式和规律，从而提前预警并采取相应措施。例如，利用社交媒体数据，可以实时监测用户在平台上提及与疾病相关的话题和症状的次数，以及用户的地理位置信息，从而帮助公共卫生部门准确把握疫情传播动态。

3）风险控制领域

异常监测技术在风险控制领域具有重要应用。异常监测算法可以作为探索式工具，用于发现最新的数据异常模式，通过多种模型的配合使用实现更好的风险控制。例如，在反欺诈业务中，客户的欺诈行为是时刻变化的，使用历史样本训练的模型难以应对新的欺诈行为，并且监督模型具有滞后性，更多的是发掘已经发生过的欺诈模式；在金融领域，异常监测算法可以用于监测金融欺诈、洗钱等非法行为。通过分析大量的交易数据，算法能够识别异常模式和异常行为，帮助金融监管机构及金融机构及时发现并应对潜在的风险。金融机构可以通过异常监测和预警技术及时识别和规避风险，减少损失；个人投资者也可以利用这些技术识别投资风险，并及时调整投资策略；金融监管机构可以利用异常监测与预警技术监控金融市场和金融机构的风险，维护金融市场的稳定。

4）环境保护领域

环境污染问题日益严重，运用异常监测技术可以实现对大气、水体、土壤等的情况进行实时监测和分析，及时发现和处理各类环境问题。利用异常监测技术对环境情况进行实时监测与预警，相关部门可以及时发现环境异常情况并采取应对措施，保障公民的生态环境权益。例如，在大气污染方面，利用异常监测技术可以实现对城市空气质量进行实时监测和评估。可以利用公共管理大数据，收集和分析城市各区域的空气质量数据，并建立相应的监测模型，从而及时发现和预测空气污染事件，采取有针对性的防控措施。在水体保护方面，异常监测技术可以帮助进行实时的水质监测。通过对河流、湖泊等水域水质的实时监测和分析，相关部门可以发现水体中的污染物和异常情况，并及时采取措施进行处理和防控。同时，异常监测技术还可以帮助发现水体中的生态问题，如水生生物数量的异常变化等，从而提高水资源的保护和管理水平。在土壤污染方面，异常监测技术可以帮助实时监测土壤中的各种污染物，如重金属、有机物等。可以通过收集和分析土壤样品的数据，并建立相应的监测模型，从而发现潜在的污染源和问题，采取措施进行防控和治理。

## 2.3.2 基于统计理论的异常监测预警模型

基于统计理论的方法在单变量时间序列异常监测领域起步最早，应用的范围也最广。这类方法通常利用统计学原理对数据进行建模，找出不符合具体的数据分布且远离其他数据的对象，从而完成异常识别。基于统计理论的单变量时间序列异常监测方法包括经典的$3\sigma$准则、高斯混合模型、箱形图等，也包括以此为基础的拓展算法。

1. 基于$3\sigma$准则的异常监测算法

作为传统异常的判别方法，$3\sigma$准则要求待观测时间序列数据服从正态分布，认为数值分布在$(\mu-3\sigma,\mu+3\sigma)$区间内的概率约为99.73%（其中$\mu$和$\sigma$分别为待观测数据的均值和标准差），因此将位于此区间外的时间序列数据视为异常值；具体而言，$3\sigma$准则认为数值分布在$(\mu-\sigma,\mu+\sigma)$区间内的概率约为68.27%，分布在$(\mu-2\sigma,\mu+2\sigma)$区间内的概率约为95.45%，分布在$(\mu-3\sigma,\mu+3\sigma)$区间内的概率约为99.73%（图2-8）。在这一假设下，数据与均值的偏差超过标准差3倍的概率应小于0.0027，可能性极低，因此将位于区间$(\mu-3\sigma,\mu+3\sigma)$外的数据视为异常值。

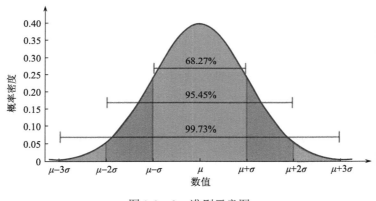

图2-8　$3\sigma$准则示意图

2. 基于高斯混合模型的异常监测算法

高斯混合模型的基本思想是将数据拟合为由多个高斯分布组成的混合模型，其中每个高斯分布代表数据的一个聚类。对于新的数据点，计算其在各个高斯分布下的概率密度并加权求和，可以得到该数据点属于各个聚类的概率，从而判断该数据点是否异常。具体来说，如果某个数据点在某个聚类中的概率低于预设的阈值，则认为该数据点是异常的。该模型对时间序列中的每个数据点进行评分，若评分过高，则判定对应数据为异常数据。该高斯混合模型可表示为

$$p\left(y\mid \mu_i,\Lambda_i\right)=\frac{1}{\left(2\pi\right)^{d/2}\left|\Lambda_i\right|^{1/2}}\exp\left[-\frac{1}{2}\left(y-\mu_i\right)^{\mathrm{T}}\Lambda_i^{-1}\left(y-\mu_i\right)\right] \quad （2-21）$$

其中，$i=1,\cdots,k$；$y$ 为数据点或观测值；$d$ 为数据维度；$\mu_i$ 为均值；$\Lambda_i$ 为协方差矩阵。基于高斯混合模型的异常监测算法要求首先对输入数据进行清洗、归一化等处理，其次通过最大期望算法等方法，估计数据的高斯混合分布模型参数。对数据进行异常监测时，计算其在各个高斯分布下的概率密度并加权求和，比较其概率值与预设阈值，判断其是否异常。该算法需要考虑模型的参数设置，包括高斯分布数量以及每个高斯分布的均值、方差和权重等，在使用高斯混合模型进行异常监测时，需要根据数据的特点和异常监测的目的进行相应的参数调整和优化。

### 3. 基于箱形图的异常监测算法

当数据不满足正态分布时，可以使用箱形图进行单变量时间序列数据的异常监测，通过 IQR（interquartile range，四分位距）计算得到异常值。使用箱形图计算下四分位数（25%分位数，$Q_1$）、中位数（median）、上四分位数（75%分位数，$Q_3$）、最小值（minimum）、最大值（maximum）等统计量，生成一个箱形图，来描述时间序列数据的整体分布情况（图 2-9）。

$$\text{minimum}=Q_1-1.5\times\text{IQR}=Q_1-1.5\times\left(Q_3-Q_1\right) \quad （2-22）$$

$$\text{maximum}=Q_1+1.5\times\text{IQR}=Q_1+1.5\times\left(Q_3-Q_1\right) \quad （2-23）$$

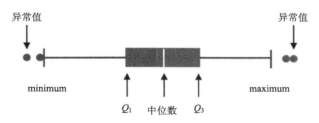

图 2-9　利用箱形图检测异常

箱体包含了占绝大多数的正常时间序列数据，而在箱体"minimum"和"maximum"之外的，就是异常数据。

### 4. 基于直方图的异常监测算法

Goldstein 和 Dengel[42]等提出了基于直方图的离群点评分（histogram-based outlier score，HBOS）算法，该算法也是一种无监督异常监测算法，且对全局离群值的监测精度较高。直方图通常用于显示数据分布，它的横坐标表示数据的取值范围，纵坐标表示该范围内数据点的数量，横坐标和纵坐标的度量单位分别为待观测数据的某个属性和数量。HBOS 算法可用于多变量时间序列的异常监测，其基本假设是数据的各维度都是独立的。它将数据集分成若干个区间，基于每个区间中数据点的密度计算数据点的异常得分，数据密度越小，异常得分越高。

该算法首先对数据集中的每个特征构建单变量直方图，对于分类数据，统计每个类别的频数并计算相对频率，以此作为直方图的高度；而对于数值数据，HBOS 算法使用两种不同的方法对连续数据进行离散化，以进行概率密度计算。

作为上述方法的拓展算法，基于非约束 $\alpha$-稳定一阶模型和统计假设检验的网络流量异常监测方法假设时间序列数据的分布是稳定的，且概率密度函数（probability density function，PDF）没有统一和封闭的解析表达式，但具有统一的特征函数（characteristic function，CF）。

### 2.3.3　基于 Shewhart 控制图的异常监测算法

Shewhart 控制图是由美国统计学家沃尔特·安德鲁·休哈特（Walter Andrew Shewhart）在 20 世纪 20 年代提出的，它是一种有控制界限的图，主要用于跟踪过程的输出变化，判断是否存在特殊因素或异常情况。Shewhart 控制图主要基于统计过程控制（statistical process control，SPC）的思想，使用样本数据来构建控制限，并将样本统计量与控制限进行比较，判断过程是否处于可接受的稳定状态。它通常使用样本数据来构建控制限，并将样本统计量与该控制限进行比较，假设某一过程的样本数据 $X_i \sim N\left(\mu, \sigma^2\right)$，如果在 $t$ 时刻抽取 $m$ 个样本，记为 $X_{i1}, X_{i2}, \cdots, X_{im}$，每个样本均含有 $n$ 个数据值，则样本均值 $\overline{X_i} \sim N\left(\mu, \sigma^2\right)$，当 $\mu$ 和 $\sigma$ 均已知时，$\overline{X_i}$ 以 $1-\alpha$ 的概率落在控制区间 $\left[\mu - U_{1-\alpha/2}\dfrac{\sigma}{\sqrt{n}}, \mu + U_{1-\alpha/2}\dfrac{\sigma}{\sqrt{n}}\right]$ 内。其实现步骤如下。

（1）取样和测量：确定要监控的关键指标或特征，并制定取样方案。

假设每次抽取的样本数 $n = 5$，从过程中周期性地取样，得到一系列样本组 $X_i$，$X_i = \left\{x_{5\times(i-1)+1}, x_{5\times(i-1)+2}, \cdots, x_{5\times(i-1)+5}\right\}$。当以样本均值为需监控的指标时，得到一系列数据 $\left\{\overline{X_1}, \overline{X_2}, \cdots\right\}$，其中 $\overline{X_i}$ 为子样本 $X_i$ 的均值。

（2）计算控制限：根据取样数据，计算出控制限。

假设样本数据 $\overline{X_i} \sim N\left(\mu, \dfrac{\sigma^2}{n}\right)$，$\overline{X_i}$ 将以 $1-\alpha$ 的概率落在控制区间 $\left[\mu - U_{1-\alpha/2}\dfrac{\sigma}{\sqrt{n}}, \mu + U_{1-\alpha/2}\dfrac{\sigma}{\sqrt{n}}\right]$ 内，其中 $n$ 为样本容量，记 $\dfrac{\sigma}{\sqrt{n}}$ 为 $\sigma_{\overline{X}}$。根据中心极

限定理，当样本不符合正态性假定时，只要样本数量较大，那么样本均值也近似服从正态分布，故 Shewhart 控制图的结果仍然可用。当 $\dfrac{\left|\overline{X_i}-\mu\right|}{\sigma_{\overline{X}}}\leqslant c$，即 $\mu-c\cdot\sigma_{\overline{X}}\leqslant\overline{X_i}\leqslant\mu+c\cdot\sigma_{\overline{X}}$ 时，认为 $\overline{X_i}$ 为异常值。记 $\mu-c\cdot\sigma_{\overline{X}}$ 为下控制限，$\mu+c\cdot\sigma_{\overline{X}}$ 为上控制限。

　　$c$ 的取值可依据实际情况设置。根据 $3\sigma$ 准则，标准正态分布样本落在 $3\sigma$ 以内的概率约为 99.73%，因此一般取 $c$ 为 3，也称为生产中的 $3\sigma$ 控制限。

　　（3）绘制控制图：将取样数据绘制在控制图上，通常以折线图的形式绘制。

　　控制图上包括一个中心线（表示过程的平均水平）、上下控制限（表示过程的可接受变异范围）以及每个取样点的数值。记控制图的中心线为样本均值 $\mu$ 的水平线，将 $\mu+\dfrac{c\sigma}{\sqrt{n}}$，$\mu-\dfrac{c\sigma}{\sqrt{n}}$，即 $\mu+c\cdot\sigma_{\overline{X}}$，$\mu-c\cdot\sigma_{\overline{X}}$ 分别标注为上控制限和下控制限，这样就得到了一个基本的控制图，如图 2-10 所示。如果样本数据超出上、下控制限，就意味着可能存在特殊因素或异常情况。

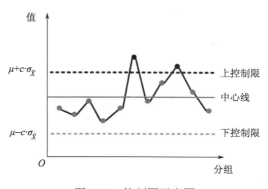

图 2-10　控制图示意图

### 2.3.4　基于 CUSUM 的异常监测模型

　　累积和（cumulative sum，CUSUM）算法通过计算连续观测值的 CUSUM 来判断过程是否发生了显著的变化，当其超过设定的阈值时，认为变量异常。CUSUM 算法的基本思想是计算连续观测值与其均值之间的差异，并将这些差异值进行累积求和。当这个求和的值超过了预先设定的阈值时，就会发出异常信号。基本步骤如下：首先根据具体异常情况设置一个阈值和一个漂移参数；其次对于每个新的数据点，计算其与均值的差异，并将这些差异进行累积求和，当 CUSUM 超过了预先设定的阈值时，就会发出异常信号；最后根据实际监测情况反馈信息，对阈值和漂移参数进行调整，以提高检测性能。

CUSUM 控制图描绘出每个样本数值与目标值间偏差的 CUSUM，CUSUM 控制图的理论基础为序贯分析原理中的序贯概率比检验，首先提出原假设和备择假设，其次对假设进行检验并得出结论。假设随机变量 $X = \{x_1, x_2, \cdots, x_n\}$，$X$ 的概率分布为 $P_0(X)$ 或 $P_1(X)$。原假设（$H_0$）：$X$ 服从 $P_0(X)$ 分布；备择假设（$H_1$）：$X$ 服从 $P_1(X)$ 分布。该假设的统计量为

$$\mathrm{LR}_n(X) = \frac{\prod_{i=1}^{n} P_1(X_i)}{\prod_{i=1}^{n} P_0(X_i)} \tag{2-24}$$

设定停止法则为

$$\gamma = \inf\{n \mid n \geq 1, \mathrm{LR}_n \in (A, B)\} \tag{2-25}$$

其中，$A \approx \dfrac{\beta}{1-\alpha}$；$B = \dfrac{1-\beta}{\alpha}$；$\alpha$ 和 $\beta$ 分别为犯第一类错误和犯第二类错误的概率。根据数据计算 $\mathrm{LR}_n$，一旦 $\mathrm{LR}_n \notin (A, B)$ 则停止试验，否则继续试验。试验停止时，判决法则为：当 $\mathrm{LR}_n \leq A$ 时，接受 $H_0$；当 $\mathrm{LR}_n \geq B$ 时，接受 $H_1$。

即使 CUSUM 算法假设存在异常，整个检测过程也是稳定的。若 $k$ 时刻的样本序列为 $y_1, y_2, \cdots, y_k$，序列在 $y_{t_0}$ 时发生变化，记变化之前 $y_1, y_2, \cdots, y_{t_0-1}$ 的概率分布为 $P_{\theta_0}$，变化后 $y_{t_0+1}, \cdots, y_k$ 的概率分布为 $P_{\theta_1}$，定义统计量 $S_n$ 为

$$S_n = \sum_{i=1}^{n} s_i, \quad s_i = \ln \frac{P_{\theta_1}(y_i)}{P_{\theta_0}(y_i)} \tag{2-26}$$

利用该模型进行异常监测的具体过程为

$$y_n = S_n - m_n \geq h, \quad m_n = \min S_j, 1 \leq j \leq n \tag{2-27}$$

其中，$h$ 为告警门限，如果 $y_n \geq h$，则在时刻 $n$ 发出警告，认为出现异常。利用 CUSUM 算法进行异常监测的优点是能够有效检测异常点且速度较快，判断比较直接，可以应用于粗粒度的判断和管理控制；而不足之处是该算法基于假设检验方法，假设所有的数据都服从相同的分布，与实际情况偏差较大；且基于统计学的方法有一定的滞后性，误报率比较高。

## 2.3.5 基于轻量预测的异常监测方法

基于轻量预测的异常监测方法也是单变量时间序列数据异常监测中常用的方法，基本思路是利用轻量级预测模型对时间序列数据待监测时刻或时段的值进行预测，将预测值与真实值差异过大的数据判定为异常数据。常用的模型包括移动

平均法、指数加权移动平均法、递归最小二乘法（recursive least-squares，RLS）、向量自回归（vector autoregression，VAR）模型和差分自回归移动平均（autoregressive integrated moving average，ARIMA）模型等。

### 1. 移动平均法

移动平均法是一种简单的时间序列平滑预测技术。其基本思想是通过计算一定时间段内的平均值来平滑数据、消除随机波动，并揭示数据背后的长期趋势或周期性模式。该方法尤其适用于时间序列值波动较大，难以反映事件发展趋势的情况。

简单移动平均的各元素的权重都相等。移动平均法中，模型监测的当前数据是连续 $K$ 期的平均值，即

$$m_t = \frac{1}{K}\sum_{k=1}^{K} y_{t-k+1} \tag{2-28}$$

其中，$y_t$ 为当前需要进行监测的时间序列变量值；$m_t$ 为下一期的预测值；$K$ 为移动平均的时期个数；$k$ 为 $K$ 期内的每一个时间点的索引。数据异常判定的规则是

$$m_t - u_m > c\sigma_m \tag{2-29}$$

其中，$u_m = \frac{1}{B}\sum_{b-1}^{B} y_{t-b-g}$；$\sigma_m = \frac{1}{B-1}\sum_{b=1}^{B}\left(y_{t-b-g}-u_m\right)^2 \sqrt{\frac{1}{B-1}\sum_{b=1}^{B}\left(y_{t-b-g}-u_m\right)^2}$（$B$ 为用于计算均值和标准差的时间窗口长度；$b$ 为时间窗口内的索引；$g$ 为时间滞后量）。

### 2. 指数加权移动平均法

简单移动平均法在计算平均值时对移动期内的数据同等看待，然而通常来说，越是近期的数据对预测值的影响越大。为弥补简单移动平均法的不足，指数加权移动平均法区别对待移动期内的各个数据。对近期数据给予较大的权数，而对远期数据给予较小的权数。加权移动平均法规定：

$$m_1 = y_1, \quad m_t = \lambda y_t + (1-\lambda)m_{t-1} \tag{2-30}$$

其中，$m_t$ 为时间 $t$ 的指数加权平均值；$y_t$ 为时间 $t$ 的实际观测值；$\lambda$ 为平滑系数，取值范围为 $0 \leqslant \lambda \leqslant 1$，$\lambda$ 越大，对近期数据越敏感。

当 $m_t - u_m > c\sigma_m[\lambda/(2-\lambda)]^{1/2}$ 时，模型发出预警信号，判定当前时间序列数据出现异常。

### 3. RLS

RLS 是一种经典的单变量时间序列回归预测方法。应用 RLS，时刻 $t = n + N$ 的时间序列变量值可根据式（2-31）预测：

$$\gamma[n+N] = \sum_{m=0}^{M-1} h[m]\gamma[n-m], \, N > 0 \qquad (2\text{-}31)$$

其中，$h[m]$ 由最小化加权误差计算得到：

$$\varepsilon_n = \sum_{k=0}^{n} \lambda^{n-k} \left| \gamma_{k+N} - \hat{\gamma}_{k+N} \right|^2 \qquad (2\text{-}32)$$

在使用 RLS 进行异常监测时，可以将异常定义为监测值与模型预测值之间的显著偏差，使用 RLS 进行异常监测的步骤为：首先初始化回归系数估计值、协方差矩阵和增益矩阵，根据当前的回归系数估计值进行预测，并计算实际观测值与预测值之间的残差。RLS 根据残差的大小来判断是否存在异常，例如，可以使用 MSE 计算残差，若 MSE 超过阈值，则认为存在异常。可以根据具体的应用场景采取相应的处理措施。例如，发出警报、记录异常数据、调整模型参数等。

### 4. VAR 模型

VAR 模型是线性的多元时间序列模型，用所有当前时刻的变量和过去时刻的自身延迟值进行建模，可预测相互联系的时间序列系统以及分析随机扰动对变量系统的动态影响，进而进行异常监测。

内生变量是指在研究中直接受到研究对象或系统内部因素影响的变量，与研究问题直接相关，并且可能对研究中其他变量的变化产生影响。外生变量是指在研究中独立于研究对象或系统内部因素而存在的变量。它们对研究问题没有直接影响，并且不受其他变量的影响。外生变量通常被认为是研究者能够直接控制的因素，它们可以作为独立变量或解释变量，用来解释内生变量的变化。参数通常是由模型以外的因素决定的，因此也往往被看成外生变量。

假设有 $k$ 维时间序列，VAR 模型的一般表达式的矩阵形式如下：

$$Z_t = \phi_0 + \sum_{i=1}^{p} \phi_i Z_{t-i} + BX_t + \varepsilon_t, \, t = 1, \cdots, T \qquad (2\text{-}33)$$

展开写成向量形式为

$$\begin{pmatrix} z_{1t} \\ z_{2t} \\ \vdots \\ z_{kt} \end{pmatrix} = \begin{pmatrix} \phi_{10} \\ \phi_{20} \\ \vdots \\ \phi_{k0} \end{pmatrix} + \sum_{i=1}^{p} \phi_i \begin{pmatrix} z_{1t-i} \\ z_{2t-i} \\ \vdots \\ z_{kt-i} \end{pmatrix} + B \begin{pmatrix} x_{1t} \\ x_{2t} \\ \vdots \\ x_{dt} \end{pmatrix} + \begin{pmatrix} \varepsilon_{1t} \\ \varepsilon_{2t} \\ \vdots \\ \varepsilon_{kt} \end{pmatrix}$$

$$\phi_i = \begin{pmatrix} \phi_{11}(i) & \phi_{12}(i) & \cdots & \phi_{1k}(i) \\ \phi_{21}(i) & \phi_{22}(i) & \cdots & \phi_{2k}(i) \\ \vdots & \vdots & & \vdots \\ \phi_{k1}(i) & \phi_{k2}(i) & \cdots & \phi_{kk}(i) \end{pmatrix} \tag{2-34}$$

其中，$k$ 维内生变量列向量 $Z_t = (z_{1t}, z_{2t}, \cdots, z_{kt})^{\mathrm{T}}$；$Z_{t-i}$ 为滞后的内生变量；$p$ 为滞后阶数；$X_t$ 为 $d$ 维外生变量列向量；$\varepsilon_t$ 为 $k$ 维白噪声向量，$\varepsilon_1, \cdots, \varepsilon_n$ 服从分布 $N(0, \Sigma)$，$\Sigma$ 为 $k$ 维正定矩阵；$B^{k \times d}$ 为待估系数矩阵。

每个变量都可以被其他变量的过去值来解释，因此 VAR 模型允许变量之间相互影响和动态调整。通过估计 VAR 模型的系数矩阵，我们可以得到每个变量对自身和其他变量的影响程度。VAR 模型将系统中每一个内生变量作为系统中所有内生变量的滞后值的函数来构造模型，从而实现了将单变量自回归模型推广到由多元时间序列变量组成的"向量"自回归模型。通常用于描述多变量时间序列之间的变动关系。VAR 模型从数据出发进行构建，是一种非结构化的模型。

利用 VAR 模型进行预测时，由于每个方程的右侧都不含有当期变量，因此采用 VAR 模型做样本外的短期预测会得到非常准确的结果。但做样本外长期预测时，只能预测出长期变动的趋势，对短期波动预测的结果则不理想。

5. ARIMA 模型

ARIMA 模型是一种常用的时间序列分析和预测方法，也可以用于异常监测。ARIMA 模型通过差分操作将非平稳时间序列转化为平稳时间序列，然后利用 AR 部分对因变量的滞后值进行回归，利用 MA 部分对随机误差项的现值和滞后值进行回归，从而拟合和预测时间序列。对于一般的时间序列 $\{X_t, t = 1, \cdots, n\}$，令其均值 $E(X_t) = \mu$，则 $\text{ARIMA}(p, d, q)$ 模型可表示为

$$\varphi(B)(\nabla^d X_t - \mu) = \theta(B)\varepsilon_t, \ t > d \tag{2-35}$$

其中，$B$ 为后移算子（backward shift operator），$BX_t = X_{t-1}$；$\nabla^d$ 为 $d$ 阶差分算子；$\nabla^d X_t$ 为对时间序列 $X_t$ 进行 $d$ 次差分。利用 ARIMA 模型进行异常监测，首先，对时间序列数据进行预处理，包括去除趋势、季节性和周期性等。可以通过差分操作或其他技术来实现，以确保数据满足平稳性要求；根据预处理后的数据，选择适当的 ARIMA 模型参数 $(p, d, q)$ 进行拟合，估计 ARIMA 模型的参数。将拟合好的模型应用于训练数据，得到拟合值。其次，计算观测值与拟合值之间的残差，即实际观测值与模型预测值之间的差异。根据残差序列进行异常监测。基于 ARIMA 模型的异常监测使用时间序列数据的特征和过去的观测值，通过建立模型和预测来监测未来的异常情况。然而，ARIMA 模型可能无法有效监测到非线

性、非正态或异方差性质的异常。

### 2.3.6　基于 WSARE 算法的异常监测模型

#### 1. WSARE 算法定义

WSARE[43]（what's strange about recent events，最近事件有什么奇怪之处）是一种基于时空预警模型的异常监测算法，是目前最先进的用于疾病暴发早期检测的监测模型，不仅能识别异常对象，同时还能识别出具备同类特征组合的异常对象集群。

为了更准确有效地识别出任意属性组合产生的异常对象，WSARE 借鉴了生物监测领域中的相关理论，旨在构建一个不仅可以识别单一属性，同时也能识别组合属性异常对象的监测模型。WSARE 模型处理多因素分类中的异常识别问题的效果比单因素分析方法更加理想，在未预先设定具体特征维度组合的情况下，WSARE 模型也可以监测出不同特征维度组合中的异常对象。该模型通过对比当前监测时间段内的数据与过去较近时间段内的数据，来判定是否存在显著的差异，从而识别出近期的异常波动。这种基于历史数据的监测方法具有两个显著的优点：一是它对数据集的时间跨度要求不高，即使数据量有限也能进行有效分析；二是它对收集难度较高的环境特征数据不作严格要求，这使得它在许多实际应用场景中都能灵活应用。因此，WSARE 模型非常适合用于监测短期内的异常波动。

#### 2. WSARE 模型测度方法

WSARE 模型充分考虑当前数据所有可能构成的单元组规则和双元组规则，并通过对每一个相关规则进行评分，找出分数最高的规则，将其记为符合数据特征的最优规则。通过将当前数据对象与历史数据对象进行对比，得出每个规则所对应的分数，对分数最高的最优规则进行随机检验，估算出对应的 $P$ 值。该 $P$ 值反映了在数据对象特征和日期均独立的假设下，找到具有较高分数的规则的可能性，基于随机检验的 $P$ 值充分考虑了规则识别中运用的多种检验所造成的各种影响。

1）对于指定基准期创建基准数据

获取基准线分布时，应包括近期之前的所有数据对象，并根据这一数据子集构建贝叶斯网络。通常情况下，一般会将最靠近当前时间的数据作为近期数据。比如，将过去五年时段的所有数据作为基线数据。

2）通过随机检验评价单元组规则和二元组规则

对于单元组规则 $r$，分别计算近期时段的数据集合和基线时段数据集合中满足规则 $r$ 的记录数量，分别记为 $C_{recent}$ 和 $C_{baseline}$，生成 2×2 规则关联表格（表 2-2）。

表 2-2　2×2 规则关联表格

| 项目 | $C_{\text{recent}}$ | $C_{\text{baseline}}$ |
|---|---|---|
| 符合 $r$ 规则 | $n_{11}$ | $n_{12}$ |
| 不符合 $r$ 规则 | $n_{21}$ | $n_{22}$ |

使用单侧 Fisher（费希尔）精确检验表 2-2 并得到 $P$ 值，将该 $P$ 值记为规则 $r$ 的得分 $\text{Score}(\text{BR})$，在所有规则都检验结束后，找到最好的单组规则，记为 BR1；对于二元组规则，通过贪婪算法将 BR1 与另一个规则结合，尝试寻找最优的二元组规则。将上述获得的最优规则命名为 BR。

3）通过随机检验求得 $P$ 值

由于数据都是随机生成的，大多数单元组规则的 $P$ 值都没有意义，但是可以通过上千次的迭代减少模型过度拟合带来的问题，从而找出有价值的规则。当 $P$ 值小于临界值水平时，我们遵循拒绝零假设的标准。在单一假设检验中，当零假设为真时，产生错误的概率等于临界值水平。但是当执行一千次假设检验时，每一个可能的规则都被考虑在内，那么得出一个假结论的概率就接近于 1，这远远超过了临界值水平。因此，当模型返回一个 $P$ 值时，这一表面值并不能立即被采纳，除非使用多假设检验对其进行适应性调整。针对这一问题，WSARE 模型引入了随机检验加以改善，从随机数据集合中获取最优规则，通过重复上述步骤达千次，可获得 BR 的补偿 $P$ 值，记为 CPV。对于求得的最优规则 BR，通常会进行迭代，记迭代次数为 $N$（$N$ 一般取 1000），每次迭代计算时，打乱近期记录和基线数据集的日期，产生一个随机数据集。

按照上述步骤找出该数据集对应的最优规则 $\text{BR}^{j}$，并计算规则 $r$ 的得分 $\text{Score}(\text{BR}^{j})$。补偿 $P$ 值 CPV 的计算方法如下：

$$\text{CPV} = \frac{\text{No. of times Score}(\text{BR}^{j}) < \text{Score}(\text{BR})}{N} \qquad (2\text{-}36)$$

其中，$\text{No. of times Score}(\text{BR}^{j}) < \text{Score}(\text{BR})$，为 $\text{Score}(\text{BR}^{j})$ 小于 $\text{Score}(\text{BR})$ 的次数。

4）计算 $P$ 值的显著性

WSARE 可以用于比较每日数据的相似度，并且还能应用于对历史数据中异常模式的发现。当使用 WSARE 模型对每天的数据进行计算时，只需要获取随机检验中最优的补偿 $P$ 值 CPV。但是当将 WSARE 模型用于分析历史数据时，就需要去比较历史记录中每日的 CPV，为了防止过拟合问题，需要通过控制错误发现率（false discovery rate）的方式来进行比较。通过这种方式，我们最终能够提炼出一套显著的规则模式，这些模式适合于评估数据的异常程度，从而用于异常监测。具体而言，那些具有显著 $P$ 值的数据对象将被视为异常。

### 2.3.7 基于公共管理大数据的异常监测算法应用

公共管理大数据驱动的异常监测算法可以帮助政府及时发现和应对各种异常情况，提高公共管理的效率和决策的科学性，促进社会的平稳运行和可持续发展。

1. 气象情况监测

极端天气（气候事件）是指罕见的恶劣天气，目前对于异常气候事件的监测基本全部聚焦于对极端天气的监测。天气的一些要素，特别是降水、气温、风等，若它们的量值超过了一定的限度，就会对人们的生产生活构成威胁，因此研究者大多通过确定阈值的方法选取异常天气（几乎全部为极端天气）样本[44]。常用的阈值选取方法有 Hill（希尔）图解法、峰度法以及百分位法等。Hill 图解法选取图形中使尾部指数开始稳定的横坐标（如图 2-11 所示，该图为利用丹麦火灾数据绘制的 Hill 图，旨在通过这一方法确定异常天气的阈值），峰度法需要反复移除剩余样本中的最大值直至样本峰度降低至 3，百分位法在所有测站选取超过某百分位数的气象值作为异常天气样本，不同测站的气象状况差异较大，使得百分位数的选取存在困难。

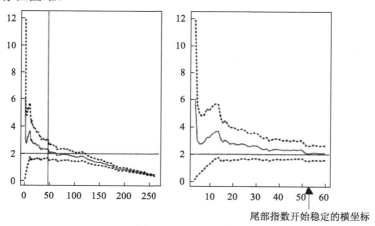

尾部指数开始稳定的横坐标

图 2-11    Hill 图示例

2. 网络安全监测

网络异常流量监测是网络安全防护的重要组成部分，也是目前学术界和工业界关注的热点，主要通过分析和监控流经目标系统的所有网络流量来查找异常。异常监测在网络安全监测中应用的主要思想是，为待观测目标系统建立一个正常行为模型，当目标系统偏离该正常行为模型时，将其判定为异常。

在网络异常流量监测过程中，往往利用网络流量在时间序列上的变化情况来进行实时监测。基于 ARIMA 算法，Shirani 等针对 Web 服务器中的正常行为建立模型，判定特征值超过正常行为置信区间的观测对象片段为异常；Kosek 等开发了一种基于非线性人工神经网络模型的异常监测方法，应用于分布式能源资源智能电网中的网络物理入侵检测；Imran 等提出了一种基于学习和预测机制集成的入侵检测系统，其中学习机制基于自动机器学习，预测机制基于卡尔曼滤波，该方法在公开数据集的入侵检测中具有较高的准确率。

### 3. 数字经济监管

数字经济，通常指的是人类通过大数据以及数字化的信息与知识，引导、实现资源的快速优化配置与再生，实现经济高质量发展，促进公平与效率更加统一的经济形态。我国各级政府部门、各级领导都非常重视推动数字经济持续健康发展，党的十八大以来，习近平总书记已就此发表系列重要讲话，并做出重要指示。利用电商消费订单、用户行为时间序列数据进行反欺诈及其他风险防控，是数字经济监管实践的一大重要途径。

数字经济中的欺诈事件主要包括信用卡欺诈、电信欺诈、黄牛/羊毛欺诈、计算机入侵、盗窃/假冒欺诈等，其中对信用卡欺诈的研究最为广泛。目前利用时间序列数据对数字经济欺诈事件进行检测主要有两种方法：一种是利用经典的数据挖掘算法，如 K-近邻算法、支持向量机、隐式马尔科夫模型等；另一种是利用深度学习的欺诈事件检测技术，如 Zhu 等[45]构建了分层可解释网络，该网络在特征和事件层面进行信息提取，具体结构如图 2-12 所示。分层可解释网络算法可以提高欺诈检测的性能，已在信用卡反欺诈案例中成功应用。

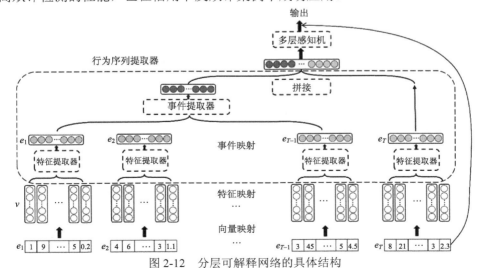

图 2-12　分层可解释网络的具体结构

# 2.4　公共管理大数据驱动的虚拟仿真技术

## 2.4.1　公共管理大数据的仿真流程

公共管理大数据计算与仿真是将大数据技术和计算机仿真技术应用于公共管理领域，以实现对数据的深度挖掘和智能分析，为政府决策和资源配置提供科学依据，促进社会治理和公共服务的现代化与智能化。公共管理大数据的虚拟仿真流程如下。

### 1. 数据采集与准备

首先，需要采集与公共管理相关的大数据，并对其进行清洗、整理和预处理。公共管理大数据的数据来源包括政府公开数据、社交媒体数据、传感器数据等多种类型。数据采集需要考虑数据的质量和完整性，同时还需要考虑数据隐私等问题。数据处理包括数据获取、噪声去除和缺失值填补等步骤，以确保数据的质量和完整性。含噪声、不完整和不一致的原始数据无法达到挖掘算法所要求的数据标准，使用低质量的数据会对数据分析结果产生影响。数据预处理（data preprocessing）是指在使用数据进行数据挖掘和数据分析之前，先对原始数据进行一系列处理，以提高数据的质量进而满足应用需求。数据预处理流程如图 2-13 所示。

数据清洗 → 数据集成 → 数据规约 → 数据变换

图 2-13　数据预处理流程

### 2. 建模选择与参数调优

针对特定的公共管理问题，需要建立适当的仿真模型，并设定相应的参数。建模选择旨在选择合适的建模方法来解决问题，而参数调优则旨在寻找最佳的模型参数组合，以提高模型性能。建模选择是公共管理大数据分析中的关键步骤，模型可以是数学模型、统计模型、机器学习模型等，用来描述和模拟公共管理领域的相关过程和行为。在进行建模选择时，需要考虑数据的特点、问题的性质以及分析的目标。常见的建模方法包括回归分析、决策树、神经网络、支持向量机、朴素贝叶斯等。每种方法都有其适用的场景和优缺点，需要根据具体情况进行选择。模型建立后，需要进行参数调优，即确定建模方法的最优参数组合，以提高建模性能。参数调优一般采用交叉验证的方法，目标是找到最优的参数组合，使得模型在测试集上具有最佳的性能表现。参数调优可以提高模型的准确性、泛化能力和稳定性。

### 3. 数据输入与仿真运行

在模型训练和验证完成后，可以使用训练得到的模型对新的数据进行仿真运行。将新的数据输入模型中，并生成相应的仿真结果。使用选定的建模方法和参数组合，对数据进行模型训练。训练过程中，通常会将数据切分为训练集和验证集，用于评估模型的性能。训练集用于估计模型参数，验证集用于评估模型的泛化能力和预测准确性。仿真过程根据设定的参数和规则，模拟公共管理系统中的各种变化和交互，生成仿真结果。仿真运行可以帮助分析人员理解问题的动态变化、预测未来趋势，以支持决策和政策制定。

### 4. 仿真结果分析与评估

对仿真运行得到的结果进行深入研究，以实现对公共管理问题的全面理解。在进行结果分析与评估时，可以采用统计指标分析方法，通过计算各种统计指标来描述仿真结果的特征和性能。例如，平均值和方差等统计学指标能够为结果提供基本的描述和概览，此外，常用的方法还包括图表和可视化分析，借助图表和可视化工具，可以直观地展示仿真结果，如柱状图、折线图、饼图、散点图等图表和可视化工具可以帮助分析人员更好地理解结果的分布、趋势和关系。还可以对参数进行敏感性分析。改变参数值，并观察结果的变化程度，可以评估模型对参数的敏感程度，并找出对结果影响最大的参数。

### 5. 优化与反馈

根据仿真结果和实际情况的对比，通过灵敏度分析确定哪些参数对结果影响最为显著，针对这些参数进行调整，以提高模型的拟合度和预测能力；然后将实际执行情况反馈到模型中，将实际数据和结果纳入模型中进行更新和改进，使模型更符合实际情况。通过比较模型的预测结果和实际观测数据，不断修正模型的偏差和误差，以使其更加准确地反映现实情况，进而对模型和参数进行优化和调整，不断更新和改进模型，以提高仿真模型的准确性和可靠性。通过优化与反馈，不断提高仿真模型的逼真度和可信度，使其成为有效支持公共管理决策的有力工具。同时提高对公共管理问题的理解和应对能力，为实际问题的解决提供更加可靠的依据和支持。

### 2.4.2　公共管理大数据存储与分析

公共管理大数据通常具有海量、高维度和复杂性等特点，因此需要运用适当的大数据处理和分析技术。这包括数据存储、并行计算、数据挖掘、机器学习等技术，用于从大数据中挖掘有价值的信息和模式。

#### 1. 分布式存储理论

大数据给存储系统带来了三个方面的挑战：首先是数据存储规模大；其次是数据存储管理复杂，需要兼顾结构化、非结构化和半结构化的数据；最后是大数据的价值密度相对较低，数据增长速度快、处理速度快、时效性要求高，需要更多种类和更高水平的数据服务来挖掘更深层次的数据价值。在此背景下，传统的关系型数据库已经无法满足海量数据存储和管理的需求，因此出现了一批新技术，以应对大数据存储与管理的挑战。目前，大数据环境下最适用的技术是分布式文件系统、分布式数据库以及访问接口和查询语言，比如：分布式文件系统（GFS①、HDFS②）、数据仓库、关系数据库、非关系型数据库（包括 MongoDB、HBase③等）、云数据库等。

数据存储及管理具有海量性、复杂性、异构性、高速性、价值性等特点：海量性指大数据时代数据量巨大；复杂性指大数据来源复杂，数据类型、格式、来源不同；异构性指数据存储介质和数据格式不一致；高速性指数据需要快速处理和响应；价值性指从数据中获取价值是处理的重要目的。分布式系统具有高性能、高可扩展性、高可用性等突出优势。系统通常从一个单节点系统开始，随着业务的发展和使用者的增加，数据量会越来越大，最终可能会超过单个数据库的容量限制。为了提高可扩展性，存储系统会将数据集分散存储在多个节点上，从而使系统从单一数据库架构转向分布式架构。

本节首先介绍数据的分区（partition）。分区是指把一个较大的数据集拆分为多个较小的数据集，同时把存储和处理这些较小数据集的任务分配给分布式系统中的不同节点。对数据进行分区是实现可扩展性的主要方式之一。数据分区之后，可以通过向系统中添加节点来提高系统的存储和处理能力，以处理更大规模的数据。分区提高了数据的可管理性、可用性和可扩展性；复制（replication）是指将同一份数据冗余存储在多个节点上，节点间通过网络来同步数据，使数据保持一致。如果只把数据放在单一的数据库服务器上，该服务器一旦损坏，将会导致数

---

① GFS，即 Google File System（谷歌文件系统）。

② HDFS，即 Hadoop Distributed File System（Hadoop 分布式文件系统）。

③ HBase，即 Hadoop Database（Hadoop 数据库）。

据丢失、服务停止。通过复制将数据冗余存储,能够增强数据的可用性和安全性,即使部分节点发生故障,系统也能继续工作。

2. 分布式共识

分布式共识[46]是指在一个分布式系统中,多个节点就某个问题达成一致的过程。在分布式系统中,网络延迟、宕机等因素可能会导致各个节点的数据不一致或者出现错误,分布式共识技术可以保证系统在这种情况下依然能够正常运行。分布式共识通常采用的是达成共识的算法。其中比较著名的算法如下。

1)Paxos 算法

Paxos 算法是一种经典的分布式共识算法,主要用于解决分布式系统中的一致性问题。Paxos 算法可以保证多个节点在网络故障的情况下依然能够达成共识。

2)Raft 算法

Raft 算法是一种新近提出的分布式共识算法,它比 Paxos 算法更易于理解和实现。Raft 算法由领导者(leader)、追随者和竞选者三种角色组成,在 leader 失效的情况下,可以自动选出新的 leader 从而保证系统正常运行。

3)拜占庭容错算法

拜占庭容错(Byzantine fault tolerance)算法是一种针对拜占庭将军问题(即存在恶意节点的情况)的分布式共识算法。该算法可以保证在存在恶意节点的情况下,系统依然能够正常运行。

以上算法均采用了分布式共识的思想,通过多个节点之间的通信和协调,在某个问题上达成共识。分布式共识技术在区块链等分布式系统中得到了广泛应用,保证了这些系统的安全性和可靠性。

### 2.4.3　公共管理大数据计算与仿真

1. 大数据处理架构 Hadoop

分布式系统基础架构 Hadoop 是一个开源的、可运行于大规模集群上的分布式计算平台,用于高效存储和处理从吉字节(gigabyte,GB)级到千万亿字节(petabyte,PB)级的大型数据集,其核心部件是分布式文件系统 HDFS 与分布式计算框架 MapReduce:HDFS 为海量的数据提供了存储服务,MapReduce 为海量的数据提供了计算框架。利用 Hadoop,用户可以将多台计算机组成集群以便更快地并行存储和处理分析海量数据集,而不是使用一台大型计算机来存储和处理数据。经过多年的发展,Hadoop 生态系统包含许多工具和应用程序,实现了收集、存储、处理、分析和管理大数据的功能,其中最受欢迎的应用程序包括 Spark、Hive、HBase 等。如图 2-14 所示,Hadoop 生态系统催生出了各式各样的技术框架，接下来将简单介绍几个重要的技术组件以及它们之间的关系。

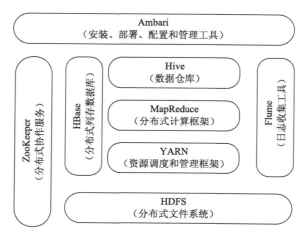

图 2-14　Hadoop 生态系统核心组件

1）分布式文件系统：HDFS

HDFS 作为 Hadoop 的两大核心之一，是一个被设计成适合运行在廉价机器上的分布式文件系统，是 GFS 的开源实现，其他组件都是在 HDFS 的基础上运行的。HDFS 具有高吞吐量、能够低成本实现数据批处理以及具有良好的容错能力等优点。HDFS 在设计之初就考虑了硬件常态化故障的情况，因此放宽了一部分可移植操作系统接口（portable operating system interface，POSIX）约束，从而实现以流的形式访问文件系统中的数据，能够提供高效的数据访问吞吐量，非常适合在大规模数据集上应用，以保证文件系统的整体可用性和可靠性，是一个具备高度容错性的系统。

2）分布式计算框架：MapReduce[47]

MapReduce 是一个分布式计算框架，用于编写批处理应用程序[48]。它是基于 Google MapReduce 编程模型的开源实现。它用于大规模数据集（大于 1TB）的并行运算，并将复杂的、运行于大规模集群上的并行运算过程高度地抽象到了两个函数——Map 和 Reduce 上，允许用户在不了解分布式系统底层细节的情况下开发并行应用程序，并将其运行于廉价计算机集群上，完成对海量数据的处理。通俗地说，MapReduce 的核心思想就是"分而治之"，它把输入的数据集切分为若干独立的数据块，分发给一个主节点管理下的各个分节点来共同并行完成，整合各个节点的中间结果得到最终结果。

3）分布式列存数据库：HBase

HBase 是一个基于 HDFS 构建的分布式非关系型数据库，支持多版本数据存储，并能够在包含数十亿行和数百万列的大表上进行实时、随机的读写访问。HBase 采用了一种类似于 Google Bigtable 的数据模型，非常适合对海量数据进行实时随机读写。一张 HBase 表能够支持数十亿行和数百万列的存储。它将数据存储在 HDFS 上，客户端可以通过 HBase 对 HDFS 中的数据进行随机访问。

4）数据仓库：Hive

Hive[49]提供了类似 SQL（structured query language，结构化查询语言）的查询语言，使得熟悉 SQL 编程的用户能够轻松地进行简单的 MapReduce 统计分析。Hive 由 Facebook（脸书）开发，最初用于解决海量结构化的日志数据统计问题。随着不断演化发展，Hive 成为基于 Hadoop 构建的数据仓库工具，用于对 Hadoop 文件中的数据集进行数据整理、特殊查询和分析存储，以简化 MapReduce 编程。Hive 的学习门槛较低，因为它提供了一种类似于关系数据库 SQL 的查询语言——Hive QL。Hive 能够将 Hive QL 语句自动转换为 MapReduce 任务并执行，这使得用户无须开发专门的 MapReduce 应用，从而大大简化了数据处理的过程。因此，Hive 非常适合用于数据仓库的统计分析。

5）资源调度和管理框架：YARN

YARN（yet another resource negotiator）是 Hadoop 2.0 引入的集群资源管理系统，被译为"又一个资源调配器"[50]。YARN 是一个全局资源管理器，它可以统一管理和分配计算所需的资源，如内存、网络带宽和 CPU 等。YARN 主要包含三大模块：资源管理器（ResourceManager）、节点管理器（NodeManager）、应用程序主控器（ApplicationMaster）[51]。ResourceManager 负责所有资源的监控、分配和管理，与每个节点上的 NodeManager 和每一个应用程序的 ApplicationMaster 协调工作。NodeManager 管理 Hadoop 集群中独立的计算节点，监控节点的资源使用情况，并报告给 ResourceManager。ApplicationMaster 负责调度和协调集群中应用程序的执行。每个应用程序都有自己的 ApplicationMaster，负责与 ResourceManager 协商资源以及协同 NodeManager 执行和监控任务。

6）分布式协作服务：ZooKeeper

ZooKeeper 是一个提供分布式应用程序协调服务的系统，是 Google Chubby 的一个开源实现，是 Hadoop 和 HBase 的重要组件，目前由 Apache 进行维护。ZooKeeper 可以实现分布式系统中常见的功能，如发布/订阅、负载均衡、命令服务、分布式协调/通知、集群管理、分布式锁和分布式队列等功能。它采用了一种类似于文件树结构的数据模型，支持使用 Java 或者 C 语言来进行编程接入。

7）日志收集工具：Flume

Flume 是 Cloudera 提供的一个高可用的、高可靠的、分布式的海量日志采集、聚合和传输系统。Flume 支持在日志系统中定制各类数据发送方，用于收集数据；同时，Flume 提供了对数据进行简单处理并将其写入多种数据接收方的能力。

Flume 分为 Flume NG 和 Flume OG（1.0 之前）两个版本，NG 在 OG 的基础上进行了完全的重构，是目前使用最为广泛的版本。

### 2. 分布式计算框架 Flink

Flink 作为公认的新一代开源大数据计算引擎，是 Apache 软件基金会的顶级项目，在 Github 社区中有极高的活跃度，其访问量在 Github 社区的所有 Apache 项目中稳居前三名。目前 Flink 已成为 Apache 软件基金会中五大主流大数据项目之一，其应用范围涵盖了电商、即时通信、门户网站、网络安全等诸多领域，受到了优步、网飞、微软和亚马逊等国际互联网公司的青睐，且在阿里巴巴、腾讯、美团、华为等国内知名互联网企业中得到了广泛应用。

Apache Flink[52]是一个开源的分布式计算框架和处理引擎，专门用于对无界和有界数据流进行有状态的计算。它在实时流处理和批处理场景下具有出色的表现，能够在各种常见的集群环境中高效运行，并以内存速度和任意规模执行计算。它最初由德国柏林工业大学（Technische Universität Berlin，TU Berlin）的 Stratosphere 项目孵化，并于 2014 年成为 Apache 软件基金会的顶级项目。自此之后，Flink 不断发展壮大，成为大数据处理领域的领军者之一。

Flink[53]的设计理念是处理数据流而不是数据集。数据流是由事件组成的，这些事件可以是网络传感器数据、日志事件、金融交易或用户交互事件等。数据流可能是无界的，即没有确定的结束点；也可能是有界的，即数据集有明确定义的开始和结束。

Flink 的优势在于可以同时处理实时数据流和批量数据集，实现流处理和批处理的无缝集成。这使得 Flink 成为一个非常灵活的框架，能够满足各种不同场景的数据处理需求。

Flink 在架构上具有流处理、批处理、状态管理等功能，具体如下。

（1）Flink 的核心概念是流处理。它能够处理无界的数据流，这意味着数据不会在一个确定的时间点终止，而会持续产生。无界数据流在实时处理中具有重要意义，如网络传感器数据、金融交易或用户交互事件。

（2）Flink 采用了事件驱动的架构，每个事件都会触发计算，并且 Flink 保证事件的处理顺序，以确保结果的完整性。它支持事件时间和处理时间两种时间模式，使得流数据在无序的情况下，也能正确处理乱序事件。除了实时流处理，Flink 还支持批处理。批处理是处理有界数据集的方式，即一组数据在一个确定的时间点停止产生。

（3）Flink 将批处理看作是流处理的特例，这使得用户可以将批处理作业与实时流处理作业无缝集成。Flink 的流处理和批处理之间没有明确的界限，这使得它成为一个非常灵活的框架，可以应对多样化的数据处理需求。

（4）Flink 是一个有状态的计算引擎，支持状态管理。在流处理中，状态是指在一段时间内计算过程中所需的中间数据或中间结果。例如，在流式窗口计算中，状态用于存储窗口内的数据。Flink 的状态管理对于流处理的准确性和容错性至关重要。它采用增量和异步的检查点算法，确保状态的一致性和高效恢复。这种设计使得 Flink 能够在出现故障时保持应用程序状态，确保数据处理的高可用性和一致性。

### 3. 蒙特卡罗仿真

蒙特卡罗（Monte Carlo）仿真是一种基于概率统计方法的仿真技术[54]，其原理是模拟随机事件的发生概率，使问题得到解决。蒙特卡罗仿真方法的主要理论基础是大数定理，即对于一个随机事件，如果事件出现的次数足够多，那么事件出现的频率就会趋近于事件出现的概率。因此，可以通过多次模拟某个随机事件，来估算该事件的概率分布。蒙特卡罗仿真方法采用统计抽样理论近似求解问题。首先，建立一个与描述该问题相似的概率模型，其次，对模型进行随机模拟或统计抽样，利用所得的结果求出特征量的统计值作为原问题的近似解，并对解的精度进行估计。

蒙特卡罗仿真方法的基本步骤如下。

步骤 1：设定随机过程。在运用蒙特卡罗仿真方法时，首先需要设定随机过程。该过程可以是任何一个可以用概率分布表示的随机变量或随机过程。例如，可以设定一个二维正态分布的随机变量，或者一个随时间变化的随机过程等。

步骤 2：生成时间序列。根据设定的随机过程，生成一定长度的时间序列。在生成时间序列时，需要考虑到计算机的内存和计算速度等因素。

步骤 3：计算参数估计量和统计量。根据生成的时间序列，计算出所需的参数估计量和统计量。例如，可以计算均方根值、标准差、偏度、峰度等统计量，或者计算某个概率分布的参数估计量等。

步骤 4：多次模拟并统计结果。对于同一个随机过程和时间序列，可以进行多次模拟，并统计每次模拟的结果。在统计结果时，可以计算出各个结果的频率和累积频率等。

蒙特卡罗仿真方法的优点在于其计算方法和程序结构都很简单，而且收敛的概率性和收敛速度与问题的维数无关；它适用于各种类型的问题，并且不受复杂性和非线性的限制。它可以模拟任意分布的随机变量，因此适用于涉及概率和随机性的系统建模与分析。但蒙特卡罗仿真也面临一些挑战和限制。首先，随机抽样可能导致计算量巨大，特别是当问题的维度很高时，其收敛速度较慢，因此不适合用来解决对精度要求很高的实际问题；其次，仿真结果的准确性取决于抽样的随机性，不同的抽样可能导致不同的结果。因此，在实践中需要谨慎选择抽样方法和样本量，以保证结果的可靠性。

### 4. 系统动力学仿真

系统动力学仿真是一种基于系统思维的仿真技术，其原理是通过建立复杂的系统模型，研究系统内部各个变量之间的相互作用、反馈和演化规律，从而预测系统未来的发展趋势。在大数据环境下，可以利用系统动力学仿真技术对大量数据进行建模和分析，以获取更加深入的认识和理解。它通过对系统中各个组成部分之间的关系进行建模，并模拟这些关系随时间变化的影响，来预测和理解系统的行为。系统动力学仿真方法的基本步骤如下。

步骤1：建立系统模型。系统动力学仿真的第一步是建立系统模型。模型是对系统的简化描述，它由一组方程或规则组成，描述了系统中各个部分的相互作用和关系。模型可以是物理系统、社会经济系统、生态系统等各种类型的系统。

步骤2：确定变量和参数。在建立模型时，需要确定系统中的变量和参数。变量是随时间变化的量，如系统中的存量（人口数量、资源储量等）或流量（人口增长率、资源消耗速率等）。参数是模型中的常数，代表系统的特性和条件。

步骤3：建立方程或规则。根据系统的特点和目标，可以使用不同类型的方程或规则来表示模型中的关系。常见的方程包括微分方程、差分方程和代数方程。这些方程描述了系统中各个变量之间的因果关系和动态演化规律。

步骤4：设定初始条件。在进行仿真之前，需要为模型设置初始条件。初始条件是系统在仿真开始时各个变量的初始值。它们可以是实际数据的估计值或根据经验设定的初始状态。

步骤5：进行仿真运算。通过数值方法，对建立的模型进行仿真运算。仿真过程中，模型会基于建立的方程和规则，根据初始条件和参数进行计算，并模拟系统随时间的演化过程。常用的数值方法包括欧拉（Euler）方法、龙格-库塔法（Runge-Kutta method）等。

系统动力学仿真的优点在于其能够捕捉系统的动态行为和时序关系，模拟系统中各组成部分之间的相互作用，并分析这些关系随时间推移所发生的变化对系统整体行为的影响。这种方法可以帮助人们更好地理解复杂系统的演化过程，并对其未来发展进行预测。然而，系统动力学仿真也存在一定的局限性，例如，模型的建立和校正需要专业的理论知识和大量的数据支持；同时，计算复杂度可能较高，且仿真结果对初始条件和参数的选择较为敏感，容易影响预测的准确性。因此，在使用系统动力学仿真时，需要综合考虑这些因素以确保结果的可靠性和科学性。

# 第 3 章
## 公共管理大数据决策理论

## 3.1 公共管理大数据决策范式

本章首先提出了一种适应于当前大数据背景的公共管理大数据决策新范式。此范式强调数据的中心地位，体现了管理决策从关注传统流程到以数据为核心的转变。在这一过程中，管理决策的参与者和信息流向变得更加多元化和互动化，从而使得新型管理决策范式呈现出以大数据为驱动的全景特性[55]。具体而言，该范式包含以下四个关键方面。

（1）信息情境的转变：决策所依赖的信息范围从原先的单一领域转变为跨领域融合。这种转变巩固了决策的信息基础，也为管理决策提供了更加全面和可靠的数据支持。

（2）决策主体的融合：决策者与受众的角色发生融合，尤其是决策形式从纯人类决策转向人机协同决策，这标志着从以人为主导、计算机技术为辅助的模式向人机互补的模式转变。

（3）理念假设的更新：决策过程中的理念立足点从传统的固定假设转向更加宽泛的假设，甚至是无假设条件，这一转变体现了决策过程对数据本身特性的高度依赖和灵活适应。

（4）方法流程的创新：决策方法从线性、分阶段过程向非线性、综合交互过程转变。这意味着管理决策中的不同环节和要素不再是孤立的，而是形成了一个相互关联和反馈的非线性网络。

本节将围绕上述四个方面及其相关研究进行深入探讨，并对大数据管理范式下的使能创新进行阐述和总结。

### 3.1.1 信息情境的转变

在大数据时代，管理决策问题的边界已由传统的单一领域拓展至跨域范畴[56]，这一转变不仅包含了公众与各决策相关方的多元信息，而且重塑了信息在决策过程中的作用。本节将深入探讨这种信息情境的转变及其对管理决策的影响。

首先，跨域信息的整合为管理决策提供了一个全面且多维的视角。在大数据环境下，决策者能够访问并分析来自各个领域的广泛数据，如行业报告、消费者行为数据、社交媒体趋势等。对这些数据进行综合分析不仅能够提升决策的准确性和可靠性，还能够为决策提供更为丰富的背景和深度分析基础。例如，企业在进行市场定位时，不仅会考虑传统的市场调研数据，还会分析社交媒体上消费者的讨论和反馈，从而更准确地把握市场动向和消费者需求。

其次，信息情境的转变也意味着决策过程的动态化和实时化。在大数据环境下，决策不再是一个静态的、一次性的事件，而是一个持续的、动态的过程。企业可以实时监测市场和内部操作的数据，快速响应外部环境的变化，及时调整策略。例如，在零售行业中，企业可以根据实时销售数据和市场反馈调整库存和促销策略，以优化销售效果。

大数据也促进了决策过程中角色的多元化和参与的广泛化。在大数据环境下，决策不再仅限于企业高层或专业分析师，而是涉及各种利益相关者，包括员工、客户、供应商甚至公众。例如，一些企业通过在线平台收集客户反馈和建议，将这些信息纳入产品开发和服务改进的决策过程中。

最后，大数据时代信息情境的转变还推动了决策方法和技术的革新。随着机器学习和人工智能技术的发展，企业能够更有效地处理和分析大规模数据，从而更深入地洞察和预测。这些技术的应用不仅提高了决策的效率，还增强了决策的智能化和精准性。

一个典型的例子是财务管理决策的信息情境经历了显著的演变。从传统角度来说，企业的财务决策依赖于内部的常规信息，如财务报表和经营数据。然而，随着信息技术的发展和互联网的普及，外部数据资源，如市场研究报告、新闻媒体、社交网络、行业和地区年鉴等，开始被纳入决策考量。这些多渠道的非官方数据，通过跨域信息的融合分析，使得传统财务管理范式中无法直接测量的企业潜在价值得以挖掘。在大数据时代的财务管理决策中，可以引入"第四张报表"。如图 3-1 所示，"第四张报表"涵盖互联网环境中积累的大量用户特征、忠诚度、交易记录和口碑等动态数据。这张报表能够更敏感地反映企业的数据资产和未来价值，它以用户为中心，汇集并分析散布在不同领域和系统中的数据，以揭示它们与企业价值之间的关联。这一报表的内容包括但不限于口碑、忠诚度、品牌、公允价值和无形资产等。因此在大数据时代，"第四张报表"被视为财务管理决策范式转变的关键。

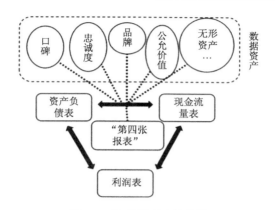

图 3-1　财务管理决策数据

另一个大数据时代信息情境的典型例子是在供应链管理中的应用。传统的供应链管理重点关注内部运营效率和成本控制。然而，在大数据时代，通过分析外部环境数据，如市场需求动态、竞争对手行为、全球经济趋势等，企业能够更加准确地预测和应对市场变化。例如，通过分析社交媒体上消费者的讨论和反馈，企业可以调整其供应链策略，以更好地满足市场需求和迎合消费者偏好。这不仅能够提高供应链的灵活性和响应速度，而且能够增强企业的市场竞争力。

在实际的管理活动中，面对各种实际问题，基于大数据环境的决策研究和实践逐渐形成了一种新的决策范式，即跨域信息环境下的决策模式。这种模式突破了单一领域的局限，实现了信息来源的多领域交叉融合，从而为管理决策提供了更加广泛和深入的信息支撑。

## 3.1.2　决策主体的融合

在大数据和人工智能技术快速发展的背景下，管理决策的主体经历了深刻的变革[57]。这种变革不仅表现在决策参与者的多元化上，也同样表现在决策过程中的角色和功能上。本节将进一步深入探讨决策主体融合的深层影响及其在管理决策中的具体应用。

决策主体的多元化体现在除传统的组织和个人决策者之外，其越来越多地涉及消费者、智能系统和机器人等新型决策者。首先，在产品开发和服务创新过程中，消费者直接参与已成为常态，这不仅提高了产品和服务的适应性与用户的满意度，还加速了市场反应、缩短了创新周期。消费者通过社交媒体、在线调查等渠道直接反馈意见和需求，成为产品和服务创新的重要推动力量。

其次，智能系统和机器人作为决策主体加入，其不仅是传统决策支持工具的延伸，更是具备独立决策能力的实体。在金融投资、交通管理、医疗诊断等领域，智能系统已经能够基于大数据分析独立做出决策，从而帮助提高决策的效率和准确性，并在一定程度上降低人为错误出现的风险。例如，智能投资系统能够根据市场数据和个人投资偏好，提供个性化的投资建议和组合管理；自动驾驶系统则能够实时分析交通情况，做出安全和高效的驾驶决策。

此外，这种决策主体的融合也对管理决策的方式和效果产生了显著的影响。在传统的组织决策结构中，决策通常依赖于高层管理者的经验和直觉。然而，在大数据和人工智能技术支持下，决策过程越来越多地依赖于数据驱动的分析和预测。这不仅提高了决策的科学性和准确性，也使得决策过程更加透明和高效。例如，在市场营销和客户关系管理中，企业可以利用大数据分析消费者行为，预测市场趋势，从而制定更为精准的营销策略和提高客户满意度。

在人力资源管理领域，整合多源数据，包括员工绩效数据、行为分析数据、市场趋势等，可以建立更加精准和全面的人才管理模型。这种基于大数据的智能化人才管理模型，不仅在人员招聘与配置方面实现了高效率和高精准度，而且在人力资源开发、组织文化建设方面也提供了更为科学的决策支持，如图 3-2 所示。

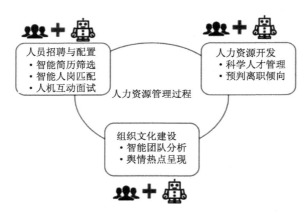

图 3-2    人力资源管理决策主体融合过程

例如，在人员招聘与配置方面，利用自然语言处理、深度学习、语音识别等技术，实现智能简历筛选、智能人岗匹配、人机互动面试，从而做到对整个招聘过程进行全流程智能化改造。在人力资源开发方面，能够科学识别优秀管理者与人才潜力，预判员工的离职倾向和离职后的影响，并为有针对性的人才获取、培养与保留提供智能化支持。在组织文化建设方面，分析部门活力和人才结构，能够科学评估组织稳定性，揭示组织间人才流动规律，为组织优化调整、高效激励人才与促进人才流动提供智能化支持，同时人工智能技术也可以及时呈现组织内外部舆情热点，智能分析外部人才市场状况，帮助管理者提升公司口碑，提高员工士气，为公司在文化战略方面的相关工作提供智能化决策。

　　总之，决策主体的融合不仅改变了决策过程的参与者，还深刻影响了管理决策的方式和效果。在大数据和人工智能技术的支持下，新型管理决策范式逐渐形成，它不仅提高了决策的效率和精确度，还增强了决策的适应性和创新性。随着技术的不断进步和应用的深入，我们可以预见，未来管理决策将更多地依赖于人与智能系统的协同作用，形成更为全面和有效的决策机制。

### 3.1.3　理念假设的更新

　　在大数据和人工智能技术的推动下，传统管理决策中的理念假设已经得到了很大程度的更新。这种更新不仅改变了管理决策的理论基础，而且为解决复杂的实际问题提供了新的视角和方法。本节将进一步探讨理念假设更新的具体表现及其在管理决策中的应用。

　　首先，传统管理决策的理论假设，如完全理性行为、有效市场假说、效用最大化等，虽然为理论建模提供了便利，但在实际应用中往往与复杂多变的现实环境存在较大的偏差。在大数据环境下，理念假设的更新体现在对这些传统假设的重新评估和调整上。借助大数据所提供的广泛信息和深度分析，管理决策可以更加紧密地贴合实际情况，提高决策的有效性和适应性。例如，通过分析大规模消费者行为数据，管理者可以更准确地了解市场动态，从而制定出更符合实际需求的市场策略。

　　其次，大数据的应用促进了传统假设向更加灵活和动态的方向发展。在传统管理决策中，为简化问题而设置的固定假设常常会限制决策的灵活性和实用性。然而，在大数据环境下，丰富多样的信息来源使得决策者能够更灵活地调整假设，以更好地适应不断变化的市场环境和组织需求。例如，企业可以根据实时市场数据和趋势，动态调整其产品策略和价格策略，以更有效地响应市场变化。

　　再次，大数据和人工智能技术的发展推动了管理决策中理念假设的量化和精确化。在这一新兴的决策环境中，决策者可以利用先进的数据分析技术和机器学习算法，对复杂的决策问题进行深入的量化分析，从而提高决策的科学性和准确性。在市场营销领域，利用大数据分析消费者的行为模式、购买习惯和偏好，企业可以更准确地定位目标客户群体，设计更有效的营销策略。

　　最后，大数据环境下的理念假设更新还推动了管理决策的个性化和细分化。企业可以根据详尽的数据分析，识别不同细分市场和消费者群体的独特需求，制定更具针对性的产品和服务策略。在人力资源管理方面，企业利用大数据分析员工的工作表现、培训需求和职业发展路径，可以制订更加精准的人才管理和发展规划。

　　理念假设更新的一个典型例子是运营管理决策。对于库存管理等典型运营管理决策问题，可以根据具体问题的情境特点建立不依赖于传统特定假设的新模型，并借助大数据及其分析方法来实现模型求解和影响机理探究，进而提升管理决策效果。供应链中的企业在其库存管理决策中，需要考虑产品供给、需求、库存时间等多种因素，通过构建优化模型并求解来指导现实决策。为使优化模型具有较好的数学形式和性质，从而计算出显式解，传统范式预先对各因素的属性特征和概率分布进行简化假设（如订货点法），但可能与现实情况和精准决策有较大差距。例如，传统的订货点法假设供给已知且稳定、需求连续发生且服从先验分布、库龄统一等，但实际情况中产品的特殊性可能导致供给不可靠、需求分布可变、多库龄共存等复杂特性（图 3-3）。在大数据驱动的新型管理决策范式中，领域大数据的获取使库存管理优化模型得以纳入上述更多可测因素，大数据分析方法和技术也能够支撑更复杂模型的求解。

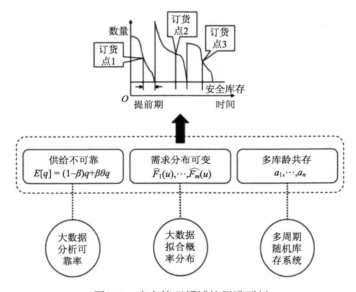

图 3-3　库存管理领域的假设更新

　　总之，理念假设的更新在大数据和人工智能技术的推动下，正在给管理决策带来深刻的影响。这种更新不仅使得管理决策更加符合实际情况，而且提高了决策的灵活性、适应性和科学性。随着技术的不断进步和应用的深入，未来的管理决策将更多地依赖于数据驱动和智能分析，使企业具备更高效、更精准、更创新的决策能力。在这个过程中，决策者需要不断更新和调整自己的理念和假设，以更好地迎接并适应大数据时代的新挑战和机遇。

### 3.1.4　方法流程的创新

　　在大数据和人工智能技术的推动下，传统管理决策的线性流程正在经历根本性的转变。这种转变不仅改变了管理决策的结构和方法，而且为解决复杂问题提供了更加高效和全面的新途径。本节将深入探讨大数据环境下非线性决策流程的特点及其在管理决策中的应用。

首先，大数据环境下的管理决策强调全局视角和综合分析[58]。与传统的线性决策流程相比，大数据环境下的决策流程更加注重从多维度全方位地捕捉和分析信息。例如，在供应链管理中，传统的线性模型可能只考虑订单量和库存水平，而在大数据环境下，企业可以综合考虑市场需求、供应商情况、物流动态等多种因素，从而做出更为全面和精准的库存决策。

其次，大数据环境支持动态和迭代的决策过程。在这种环境下，管理决策可以实时地响应外部环境的变化和内部操作的调整。例如，在金融市场的投资决策中，通过实时分析市场趋势和投资组合的表现，投资者可以快速调整投资策略，以应对市场的波动。

大数据环境下的非线性决策流程更加强调数据融合和智能分析。通过集成不同来源的数据，并利用先进的数据分析技术，如机器学习和人工智能算法，决策者可以洞察复杂问题的深层次规律，从而制定出更加有效的策略。例如，在客户关系管理中，企业可以综合考虑客户的购买历史、社交媒体行为和市场反馈，通过数据分析识别出潜在的客户需求和市场机会。

大数据环境下的非线性决策流程还支持更为灵活和个性化的决策。传统的线性决策模型往往采用"一刀切"的方法，而在大数据环境下，企业可以根据不同情境和个体特征设计定制化的决策。例如，在个性化营销中，企业可以根据消费者的个人喜好和购买行为，设计定制化的营销策略，从而提高营销的效果和效率。

流程转变的一个典型例子体现在营销领域中。传统"营销漏斗"理论的"意识—考虑—购买—忠诚—宣传"模式对应着"吸引—转化—销售—保留—联系"的线性步骤和策略（图3-4）。在大数据环境中，可以构建以消费者为中心的消费市场大数据体系，对其线上购物行为进行全景洞察，形成面向消费者全生命周期的非线性的市场响应型营销管理决策新模式。传统的线性管理决策流程往往会导致生成被动、滞后的营销策略，且因缺少对消费者所处购物场景的全景洞察而具有较低的灵活性和准确性。大数据分析结果表明，消费者在"营销漏斗"中各个阶段间的转换率和转换方向具有高度随机性，因此运用实时分析技术可以显著缩短信息获取和处理的周期，令数据融合、全景洞察、智能策略、长效评价等各环节迭代执行，对动态信息进行即时判断和实时响应，并通过决策结果与消费者的最新交互反馈回流来修正模型中有关阶段转换概率的假设和分布，从而通过新型非线性决策流程准确分析消费者行为、优化管理决策效果。

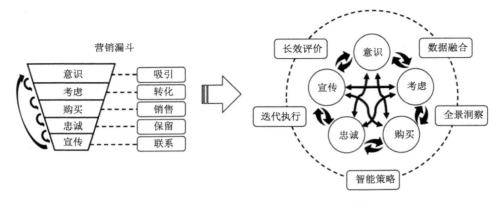

图 3-4　营销领域管理决策范式中的流程转变

综上所述，大数据环境下的非线性决策流程为管理决策提供了全新的视角和方法。这种流程不仅使得决策更加全面和精准，而且提高了决策的灵活性和适应性。随着大数据和人工智能技术的不断发展和应用，未来的管理决策将更多地依赖于综合分析、动态响应和智能决策，使企业和组织具备更高的决策能力。

### 3.1.5　大数据管理范式下的使能创新

在大数据驱动的新型管理决策范式下，一系列以大数据为核心的管理研究和应用正在激发创新的活力。这些研究涉及机器人行为学、智能技术增强的管理决策行为等领域，包括企业大数据能力的培养、战略性数据的应用、数据市场的商业价值建模与评估等多个方面。本节重点探讨商务管理领域的相关研究，主要从行为洞察、风险预见和模式创新三个方面[59]，归纳和讨论基于大数据管理范式和使能的价值创造。

#### 1.　行为洞察

在基于大规模和细粒度数据的行为洞察中，新型的分析方法能够揭示更加丰富和复杂的行为模式。例如，通过分析社交媒体、搜索引擎日志、在线评论等数据，可以深入了解消费者的购买意图、品牌偏好和市场趋势。这种全面的行为分析不仅提高了对市场机会的发现能力，也为精准营销策略的制定提供了坚实的数据基础。

在面对大数据信息搜索服务中的挑战时，研究者设计了新颖的测度方法来评价数据集合的质量，并从覆盖性、冗余性和结构性等维度进行分析。这些方法可以有效地从海量数据中筛选出最有价值的信息，有助于解决信息过载的问题，并提高决策的效率和准确性。

此外，从用户行为机理的角度出发，相关研究揭示了用户在社交媒体使用中的心理需求和行为动机。例如，有研究通过分析 Facebook 用户的行为数据，发现人们通过不同的社交媒体功能来满足自己的心理需求。这种洞察对于理解用户行为、优化产品设计和改进用户体验具有重要意义。

在组织新型信息系统的应用场景下，研究工作结合了社会网络分析的方法，揭示了用户采纳新信息系统的行为模式。这些发现有助于指导信息系统的设计和推广，以提高用户的接受度和使用效率。

在移动互联网场景下，对用户的移动应用使用行为进行深入分析，可以揭示用户的探索行为和参与模式。这种洞察对于优化移动应用的设计和提高用户参与度具有重要意义。在旅游管理领域，利用旅游景点的评论数据进行分析，可以揭示影响用户投票评论有用性这种行为的因素。这种分析对于理解用户行为、提高服务质量和优化用户体验具有重要意义。

大数据环境下的行为洞察不仅拓宽了管理决策的视野，也提高了决策的精准度和效率。通过深入分析和理解不同层次对象的行为模式和演化过程，管理者可以更有效地发现市场机会、评估潜在风险并制定创新策略。随着大数据和人工智能技术的不断发展，未来的商务管理将更多依赖于数据驱动的深度行为洞察，使企业和组织具备更大的价值创造潜力。

2. 风险预见

首先，大数据环境下的风险预见强调多维度、动态的风险分析。传统的风险评估方法往往依赖于静态的数据和预设的风险阈值，而在大数据环境下，可以通过实时分析多源数据，更全面地识别和评估各类风险。例如，在供应链管理中，通过实时监测市场需求、物流状态和供应商状况等多个方面的数据，企业可以及时发现供应链中的潜在风险并采取相应措施。

其次，大数据技术的应用使得风险预见更加智能化和精确化。利用数据挖掘、机器学习等先进技术，企业可以构建智能的风险预警模型，这些模型能够在风险发生前进行有效预测，并提供针对性的应对策略。例如，在金融市场中，可以通过对历史交易数据和市场动态的分析，构建模型、预测市场风险，从而帮助投资者做出更加精准的投资决策。

最后，大数据环境下的风险预见也促进了跨领域的风险管理合作。通过共享和融合来自不同领域和行业的数据，企业可以更好地理解风险的内在机制，从而在更广泛的范围内制定有效的风险管理策略。例如，在跨国供应链中，企业可以通过共享和分析全球市场数据，更好地预测和应对国际贸易中的风险。

在具体应用方面，例如，企业应用系统和市场资本环境的关系研究，揭示了内部信息系统配置与市场表现之间的复杂关联，提供了一种全新的风险评估视角。此外，社会化媒体平台的数据分析为组织内部风险的识别和管理提供了有效的工具。信息技术投资与企业治理的关系研究，分析了不同的治理结构如何影响信息技术投资的风险和回报，这为企业进行有效的信息技术治理提供了重要的洞见。

大数据环境下的风险预见不仅使风险管理更加精准和智能化，还拓展了风险管理的视野。随着大数据技术的不断进步和应用的深入，未来的企业和组织将更加有效地识别、评估和应对各类风险，从而在不断变化的市场环境中保持竞争优势。

### 3. 模式创新

首先，大数据环境下的模式创新强调个性化和智能化。在零售业中，通过对物联网、云计算和人工智能等技术的综合应用，商家可以更精准地了解消费者的需求，并提供个性化的购物体验。例如，基于消费者行为数据的个性化推荐系统可以准确地预测消费者的喜好，从而提高销售效率和顾客满意度。

其次，大数据环境下的模式创新更加注重动态交互和即时反馈。在电子商务平台中，通过实时分析消费者的搜索行为和购买历史，企业可以不断调整和优化推荐策略，从而更好地满足消费者的需求。例如，通过分析消费者的浏览和下载行为，企业可以设计出更吸引人的广告，从而提高营销效果。

最后，大数据环境下的模式创新还体现在跨领域融合和合作上。通过整合来自不同领域的数据，企业可以探索新的商业机会，并创造出新的商业模式。例如，通过分析社交媒体数据和电商数据，企业可以发现新的市场趋势和消费者需求，从而开发出新的产品和服务。

在具体应用方面，如电商广告模式的创新研究，揭示了广告策略对电商企业销量和利润的影响。通过分析广告的竞争作用和消费者的响应，企业可以更有效地规划广告预算、制定营销策略。此外，社交媒体上的企业与消费者互动研究，发现及时回应消费者的反馈可以显著提高消费者满意度，这对于构建企业的良好形象和提高顾客忠诚度具有重要意义。

大数据环境下的模式创新不仅推动了商务模式的创新和优化，还为企业提供了新的增长点和竞争优势。利用大数据的分析能力和智能技术，企业可以更有效地理解市场动态和消费者需求，从而设计出更具吸引力的产品和服务。随着大数据技术的不断进步和应用的深入，未来的商务模式将更加智能化、个性化和动态化，为企业带来更大的发展潜力和竞争优势。

## 3.2　公共管理不确定性问题决策方法与模型

在公共管理领域，不确定性问题普遍存在。政策制定过程中，政策效果的不

确定性、政策实施的不确定性，以及政策环境的不确定性都会对决策产生影响。在资源分配方面，不确定性体现在预算分配、项目成本、需求变化等方面，这些不确定性会给资源管理和分配带来挑战。在组织管理中，人员流动、市场变化、竞争环境变化等因素会带来不确定性，从而影响组织的决策和管理。对于这些不确定性给公共管理决策和管理带来的挑战，需要寻求科学的决策方法和模型来应对。

### 3.2.1　严格不确定性决策

严格不确定性问题是指决策人只知道哪些自然状态有可能会出现，他无法以任何方式量化这种不确定性，即他只能给出各种可能状态 $\theta_1, \theta_2, \cdots, \theta_n$ 的列表，而对各种状态出现的可能性的大小一无所知[59]。在这种情况下，通常有以下四种主要决策准则。

#### 1. 悲观准则

悲观准则亦称极小化极大准则，它的思路是衡量采取行动 $a_i$（$i = 1, \cdots, m$）可能出现的最坏后果，即最大的损失 $s_i$，亦即

$$s_i = \max_{j=1}^{n} \left( \theta_j, a_i \right) \tag{3-1}$$

决策人应选择行动 $a_k$ 使最大的损失 $s_i$ 尽可能小，即选择 $a_k$ 使

$$s_k = \min_{i=1}^{m} \{ s_i \} = \min_{i=1}^{m} \max_{j=1}^{n} \{ l_{ji} \} \tag{3-2}$$

其中，$l_{ji}$ 表示行动 $a_i$ 在状态 $\theta_j$ 下的损失值。当决策元素是效用值 $u_{ji}$ 或者价值函数 $v_{ji}$ 时，悲观准则是使各行动的最小效用（价值）最大化，即极大化极小效用，即选择 $a_k$ 使

$$s_k' = \max_{i=1}^{m} \{ s_i' \} = \max_{i=1}^{m} \min_{j=1}^{n} \{ u_{ji} \} \tag{3-3}$$

采用该原则者极端保守，是悲观主义者，总是假设会发生最糟的情况并且被自己遇上。

#### 2. 乐观准则

与悲观准则相对立，可以形成乐观准则：只考虑采取行动 $a_i$ 可能出现的各种后果中的最好的（即损失最小的）结果，定义行动 $a_i$ 的乐观主义水平 $o_i$ 为

$$o_i = \min_{j=1}^{n} \{ l_{ji} \} \tag{3-4}$$

$o_i$ 是采用行动 $a_i$ 时可能出现的最佳后果，于是乐观准则是使损失极小化极

小，即选择 $a_k$ 使

$$o_k = \min_{i=1}^{m}\{o_i\} = \min_{i=1}^{m}\min_{j=1}^{n}\{l_{ji}\} \tag{3-5}$$

乐观准则亦称（使损失）极小化极小准则。这种准则的实质是在损失矩阵中找出使损失最小的元素，决策人选择该元素对应的行动 $a_k$。

当决策表中的元素是效用值 $u_{ji}$ 或者价值函数 $v_{ji}$ 时，乐观准则是使各行动的最大效用（价值）最大化，称为（效用值）极大化极大准则。即选择 $a_k$ 使

$$o_k' = \max_{i=1}^{m}\{o_i'\} = \max_{i=1}^{m}\max_{j=1}^{n}\{u_{ji}\} \tag{3-6}$$

在现实生活中很少有人像极小化极大准则所显示的那么悲观，也很少有人像极小化极小准则所显示的那么乐观。因此 Hurwicz[60]提出了一种折中决策方案：决策人应根据这两种准则的加权平均值来排列行动的优劣次序，其中权 $\lambda$ 称为乐观系数。$\lambda$ 由决策者个人给定，并适用于他所面临的所有决策问题。折中决策方案即选择 $a_k$ 使

$$(1-\lambda)s_k + \lambda o_k = \min_{i=1}^{m}\left\{(1-\lambda)s_i + \lambda o_i\right\} = \min_{i=1}^{m}\left\{(1-\lambda)\max_{j=1}^{n}l_{ji} + \lambda\min_{j=1}^{n}l_{ji}\right\} \tag{3-7}$$

### 3. 后悔值极小化极大

真实的自然状态是决策人所无法控制的，在用损失矩阵 $(l_{ji})_{n\times m}$ 来做决策时，决策人会把在某一自然状态 $\theta_j$ 下采取行动 $a_i$ 的结果与在同样的自然状态下采取不同行动的结果 $l_{ji}$（$i=1,\cdots,m$）加以比较。因此萨维奇（Savage）定义了一个后果的后悔值 $r_{ji}$，它是在状态 $\theta_j$ 时采取行动 $a_i$ 的损失 $l_{ji}$ 与在状态 $\theta_j$ 时采取不同行动的最小损失 $\min_{i=1}^{m}\{l_{ji}\}$ 之差，即

$$r_{ji} = l_{ji} - \min_{i=1}^{m}\{l_{ji}\} \tag{3-8}$$

Savage 认为，应该用由 $r_{ji}$ 构成的后悔值取代由损失值 $l_{ji}$ 构成的决策表，再用悲观准则求解。他认为，对于每种行动的优劣，应将最大后悔值 $p_i$ 作为指标来衡量：

$$p_i = \max_{j=1}^{n}\{r_{ji}\} \tag{3-9}$$

其中，$p_i$ 为采取行动 $a_i$ 时的最大后悔值。然后再选择使 $p_i$ 极小化的行动，即选择 $a_k$ 使

$$p_k = \min_{i=1}^{m} \{p_i\} = \min_{i=1}^{m} \left\{ \max_{j=1}^{n} \{r_{ji}\} \right\} \quad （3-10）$$

4. 等概率准则

拉普拉斯（Laplace）于 1812 年在《概率的分析理论》一书中指出：对真实的自然状态一无所知"等价于"所有自然状态具有相同的概率。因此不妨认为选择一种行动使损失的平均值极小化是有正当理由的。于是当决策人面临不确定结果的期望值 $\sum_{j=1}^{n} \frac{1}{n} \cdot l_{ji}$ 时，应选择 $a_k$ 使

$$\sum_{j=1}^{n} \frac{1}{n} \cdot l_{jk} = \min_{i=1}^{n} \left\{ \sum_{j=1}^{n} \frac{1}{n} \cdot l_{ji} \right\} \quad （3-11）$$

### 3.2.2 风险型决策

风险型决策中，决策人虽然无法确知将来的真实自然状态，但他不仅能给出各种可能出现的自然状态 $\theta_1, \theta_2, \cdots, \theta_n$，还能给出各种状态出现的概率，并通过设定概率分布 $\pi(\theta_1), \cdots, \pi(\theta_n)$ 来量化不确定性。风险型决策问题是所有决策问题中最重要的一类，它的求解方法也是决策理论中最核心的内容，一般有以下几种求解准则。

1. 最大可能值准则

有人认为，在求解一次性决策问题时应该采用众数原则，即最大可能值准则，将行动 $a_i$ 的后果变量的众数，即各种可能的后果中出现可能性最大的后果，作为评价 $a_i$ 优劣的数值指标（$v_i$）。如果以效用为后果，则最大可能值准则如下。

令 $\pi(\theta_t) = \max_{j=1}^{n} \pi(\theta_j)$，则 $v_i = u_{ti} = u(\theta_t, a_i)$，应选择 $a_k$ 使

$$v_k = \max_{i=1}^{m} v_i = \max_{i=1}^{m} u_{ti} \quad （3-12）$$

如果以损失为后果，则有 $\pi(\theta_t) = \max_{j=1}^{n} \pi(\theta_j)$，$v_i = l_{ti} = l(\theta_t, a_i)$，应选择 $a_k$ 使

$$v_k = \min_{i=1}^{m} v_i = \min_{i=1}^{m} l_{ti} \quad （3-13）$$

2. 贝叶斯准则

按照贝叶斯准则，在用效用表示后果时应该将期望效用 $E_i(u)$ 作为评价 $a_i$ 优

劣的数值指标：

$$v_i = E_i\left(u_{ji}\right) = E^{\pi}\left[u\left(\theta_j, a_i\right)\right] = \sum_{j=1}^{n} u_{ji} \cdot \pi\left(\theta_j\right) \tag{3-14}$$

决策人应该选择行动 $a_k$ 使期望效用极大，即

$$E_k = \max_{i=1}^{m}\left\{v_i\right\} = \max_{i=1}^{m}\left\{E_i\left(u_{ji}\right)\right\} = \max_{i=1}^{m}\left\{\sum_{j=1}^{n} u_{ji} \cdot \pi\left(\theta_j\right)\right\} \tag{3-15}$$

如果用损失表示后果，则用期望损失 $E_i\left(l_{ji}\right)$ 评价 $a_i$ 的优劣，即

$$v_i = E_i\left(l_{ji}\right) = E^{\pi}\left[l\left(\theta_j, a_i\right)\right] = \sum_{j=1}^{n} l_{ji} \cdot \pi\left(\theta_j\right) \tag{3-16}$$

决策人应该选择行动 $a_k$ 使期望损失极小：

$$E_k = \min_{i=1}^{m}\left\{v_i\right\} = \min_{i=1}^{m}\left\{E_i\left(l_{ji}\right)\right\} = \min_{i=1}^{m}\left\{\sum_{j=1}^{n} l_{ji} \cdot \pi\left(\theta_j\right)\right\} \tag{3-17}$$

### 3. 伯努利准则

按照伯努利（Bernoulli）准则，应该首先确定后果对决策人的实际价值即效用函数。若采用损失衡量则应该先求得效用函数的负值，然后再用贝叶斯准则求最优行动。伯努利准则即使期望效用极大化，或者使期望损失极小化。

### 4. E-V 准则

贝叶斯准则将后果的均值即期望损失 $E_i\left(l_{ji}\right)$ 作为评价行动 $a_i$ 优劣的数值指标。只根据后果均值的大小做决策，显然忽略了风险因素。为了兼顾风险，可以采用均值-方差准则（mean-variance criterion），简称 E-V 准则。

设自然状态 $\theta_j$ 的概率分布为 $\pi\left(\theta_j\right)$，行动 $a_i$（$i = 1, \cdots, m$）的期望损失为

$$\pi\left(\theta_j\right) E_i\left(l_{ji}\right) = E^{\pi}\left[l\left(\theta_j, a_i\right)\right] = \sum_{j=1}^{n} l_{ji} \cdot \pi\left(\theta_j\right) \tag{3-18}$$

方差为

$$\sigma_i^2 = \sum_{j=1}^{n}\left(l_{ji} - E_i\left(l_{ji}\right)\right)^2 \cdot \pi\left(\theta_j\right) \tag{3-19}$$

若行动 $a_k$ 的损失的均值和方差均不大于 $a_i$：$E_k\left(l_{jk}\right) \leqslant E_i\left(l_{ji}\right)$ 且 $\sigma_k^2 \leqslant \sigma_i^2$，且至少有一个严格不等式成立，则 $a_k$ 优于 $a_i$。

### 3.2.3　多属性决策

在公共管理中，多属性决策是指在面临多个决策属性的情况下，需要从多个备选方案中选出最佳方案。这些属性可以涉及经济、社会、环境、政治、法律等多个方面的考虑。公共管理多属性决策问题中，决策对象是离散的，备选方案数量有限，主要考虑如何在已经确定好的、有限数目的备选方案中进行选择。该问题实际上是一个方案选择评价问题。

解决这类问题的难点在于多个目标的不可公度性和目标之间的矛盾性，多个目标的不可公度性是指量纲的不一致性，即各目标没有统一的度量标准或计量单位，因而难以比较；目标之间的矛盾性是指如果采用一种方案去改进某一目标的值，则很可能会导致另一目标的值恶化。

一般来说，多属性决策问题的求解方法包括线性加权法、层次分析法[61]和逼近理想解的排序方法（technique for order preference by similarity to ideal solution，TOPSIS）[62]等。

#### 1.　线性加权法

线性加权法的求解步骤较为简单，其重点在于确定权值，步骤如下。

步骤 1：属性表规范化，得到 $z_{ij}$，$i = 1,\cdots,m; j = 1,\cdots,n$。

步骤 2：确定各指标的权系数 $w_j$，$j = 1,\cdots,n$。

步骤 3：令 $C_i = \sum_{j=1}^{n} w_j z_{ij}$，根据 $C_i$ 的大小对方案的优劣进行排序。

#### 2.　层次分析法

层次分析法的求解步骤如下。

步骤 1：由决策人利用表 3-1 构造目标重要性判断矩阵 $A$。

表 3-1　目标重要性判断矩阵 $A$ 中元素的取值

| 相对重要程度 | 定义 | 说明 |
| --- | --- | --- |
| 1 | 同等重要 | 两个目标同样重要 |
| 3 | 略微重要 | 由经验或判断，认为一个目标比另一个略微重要些 |
| 5 | 相当重要 | 由经验或判断，认为一个目标比另一个重要 |
| 7 | 明显重要 | 深感一个目标比另一个重要，且这种重要性已有实践证明 |
| 9 | 绝对重要 | 强烈地感到一个目标比另一个重要得多 |
| 2,4,6,8 | 两个相邻判断的中间值 | 需要折中时采用 |

步骤2：用本征向量法求最大本征值 $\lambda_{\max}$ 和权重矩阵 $W$。

$$AW = \begin{bmatrix} w_1/w_1 & w_1/w_2 & \cdots & w_1/w_n \\ w_2/w_1 & w_2/w_2 & \cdots & w_2/w_n \\ \vdots & \vdots & & \vdots \\ w_n/w_1 & w_n/w_2 & \cdots & w_n/w_n \end{bmatrix} \begin{bmatrix} w_1 \\ w_2 \\ \vdots \\ w_n \end{bmatrix} = n \begin{bmatrix} w_1 \\ w_2 \\ \vdots \\ w_n \end{bmatrix} \tag{3-20}$$

即 $(A-nI)W = 0$，其中，$I$ 为单位矩阵，如果目标重要性判断矩阵 $A$ 的估计准确，则上式严格等于 0（$n$ 维 0 向量），如果 $A$ 的估计不够准确，则 $A$ 中的小的摄动意味着本征值的小的摄动，从而有

$$AW = \lambda_{\max} W \tag{3-21}$$

其中，$\lambda_{\max}$ 为矩阵 $A$ 的最大本征值。由式（3-21）可以求得本征向量即权重矩阵为

$$W = \left[w_1, w_2, \cdots, w_n\right]^{\mathrm{T}} \tag{3-22}$$

步骤3：对矩阵 $A$ 进行一致性检验。

可以用 $\lambda_{\max} - n$ 来度量 $A$ 中各元素 $a_{ij}$（$i, j = 1, \cdots, n$）的估计的一致性，如表 3-2 所示。

表 3-2　$n$ 阶矩阵的 R.I.和相应的临界本征值 $\lambda'_{\max}$

| 项目 | 2 | 3 | 4 | 5 | 6 | 7 | 8 | 9 | 10 |
|------|------|------|------|------|------|------|------|------|------|
| R.I. | 0.00 | 0.58 | 0.90 | 1.12 | 1.24 | 1.32 | 1.41 | 1.45 | 1.49 |
| $\lambda'_{\max}$ | | 3.12 | 4.07 | 5.45 | 6.62 | 7.79 | 8.99 | 10.16 | 11.34 |

注：R.I.表示随机指标（random index）

为此引入一致性指标（consistency index，C.I.）：

$$\text{C.I.} = \frac{\lambda_{\max} - n}{n - 1} \tag{3-23}$$

C.I.与表 3-2 所给同阶矩阵的 R.I.值之比称为一致性比率（consistency rate，C.R.），即

$$\text{C.R.} = \text{C.I./R.I.} \tag{3-24}$$

C.R.可以用来判定矩阵 $A$ 能否被接受。若 C.R.> 0.1，说明 $A$ 中各元素 $a_{ij}$ 的估计一致性太差，应重新估计；若 C.R.< 0.1，则可认为 $A$ 中 $a_{ij}$ 的估计基本一致，求得的 $W$ 有效。

步骤4：方案排序。

当各备选方案在各目标下的属性值已知时，可以根据指标 $C_i = \sum_{j=1}^{n} w_j z_{ij}$ 的大小

对方案的优劣进行排序。

当各备选方案在各目标下的属性值难以量化时，可以通过对各目标下方案优劣的两两比较（仍利用表 3-1）求得每个目标下各方案的优先性，即权重，再计算各方案的总体优先性，即总权重，根据总体优先性的大小确定方案的优劣。

3. TOPSIS

TOPSIS 借助多属性问题的理想解和负理想解对方案集 $X$ 中的各方案进行排序。

设一个多属性决策问题的备选方案集为 $X = \{x_1, x_2, \cdots, x_m\}$，衡量方案优劣的属性向量为 $Y = \{y_1, y_2, \cdots, y_n\}$；这时由方案集 $X$ 中的每个方案 $x_i$（$i = 1, \cdots, m$）的 $n$ 个属性值构成的向量 $Y_i = \{y_{i1}, y_{i2}, \cdots, y_{in}\}$ 作为 $n$ 维空间中的一个点，能唯一地表征方案 $x_i$。

理想解 $x^*$ 是一个在方案集 $X$ 中并不存在的虚拟的最佳方案，它的每个属性值都是决策矩阵中该属性的最好的值；而负理想解 $x^0$ 则是一个虚拟的最差方案，它的每个属性值都是决策矩阵中该属性的最差的值。如图 3-5 所示，在 $n$ 维空间中将方案集 $X$ 中的各备选方案 $x_i$ 与理想解 $x^*$ 和负理想解 $x^0$ 的距离进行比较，既靠近理想解又远离负理想解的方案就是方案集 $X$ 中的最佳方案。可以据此排定方案集 $X$ 中各备选方案的优先序。

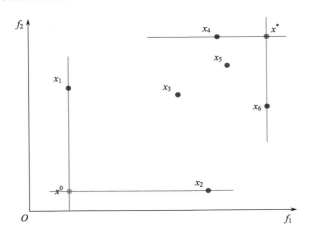

图 3-5　理想解和负理想解示意图

TOPSIS 的算法步骤如下。

步骤 1：运用向量规范法求得规范化决策矩阵。

设多属性决策问题的决策矩阵为 $Y = \{y_{ij}\}$，规范化决策矩阵为 $Z = \{z_{ij}\}$，则

$$z_{ij} = \frac{y_{ij}}{\sqrt{\sum_{i=1}^{m} y_{ij}}}, \ i=1,\cdots,m; j=1,\cdots,n \tag{3-25}$$

步骤 2：构造加权规范矩阵 $X = \{x_{ij}\}$。

设由决策人给定 $W = \{w_1, w_2, \cdots, w_n\}$，则

$$x_{ij} = w_j \cdot z_{ij}, i=1,\cdots,m; j=1,\cdots,n \tag{3-26}$$

步骤 3：确定理想解 $x^*$ 和负理想解 $x^0$。

设理想解 $x^*$ 的第 $j$ 个属性值为 $x_j^*$，负理想解 $x^0$ 的第 $j$ 个属性值为 $x_j^0$，则

$$x_j^* = \begin{cases} \max_i x_{ij}, & j\text{为效益型属性}, j=1,\cdots,n \\ \min_i x_{ij}, & j\text{为成本型属性}, j=1,\cdots,n \end{cases} \tag{3-27}$$

$$x_j^0 = \begin{cases} \max_i x_{ij}, & j\text{为成本型属性}, j=1,\cdots,n \\ \min_i x_{ij}, & j\text{为效益型属性}, j=1,\cdots,n \end{cases} \tag{3-28}$$

步骤 4：计算各方案到理想解与负理想解的距离。

备选方案 $x_i$ 到理想解的距离为

$$d_i^* = \sqrt{\sum_{j=1}^{n} \left( x_{ij} - x_j^* \right)^2}, \ i=1,\cdots,m \tag{3-29}$$

备选方案 $x_i$ 到负理想解的距离为

$$d_i^0 = \sqrt{\sum_{j=1}^{n} \left( x_{ij} - x_j^0 \right)^2}, \ i=1,\cdots,m \tag{3-30}$$

步骤 5：计算各方案的排队指示值（即综合评价指数）：

$$C_i^* = \frac{d_i^0}{\left( d_i^0 + d_i^* \right)}, \ i=1,\cdots,m \tag{3-31}$$

步骤 6：按 $C_i^*$ 大小由大到小排列方案的优劣次序。

### 3.2.4 多目标决策

在公共管理中，决策往往涉及多个目标，这些目标可能是相互矛盾的，需要在多个目标之间进行权衡和折中。多目标决策是指在考虑多个目标或准则的情况下，需要选择能够最好地满足多个目标的决策方案。公共管理往往涉及多个利益相关者、复杂的政策目标和公共利益的平衡，例如，政府在制定政策时往往需要考虑多个政策目标，如经济增长、社会公平、环境保护等，需要在这些目标之间

进行权衡和协调。

公共管理中多目标决策的对象是连续的，有无限数量的备选方案，需要考虑如何在有限资源的限制条件下，找到一个最佳方案。多目标决策问题本质上是方案设计决策问题，这类问题的备选方案集由有因果关系的决策变量隐式表示。由于在求解这一类问题时，尤其是在生成非劣解过程中，决策分析人员的作用十分重要，因此应特别关注分析人员如何与决策人合作去获得令决策人最满意的公共管理方案。求解方法主要有目的规划法、逐步法（step method，STEM）及调和解和移动理想点法等。

### 1. 目的规划法

目的规划问题要求决策人对每个目标 $f_j$ 设定一个目的值 $\hat{f}_j$，给定各目标的优先级或权重，在备选方案集中选择方案 $x$，使其目标函数 $f(x)$ 与目的值 $\hat{f} = \left(\hat{f}_1, \cdots, \hat{f}_n\right)$ 的组合偏差最小，即

$$\min\left\{ d_p\left(f(x) - \hat{f}\right) = \left[\sum w_j \left|f_j(x) - \hat{f}_j\right|^p\right]^{1/p} \right\} \qquad (3\text{-}32)$$

其中，$p$ 为距离范数；$w_j$ 为目标 $f_j$ 的权重；$x \in X$，

$$X = \begin{cases} g_k(x) < 0, \ k = 1, \cdots, m \\ x > 0 \end{cases} \qquad (3\text{-}33)$$

其中，$g_k(x) < 0$ 为 $x$ 所满足约束的一般形式。

1）距离测度中范数 $p$ 的选择

目标函数中 $d_p\left(f(x) - \hat{f}\right) = \left[\sum w_j \left|f_j(x) - \hat{f}_j\right|^p\right]^{1/p}$ 表示加权的偏差，这种偏差也可以看作是实际的目标函数 $f(x)$ 与目的值 $\hat{f}$ 之间的距离。其中，距离范数 $p$（$1 \leqslant p \leqslant \infty$），只在下列三种情况下才有具体的几何意义：$p = 1$ 表示绝对值距离，$p = 2$ 表示欧几里得距离，$p = \infty$ 表示切比雪夫距离。

2）偏差的度量

无论 $f_j(x)$ 是否为线性函数，$\left|f_j(x) - \hat{f}_j\right|$ 都不便于进行进一步的运算。为此针对每个目标 $j$（$j = 1, \cdots, n$），引入正偏差变量 $d_j^+$ 和负偏差变量 $d_j^-$：

$$d_j^+ \triangleq 0.5\left\{\left|f_j(x) - \hat{f}_j\right| + \left[f_j(x) - \hat{f}_j\right]\right\} \qquad (3\text{-}34)$$

$$d_j^- \triangleq 0.5\left\{\left|f_j(x) - \hat{f}_j\right| - \left[f_j(x) - \hat{f}_j\right]\right\} \qquad (3\text{-}35)$$

当 $f_j(x) > \hat{f}_j$ 时，$d_j^+ \geqslant 0, d_j^- = 0$；当 $f_j(x) < \hat{f}_j$ 时，$d_j^- > 0, d_j^+ = 0$。显然两者不可能同时为正，因此有

$$d_j^+ \cdot d_j^- = 0 \tag{3-36}$$

而且

$$d_j^+ + d_j^- = \left| f_j(x) - \hat{f}_j \right| \tag{3-37}$$

$$d_j^+ - d_j^- = f_j(x) - \hat{f}_j \tag{3-38}$$

由式（3-37）和式（3-38），原规划模型等价于

$$\min \left[ \sum_{j=1}^{n} w_j \left| d_j^+ + d_j^- \right|^p \right]^{1/p} \tag{3-39}$$

受约束于：

$$
\begin{aligned}
& x \in X \\
& f_j(x) - d_j^+ + d_j^- = \hat{f}_j, j = 1, \cdots, n \\
& d_j^+ \cdot d_j^- = 0, j = 1, \cdots, n \\
& d_j^+ \geqslant 0, d_j^- \geqslant 0, j = 1, \cdots, n
\end{aligned} \tag{3-40}
$$

其中，$w_j$ 为广义的权，包括优先级 $P$ 和一般意义上的权。

2. 逐步法

逐步法是一种决策人逐步宣布偏好的多目标决策方法。每运用逐步法求解一次，分析人员都要与决策人进行对话，分析人员把计算结果告诉决策人并征求反馈意见。若决策人对结果不满意，则分析人员要根据决策人的意见对决策模型中的参数进行必要的修改并重新计算，以改进计算结果，直到决策人对结果满意为止。

对于如下线性目标函数和线性约束条件的多目标决策问题：

$$\max \{ f(x) = Cx \} \tag{3-41}$$

受约束于：

$$
\begin{aligned}
& Ax \leqslant b \\
& x \geqslant 0
\end{aligned} \tag{3-42}
$$

逐步法的算法步骤如下。

步骤 1：求理想点。

（1）求解 $n$ 个单目标优化问题：

$$\max_{x \in X} f_j(x), j = 1, \cdots, n \tag{3-43}$$

所示问题的解为 $x_j^*$，$j = 1, \cdots, n$，与 $x_j^*$ 相对应的目标函数记作 $f_j^* = f_j\left(x_j^*\right)$。

（2）定义理想点 $f^* = \left(f_1^*, \cdots, f_n^*\right)$。

计算每个 $x_j^*$ 对应的各目标的函数值，并把它们列入如表 3-3 所示的性能指标表中，使决策人对取不同的 $x_j^*$ 时各目标的值有直观的认识，以便下一步做出适当的判断。

表 3-3　性能指标表

| 解 | $f_1$ | $\cdots$ | $f_j$ | $\cdots$ | $f_n$ |
|---|---|---|---|---|---|
| $x_1^*$ | $f_1^*$ | $\cdots$ | $f_{1j}$ | $\cdots$ | $f_{1n}$ |
| $\vdots$ | $\vdots$ | | $\vdots$ | | $\vdots$ |
| $x_j^*$ | $f_{j1}$ | $\cdots$ | $f_j^*$ | $\cdots$ | $f_{jn}$ |
| $\vdots$ | $\vdots$ | | $\vdots$ | | $\vdots$ |
| $x_n^*$ | $f_{n1}$ | $\cdots$ | $f_{nj}$ | $\cdots$ | $f_n^*$ |

步骤 2：解极小化极大问题。

由于 $d_\infty\left(f(x) - f^*\right) = \max w_j\left(f_j^* - f_j(x)\right)$，求最大偏差的极小值就是求解：

$$\min d_\infty\left(f(x) - f^*\right) \tag{3-44}$$

受约束于：

$$x \in X^q$$

上述问题等价于解如下线性规划问题：

$$\min \lambda \tag{3-45}$$

受约束于：

$$\lambda \geqslant w_j \cdot \left(f_j^* - f_j(x)\right), j = 1, \cdots, n$$
$$x \in X^q \tag{3-46}$$
$$\lambda \geqslant 0$$

其中，$w_j$（$j = 1, \cdots, n$）由式（3-47）给定：

$$w_j = \frac{\alpha_j}{\sum\limits_{j=1}^{n} \alpha_j}, j = 1, \cdots, n \tag{3-47}$$

其中，$\alpha_j$ 为规范化了的目标函数的偏差幅度：

$$\alpha_j = \frac{\left| f_j^* - f_j^{\min} \right|}{f_j^* \cdot \sqrt{\sum_{i=1}^{N} c_{ji}^2}} \tag{3-48}$$

其中，$f_j^{\min}$ 可以从性能指标表中获得，它是第 $j$ 列中的最小值。

步骤 3：将计算结果交由决策人判断。

决策分析人员把步骤 2 求得的 $x^q$ 和 $f_j\left(x^q\right)$（$j = 1, \cdots, n$）提交给决策人，由决策人对各目标函数值加以判断，看是否存在一些目标值太高而另一些目标值太低的情况。如果存在，则由决策人决定降低某个太高的目标 $f_l\left(x^1\right)$，下降 $\Delta f_l$。再由分析人员修改约束条件，使 $x^{q+1}$ 满足：

$$\begin{cases} Ax \leqslant b \\ x \geqslant 0 \\ f_l(x) = f_l\left(x^q\right) - \Delta f_l \\ f_j(x) \geqslant f_j\left(x^q\right), \qquad j = 1, \cdots, n, j \neq l \end{cases} \tag{3-49}$$

并令 $w_l = 0, q = q + 1$。返回步骤 2，进行下一轮计算与对话，直到得出决策人满意的解为止。

### 3. 调和解和移动理想点法

求解目的规划问题 $\min\limits_{x \in X} d_p\left(f(x) - f^*\right)$ 时，需要由决策人确定理想点 $f^*$、反映决策人偏好的权向量 $W$ 和距离范数 $p$。由于 $p$ 值很难设定，Zelany[63]于 1974 年提出了调和解（compromise solution）、调和解集和调和集的概念。调和解 $x_W^p$ 是给定权向量 $W$ 和理想点 $f^* = (f_1^*, \cdots, f_n^*)^T$ 时，规划问题

$$\min_{x \in X}\left\{ d_p\left(f(x) - f^*\right) = \left[ \sum w_j \left( f_j^* - f_j(x) \right)^p \right]^{\left(\frac{1}{p}\right)} \right\} \tag{3-50}$$

的解。

因此，给定权向量 $W$ 和理想点 $f^*$，定义调和解集 $X_W^C$ 为 $1 \leqslant p \leqslant \infty$ 时所有调和解 $x_W^p$ 的集合，即

$$X_W^C = \left\{ x \in X \mid x \text{为给定} W, 1 \leqslant p \leqslant \infty \text{时} \min_{x \in X}\left\{ \sum w_j \mid f_j(x) - f_j^* \mid^p \right\}^{1/p} \text{的解} \right\} \tag{3-51}$$

可以证明，若 $W > 0$，则调和解集 $X_W^C$ 是非劣解集 $X^*$ 的子集，即 $X_W^C \subset X^*$。图 3-6 所示为两个目标线性问题的调和解集在目标空间 $F$ 中的象，其中，坐标 $f_1(x)$ 和 $f_2(x)$ 是规范化之后加权了的目标函数。图中折线 $ABCD$ 是非劣前沿，即非劣

解集 $X^*$ 在目标空间的象。

调和解和移动理想点法的求解步骤如下。

步骤 1：由决策人估计权向量 $W$，令 $X^1 = X$。

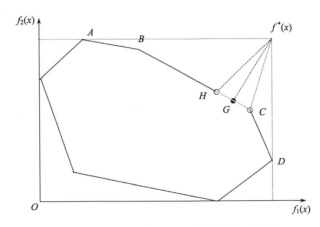

图 3-6　调和解集在目标空间的象的示意图

步骤 2：计算理想点 $f^*$ 和 $f^0$。

理想点 $f^* = \left( f_1^*, \cdots, f_n^* \right)^{\mathrm{T}}$，$f_j^* = \max\limits_{x \in X^1} f_j(x), j = 1, \cdots, n$。

$f^0 = \left( f_1^0, \cdots, f_n^0 \right)^{\mathrm{T}}$，用适当方法求得非劣解集 $X^*$，$f_j^0 = \min\limits_{x \in X^1} f_j(x)$。

步骤 3：构造调和解集 $X_W^C$。

求解 $\min\limits_{x \in X} d_p \left( f(x) - f^* \right), p = 1, 2, \infty$，得到 $X_W^C$，其中：

$$
\begin{aligned}
d_1(\cdot) &= \sum_{j=1}^{n} w_j \frac{f_j^* - f_j(x)}{f_j^* - f_j^0} \\
d_2(\cdot) &= \sum_{j=1}^{n} w_j \left[ \frac{f_j^* - f_j(x)}{f_j^* - f_j^0} \right]^2 \\
d_\infty(\cdot) &= \max_j w_j \frac{f_j^* - f_j(x)}{f_j^* - f_j^0}
\end{aligned}
\tag{3-52}
$$

步骤 4：寻找最佳调和解。

若决策人能从 $X_W^C$ 中找出最佳调和解，则结束；否则令 $X^1 = X_W^C$，返回步骤 2。

### 3.2.5　公共管理不确定性决策方法应用

不确定性决策方法在公共管理领域得到了广泛的应用，如预算分配、政策制定、项目管理、应急管理和绩效评估等。在这类复杂的公共管理问题中，决策者往往需要在不确定的环境下做出决策。不确定性可能来自政策环境的变化、社会经济的波动、技术创新的不确定以及自然灾害的发生等多种因素。在这样的背景下，不确定性决策方法成为公共管理领域的重要工具，能够帮助决策者更好地了解和处理不确定性，从而制定出更科学和有效的决策策略。

**1. 预算分配**

在实际的预算分配过程中，政府面临着多种不确定性问题，这些问题可能来自宏观经济环境、政策、社会需求等方面，如税收收入的波动、经济增长率的不确定、社会支出需求的变化等。

政府在进行预算分配时需要考虑未来的经济增长情况。然而，由于宏观经济环境的复杂性，经济增长率存在着不确定性。例如，全球经济形势的变化、国内外贸易政策的调整等都可能对经济增长率产生影响。政府需要评估不同经济增长率情景下的财政收入变化，以便制定合理的预算分配方案。随着社会的发展和变化，公共服务需求也会发生变化。例如，人口结构的变化、社会问题的出现等都可能对公共服务需求产生影响。政府在进行预算分配时需要考虑到这种不确定性，以便更好地满足社会需求。

政府在预算分配方面的政策取向和重点也可能会发生变化。例如，政府可能会调整税收政策、加大对特定领域的支持力度等。这种政策变化会对预算分配产生重大影响，政府需要评估不同政策情景下的预算分配效果。政府在进行预算分配时也需要考虑不同领域资源的分配情况。然而，资源分配存在不确定性，一些领域可能会出现资源紧缺现象，而另一些领域可能会出现资源过剩现象。政府需要评估不同资源分配情景下的影响，以便更好地进行预算分配。

使用不确定性决策方法，政府可以更好地应对预算分配中的不确定性情况，提高决策的灵活性和适应性。这些不确定性决策方法为政府提供了更全面的信息，帮助政府更准确地评估不同预算分配方案的风险和影响，进而帮助政府更科学地制定预算方案，更好地满足社会需求。

**2. 政策制定**

政策制定是政府在治理过程中极为重要的一环，在制定政策时需要考虑社会需求的变化、政策实施效果的不确定性，以及各利益相关者的态度和反馈，这些因素都对政策制定过程产生影响。

社会需求的变化是政策制定中的重要不确定性因素之一。随着社会的发展和变化，人们对政府政策的需求也在不断变化。例如，随着人口老龄化的加剧，人们对养老金、医疗保障等方面的需求也在增加；随着新兴科技的发展，人们对数字经济、科技创新等方面的需求也在不断变化。政府在制定政策时往往难以准确预测政策的实施效果。例如，一项新的经济政策可能会对就业、经济增长、通货膨胀等方面产生影响，但这种影响往往是不确定的。政府需要评估不同政策可能出现的不同效果，以便更好地制定政策。各利益相关者的态度和反馈也会对政策制定产生不确定性影响。政府在制定政策时需要考虑到各利益相关者的意见和反馈，然而这些意见和反馈往往是多样的，甚至是矛盾的。政府需要在这种多元化的利益诉求中进行权衡和决策。

不确定性决策方法可以用于评估和分析政策制定中的不确定性，使政府更全面地了解不确定性因素对政策制定的影响，综合不同政策方案的风险和效用做出科学决策，更好推动社会发展。

### 3. 项目管理

对于项目管理，由于项目往往会受到多种内外部因素的影响，在项目进度、成本和风险等方面都有较大不确定性，对项目的实施可能会产生重大影响，因此需要采取相应的措施来应对影响和管理项目。

原材料价格的波动及人力成本、外部环境的变化等都会影响项目成本，可能会导致项目成本超出预算，从而影响项目的顺利实施。因此，项目管理者需要对项目成本的不确定性进行评估和分析，制定相应的成本控制策略，以确保项目能够在预算范围内完成。项目进度也受资源分配、外部环境变化、技术难题等因素的影响。这些因素具有不确定性，可能会导致项目延期或无法按时完成。因此，对项目进度的不确定性进行评估和分析，制定相应的进度管理策略是非常有必要的，这能够在很大程度上确保项目按时完成。

项目风险也是项目管理中的一个重要不确定性因素。项目风险包括技术风险、市场风险、政策风险等多种风险。这些风险的不确定性会对项目风险产生影响，可能导致项目失败或产生重大损失。因此，项目管理者需要对项目风险的不确定性进行评估和分析，制定相应的风险管理策略，以确保项目能够在风险可控范围内实施。

面对上述不确定性问题，项目管理者可以采用不确定性决策方法来进行评估和分析。通过对各种决策选项、可能的事件、存在的风险和结果进行分析，项目管理者可以评估不同决策选项的风险和收益，从而更好地制定项目管理策略。

### 4. 应急管理

在应急管理方面，灾害发生的时间、地点、规模以及对应的应急资源需求等都存在不确定性。在自然灾害、事故灾难、公共卫生事件等突发事件发生时，政府需要组织和协调相关资源，采取措施，减少损失，保护人民生命财产安全，维护社会稳定。然而，由于灾害和突发事件具有不确定性，应急管理也面临着一系列的不确定性问题。

灾害发生的时间和地点通常是难以预测的，如地震、洪水、台风等自然灾害，以及事故灾难、公共卫生事件等突发事件，都可能在任何时间、任何地点发生。这种不确定性使得应急管理机构难以提前做准备，从而需要在灾害发生后迅速做出反应。应急管理机构可以通过历史数据和统计分析数据来评估某种灾害发生的概率和可能性，运用不确定性决策方法制定相应的应对策略。

灾害规模可能受地质、气候、人口密度、基础设施等因素的影响，应急管理机构难以准确预测，因此需要在灾害发生后迅速评估灾情，调配人力、物资、设备等应急资源进行救援。不确定性决策方法能够帮助应急管理机构在面对不确定性问题时，通过对不确定性因素进行分析和评估，制定出更科学和有效的决策策略，提高整体的灾害应对能力，保障人民的生命财产安全，维护社会稳定。

### 5. 绩效评估

在绩效评估方面，评估指标的选择、数据的完整性和准确性、评估方法的适用性以及评估结果等，都存在较大的不确定性。

在进行绩效评估时，确定合适的评估指标是关键的一步。然而，由于不同利益相关者的需求和利益相冲突，他们可能对绩效评估的关注点有所不同。绩效评估需要依赖大量的数据来支撑评估结果，然而数据的收集可能会受到各种因素的影响，包括数据来源的可靠性、数据采集的方法和质量等。这些因素可能会导致数据存在不确定性，从而影响到绩效评估的结果。

不同的评估方法可能会产生不同的结果，而且评估方法的适用性可能会受到多种因素的影响，如评估对象的特点、评估目的和利益相关者的需求等，这些因素存在不确定性。对于最终的绩效评估结果，不同的利益相关者可能有不同的解读和应用需求，导致评估结果的应用存在不确定性。

在绩效评估领域，可以运用不确定性决策方法开展风险评估和敏感性分析，评估不确定性因素的影响，还可以采用多方参与和运用多重评估方法的方式来提高评估结果的可靠性和科学性。

## 3.3    公共管理多目标多主体协同的智能决策模型

### 3.3.1    智能决策与公共管理

#### 1. 公共管理的挑战

智能决策是指综合运用人工智能和相关技术，以智能化、自动化的方式进行决策的过程。这种决策方式涵盖了从信息收集、分析到制定最优决策的全过程，并依赖于算法、模型、大数据分析等高级计算技术，以从复杂、庞大的数据集中提取关键信息，识别模式和趋势，以支持更准确、高效地制定决策。因此，智能决策在很多领域得到广泛应用，包括但不限于公共管理、金融、医疗、供应链管理等领域。基于智能决策所构建的系统能够提供更精确、可靠、快速的决策，有助于提高效率、降低成本，并为组织和企业创造更大的价值。

然而，在公共管理领域，智能决策系统面临着诸多挑战[64]，这源于涵盖众多利益相关者的复杂关系，其挑战主要体现在以下方面。

首先，公共管理决策往往涉及多个目标，这些目标可能相互矛盾，需要在不同层面上进行权衡。例如，政府在进行资源分配时既要考虑经济增长，又要关注社会公平和环境可持续性。多目标性使得决策过程较为复杂，智能决策系统需要在各个目标之间找到平衡点，以最大化整体绩效。其次，公共管理领域存在多个主体的协同问题。政府部门、社会组织、企业等多个实体可能在同一决策中扮演关键角色，但它们往往具有不同的目标、利益和权责。这使得多主体之间的合作变得较为困难，存在信息不对称、合作难度较大、权力分配不均等问题。解决这些问题需要智能决策系统协调各方的利益，促使多个主体形成合作共赢的局面，从而构建协同决策的最优解。

公共管理领域中智能决策所面临的多目标多主体协同问题是一个复杂而丰富的议题。解决这些挑战需要智能决策系统在技术、管理和社会层面上不断创新，以适应不断变化的公共管理环境，为社会提供更有效、更公正的决策支持。

2. 智能决策的重要性

解决智能决策所面临的多目标多主体协同问题对公共管理领域至关重要[65]，具体来说，有如下几点建议。首先，提高决策效率和效果。公共管理领域的决策涉及社会的方方面面，如果能够解决多目标多主体协同问题，将有助于提高决策的效率和效果。综合考虑多方利益和目标，可以制定更全面、更科学的决策方案，提高公共资源的利用效率，获得更好的社会效益。其次，促进公众参与和民主决策。多目标多主体协同决策能更充分地吸纳民意，并有效推动社会广泛参与，以此提高决策的透明度和合法性。这有助于促进公众对决策的理解和接受，践行民主治理的理念，从而建立更加公正和平等的社会制度。最后，促使组织协同和合作。在公共管理领域，不同机构和部门之间往往存在信息壁垒且合作困难。解决多目标多主体协同问题，可以促使各组织更好地协同合作，共同应对社会问题。这有助于形成一体化的治理机制，提高协同效应，推动公共服务的升级和改进。

需要注意的是，公共管理的决策直接关系到社会的稳定和公平。因此，解决多目标多主体协同问题，可以更好地平衡各方利益，确保资源得到公正分配，降低社会不平等程度，维护社会的稳定和可持续发展。并且，社会在不断变化和发展，新的挑战和问题层出不穷。智能决策系统具有灵活的多目标多主体协同机制，能够快速地适应和应对新的挑战，帮助提升公共管理的创新力和应变能力。

总体而言，解决智能决策所面临的多目标多主体协同问题，不仅能够提升决策质量和效率，更有助于建设更加公正、稳定和可持续的社会，对于公共管理领域至关重要。引入智能决策技术，推动多方协同，可以更好地满足社会的需求，实现公共管理的创新和升级。

### 3.3.2　理论框架与关键概念

#### 1. 多目标决策

多目标决策模型[66]是一种决策分析方法，用于解决决策过程存在多个相互关联目标的问题。下面将详细介绍多目标决策模型的基本概念、目标层次结构、权衡策略等核心原理。

1）基本概念

多目标决策模型是一种考虑多个目标的决策分析方法，其核心在于综合考虑各个目标，找到一个平衡的解决方案。在多目标决策中，通常会有多个决策变量和多个决策目标，这些目标可能相互冲突，因此需要在它们之间找到一种最优的平衡策略。

2）目标层次结构

多目标决策涉及的目标通常以层次结构的方式组织，这有助于厘清目标之间的关系和优先级。目标层次结构包括高层目标和低层目标，构成一个树状结构。高层目标是决策问题的总体目标，低层目标是实现高层目标的具体手段。

例如，考虑城市可持续发展规划，高层目标可能包括经济增长、环境保护、社会公平等，低层目标则涉及具体的经济指标、环保措施、社会福利等。

3）权衡策略

权衡策略是多目标决策中所依据的关键原理。由于各个目标之间可能存在冲突，决策者需要制定一种权衡策略，以确定各个目标的相对重要性。这可以通过为每个目标分配权重的方式来实现，权重反映了决策者对不同目标的偏好。

多目标决策模型的权衡策略可以用式（3-53）表示：

$$F(x) = w_1 \cdot f_1(x) + w_2 \cdot f_2(x) + \cdots + w_n \cdot f_n(x) \tag{3-53}$$

其中，$F(x)$ 为决策目标函数；$w_i$（$i=1,2,\cdots,n$）为第 $i$ 个目标的权重；$f_i(x)$（$i=1,2,\cdots,n$）为第 $i$ 个目标的决策变量。

例如，在城市可持续发展规划案例中，决策者需要考虑多个目标，如经济增长、环境保护、社会公平等。根据多目标决策模型，可以构建一个包括上述目标的层次结构，并为每个目标分配适当的权重。假设三个目标分别为经济增长（$G_1$）、环境保护（$G_2$）、社会公平（$G_2$），模型如下：

$$F(x) = w_1 \cdot G_1 + w_2 \cdot G_2 + w_3 \cdot G_3 \tag{3-54}$$

利用适当的权衡策略，决策者可以制定出促进城市可持续发展的综合规划，实现各目标之间的最优平衡。

通过这个案例，可以看到多目标决策模型在公共管理领域的实际应用，该模型可以帮助决策者找到多个目标之间的最佳权衡点，为城市规划提供科学支持。

2. 协同决策

由于应用中协同决策问题的复杂性[67]，实际决策过程中多主体的目标经常会相互冲突，根据多目标决策模型，协同决策的最终方案经常会给出一个多方主体可接受的范围，这个范围属于一个有限可行的方案解集，因此，协同决策是多主体基于自身目标在和其他主体不断协商、交互的过程中寻找合适的解集的过程。下面将详细解析协同决策理论的核心原理，包括协同效应、决策者行为建模、协同决策规则等。

1）协同效应

协同效应是协同决策理论的核心概念之一，它指的是多个决策者共同合作时所产生的积极效果。协同效应可以通过式（3-55）表示：

$$E = F(D_1, D_2, \cdots, D_n) \tag{3-55}$$

其中，$E$ 为协同效应；$F$ 为协同效应的函数；$D_i$（$i = 1, 2, \cdots, n$）为第 $i$ 个决策者的决策。

2）决策者行为建模

协同决策理论考虑了决策者之间的相互影响和合作行为。建立决策者行为模型，可以更好地理解他们的决策过程、动机和反应。决策者行为建模可以采用博弈论、计算模型等方法，使决策者的决策过程更加透明。

3）协同决策规则

在协同决策中，决策规则是指导合作决策的基本准则。常见的协同决策规则包括合作博弈、合作计算等。这些规则通过明确每个决策者的角色、权利和责任，促使他们更好地共同合作。

协同决策通过深入研究决策者之间的协同效应、决策者行为建模和协同决策规则等核心原理，为多方共同参与的决策场景提供了一种科学的决策方法，如图3-7 所示。

在公共管理领域，协同决策理论的应用可以促进各方利益实现最大化，推动

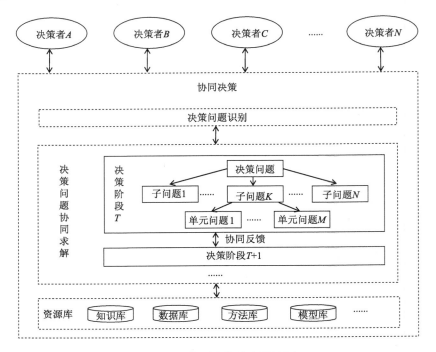

图 3-7    协同决策基本结构图

社会发展。通过进一步研究和应用，协同决策理论将有望在复杂决策场景中发挥更大的作用。

### 3.3.3　模型构建与应用意义

#### 1. 模型构建

多目标多主体协同的智能决策模型是一种复杂而灵活的框架，旨在协同多方主体以实现多个目标。构建这样的模型需要考虑决策环境的多样性、主体之间的相互影响以及多个目标之间的平衡。下面将详细描述构建该模型的一般方法，包括详细的公式说明。

1）问题建模

在构建多目标多主体协同的智能决策模型之前，需要明确问题的目标、主体以及约束条件。假设有 $N$ 个主体，每个主体面对 $M$ 个决策变量，要实现 $K$ 个目标。

首先，构建决策目标函数。决策目标函数是用于表示决策目标的数学模型，如企业战略方案中的营利性、市场份额、成本效益等目标。决策目标函数可以是数值型的，也可以是非数值型的，对于主体 $i$，其目标函数如下：

$$f_i(x),\ i=1,2,\cdots,N \tag{3-56}$$

其中，$x=(x_{i1},x_{i2},\cdots,x_{iM})$ 是主体 $i$ 的决策变量。

其次，考虑主体之间的相互作用，可以引入协同决策的约束条件。例如，某个主体的决策变量可能受到其他主体的决策变量的影响，约束条件定义如下：

$$g_{ij}(x_i,x_j)\leqslant 0,\ i,j=1,\cdots,N; i\neq j \tag{3-57}$$

其中，$g_{ij}(x_i,x_j)$ 为衡量主体 $i$ 和 $j$ 相互作用的函数。

再次，构建决策空间。决策空间是用于表示决策选项的解空间的数学模型，如企业战略方案中的决策空间可以是一个多元数列，其公式如下：

$$X=\{x_i \mid x_i \in R^M,满足约束条件\} \tag{3-58}$$

其中，$X$ 为决策空间；$R^M$ 为决策空间的维数。

最后，构建多目标决策中的协同决策算法模型，其模型可以表示为

$$\min_{x\in X} F(x)=w_1\cdot f_1(x)+w_2\cdot f_2(x)+\cdots+w_n\cdot f_n(x)$$

$$\text{s.t.}\ g_{ij}(x_i,x_j)\leqslant 0,\ i,j=1,\cdots,N; i\neq j \tag{3-59}$$

其中，$F(x)$ 为决策目标函数；$w_i$ 为第 $i$ 个目标的权重。

2）目标协同优化

协同决策的核心是通过协同优化方法寻找一个全局最优解，使得每个主体的目标函数都能得到满意的解。常见的方法包括：Pareto（帕累托）最优、Pareto 支配、Pareto 最优解集。

A. Pareto 最优

使用 Pareto 最优的思想，寻找一个解集，使得没有其他解集能在所有目标上都比这个解集更好。目标是最大化或最小化目标函数：

$$f_i(x),i=1,2,\cdots,N$$

B. Pareto 支配

对于两个解 $x^1$ 和 $x^2$，如果对于所有的 $i$，都有 $f_i(x^1)\geqslant f_i(x^2)$ 且至少存在一个 $j$，使得 $f_j(x^1)>f_j(x^2)$，则称 $x^1$ 支配 $x^2$。

C. Pareto 最优解集

通过遗传算法、粒子群算法等优化算法，生成 Pareto 最优解集：

$$Pareto最优解集=\{x\mid x\in X,x不被任何其他解支配\} \tag{3-60}$$

3）主体协同与博弈

在多主体协同决策中，主体之间可能存在博弈关系。博弈论可用于分析和设

计主体之间的策略，如纳什均衡等。如果每个主体都采取了最优的策略，则形成纳什均衡：

$$u_i(x_i, x_{-i}) \geqslant u_i(x_i', x_{-i}), \ \forall x_i' \in X_i \qquad (3\text{-}61)$$

其中，$u_i(\cdot)$ 为主体 $i$ 的效用函数，用来衡量主体 $i$ 采取某种策略时所获得的收益或效用；$x_i$ 为主体 $i$ 实际采取的决策变量或策略；$x_{-i}$ 为除主体 $i$ 之外其他所有主体的决策变量或策略组合；$x_i'$ 为主体 $i$ 可选择的其他任意决策变量或策略；$X_i$ 为主体 $i$ 的策略空间，即主体 $i$ 所有可能策略的集合。

4）智能技术的引入

（1）机器学习可用于模型预测和参数调整。例如，可以使用监督学习模型来对主体之间的相互作用程度进行预测：

$$\hat{g}_{ij}(x_i, x_j) = \mathrm{ML}(x_i, x_j) \qquad (3\text{-}62)$$

其中，$\hat{g}_{ij}(\cdot)$ 为预测主体 $i$ 和主体 $j$ 之间相互作用程度的函数；$\mathrm{ML}$ 为机器学习中任一种监督学习模型。

（2）主体可以通过强化学习方式学习到在协同决策中的最优策略，以达到长期奖励最大化：

$$Q_i(x_i, a_i) = R_i(x_i, a_i) + \gamma \sum_{j=1}^{N} \sum_{a_j} P_{ij}(a_j \mid x_j) Q_i(x_i', a_i') \qquad (3\text{-}63)$$

其中，$x_i$ 为主体 $i$ 的状态，反映主体 $i$ 所处的环境状况或自身的属性等信息；$a_i$ 为主体 $i$ 在状态 $x_i$ 下采取的动作；$Q_i(\cdot)$ 为主体 $i$ 的 $Q-$ 函数，用于评估在状态 $x_i$ 下采取动作 $a_i$ 的长期价值；$R_i(\cdot)$ 为主体 $i$ 的即时奖励函数，衡量主体 $i$ 在状态 $x_i$ 下采取动作 $a_i$ 后立即获得的奖励；$\gamma$ 为折扣因子，取值范围通常在 0 到 1 之间，用于衡量未来奖励的重要程度，$\gamma$ 越接近 0 表示越注重即时奖励，越接近 1 表示越看重未来奖励；$N$ 为主体的总数；$P_{ij}(a_j \mid x_j)$ 为条件概率，表示在主体 $j$ 处于状态 $x_j$ 时采取动作 $a_j$ 的概率；$x_i'$ 为主体 $i$ 在下一时刻的状态；$a_i'$ 为主体 $i$ 在下一时刻采取的动作。

多目标多主体协同的智能决策模型是一种全新的决策框架，能够处理多方主体之间的协同与竞争关系。通过引入目标协同优化、主体协同与博弈、智能技术等元素，模型能够更好地适应不同的决策场景。在未来，随着智能技术的不断发展，这一模型将更加灵活和强大，将为复杂的多目标决策问题提供更有效的解决方案。

## 2. 应用意义

多目标多主体协同的智能决策模型在公共管理领域具有深远的应用意义，其核心在于通过整合多方利益相关者的意见和需求，同时考虑多个决策目标，实现决策的科学、公正和可持续。下面将详细探讨其应用意义。

首先，这一模型有助于提升决策的科学性。在公共管理领域，经常面临多样化的利益主体，其各自追求不同的目标[68]。多目标优化（multi-objective optimization，MOO）模型可以有效整合这些目标，确保决策在整体上是科学合理的。例如，在城市规划中，既需要考虑经济发展，又需要兼顾环境可持续性和社会公平，多目标多主体协同的智能决策模型可以在这些目标之间找到最佳平衡点。

其次，该模型有助于提高决策的公正性。在传统的决策中，某些利益主体可能因为力量较强而占据主导地位，导致一些弱势群体的权益被忽视。多目标多主体协同的智能决策模型通过引入非支配排序等机制，能够平等对待各方利益，确保决策的公正性。例如，在社会福利分配中，考虑到不同群体的需求，模型可以找到一个既能最大化整体福利，又能尽量降低不平等程度的方案。

再次，该模型还有助于提高决策的透明度和参与度。通过智能决策支持系统，决策的过程和结果可以更清晰地呈现给各方利益相关者，提高决策的透明度。同时，该模型可以实现多方主体参与，通过协商和讨论，更好地反映社会多元化的声音。在城市规划决策中，公众可以通过智能决策系统在线上参与，提供对城市发展的建议和意见，使决策更具包容性。

最后，多目标多主体协同的智能决策模型有助于提高决策的灵活性。在不同的决策场景中，各种决策目标和约束条件都可能会发生变化。通过灵活运用多目标优化算法，模型可以快速调整以适应不同的情境。例如，在应对突发事件或紧急情况时，可以通过智能决策模型迅速调整资源分配方案，以最大程度保障公共安全。

因此，多目标多主体协同的智能决策模型在公共管理中的应用意义主要体现在提升决策的科学性、公正性、透明度和参与度，以及灵活性等方面，能够更好地应对复杂多变的社会环境。这一模型有望成为未来公共管理决策的重要工具，为社会提供更加智慧和可持续的管理决策。

### 3.3.4　算法应用与案例研究

#### 1. 算法与技术应用

多目标多主体协同的智能决策模型在面对复杂、动态的决策环境时，通过算法和技术的协同应用，实现多方主体的协同决策以达成多个目标。以下是该模型中算法和技术的主要应用。

（1）多目标多主体协同的智能决策模型借助进化算法来进行优化决策。进化算法，如遗传算法、粒子群算法等，通过模拟生物进化的过程，基于基因变异、交叉等操作寻找全局最优解。在协同决策中，不同主体的决策变量和目标可以被编码为个体的基因，通过遗传算法等进化算法进行优化，以找到全局最优解决方案。

（2）机器学习在多目标多主体协同的智能决策模型中扮演重要角色。通过对大量历史数据的学习，机器学习模型可以对决策环境进行建模，预测未来的趋势，并为主体提供决策建议。例如，基于强化学习的算法可以使主体在不断的试错中学习最优策略，适应环境的变化。

（3）智能优化算法也是多目标多主体协同的智能决策模型中的重要组成部分。这包括蚁群算法、人工鱼群算法等。这些算法模拟自然界中群体行为的原理，通过多个个体之间的协同与合作，寻找到全局最优解决方案。这对于解决多目标决策中的复杂约束和目标之间的冲突至关重要。

（4）在多主体协同方面，博弈论是一种重要的数学工具。博弈论通过模型化各主体之间的相互作用和冲突，分析不同决策对各主体的影响，从而为主体提供最优的决策策略。博弈论在多主体决策场景下，如资源分配、合作与竞争等方面发挥了重要作用。

（5）多目标多主体协同的智能决策模型还需要考虑大数据分析的应用。大数据技术可以处理海量、高维度的数据，挖掘数据中的潜在规律，为主体提供更加全面、准确的信息。通过大数据分析，模型可以更好地模拟决策环境，提高模型的准确性和预测能力。

综上所述，多目标多主体协同的智能决策模型中，算法和技术的应用是多方面的，涉及进化算法、机器学习、智能优化算法、博弈论和大数据分析等多个领域。这些算法和技术的协同作用使得模型能够更好地适应具有不确定性和动态性的决策环境，为各个主体提供更科学、更合理的决策支持。同时，本节将部分关键算法与技术应用进行整理，如表 3-4 所示。

表 3-4　关键算法与技术应用

| 算法 | 描述 | 应用 |
|---|---|---|
| 遗传算法 | 遗传算法是一种模拟自然进化过程的优化算法，广泛应用于多目标决策中。在多主体协同场景下，遗传算法可以用于优化决策者的决策策略，找到最优解 | 多企业协同供应链管理：通过遗传算法优化供应链中每个企业的生产计划，以最大化整个供应链的效益 |

续表

| 算法 | 描述 | 应用 |
|---|---|---|
| 多目标优化算法 | 多目标优化算法专注于解决多目标问题，如非支配排序遗传算法II（non-dominated sorting genetic algorithm II，NSGA-II）、基于分解的多目标进化算法（multi-objective evolutionary algorithm based on decomposition，MOEA/D）等 | 多部门协同决策：通过多目标优化算法协同多个部门的决策，平衡不同目标之间的权衡关系，找到全局最优解 |
| 博弈论与合作博弈 | 博弈论在多主体决策中被广泛应用，尤其是合作博弈，能够促进主体间的协同。合作博弈模型可用于分配资源、制定合作契约等 | 跨部门资源分配：博弈论可用于协调多个部门之间的资源分配，确保资源分配合理、公平 |
| 强化学习 | 强化学习通过代理与环境的交互，从试错中学习最佳策略。在多目标多主体协同决策中，可以应用于决策者个体的学习与优化 | 多智能体协同控制：例如，通过强化学习优化交通信号灯控制，以缓解交通拥堵 |
| 群体智能算法 | 群体智能算法模拟群体中个体之间的协同行为，如粒子群算法、蚁群算法。在多主体决策中，可用于模拟协同决策过程 | 多机器人协同任务：通过蚁群算法优化多机器人的路径规划，提高协同执行效率 |
| 深度学习 | 深度学习在决策支持系统中的应用逐渐增多，可用于处理大规模数据、挖掘隐藏模式，为决策提供更精准的信息 | 智能客户服务决策：通过深度学习处理大量客户数据，提供个性化服务，提高客户满意度 |
| 分布式智能决策系统 | 建立分布式智能决策系统，使多主体能够分布式地协同决策，降低通信成本，提高系统的可伸缩性 | 区块链技术在分布式智能决策系统中的应用，可以有效提升决策的透明性和可信度 |

结合上述算法，可利用多目标多主体协同的智能决策模型对具体案例进行求解，其求解流程如下。

步骤1：定义目标函数和约束条件。根据实际场景定义目标函数和约束条件，明确决策变量。

步骤2：建立模型。将目标函数和约束条件转化为优化模型的形式。

步骤3：选择优化算法。选择适合多目标多主体协同决策的优化算法，如NSGA-II。

步骤4：求解优化问题。使用选择的优化算法求解模型，获得最优的决策变量向量 $\bar{x}^*$。

步骤5：解析结果。解析最优决策变量，得到最佳的策略。

2. 案例研究

下面通过一个案例来展示多目标多主体协同的智能决策模型的应用，案例为城市智能交通信号控制。

案例背景：考虑一个城市的交通信号控制系统，该系统涉及交通管理部门、车辆、行人等多个主体，目标是通过智能决策来优化交通流，缓解拥堵、提高车辆和行人的通行效率，以及降低对环境的影响。

下面针对上述案例，给出解答流程。

首先，设定目标函数。

（1）最小化交通拥堵程度：可以使用平均排队长度或车辆延误时间衡量拥堵程度。目标函数为

$$f_1(\tilde{x}) = 平均排队长度 \quad 或 \quad f_1(x) = 车辆延误时间$$

（2）最小化行人等待时间：衡量行人等待时间，优化过程中要考虑行人通行需求。目标函数为

$$f_2(\tilde{x}) = 行人等待时间$$

（3）最小化车辆排队时间：衡量车辆排队时间，优化信号灯周期。目标函数为

$$f_3(\tilde{x}) = 车辆排队时间$$

其次，定义约束条件。

（1）交叉口容量约束：交叉口容量不得超过其设计最大容量。约束条件为
$$g_1(\tilde{x}) \leqslant 交叉口容量$$

（2）行人通行约束：确保行人通行的合理性和安全性。约束条件为
$$g_2(\tilde{x}) \leqslant 行人通行安全$$

进一步地，明确决策变量：$\tilde{x} = [x_1, x_2, \cdots, x_n]$ 表示决策变量向量，其中每个元素 $x_i$（$i = 1, 2, \cdots, n$）表示第 $i$ 个交叉口的信号灯控制策略、相位时长。

再次，建立模型。在本案例中，假设有两个交叉口，分别为交叉口 1 和交叉口 2，信号灯相位时长分别为 $x_1$ 和 $x_2$。

（1）目标函数：

$$f_1(\tilde{x}) = 平均排队长度 \quad 或 \quad f_1(x) = 车辆延误时间$$
$$f_2(\tilde{x}) = 行人等待时间$$
$$f_3(\tilde{x}) = 车辆排队时间$$
$$F(x) = w_1 \cdot f_1(\tilde{x}) + w_2 \cdot f_2(\tilde{x}) + \cdots + w_n \cdot f_n(\tilde{x})$$

其中，$F(x)$ 为决策目标函数；$w_i$（$i = 1, 2, \cdots, n$）为第 $i$ 个目标的权重；$f_i(x)$（$i = 1, 2, \cdots, n$）为第 $i$ 个目标的决策变量。

（2）约束条件：

$$g_1(\tilde{x}) \leqslant 交叉口容量$$
$$g_2(\tilde{x}) \leqslant 行人通行安全$$

最后，明确所使用的智能决策模型。在本案例中，使用多目标优化算法（如

NSGA-II）对目标函数进行优化，同时考虑约束条件，以获得最优的决策变量向量 $\bar{x}^*$。通过所获得的最优的决策变量向量来协同多个交叉口的信号控制器，该模型能够优化整个城市交通流，实现多目标的协同优化，包括缓解交通拥堵、减少交通事故数量以及减轻环境污染程度等。这种模型能够更智能地应对城市交通的复杂性，为城市交通管理提供高效、可持续的解决方案。

　　上述案例研究展示了多目标多主体协同的智能决策模型在公共管理领域中的重要作用。借助智能算法，该模型能够提供全面综合的决策支持。首先，它有效提高了决策效率，实现了对大规模数据的自动化分析和处理，使决策者更迅速、准确地做出决策，特别是在紧急情况下和时效性要求高的场景中，其能够发挥关键作用。其次，模型具备多目标协同优化的能力，能够在多个决策目标之间找到最佳平衡点，促使决策更全面、科学。再次，通过风险管理与预测功能，模型能够识别和应对潜在的风险因素，提高决策的鲁棒性。最后，智能决策模型提升了决策的透明度，能够清晰展示决策过程和基础数据，增强了公众、利益相关者对决策的信任。最重要的是，该模型引入了多主体的参与机制，使得公共管理者、相关机构和公众能够更广泛地参与到决策过程中，实现了决策的多元化和公正性。

　　综合而言，多目标多主体协同的智能决策模型助力公共管理部门更好地适应复杂多变的管理环境，推动公共管理向智能化和科学化方向迈进。

## 3.4　公共管理大数据智能决策可视化技术

### 3.4.1　公共管理中的大数据与可视化

　　随着科技的迅速发展和社会的不断进步，大数据技术逐渐成为公共管理领域的一项关键工具。在这个信息爆炸的时代，政府面临的数据规模和数据多样性都是前所未有的，这给决策者带来了巨大的挑战。同时，智能决策和可视化技术的崛起为公共管理提供了新的解决方案，为政府决策注入了更为科学和高效的元素。

　　在公共管理领域，大数据主要源自社会经济、环境、医疗、教育等多个领域。这些庞大的数据集蕴含着丰富的信息，但其庞大的规模和高度的复杂性使政府难以从中准确、迅速地提取有用的信息。因此，本节将聚焦于公共管理大数据智能决策可视化技术，以期通过深入分析该技术在公共管理领域的应用，为政府决策提供更强有力的支持。

　　大数据智能决策可视化技术的提出旨在解决在大数据时代面临的信息管理和分析难题。智能决策技术结合了人工智能和机器学习的先进算法，能够高效地处理庞大且复杂的数据，从而为决策者提供更为准确的信息。与此同时，大数据智能决策可视化技术通过图形等直观的方式呈现数据，使决策者能够更容易理解和分析信息，从而在更短的时间内做出更明智的决策[69]。

在本节，我们将探讨大数据智能决策可视化技术中的可视化数据、可视化设计原理、可视化评估和公共管理领域的可视化技术应用，并对其未来发展趋势进行展望。我们深入研究这一领域，以期为公共管理者提供更为创新和更加高效的决策手段，促进社会的可持续发展。

### 3.4.2　可视化数据

数据可视化指将数据变换为易于感知的可视编码。为了实现数据共享和提高处理效率，通过合适的数据可视化方式精确地传播信息，需要对数据进行合理的分类。数据分类就是把具有某种共同属性或特征的数据归并在一起，通过不同类别的属性或特征来对数据进行区分。数据的分类标准有很多，从统计学的角度，按照不同的计量尺度，通常将数据分为定类数据、定序数据、定距数据与定比数据。

（1）定类数据。定类数据属于某一类别的非数字型数据，用于描述一组数据被划分为若干离散的类别或类别变量。通常采用名称、标签、符号或代码来表示，而不是使用数值或测量值，如性别、商品类别等。定类数据是一种常见的数据类型，常用于统计分析、数据可视化和机器学习等领域。在可视化设计中，可以使用频数表和条形图等工具对定类数据进行描述和展示。

（2）定序数据。定序数据是指一组可以被排列在一定顺序内，且顺序具有实际意义的数据。与定类数据不同的是，定序数据的数值是有序的，并且可以进行比较。定序数据通常采用数值、字母、符号或其他有序编码来表示，如年级、学位等级、偏好程度等。定序数据也是一种常见的数据类型，用于统计分析和数据建模。通常可以通过一些排名或评分系统来收集和处理此类数据。定序数据的常见统计分析方法包括百分位数、中位数、四分位数、方差、标准差等。定序数据应用于大数据建模时，通常需要转换为数值型数据，以便于进行机器学习算法的训练和预测。

（3）定距数据。定距数据是指一组数值具有固定的单位和度量，可以进行相互比较和计算，而且具有相等间隔的数据。与定序数据和定类数据不同，定距数据不仅可以进行比较，还可以进行数学运算，如温度、时间、距离等，都属于定距数据。进行数据分析时，定距数据通常被视为数值型数据，可以进行各种基本的数学运算，如加减乘除、平均数、方差和标准差计算等。可视化设计中通常使用直方图、箱线图、散点图等图形工具进行可视化和描述。

（4）定比数据。定比数据是指一组具有固定的单位和度量，可以进行相互比较和计算，并且存在绝对零点的数据。绝对零点是指该数据类型中的零值表示"没有"，而不是"某种数量的缺乏"。例如，体重、长度、收入等都属于定比数据。与定距数据相比，定比数据不仅具有相等的间隔，还具有绝对零点，因此可以进行更加精确的数学运算。例如，可以计算百分比、比率、比例等数值。进行数据分析时，定比数据通常被视为数值型数据，可以使用各种基本的数学运算符号、描述统计量和图形等进行分析。在机器学习领域，处理定比数据的常见方法包括数据标准化、归一化、缩放等。

对上述数据进行处理需要用到计算机编程语言。在计算机编程语言中，常见的数据类型主要有以下几种。

（1）整数型：表示整数，包括正整数、负整数和零。

（2）浮点型：表示小数，可以是正数、负数或零。可以有小数点和指数部分。

（3）字符型：表示单个字符，可以是字母、数字、标点符号、空格等。

（4）字符串型：表示由多个字符组成的字符串，可以包含字母、数字、标点符号、空格等。

（5）布尔型：表示逻辑值，只有两个取值——真和假，通常用于条件判断和逻辑运算。

（6）列表型：表示多个数据项的有序集合，可以包含不同类型的数据，可以动态添加、删除和修改。

（7）元组型：表示多个数据项的有序集合，与列表类似，但是一旦创建，就不能修改其中的数据项。

（8）集合型：表示多个数据项的无序集合，不能包含重复的数据项。

（9）字典型：表示多个键值对的集合，每个键对应一个值，可以用于存储和查找数据。

不同编程语言和环境可能会有略微不同的数据类型，但是上述数据类型可以涵盖大部分情况。

公共管理领域涉及广泛的数据，这些数据来自不同的部门，用于支持政府决策、政策制定、资源管理和公共服务提供等。以下是一些在公共管理领域常见的数据类型。

（1）人口统计数据：包括人口数量、年龄结构、性别比例、民族构成等信息，用于社会政策制定、医疗服务规划、教育资源分配等。

（2）财政数据：包括政府收入、支出、债务、税收等方面的财政信息，用于预算制定、绩效评估、政府财政决策等。

（3）地理信息数据：包括地理位置、地形、土地利用等信息，用于城市规划、环境监测、灾害管理等。

（4）社会服务数据：涉及社会服务的需求、提供和使用情况，如医疗、教育、社会保障等方面的信息，用于资源分配、服务规划、社会政策评估等。

（5）教育数据：包括学生数量、学校分布、教育质量等相关信息，用于教育政策制定、学校管理、教育资源分配等。

（6）健康数据：包括疾病发病率、医疗资源分布、健康服务利用等信息，用于公共卫生政策制定、医疗资源规划、疾病预防等。

（7）犯罪和安全数据：包括犯罪率、警务活动、安全事件等信息，用于犯罪预防、警务资源配置、社区安全规划等。

（8）政府绩效数据：包括政府各部门的绩效指标、目标达成情况等信息，用于政府绩效评估、决策支持、政策调整等。

（9）公共参与数据：包括公众对政府活动的反馈、投诉、建议等信息，用于改进政策、提高透明度、促进公众参与。

### 3.4.3　可视化设计原理

#### 1. 颜色理论

1）颜色的定义

从物理学角度来看，颜色是由光线经物体反射、透射、发射等作用所产生的视觉现象，是人眼对不同波长的光线产生的感知。电磁波谱指的是电磁波在频率和波长上的分布规律，其包括了从长波的无线电波到短波的伽马射线等所有电磁波。可见光谱则是指可见光在频率和波长上的分布规律，是电磁波谱的一部分，包括了人眼能够感知到的红、橙、黄、绿、蓝、靛、紫七种颜色。

当我们看到一个物体时，实际上看到的是它反射、透过或发射的光线。白光可以分解为不同波长的光线，每种波长对应一种颜色。当这些光线遇到物体时，会被吸收、反射或透过。如果一种颜色的光线被完全吸收，那么这个物体就会呈现出其他颜色。如果一种颜色的光线被完全反射，那么这个物体就会呈现出相应的颜色。例如，一个苹果呈现红色，是因为它吸收了其他颜色的光线，而将红色的光线反射出来。同样，一片海洋呈现蓝色是因为它吸收了其他颜色的光线，而将蓝色的光线反射出来。

从生理学和心理学角度来看，颜色是人类大脑对光线能量进行处理的结果，大脑形成了对不同波长光线的感知。人眼中的视网膜包含两种类型的感受器，即视杆细胞和视锥细胞。其中视锥细胞分为三种类型，分别对应着红（red）、绿（green）、蓝（blue）三种颜色，也就是通常所说的 RGB 颜色模式。当光线进入眼睛后，它们会被视网膜上的锥状细胞所吸收，并产生电位变化。这些变化会经过视神经传递到大脑皮层，并被进一步处理和解释，使大脑形成对颜色的感知。不同的颜色往往会引起不同的情感反应。红色可能让人感到兴奋、紧张或热情，而蓝色则会让人感到平静、沉稳或悲伤[70]。这种情感颜色认知可能与个体的文化、经验、记忆等因素有关。

从设计与艺术角度来看，颜色能够区分事物的质量或特征，通常用来描述事物的外表或呈现作品的视觉效果。在设计领域，颜色是一个重要的元素，能够帮助设计师传达信息、引导注意力、催生情感反应等。从心理学的角度来看，不同的颜色可以传递出不同的情感。设计师可以根据设计目标和受众需求，选择不同的颜色来传达不同的信息和情感。在艺术领域，颜色也扮演着非常重要的角色。艺术家可以通过运用不同的颜色，创造出丰富多彩的视觉效果，产生情感共鸣。例如，文艺复兴时期的画家就运用了强烈的对比色，创造出强烈的视觉冲击和情感表达。后来的印象派则更注重对颜色的运用和表现，强调感觉与颜色的关系[71]。

综上所述，颜色是一种复杂、多维的视觉现象，它涉及物理、生理、心理、文化等多个方面。了解颜色的来源和定义有助于我们更好地运用颜色，并创造出更好的视觉效果。

2）颜色的属性

色相、亮度和饱和度是颜色的三个基本属性，也是理解和运用颜色的基础，它们的组合可以产生无限多的颜色变化，并在许多领域发挥着重要的作用。下面具体介绍颜色的三个基本属性。

色相环是用来表示颜色关系的图形，通常是一个圆形。在色相环中，颜色通常是按照光谱顺序进行排列。即从红色开始，顺时针方向依次排列橙色、黄色、绿色、蓝色和紫色。每个颜色在色相环中都有一个对应的角度，用度数来表示。在色相环中，相邻的颜色在色相上有很大的相似性，而相对的颜色则相差较大。色相环的内部通常是明亮的颜色，而外部则是较暗的颜色。

亮度是指物体表面反射或发射出的光强度带来的主观感受，是人眼对光线强度的感知。亮度通常用来描述物体的明暗程度。通常用 0 到 100 的数字表示，数字越大表示颜色越明亮，数字越小则表示颜色越黯淡。亮度通常被定义为颜色与黑色之间的相对强度比。亮度可以通过调整颜色的明度、对比度等参数进行控制。

饱和度是指颜色的纯度或强度，是颜色的一个基本属性。它表示一种颜色中所包含的纯色成分的相对量，也可以理解为颜色的深浅程度。通常用 0 到 100 的数字表示，数字越大表示颜色越鲜艳、越纯粹，数字越小表示颜色越灰暗、越接近中性色。

对色相、亮度和饱和度进行不同的调整和组合，可以产生无限多的颜色变化，比如，通过提高饱和度和亮度来营造充满活力的氛围，或者降低饱和度和亮度来创造出柔和、舒适的感觉等。熟练掌握这些属性，并灵活应用于各种场景中，可以创造出各种美妙的视觉效果。

2.　可视化设计组件

1）坐标系

坐标系是一种描述几何空间中点或物体位置的工具，它由一组基向量和原点组成。在数学、物理、工程等领域中，常用的坐标系包括直角坐标系、球坐标系等。

直角坐标系是指平面上由两条垂直的坐标轴组成的数学工具。一般来说，水平的轴称为 $x$ 轴，垂直的轴称为 $y$ 轴。两个轴在它们的交点处形成了一个叫作原点的点。每个点都可以用一个有序数字对 $(x, y)$ 来表示，其中 $x$ 表示横坐标，$y$ 表示纵坐标。每个点对应的数字对被称为这个点的坐标。坐标的单位通常是长度的单位，如米、英寸①或厘米等。

直角坐标系的主要功能是描述和测量平面上的几何图形。例如，可以使用直角坐标系来绘制线条、折线、曲线、多边形和其他几何形状。此外，它还可以将数据可视化，比较数据趋势和变化，并进行函数分析和优化。

直角坐标系直观易懂，便于理解和表达，适用范围广泛、数据可视化效果好。但是直角坐标系也存在一些局限。比如，只能表示二维空间中的点，在高维空间中，直角坐标系不再具有直观性和可读性，难以理解和表达，并且对于某些复杂的非线性关系较难处理和表达。

球坐标系是一种用于描述三维空间中点的坐标的系统，其主要功能是方便表示球形物体（如地球）上的点的位置。具体来说，它将球体表面上的每一个点都通过一个向径、一个极角和一个方位角来表示，这些参数类似于经纬度，但比经纬度更加精确。因此，该坐标系常被应用于地图制作、导航、天文学等领域，Google 地球采用了球坐标系来表示地球表面上的位置。另外，极球标系在机器人、虚拟现实等领域也有广泛的应用。极球标系的优点是能够准确地表示球体表面上的位置，并且在极点处具有连续性（即不会出现奇点）。缺点是在非极点处可能存在畸变，需要额外的计算量来转换到其他坐标系。

综上所述，直角坐标系适用于处理平面内的几何问题，如计算点之间的距离和角度等。球坐标系适用于涉及球对称性的问题，如计算空间中的曲线路径和球体表面上的点之间的距离等。

除了以上坐标系，常见的坐标系还包括：①柱面坐标系。柱面坐标系是一种三维坐标系，由一个平面和一条垂直于该平面的轴线组成。它通常用于描述圆柱形物体或旋转对称的问题。②二维正交曲线坐标系。这个坐标系中，曲线被用作坐标线。它可以用来解决具有对称性的问题，如电磁场等。③径向坐标系。径向坐标系也是一种三维坐标系，由一个点和一条从该点出发的射线构成。它通常用于解决球面上的物体或球对称的问题。④混合坐标系。混合坐标系使用了多种不同类型的坐标系。这些坐标系经常被用来处理非常复杂的问题。

在可视化中，坐标系常用于确定图形或物体的位置、大小、方向等属性，合

---

① 1 英寸=2.54 厘米。

适的坐标系能帮助我们更直观地理解数据或模型。在此我们需要注意，在选择坐标系时，应根据具体问题和数据类型考虑使用哪种坐标系；在绘制多个数据集时，应避免使用过多的坐标系，以免造成混淆和困惑；对于非直角坐标系，可能需要进行转换才能准确地计算和绘制。

2）标尺

坐标系指定可视化的维度，而标尺则是可视化中的一种辅助线，用于显示坐标轴上的刻度。通过标尺，用户可以更容易地确定数据点的位置和数值，从而更好地理解和分析数据。常见的标尺包括数字标尺、分类标尺和时间标尺。

数字标尺是可视化中用来显示数值范围的一种常见元素，主要用于可视化图表中的坐标轴、刻度线等部分。数字标尺的主要作用是为用户提供数据的定量信息，方便他们理解图表中的数据分布和趋势。常见的数字标尺包括：①连续型标尺。连续型标尺是一种数字标尺，用于表示连续的数值范围。例如，温度计上的数字标尺用于表示温度范围，最低温度与最高温度之间的数字代表连续的温度值。②百分比型标尺。百分比型标尺是一种数字标尺，用于表示数值相对于总体的比例关系，其中每个数字代表一个部分的百分比，最大值为100%。

数字标尺在可视化中起到了非常重要的作用，它们可以帮助用户更好地理解数据并做出正确的决策。选择合适的数字标尺类型对于数据可视化的效果非常重要，需要根据不同的数据类型和数据分布来选择适合的数字标尺。

分类标尺是一种用于表示离散型数据的基本元素。它可以将不同的数据项分组并按照一定的方式进行排列，以便于用户对数据进行比较和分析。分类标尺可以按照不同的特征来进行分类，主要包括：①名称型标尺。名称型标尺是一种用于表示无序分类数据的标尺。它将不同的数据项分成不同的类别，各类别之间没有顺序或大小之分。例如，性别、国籍、颜色等数据可以使用名称型标尺来表示。②顺序型标尺。顺序型标尺是一种用于表示有序分类数据的标尺。它将不同的数据项按照一定的顺序排列，每个数据项之间有大小或优先级之分。例如，学生的成绩可以使用顺序型标尺来表示，A、B、C、D、E 五个等级就是按照一定的顺序排列的。

分类标尺主要根据数据的类型、属性、特征等进行分类。在实际的数据可视化过程中，需要根据不同的数据类型和数据分布选择合适的分类标尺，以便于观众更好地理解和分析数据。

时间标尺用于显示时间序列数据，表示时间的流逝、顺序和持续时间，如一段时间内的销售额的变化。它通常用于展示历史事件、分析趋势，以及跟踪、计划进度等。时间标尺可以是线性或非线性的，并且可以使用不同的时间单位（如年、月、日、时、分等）。

线性时间标尺是指将时间均匀地分布在一条直线上。例如，在一个以年为单位的线性时间标尺中，每个格子代表一年，相邻的格子之间距离相等。这种标尺通常用于表示历史事件或趋势的变化，使得用户可以快速了解时间的流逝和事件发生的顺序。然而，线性时间标尺也有一些限制，例如，在展示具有长时间范围的数据时，时间刻度可能会很密集，导致图形显得拥挤不清晰，同时也不能准确反映较短时间内的小幅度变化。为此，非线性时间标尺也被广泛用于可视化领域。

非线性时间标尺则表示时间的变化不是按照固定的时间单位进行的。例如，在一个以月为单位的时间标尺中，每个月的长度是不同的，因为有些月份有 31 天，而有些只有 28 天或 29 天。这样的标尺可以更准确地表示复杂的时间关系，但用户需要花费更多的精力来理解非线性时间间隔。

除了线性和非线性标尺之外，还可以使用循环时间标尺来表示重复周期，如日出和日落的时间，或者季节的交替。此外，时间标尺也可以结合其他类型的标尺，如分类标尺或地理标尺，以便更全面地呈现数据和信息。

### 3.4.4　可视化评估

随着可视化方法的不断丰富和成熟，对可视化方法的评估越来越重要。一方面，有必要对新方法进行评估，以确定其优越性和适用范围。另一方面，推广和应用可视化方法需要用户的信任，而有效的评估能够帮助用户认识到可视化的价值，从而在专业领域中更好地接受和使用这些方法。

1. **基本流程**

可视化评估，也叫可视化评价或者可视化评测。虽然评估采用的具体方法会根据不同的研究对象和目标而发生改变，但是这些方法大体都遵循基本流程，这个流程包含实证性研究通常所需要的几个环节——明确研究目的并定义研究问题，提出研究假设，设计研究方案和具体方法，收集和分析数据，以及验证研究假设并得出结论。

1）明确研究目的并定义研究问题

在进行评估之前，首先，研究者需要明确评估的目的；其次，研究者需要围绕研究目的进一步清晰地定义研究所要解决的具体问题。研究目的通常是概括性的。例如，某研究是为了从用户角度了解某种可视化技术是否比以前的方法更有优势。研究问题是具体和清晰的，可能包含几个方面，是针对研究目的的进一步细化和可操作化的定义。以研究目的为例，其可能包含几个不同的研究问题：①对比以往的代表方法，新技术是否能帮助目标用户更高效地完成代表任务 A 和 B？原因是什么？②用户是否对新技术的满意度更高？为什么？研究问题的定义对于整个研究而言非常关键。定义具体和明确的研究问题有助于研究者形成好的研究方案。

2）提出研究假设

针对研究所要解决的问题，研究者在执行实验方案之前，应该结合相关的理论或者以往的研究结果提出研究假设。在提出研究假设的时候，应尽量避免使用宽泛的命题，如"系统甲比系统乙更好"，这样的命题因为太宽泛而难以验证。对于可视化技术来说，相对更好的命题是"相比于可视化系统甲，用户使用可视化系统乙能更高效地对某类特定数据进行聚类分析"。这样一个假设事实上对前文中提到的很多评估因素进行了限定：用户所要完成的任务是聚类分析，要评估的指标是效率，即用户完成聚类分析所花的时间和正确率。如果能提出具体的研究假设，接下来的研究方案设计和实施就会更具有针对性，研究假设的提出过程也是研究者回顾相关理论的一个过程，这一过程对于研究者理解为什么会出现这样或者那样的研究结果也会有所帮助。

3）设计研究方案和具体方法

研究假设形成之后，研究者可以着手设计研究的具体方案并选择合适的方法。以上文提到的研究为例，研究方案中应对比几种已有的技术？它们的代表用户有哪些？用户的代表任务是哪些？衡量不同技术的指标有哪些？如何采集数据？这些问题都是研究方案应该逐步明确的。当研究方案细化到一定程度、具有高操作性的时候，就进入研究的下一个环节——执行阶段。

4）收集和分析数据

在实验执行的过程中，需要避免潜在的问题，保证结果的可靠性。其中有很多细节值得注意。例如，对参与的用户进行必要的指导，安排必要的练习，以及提供适当的反馈。在比较多种技术或系统时，在这些细节方面需尽量保持一致。此外，现有技术已经能够很好地保证某些用户数据采集的实时性和客观性，如任务的完成时间和正确率等，应当充分利用这些技术，保证数据采集的有效性。在分析数据时，重要的是保证针对不同类型的数据选择正确的方法。

5）验证研究假设并得出结论

得到实验结果之后，需要判断研究假设是否成立，或者是否有足够的证据来支持或推翻研究假设，进而得到研究的主要结论。

2．方法路径

可视化评估的方法总体可划分为三大类：客观评估、主观评估与综合评估。

1）客观评估

对于客观评估的有关方法，最常用的就是对照实验及观察法。可视化应用的评估主要是在对照实验研究中评估用户在预定任务中的表现。对于实验的方法，其基本的逻辑是控制独立变量，如工具、任务、数据和参与者等，依赖变量主要是准确性和效率。其中准确性包括精确度、错误率、正确和不正确响应的数量，而效率包括完成预定义基准测试任务的时间。在实验和传统的观察方法之外，目前已有研究延伸了可视化应用评估的技术手段和方法形式。

2）主观评估

主观评估的许多相关方法采用了不同于客观评估的形式和方法，以弥补可视化应用评估中客观评估方法的不足。作为典型的主观评估方法之一——专家评估法通常需要符合条件的专家级用户参与，从而避免了招募大量用户参与评测的麻烦。这些评估者是领域的专家，他们对所使用的数据和需要完成的任务非常了解，能够对可视化技术在多大程度上适用于这样的数据和任务做出比较准确的判断。可视化技术评测的参与者也包含可视化专家，他们对可视化设计有丰富的知识，并具有可视化工具开发经验。可视化专家对可视化的有效性有自己的一套评判标准，并在评测中依据这些标准做出自己的判断。

3）综合评估

随着前述一些主流的评估方法的运用，不少研究者对传统评估方法的有效性提出了疑问并进行了批判，认为可视化应用的评估应当结合客观评估与主观评估的方法，参考借鉴有关理论，综合更多的现实因素进行考量。

4）总结

本节对常见的可视化评估中的评估方法路径类别进行总结，如表3-5所示。

表3-5　可视化评估中的评估方法路径类别

| 客观评估 | 主观评估 | 综合评估 |
|---|---|---|
| 对照试验 | 专家评估 | 案例分析 |
| 观察法 | 启发式评估 | 理论研究 |
| 脑电波分析 | 抽样问卷调查 | 强调过程性评估，强调前期评估 |
| 眼动分析 | 焦点小组访谈 | 强调多维、深度、长期评估 |
| 日志分析 | 民族志调查 | 研究方法批判 |

综合现有的可视化应用评估的各种实践及探索，对其中涉及方法进行总结归纳，通过对方法要素的摘选、合并与归类，本节整理了一个可视化应用评估方法参考框架，如图3-8所示，包含可视化评估的参考理论、评估方法、评估任务、客观评估指标、主观评估指标、评估影响因素等，为相关可视化评估提供了一个较为完整的方法视图和要素设计的参考索引。

基于该参考框架，在具体设计可视化应用的评估方案时，可从参考理论中选取可参考的理论模型，选择合适的评估方法，参考和选用框架中涉及的评估任务类别及细项，基于框架中列及的评估影响因素选择需要重点控制的有关变量，选择框架中涉及的客观评估指标与主观评估指标来执行具体的评估。

图 3-8　可视化应用评估方法参考框架

**可视化应用评估方法参考框架**

**参考理论**
- 认知负荷理论
- 多媒体学习理论
- 技术接受模型
- 创新扩散理论
- 技术需要与使用理论
- 工作记忆理论
- 人机交互理论
- 视觉嵌入理论
- 视觉再现理论
- 注意力理论
- 信息处理过程理论
- 问题求解理论
- 视觉表象与视觉作用认知理论
- 视觉心智理论
- 符号学习理论
- 图像理论
- 闭环视觉理论
- 绘画理论
- 图像辨识理论
- 空间认知理论
- 颜色理论
- 观察者中心理论
- 制图学理论

**评估方法**
- 实验测量与观察
- 问卷
- 专家评估
- 启发式评估
- 讨论会焦点小组
- 日志
- 眼动仪
- 脑电图

**评估任务**

|  |  |
|---|---|
| 辨别(identify) | 有许多满足条件的元素吗？／认识数据间可能用到的元素／哪个是……的元素？ |
| 定位(locate) | 找出特定值域的数据 |
| 区分(distinguish) | 空间邻近点中凸显空间散点位置／通过差异区分不同的实体／是否能区分类别？ |
| 归类(categorize) | 可以选择的划分类别吗？／对不同元素类别做分值查询 |
| 分类(cluster) | 比较不同位置的值的区分值值域／基于某角度看，哪些元素最相似？／通过空间中的间隔感知及簇间的关系 |
| 分布(distribution) | 识别整数据中不同簇域及簇间的关系／总体特征是？ |
| 排名(rank) | 描述整体的同特征／查看不同属性间值间值域的空间分布／粗细……对，进行计算排名 |
| 比较(compare) | 认识整体，对……最多？／哪些元素是最多？／比较不同空间位置的值 |
| 联系(associate) | 哪个节点的联系最多？／数据元间的问题关系是？／可视确定，位置与形状间的关系 |
| 关联(correlate) | 发现集中心位置关系／以下哪能判断为相关性／分析数据间属性的相关性 |
| 概括(generalize) | 认识共同属性的数据元素／识别主题知识 |
| 揭示(reveal) | 凸显主题知识的信息 |
| 划界(outline) | 勾勒突异性特征的数据展现 |
| 强调(emphasize) | 突出强化特征元素进行展现观察 |
| 追踪(trace) | 对特定元素进行跟踪观察 |
| 标签(label) | 对未识元素做备注标识／有文字/细微符号 |
| 量化(quantify) | 统计特定要素查看 |
| 标记(symbolize) | 对特定元素进行符号标注 |
| 切换(switch) | 切换图形的视图、视角、维度 |
| 描事(portray) | 对图形做细节抽象加工 |

**客观评估指标**
- 成功率：找到／找出／判断／完整／轻松找准地／成功/部分成功／评分
- 完成时间：最长时间／最短时间／平均时间／标准差
- 反应时间：错误反应时间／平均反应时间
- 学习时间：材料时间／交流沟通时间
- 瞬间性：过程环节数／认知瞬间反馈次数／兴趣注视兴趣时间／兴趣返注视时间
- 眼动指标：圆动轨迹／圆注视视点源／圆动速率／平均注视时间／瞳
- 脑电波指标：波长／标准差／鼠标响应／响应速度
- 日志指标：任务时长／特定辅助功能使用率／是否撤销／付出努力／有文字/细微符号／付无提示／工具界内可控程度／工具性能／可测数据规模

**主观评估指标**
- 综合评价：易学性／易用性／可用性／满意度／灵活性／娱乐性／开放性／普遍性／美观性／美—丑／眼验—清晰／沉浸—投入／同频—波动
- 认知效用评价：是否有知识收获／是否强化已有知识／是否试图成或改变认知／是否创新自己或使用的数据／是否互认识
- 情感效用评价：是否产生共鸣／是否有好奇心／是否产生兴奋／是否生如数据阅读可视化及数据的情感／是否感受强烈阅读可视化及数据地感受愉悦／是否感受到阅读的经历历感受学受／是否精神强烈的情绪反应／是否兴奋被可视图问题并愿意参与讨论
- 社会效用评价：是否成功成主题并正式越批判性的讨论／是否够触碰引社会媒体地关注
- 洞察力评估：发现数／发现新的信息／引导观察新发现／见解的正确性／宽泛无关深度／洞察的类别（概念、模式、分析、可维性）

**评估影响因素**
- 样本人群：动机／期望／结构
- 用户特性：能力（视觉、听觉、认知、记忆、识字、语言、工具）／经验偏好-主题／视觉偏好-主题兴趣／角色个关系、爱客／信息、观点／普遍性／自信度
- 可视化特性：可视化形态动态态-静态（图形、表格、表格、图表、抽态、组合）／图形态复杂度／图形抽象度／空间复杂度／空间组织（属序、位置、方向、交替）／可视化的风格偏好分布-杂乱-艺术／美观性的尺度、均匀、秩序-艺术-文义
- 信息特性：信息密度画布尺度-二维-三维／信息维度-维-多维／是否提供相关下文信息／是否强调有关系性／信息保真度（信息内容属性-完整性）／信息点间内容度（信息情感偏度）／信息件视域区域的采辨的可达性的只读性／数据类型（布尔、空间、层级、网络）／数据属性（时间-空间、结构化、非结构化）
- 实验执行：实验时长
- 面向领域：主题领域／所处情境
- 情境环境：社会文化
- 支持功能：属性呈现、过滤筛选、搜索查询、视域缩放、选择、旋转、移、排序、颜色调配、调节、导航、标签、焦点+背景、剪切、异序发现、下钻上取、撤销、基线设定、重做、数据更新、变形、集群、定位、借助、视角切换、几何偶、色编码

### 3.4.5 公共管理领域的可视化技术应用

在公共管理领域，可视化技术被广泛应用，以更清晰、直观地呈现数据和信息，从而支持决策制定和政策分析，包括政策效果评估可视化、地理信息可视化、健康数据可视化、预算和财务可视化、绩效管理可视化、社会服务需求预测、公共参与可视化等。以下是政策效果评估可视化与健康数据可视化示例。

1. 政策效果评估可视化

政策效果评估可视化技术可以展示社会经济指标、失业率、贫困率等数据的变化，帮助政府机构评估和展示实施的政策效果，以便进一步改进政策。图 3-9 是《经济学人》杂志统计的 2012 年和 2014 年的难民流向，左数第一列表示难民来源国，左数第二列表示难民迁移的目的地国，左数第三列表示成功入境（接受）或被表示拒绝入境（拒绝）。中东的内战和非洲的压迫导致向欧洲申请庇护的人数激增，从 2012 年的 316 625 人增至 2014 年的 388 620 人。2014 年，德国、瑞典和瑞士接收了一半以上向欧洲国家提出申请的难民。2015 年 5 月 13 日，欧盟执行机构欧盟委员会公布了新的计划，提出分担难民负担的配额建议，以应对来自发展中国家的大量移民，这一点颇受争议。从图 3-9 中不难看出，德国、瑞典和瑞士更可能支持配额制，而其他国家则不那么热衷于分摊负担，法国则很可能反对配额制。

2. 健康数据可视化

健康数据可视化技术将医疗和卫生数据以图形化方式呈现，用于流行病学研究和公共卫生决策。图 3-10 是艾滋病主题社区的话题分布，内圈代表主题，外圈代表每个主题中的热门关键词。有关艾滋病诊断和治疗的话题占了很大比例，另外值得注意的是，人们倾向于在网络社区中缓解自己的情绪，表达焦虑、恐惧、自责、感激或其他情感。对这些社区中讨论的话题进行分析，可以揭示艾滋病人群的需求和兴趣[72-73]。

这些可视化技术的应用有助于提高决策效率、加强信息传达，同时使公众对政府活动增强理解并积极参与。在不断发展的数据驱动时代，可视化技术在公共管理中的应用将继续增加。

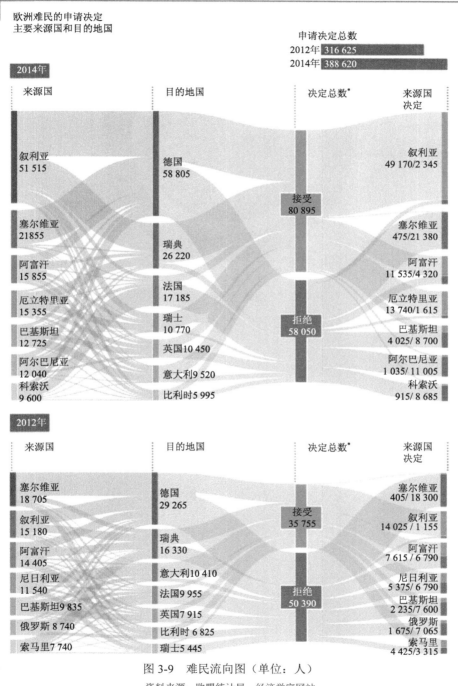

图 3-9　难民流向图（单位：人）

资料来源：欧盟统计局、经济学家网站

*仅限一审判决

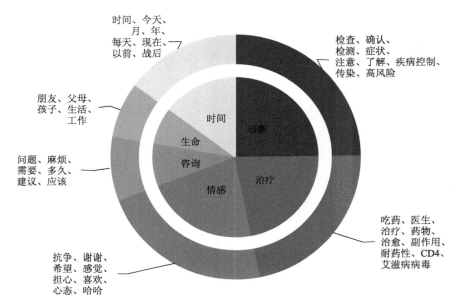

图 3-10    艾滋病主题社区的话题分布

# 第 **4** 章

## 公共管理大数据质量评价体系与评估模型

## 4.1 公共管理大数据质量评价体系

### 4.1.1 引言

大数据的初步应用已经开始对生产、流通、分配与消费模式产生重要影响，但目前也存在核心技术差距较大、政府数据开放共享不足、应用水平低、产业基础薄弱、法规标准滞后、信息安全问题日益突出等问题。大数据领域相关标准的缺失，导致大数据应用建设没有标准可依据，形成数据信息孤岛，影响数据的复用性和互融互通性，阻碍产业化发展。

2021 年 11 月，工业和信息化部印发《"十四五"大数据产业发展规划》（以下简称《规划》）。《规划》立足新发展阶段，完整、准确、全面贯彻新发展理念，构建新发展格局，统筹问题导向和目标导向，统筹短期目标和中长期目标，统筹全面规划和重点部署，聚焦突出问题和明显短板，充分激发数据要素价值潜能，夯实产业发展基础，构建稳定高效产业链，统筹发展和安全，培育自主可控和开放合作的产业生态，打造数字经济发展新优势，为建设制造强国、网络强国、数字中国提供有力支撑[74]。

《规划》提出要以释放数据要素价值为导向。数据是新时代重要的生产要素，是国家基础性战略资源。大数据产业提供全链条大数据技术、工具和平台，深度参与数据要素"采、存、算、管、用"全生命周期活动，是激活数据要素潜能的关键支撑。要以释放数据要素价值为导向，推动数据要素价值的衡量、交换和分配，支撑数据要素市场培育，激发产业链各环节潜能，以价值链引领产业链、创新链，推动产业高质量发展。《规划》提出要打造繁荣有序产业生态。做强做优做大产业。产业基础是产业形成和发展的基本条件，产业链是产业发展的根本和关键，打好产业基础高级化、产业链现代化的攻坚战是支撑产业高质量发展的必要条件。围绕产业基础高级化的目标，在数据生成、采集、存储、加工、分析、服务、安全、应用各环节协同发力，打好产业链现代化攻坚战。《规划》提出要以产业生态良性发展为发展目标之一。任何产业要实现高质量发展都离不开优质的企业主体、全面的公共服务、扎实的安全保障。坚持目标导向和问题导向，培育壮大企业主体，优化大数据公共服务，推动产业集群化发展，完善数据安全保障体系，推动数据安全产业发展，为产业高质量发展提供全方位支撑。

《规划》提出的发展目标还包括：①价值体系初步形成。数据要素价值评估体系初步建立，要素价格市场决定，数据流动自主有序，资源配置高效公平，培育一批较成熟的交易平台，市场机制基本形成。②产业基础持续夯实。关键核心技术取得突破，标准引领作用显著增强，形成一批优质大数据开源项目，存储、计算、传输等基础设施达到国际先进水平。③产业链稳定高效。建立有效的公共管理大数据质量评价体系是建立大数据价值体系的基础。

数据质量是决定数据是否适用于预期用途的基础，尽管目前存在用于评估常规数据质量的不同数据质量模型，但它们大多都没有适应大数据。针对大数据质量问题，首先要分析导致大数据质量问题出现的原因。典型的导致大数据质量较差的原因有两个方面：大数据管理、大数据处理和服务[75]。其中，大数据管理包含三种类型：组织管理、数据管理、质量保证管理。大数据处理和服务涉及的问题类型包括：数据收集问题、数据转换问题、数据服务扩展性问题、数据转变问题[76]。

### 4.1.2 公共管理大数据概述

美国著名咨询公司麦肯锡给出的大数据定义是"其大小超出了典型数据库软件的采集、储存、管理和分析等能力的数据集"[77]，维基百科给出的定义是"大数据指所涉及的数据量规模巨大到无法通过人工在合理的时间内将其截取、管理、处理并整理成为人类所能解读的信息"[78]。由此可见，大数据区别于传统数据的本质特征在于大数据是已经超出了传统常规软件的数据处理能力，只有采用新平台、新技术才能有效处理的数据集，因而催生了大数据技术、大数据平台和大数据应用等。公共管理大数据对于大数据来讲是其中的一个分支，侧重于政府管理领域的大数据，主要包含公共事业管理、行政管理、土地资源管理、城市管理、交通管理等诸多方面的大数据。

1. 公共管理大数据的基本特征

公共管理大数据的基本特征和大数据特征一致，即数据量（volume）大、数据产生和处理速度（velocity）快、数据种类（variety）多和数据价值（value）密度低，俗称"4V"[78]。后来，又有学者提出了"5V"的定义，即在原来"4V"的基础上增加了真实性（veracity），这也表明大数据质量问题在逐渐被研究人员重视。

### 2. 大数据的质量标准

#### 1）公共管理大数据的生命周期

在公共管理大数据系统中，数据是知识的最终来源。在其生命周期中，数据一般要经历六个不同的阶段：数据收集、数据预处理、数据存储、数据分析与挖掘、数据展示、大数据应用[79]。数据质量贯穿于整个大数据流程，故可将大数据质量分为原始质量、过程质量和结果质量。大数据原始质量是指数据采集过程中采集到的原始大数据的质量，涉及数据完整性、一致性、准确性、时效性等方面；大数据过程质量指经过数据预处理、数据存储等环节后的大数据质量，它为大数据分析与挖掘做准备，其高低直接关系到大数据分析结果的价值；大数据结果质量指经过数据分析与挖掘、数据展示后产生的最终结果的质量，包括分析结果的价值性、直观性等，与用户的需求和感知有关[80]。大数据应用是直接检验大数据质量的重要环节。

#### 2）公共管理大数据的质量维度

通过查阅文献[81-87]和结合实验中的收获，我们总结出公共管理大数据的质量标准是由数据质量的多个维度组成的，即可得性、可用性、可靠性、相关性、安全性、价值性、外观质量，并针对每一个质量维度确定了 1~3 个评价要素。

前五个质量维度是数据质量的固有特征，而最后两个维度是附加的属性，可以提升使用者的体验感和满意度。这些维度中，可得性是指使用者获得数据的容易程度；可用性指的是数据是否有用，是否能满足使用者的需求；可获得性和可理解性代表了公共管理大数据的形式质量。可靠性是指数据的可信任程度；相关性则用来描述提供的数据与使用者的期望或需求之间的相关程度；安全性是用来保障数据整个生命周期的正常运作的，由于涉及政府数据，安全性在公共管理大数据中显得尤为重要。可靠性、相关性和正确性代表了公共管理大数据的内容质量。价值性是指接受应用实践的大数据的价值；外观质量是数据的有效描述方法，它用来表示用户是否能够完全理解数据。有效性和有用性则代表了公共管理大数据的效用质量。

### 3. 公共管理大数据质量评价要素

#### 1）可得性

**A. 可访问性**

可访问性指使用者获得数据的便捷程度。可访问性与公共管理大数据的开放性有着密切的联系，数据的开放程度越高，数据的可访问性程度就越高。可访问性衡量指标有：①是否直接提供数据访问接口；②数据是否可以很容易地获取。

B. 时效性

时效性表示当前数据对当前进行的任务的影响。其衡量指标有：①在给定的时间内，数据是否能准时接收；②数据是否能及时更新。

2）可用性

可用性的衡量指标有：①数据是否来自专业权威组织；②专家是否会定期地检查数据内容的正确性。

3）可靠性

A. 准确性

准确性是数据质量标准的核心内容与基础，其衡量指标有：①提供的数据是否是准确的；②数据值是否能很好地反映源信息的真实状态；③数据是否一致。

B. 完整性

完整性表示数据信息的完整程度，具有完整性意味着单一数据所有组件的值是有效的。完整性衡量指标有：①数据格式是否清晰且符合标准；②数据内容是否完整。

4）关联性

数据关联性的衡量指标是：①收集的数据是否能完全或部分匹配主体；②检索的数据集是否满足使用者的需要。

5）安全性

安全性包括数据来源的安全性、数据存取的安全性、权限管理、访问控制等方面，体现在大数据全生命周期中。其衡量指标有：①数据是否经过脱敏处理；②数据管理权限是否完备；③数据是否具有完备的访问处理机制。

6）价值性

价值性主要体现在大数据的应用上，主要通过企业应用实践和用户感知来衡量。其衡量指标有：①数据是否有较好的应用落地价值；②数据及其副产品是否能够很好地吸引企业或用户的兴趣。

7）外观质量

外观质量可用可读性来体现。外观质量表示根据已知或定义良好的术语、属性、单位、代码、缩写或其他信息，来正确解释数据内容的能力。其测量的指标有：①数据的内容、格式等是否清晰且可理解；②是否可以容易地判断提供的数据是否满足要求；③数据描述、分类和编码内容是否满足规范并且很容易理解。

### 4.1.3 公共管理大数据质量评价过程

有学者提出了一个大数据质量验证过程[88]，其中涉及一些基本的数据处理过程，如数据清洗、数据转换、数据加载、数据分析等。尽管这个验证过程用于大数据质量评价并不完善，但是它给我们评价公共管理大数据质量提供了一个不错的思路。将大数据质量维度标准加入这个大数据质量验证过程，可最终形成一套完整的体系，如图 4-1 所示。

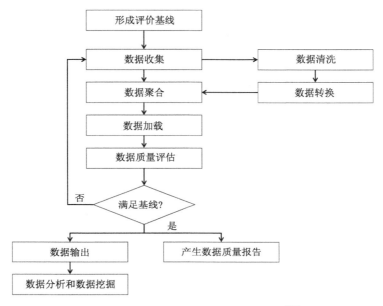

图 4-1　公共管理大数据质量评价过程[81]

### 1. 形成评价基线

形成评价基线是整个评价过程的第一步。评价基线包括的内容有：确定数据质量要素和确定数据质量维度。

1）确定数据质量要素

不同的应用环境对于数据质量要素会有不同选择。例如，在政府大数据中考虑到的相关要素有准确性、时效性、相关性、客观性、可衔接性、完整性、可理解性、可操作性、可取得性、可解释性、效益性、安全性等。

2）确定数据质量维度

每一个质量维度都需要不同的测量工具、技术和过程，从而导致所需的评估时间、成本和人力资源不同。要清楚了解工作就需要评估每个维度，选择满足需要的维度，并能够很好地划定项目的范围。数据质量维度的初步评估结果用来确定基线，而剩下的评估作为业务流程的一部分，将用于连续检测和信息的改进。

### 2. 公共管理大数据生命流程中的质量评价

大数据流程和大数据质量维度对应关系如图 4-2 所示。

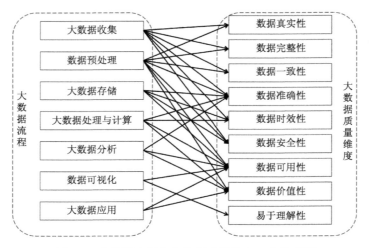

图 4-2 大数据流程和大数据质量维度对应关系[76]

1）大数据收集

大数据收集是获取原始大数据集合的过程。大数据通常由不同数据源产生，且由机器自动生成，通过网络传输到指定的位置，这是一种大数据生成即收集的方式；或者是企业或组织根据自身需求，有针对性地从各种来源收集所需数据，如用户的各种数据等。总之，对需从不同数据源实时地或及时地收集各种类型的数据，并发送给存储系统或数据中间件系统进行后续处理。大数据收集可分为设备数据收集和 Web 数据爬取两种，由各种数据收集软件和网络爬虫完成。大数据收集环节对大数据质量的真实性、完整性、一致性、准确性、时效性、安全性等维度均产生影响。

2）数据预处理

大数据收集过程中通常有一个或多个数据源，这些数据源易受到噪声数据、数据值缺失、数据冲突等影响，需要首先对收集到的大数据集合进行预处理，以保证大数据分析与预测结果的准确性和价值性。数据预处理环节主要包括数据清理、数据集成、数据归约与数据转换等。数据清理包括噪声数据清理、数据过滤与修正等方面，有利于提高大数据的真实性、一致性、准确性和可用性；数据集成则是将多个数据源的数据进行集成，从而形成集中、统一的数据库、数据立方体等，有利于提高大数据的完整性、一致性、安全性和可用性等；数据归约是在不降低分析结果准确性的前提下缩小数据集规模，使之简化，包括维归约、数据归约、数据抽样等技术，有利于提高大数据的价值密度；数据转换包括基于规则或元数据的转换、基于模型与学习的转换等技术，可通过转换实现数据统一，这一过程有利于提高大数据的一致性和可用性。

3) 大数据存储

对于大数据存储，分布式存储与访问是其关键技术，它具有高效、经济、容错性好等特点。分布式存储技术与数据存储介质的类型和数据的组织管理形式直接相关。数据存储介质的类型主要有内存、磁盘、磁带等，数据的组织管理形式主要包括按照行、列、键值、关系等进行组织，不同的存储介质和组织管理形式对应不同的大数据特征和应用。

4) 大数据处理与计算

大数据的分布式处理技术与存储形式、业务数据类型等相关，针对大数据处理的主要计算模型有 MapReduce 分布式计算框架、分布式内存计算系统、分布式流计算系统等。MapReduce 是一个批处理的分布式计算框架[89]，可对海量数据进行并行分析与处理，它适合对各种结构化、非结构化数据进行处理。分布式内存计算系统可有效减少数据读写和移动的开销，提高大数据处理性能。分布式流计算系统则是对数据流进行实时处理，以保障大数据的时效性和价值性。

5) 大数据分析

大数据分析技术主要包括已有数据的统计分析技术和未知数据的挖掘、深度学习技术。统计分析可通过数据处理技术完成，未知数据挖掘和深度学习技术包括聚类与分类、关联分析、深度学习等，可挖掘大数据集合中的数据关联性，形成针对事物的描述模式或属性规则，通过构建机器学习模型和海量训练数据提升数据分析与预测的准确性。大数据分析是大数据处理与应用的关键环节，它决定了大数据集合的可用性和价值性，以及分析预测结果的准确性。在大数据分析环节，应根据大数据应用情境与决策需求，选择合适的数据分析技术，提高大数据分析结果的准确性、可用性、价值性。

6) 数据可视化与应用环节

数据可视化是指将大数据分析与预测结果以计算机图形或图像的直观方式展示给用户的过程。数据可视化技术有利于发现大量金融、通信、商业等业务数据中隐含的规律性信息，以支持管理决策。数据可视化环节可大大提高大数据分析结果的直观性，便于用户理解与使用，故数据可视化是影响数据可用性和易于理解性的关键因素。

大数据应用是指将经过分析处理后挖掘得到的大数据结果应用于管理决策、战略规划、市场营销等的过程，它是对大数据分析结果的检验与验证，大数据应用过程直接体现了大数据分析处理结果的价值性和可用性。大数据应用对大数据的分析处理具有引导作用。在大数据收集、处理等一系列操作之前，对应用情境进行充分调研、对管理决策需求信息进行深入分析，可明确大数据处理与分析的目标，从而为大数据收集、存储、处理、分析等过程提供明确的方向，并保障大数据分析结果的可用性、价值性并满足用户需求。

3. 数据质量评价

数据质量评价的核心是如何评价每个维度。目前，数据质量评价有定性和定量两种方法。

1）定性评价方法

定性评价方法是依据一定的评价标准和要求，根据评价的目的和用户需求，从定性分析的角度，来描述和评价数据资源[90]。

2）定量评价方法

定量评价是一个正式的、客观的、系统的过程，利用具体的数值数据来获得信息。因此，客观性、普遍性、数字特征往往会与这种方法相联系，其评价结果更直观、具体。数据可与上述建立的数据质量评价基线进行比较。如果数据质量符合基准，则后续数据分析阶段可以输入，并生成数据质量报告，进一步对满足基准的数据进行分析和挖掘。如果数据质量不满足基准，则必须获得新的数据[91-92]。

# 4.2　公共管理大数据质量评估模型

## 4.2.1　引言

之前的数据质量评估模型多基于前文中的部分或所有数据评价指标进行打分评价，如表 4-1 所示，如有学者在相关研究中，制定 KQI（key quality indicators，关键质量指标）来评估数据集的总体优良率是否满足业务要求。如图 4-3 所示，把业务总体 KQI 再细分为这个数据集中每项数据的 KQI，每项数据再根据评估需要逐级向下分解到具体的 KPI（key performance indicators，关键业绩指标），而每个具体的 KPI 由基础统计指标计算得到[93]。

表 4-1　常规数据和大数据质量管理对比

| 项目 | 常规（关系）数据质量 | 公共管理大数据质量 |
|---|---|---|
| 处理各种数据的频率 | 过程是面向批次处理的 | 过程既是实时的又是面向批次处理的 |
| 置信程度 | 数据格式主要是结构化的 | 数据格式可能是结构化、半结构化或者无结构化的 |
| 数据清理时机 | 数据在加载到数据仓库之前被清理 | 数据可能会被直接加载，因为关键数据元素及其关系可能尚未完全明晰。由于数据量大且速度快，可能需要采用流式处理和内存分析来清洗数据，从而降低存储需求 |
| 关键数据元素 | 针对关键数据元素（如客户地址）评估数据质量 | 数据可能按原样加载，因为可能无法完全理解关键数据元素和关系。对数据的数量和速度的要求，使得可能需要流式内存分析来清理数据，从而减少存储需求 |

续表

| 项目 | 常规（关系）数据质量 | 公共管理大数据质量 |
|---|---|---|
| 分析位置 | 数据被移动到数据质量和分析引擎中 | 数据质量和分析引擎可能会转移到数据商，以确保可接受的处理速度 |
| 数据管理 | 数据管理可以管理高比例的数据 | 由于高容量和/或高速度，数据管理可以管理较小比例的数据 |

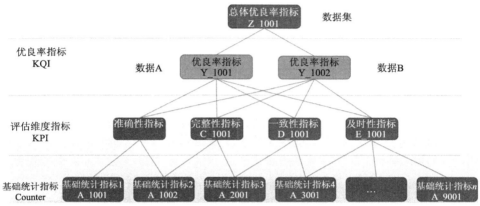

图 4-3　数据评估模型层次关系[93]

评估模型从层次上可划分为三部分，分别是：基础统计指标、评估维度指标（准确性指标、完整性指标、一致性指标、及时性指标）、优良率指标（含总体优良率指标），层次关系如图 4-3 所示。针对各评估维度指标，结合评估期望，制定其基础统计指标，举例如表 4-2 所示。

表 4-2　基础性统计指标命名举例[34]

| 相关性 | 基础统计指标名称 | 指标定义 |
|---|---|---|
| 准确性 | 总记录数 | 总记录数 |
| 准确性 | 关键字段值合规记录数 | 某关键字段，其值填充内容符合规则库定义要求的记录数 |
| 完整性 | 实际文件总数 | 统计期内实际应处理文件总数 |
| 完整性 | 处理文件总数 | 统计期内实际处理文件总数 |
| 完整性 | 时间序列去重数/时（天……） | 数据中时间序列去重数<br>注：①若按日统计，值为当天按小时序列的去重数；②若按月统计，值为当月按天序列的去重数 |
| 完整性 | 时间序列总种类数/时（天……） | 数据中时间序列总数<br>注：①若按日统计每小时数据的完整度，则值为当天小时数，如 24（小时）；②若按月统计每天数据的完整度，则值为当月实际天数，如 31（天） |

续表

| 相关性 | 基础统计指标名称 | 指标定义 |
|---|---|---|
| 一致性 | 关联记录数/条 | 数据集 a 与数据集 b 基于某字段或字段组合能关联上的记录数。即数据集 a 中能关联上的记录数 |
| 一致性 | 字段或字段组合去重数/种 | 数据中字段或字段组合的去重数<br>注：或称字段值的基数 |
| 一致性 | 字段或字段组合总种类数/种 | 数据中字段或字段组合在其参考数据中的去重数<br>注：参考数据中基于字段或字段组合的去重数 |
| 及时性 | 文件处理时延 | 本环节每个文件处理时长 |
| 及时性 | 文件处理时延之和 | 统计期内处理文件的延时之和 |
| 及时性 | 文件处理及时数 | 统计期内，根据及时性要求，满足时延要求的文件数量 |

以上模型对于处理少批量公共管理大数据较为适用，而当数据呈几何式增长时，很难通过此类模型算法进行数据质量评估，针对数据质量指标的某几项或者全部指标进行评估将会有较大的成本代价。有研究人员采用随机抽样的方法从海量数据中抽取样本数据进行数据质量评价，一定程度上减少了成本，但存在一定的偶然性。对公共管理大数据质量基本评估模型进行探索性研究之前，需要明确大数据质量评价目的、评价什么、如何评价等基本问题。常规数据质量评估模型已经难以完全适用大数据质量评价，需探索建构适用于大数据质量生态系统的评估模型。

在基于大数据质量关键坐标与大数据自身特点关联视角的评估模型研究中，Merino 等[94]以 ISO/IEC 25012①为参照系，构建由上下文充分性（contextual adequacy）、时间充分性（temporal adequacy）和操作充分性（operational adequacy）构成的 3As 数据质量使用模型（以下简称 3As 模型）[94]，反映大数据 3Vs 特点与 3As 的映射关系。Taleb 等[95]、Kulkarni[96]、Bizer[97]等分别在研究中建构形成基于内容、语境和评级三个层面类型的质量评估模型，而 Batini 等[98]建构的以数据类型（data types）、数据源（data sources）和应用域（application domains）大数据核心坐标结构特征为基础的质量评估模型，通过核心特征映射质量范式演化和大数据质量概念框架。

在基于数据生命周期和大数据质量动态性视角的评估模型研究中，Fabijan 等[99]、Immonen 等[100]均明确指出，大数据质量评价框架必须要考虑数据系统中的数据流动过程，考虑一个或多个阶段的数据质量属性。

Cai 和 Zhu[101]基于反馈机制构建了一个针对大数据质量动态评价过程的评估

---

① ISO，即 International Organization for Standardization（国际标准化组织）；IEC，即 International Electrotechnical Commission（国际电工委员会）。

模型。在数据处理阶段，该模型由原始质量、过程质量和结果质量三个部分组成，将质量评价与数据流动过程紧密结合。模型以大数据流动过程中的数据生命周期为主线，并将任务情境和语境作为关键变量，提出了基于分层理念的数据质量标准，从而形成了兼具过程性与动态性的评价框架。

以上基于不同视角的评估模型既体现了数据质量的客观评价思想，又体现了大数据质量评价的过程性、应用情境的适用性理念，成为大数据质量评价理论的重要构成部分。随着对大数据质量内涵认识的不断深入，质量管理研究的不断发展，尤其是大数据类型日趋多样、结构日趋复杂、流动过程日趋繁复，与之相适应的大数据质量评估模型将会不断发展。我们对照前文所述的公共管理大数据质量评价体系，结合大数据的特点和现有大数据评估模型，研究建立了公共管理大数据事前评估、事中评估和事后反馈的全生命流程质量评估模型，构建了公共管理大数据质量评价机制。

### 4.2.2　公共管理大数据质量评估模型

#### 1. 公共管理大数据事前评估模型

事前评估模型主要是以数据类型、数据源和应用域的大数据核心结构特征为基础的质量评估模型[98]，具体如下。

1）数据类型

事前评估模型考虑可以被视为大数据的三种主要数据类型：①地图；②半结构化文本；③链接开源数据。每种数据类型固有地关联一组结构特征，如表 4-3 所示。

表 4-3　数据类型及结构特征

| 数据类型 | 结构特征 |
|---|---|
| 地图 | 空间拓扑 |
| | 空间几何 |
| | 空间语义 |
| 半结构化文本 | 词汇 |
| | 句法 |
| | 语义 |
| | 修辞 |
| 链接开源数据 | SPARQL（simple protocol and RDF query language，简单协议和 RDF 查询语言）端点 |
| | RDF（resource description framework，资源描述框架）格式 |
| | 相互连接 |

A. 地图

地图可以定义为在扁平表面上对地球区域或天空一部分的特征的表示，以它们各自的形式、大小和关系（根据一些表示惯例），以及它们的时间演变来展示它们。地图用于航行或驾驶等大量活动。对于用于表示地图的数据的属性，可以根据其空间和时间的结构参考，以及现实世界在空间定位和时间演变中的主题进行分类。考虑到空间属性，我们可以区分空间对象的至少两种类型的属性：拓扑和几何。

B. 半结构化文本

半结构化文本是指既不符合与关系数据库相关的数据模型的形式结构，也不符合机器通过标签或元数据进行计算的结构的数字文本。因此，半结构化文本包括自然语言文本的数字化[102]，如对话、报纸文章、评论、书籍等文本的数字化。

C. 链接开源数据

开源数据主要在经济、科学、就业、环境和教育等不同领域中产生。随着互联网和万维网的兴起，尤其是随着相关举措的推出，开源数据越来越受欢迎。

2）数据源

用于科学目的和数据网络用途的大数据由各种设备捕获；其中，传感器和传感器网络变得越来越普及。传感器网络可以定义为同构或异构、紧凑、移动或固定传感器节点的大规模自组网络，这些节点随机部署在感兴趣的区域中[103]。传感器节点收集不同类型的数据，如特定的环境参数、气象或全球定位系统坐标。这些数据可以是不同形式的，例如，可以是数字的或模拟的、空间的或时间的、字母数字的或图像的、固定的或移动的。

因此，传感器数据在传感器网络中被传输、合并、转换和聚合以提取复杂的知识。可部署的无线传感器网络可以以与以前的系统类型完全不同的方式在大范围内、在时间和空间上密集地观察环境。环境科学中无线传感系统的大多数应用都是静态部署的：将传感器放置在适当的位置，以根据当地条件连续报告数据。传感器由人和计算机监控，以确定条件的变化。自治网络可以依靠机器驱动来捕获与科学相关的数据，改变数据收集的频率（例如，如果怀疑存在过度污染情况，则更频繁地捕获数据），或报告需要干预的紧急情况（如大坝故障、水污染）。

根据上述讨论的结果，传感器和传感器网络的结构特征可以参考两个坐标（表4-4）。第一个坐标与空间和时间有关；第二个坐标可以对单一数据和数据流的质量进行评估。

表 4-4　传感器和传感器网络的结构特征

| 来源 | 一级特征 | 二级特征 |
|---|---|---|
| 传感器&传感器网络 | 空间和时间 | 单一传感器<br>整个传感器网络或其中的一部分<br>时间 |
| | 数据形状 | 单一数据<br>数据流 |

3）应用域

联合国统计司（United Nations Statistics Division，UNSD）1994 年提供的官方统计基本原则中，原则 1 明确定义了官方统计的主要目的[104]：官方统计是国家信息系统中不可或缺的组成部分，在民主社会中为政府、经济部门和公众提供关于经济、人口、社会和环境状况的数据，即公共管理中的大数据。为此，官方统计机构应编制具有实用性的官方统计数据，并在公正的基础上提供，以尊重公民获得公共信息的权利。

与大数据相关的许多问题都是官方统计领域特有的，因此值得考虑其结构特征，如表 4-5 所示。

表 4-5　官方统计结构特征表

| 应用域 | 结构特征 |
|---|---|
| 官方统计 | 覆盖率和抽样相关 |
| | 设计相关 |
| | 模式相关 |
| | 估计相关 |
| | 整合相关 |

国家统计研究所生产的数据质量存在一个主要问题。考虑到数据处理时，这个问题涉及在操作系统中处理大数据的三个关键方面，即：①数据准备，②数据过滤，③数据协调。关于数据准备，大数据源通常是基于事件的，而不是基于单位的，因为它通常存在于操作系统调查或管理数据的过程中。因此，需要通过数据准备来处理这些新类型的数据。关于数据过滤，大数据经常受到噪声的影响，即存在干扰数据，必须考虑分析目的。一方面，这种噪声与数据生成过程不受统计学家直接控制这一事实有关，统计学家无法将设计活动应用于数据收集阶段。另一方面，噪声可能与某些来源的特定性质有关，如非结构化信息源（如微博数据）。关于数据协调，即使大数据源中存在某些模式或元数据信息，此类元数据也需要与驱动统计生产的元数据相协调，因此需要一个协调步骤。

4）数据质量维度在上述三方面的演变

数据类型中的地图对应着关系模型的准确性。在公共管理地理信息系统中，对地图质量的研究由来已久，标准化机构已经制定了多个关于地图质量的标准。因此，我们参考 ISO 19100 系列地理信息标准及空间数据转换标准（spatial data transfer standard，SDTS）[105]，如表 4-6 所示。

表 4-6　地图数据质量维度、来源及定义

| 质量维度 | 质量子维度 | 来源 | 定义 |
|---|---|---|---|
| 准确性 | 位置 | ISO 19100 | 特征位置的准确性 |
| | 相对位置 | ISO 19100 | 数据集中特征的相对位置与其被认为是正确或真实的位置之间的接近程度 |
| | 绝对位置 | ISO 19100 | 报告的坐标值与被认为是正确或真实的值之间的接近程度 |
| | 水平位置 | SDTS | 数据集中水平位置的准确度 |
| | 垂直位置 | SDTS | 数据集中垂直位置的准确度 |
| | 网格化数据位置 | ISO 19100 | 网格数据位置值与被认为是正确或真实的值之间的接近程度 |
| | 专题 | ISO 19100 | 定量属性的准确性和非定量属性的正确性，以及特征分类及其关系的正确性 |
| | 定量属性 | ISO 19100 | 定量属性的准确性 |
| | 时间有效性 | 文献[87] | 数据更新相对于现实世界中变化事件的时效性 |
| | 时间测量 | ISO 19100 | 项目的时间参考的正确性 |
| | 非定量属性 | ISO 19100 | 事件的时间参考的正确性 |
| 正确性 | 分类 | ISO 19100 | 将分配给特征或其属性的类别与论域进行比较 |

公共管理大数据中也存在大量半结构化文本数据，如政府公文数据。数据类型中的半结构化文本对应着关系模型中的可读性。可读性与模式的特性有关，它指的是用户能够轻松理解模式中所表示的现实世界内容的能力。我们根据词汇、句法、语义、修辞和语用结构特征对半结构化文本的质量维度进行分类，如表 4-7 所示。

表 4-7　按结构特征分类的半结构化文本的质量维度

| 质量维度 | 结构特点 | | | | |
|---|---|---|---|---|---|
| | 词汇 | 句法 | 语义 | 修辞 | 语用 |
| 可读性 | 词汇可读性：<br>文本理解<br>更接近文本的基础理解<br>更接近情境模型级别的理解 | 句法可读性：<br>文本理解<br>更接近文本的基础理解<br>更接近情境模型级别的理解 | | | |

公共管理大数据中的链接开源数据，即可访问的网页数据。数据类型中的链接开源数据对应着关系数据中的可访问性。可访问性衡量用户基于他自己的文化、身体状态/功能和可用技术访问数据的能力。出于透明度和可访问性方面的原因，公共机构已逐步发布公共数据，以使公民能够出于自己的目的和利益访问数据。为了使数据可通过标准方式访问，第一步是将数据的格式从专有格式调整为开放格式（即 RDF），这样不仅人类可以理解，机器也可以理解。格式问题在前文中讨论的链接开源数据的几个结构特征中被考虑，对应于可以用来提高可访问性的几种可能的机制。可根据这些机制对相关的质量维度进行分类（表 4-8）。

表 4-8　根据链接数据结构特征分类的链接开源数据的质量维度

| 质量维度 | 结构特点 | | | | |
| --- | --- | --- | --- | --- | --- |
| | 非参考资源（开放格式） | SPARQL 端点（可用性） | RDF 转储（开放格式、可用性） | 互连（链接性、互操作性） | 证书（许可证书） |
| 可访问性 | 资源可访问性 | 数据集可访问性 | 浏览可访问性 | 集成可访问性 | 复用可访问性 |

应用域中的官方统计对应关系模型中的完整性。关系的完整性表征了表格在多大程度上代表了相应的真实世界主题。按结构特征分类的官方统计考虑的质量维度如表 4-9 所示。

表 4-9　按结构特征分类的官方统计考虑的质量维度

| 质量维度 | 结构特点 | | | | |
| --- | --- | --- | --- | --- | --- |
| | 覆盖和采样相关 | 设计相关 | 架构相关 | 估计相关 | 集成相关 |
| 完整性 | 代表性选择性 | 代表性选择性 | 稀疏性 | 稀疏性 | 稀疏性 |

2. 公共管理大数据事中评估模型

3As 模型是一个可以用来评估大数据中数据的使用质量水平的模型[25]。我们结合公共管理大数据的特性，将 3As 模型做一些调整，使其成为公共管理大数据事中评估模型。我们在可能影响解决方案的常规数据的不同数据质量模型中引入诸如 ISO/IEC 25012 和 ISO/IEC 25024 等领域的标准。根据 ISO/IEC 25010[107]，使用质量取决于外部质量，而外部质量取决于内部质量。ISO/IEC 25024[108]提供了通用措施，根据 ISO/IEC 25012 中的特征来量化数据的外部和内部质量。尽管如此，这些标准并不能直接应用到大数据项目中，因为它们是为经典环境而设计的。必须根据特定的技术环境进行制定和实施，以分析数据质量。

ISO/IEC 25012[109]为任何数据集收集主要可取的数据质量特征，数据质量使用已定义的外部数据质量模型来描述。定义的数据质量模型将质量属性分为 15 个特征，从以下两个方面考虑出发。

（1）固有数据质量是指在特定条件下使用数据时，其质量特征满足明示和隐含需求的内在潜力。

（2）系统依赖的数据质量在计算机系统中达到和保持的程度。

详细的数据质量特征描述如表 4-10 所示。

表 4-10 数据质量特征描述表

| 数据质量特征 | 固有属性 | 系统依赖属性 |
| --- | --- | --- |
| 准确性 | × | |
| 完整性 | × | |
| 一致性 | × | |
| 可信性 | × | |
| 时效性 | × | |
| 可访问性 | × | |
| 服从度 | × | |
| 保密性 | × | |
| 效率 | × | × |
| 精确性 | × | × |
| 可追溯性 | × | × |
| 易懂程度 | × | × |
| 可用性 | × | × |
| 可移植性 | | × |
| 可恢复性 | | × |

公共管理大数据解决方案可以理解为完整的信息系统。在任何情况下，该模型都不以大数据分析的结果为目标——其质量可能会通过其他模型进行评估。输入数据的质量级别在标准 ISO/IEC 25012 的范围内。

该模型涉及 ISO/IEC 25010 中描述的所有类型的质量之间的依赖关系。ISO/IEC 25010 对质量的解释可以应用于数据，将数据理解为产品：数据满足规定要求的程度是数据的内部质量；数据表示的关系和适当性是数据的外部质量；为数据设定的目标的实现程度是使用质量。

ISO/IEC 25012 中的数据质量模型可以作为研究大数据解决方案输入数据的内部和外部质量的参考，但不适用于研究使用质量。工作中引入的 3As 模型旨在弥补数据使用质量（data quality-in-use）方面的空白，从而能够评估大数据项目中数据的使用质量。也就是说，这个新模型旨在提供一种方法以从质量的角度观测数据在多大程度上适合预期用途（即通过大数据分析产生可信赖的结果）。

基于质量理念观点，在评估大数据项目的使用质量时，主要的数据质量关注点是数据是否适合分析目的。根据韦氏词典，充分性可以定义为"对于某些需要、目的或要求来说足够好或令人满意的状态或能力"。根据这个定义，数据的充分性是"数据足以实现分析目标和目的的状态或能力"。换句话说，需要符合特定大数据解决方案所要求的分析特点。

3As 模型将数据质量的主要特征分为四类：可访问性、上下文、代表性和内在[110]。作为研究过程的一部分，这四个类别被重新分组为大数据背景下的两个特征，即上下文充分性和操作充分性，来强调代表性、可访问性和内在。进行这种简化的主要原因是对于数据必须使用可用于大数据分析的资源和技术进行处理，上述三个类别符合"操作适配性"的单一特征定义。关于语境充分性，需要指出时间是语境的一部分。尽管如此，由于实时分析的重要性日益提升，对时间的独立评估被认为是必要的。因此，在模型中将上下文类别分为上下文充分性和时间充分性。最终，3As 模型提出了在大数据分析背景下对数据很重要的三个关键数据质量特征：上下文充分性、时间充分性和操作充分性。

3As 模型中每个关键数据质量特征的定义如下。

1）上下文充分性

上下文充分性是指数据集在所分析的同一感兴趣领域内使用的能力，独立于任何格式（如结构化与非结构化）、任何规模或流入速度。从这个意义上说，重要的指标主要如下。

（1）相关性和完整性：使用的数据量是适当的，并且在当前任务范围内（如大数据分析）。

（2）独特且在语义上可互操作：考虑到给定的上下文，数据必须是可理解的，并且不会因重复而不一致。

（3）语义准确性：数据必须代表大数据分析的上下文中的真实实体。

（4）可信性：数据的可信度水平对于上下文来说足够高（例如，所有数据源都必须是可信的）。

（5）机密性：数据必须由允许进行分析的同一组人访问。

数据的收集必须符合规定和要求。

2）时间充分性

时间充分性是指数据在适当的时间段内进行分析（例如，历史数据或同时代数据的相似年龄或者整个特定持续时间，这意味着数据指的是相似的时间段）。需要注意的是，这个定义中不包括分析过程中数据操作的时间方面，而仅包括数据本身的时间方面。这一点有几种理解，因此，正在处理的数据应具备以下特点。

（1）时间并发性：指在相似或适当的时间段内发生的事实（例如，如果分析侧重于过去的事件，则数据必须对应于相关和同时发生的事物）。

（2）趋势性：数据的年龄必须相似。在某些情况下，合并具有不同年龄级别的数据可能会导致分析不合理。

（3）及时更新：数据必须针对当前的任务进行适当的更新，以便于分析。

（4）频率性：在进行某种趋势分析时，使用数据来生成与所需未来时间段（所需频率）相关的结果。

（5）时间一致性：数据不得包含任何与所表示时间不一致的情况（例如，无序的事件、不可能的日期）。

3）操作充分性

操作充分性是指通过一套适当的技术在预期分析中处理数据的程度（不会将任何数据留在分析之外）。这意味着有足够和适当的资源可用于执行分析（例如，相似的数据类型、等价表达的数据属性）。此外，还必须考虑相关的成本效益和性能。因此，各种数据集中的数据应该：①可供分析使用、易于恢复和访问；②被授权用于预期目的；③通过使用相似的数据类型和相同的精度来表示，它也可以是可移植的；④有一个有效的代表，以避免浪费资源；⑤提供允许跟踪访问和更改的审计跟踪权限。

表 4-11 显示了来自 ISO/IEC 25012 的可能对 3As 产生影响的数据质量特征，表 4-12 显示了在评估数据使用质量时，如何将 ISO/IEC 25012 中的外部数据质量特征纳入 3As 框架，同时考虑当前特定大数据项目的主要特性。

表 4-11　基于 ISO/IEC 25012 的数据使用质量模型

| 数据质量特征 | 上下文充分性 | 时间充分性 | 操作充分性 |
| --- | --- | --- | --- |
| 准确性 | × | × | |
| 完整性 | × | | |
| 一致性 | × | × | |
| 可信性 | × | | |
| 时效性 | | × | |
| 可访问性 | | | × |
| 服从度 | × | | |
| 保密性 | × | | |
| 效率 | | | × |
| 精确性 | | | × |

续表

| 数据质量特征 | 上下文充分性 | 时间充分性 | 操作充分性 |
|---|---|---|---|
| 可追溯性 | | | × |
| 易懂程度 | × | | |
| 可用性 | | | × |
| 可移植性 | | | × |
| 可恢复性 | | | × |

表 4-12　基于 ISO/IEC 25012 特性的 3Vs 对 3As 测量的影响

| 特征 | 速度 | 体量 | 种类 |
|---|---|---|---|
| 上下文充分性 | 完整性 | 完整性<br>一致性<br>保密性 | 准确性<br>一致性<br>可信性<br>服从度<br>保密性<br>易懂程度 |
| 时间充分性 | 准确性<br>时效性 | 时效性 | 一致性<br>时效性 |
| 操作充分性 | 可信性<br>效率 | 效率 | 可信性<br>效率 |

使用 3As 模型时应按照以下步骤来衡量大数据项目中的使用中的数据质量水平。

（1）建立由大数据环境范围界定的数据质量要求。数据质量要求表示对特定大数据项目的特定分析的数据质量的关注。

（2）选择能够更好地满足步骤（1）中确定的数据质量要求的充分性类型。这些类型可以通过前文中提供的三种充分性类型的定义从数据质量要求中推导出来。

（3）使用表 4-11 确定对评估所选充分性类型的水平至关重要的数据质量特征。

（4）汇总数据必须满足业务规则。业务规则是对数据定义的约束或要求[111]。这些业务规则可能有不同的来源（例如，数据本身、拥有数据的组织、与分析目的相关的利益相关者等）。外部数据质量特征可用于对这些业务规则进行分类，这些业务规则的满足程度可以理解为外部数据质量级别。

（5）为了计算外部数据质量水平，必须在特定大数据项目的背景下制定一些措施。每个业务规则都将用作这些度量的输入。制定的措施应以 ISO/IEC 25024 中的质量措施为基础，并且必须在特定的大数据解决方案范围内。

（6）使用 3As 模型计算数据质量使用度量值。为此，必须以有意义和有代表性的方式组合外部数据质量级别[112]。为此，组合必须考虑一些基于特定大数据项目范围的决策标准。这些决策标准是评估使用中的数据质量的基础。

（7）生成包含测量过程结果的报告或者将使用质量的值附加到数据中。这些值代表了用于特定大数据项目具体分析的数据的可信度、可靠性甚至是有效性的程度。数据管理员应使用有关使用质量的信息来决定是否对使用评估数据进行的分析的合理性发出警告。

**3. 公共管理大数据事后反馈模型**

建立公共管理大数据事后反馈模型的目标是提供一种方法来支持数据消费者选择在大数据环境中评估数据质量的最佳设置，同时考虑数据质量评估置信度（confidence，C）、执行时间（execution time，T）和预算（budget，B）之间的权衡。

（1）置信度：只有对整个数据集进行评估，数据质量评估才完全可靠。对数据集子集的分析给出了一些关于数据质量的提示，但置信度降低了。置信度与评估中考虑的数据集比例成正比。

（2）执行时间：这是评估数据集数据质量所需的时间。预计该时间会随着数据集的增大而延长，并随着评估中涉及的计算节点的数量的减少而缩短。

（3）预算：在基础设施服务场景中，执行数据质量计算的成本取决于执行时间和使用的资源（计算节点）数量。

上述三个参数代表了最终用户的非功能需求，并且相互对比。为了提供考虑到这些要求的解决方案，有必要建立一个考虑这些参数的数据质量分析的预期行为模型。

该模型学习了所涉及的三个参数之间的关系，可用于对用户表达的非功能性需求进行优化。根据用户的主要目标确定了三个主要场景。

场景 1——置信度最大化：在这个场景中，用户表达了对最大执行时间和预算的限制，并以最大的置信度搜索配置。模型主要目标是在执行时间和预算的限制下获得更高的置信度，以便对数据质量进行可靠的评估。

场景 2——执行时间最小化：在这个交互式场景中，用户表达了对最大预算和最小置信度的限制，并探索模型以选择最佳权衡，从而最小化执行时间。主要目标是对数据质量评估快速做出响应，从而实现用户与数据质量评估算法之间的响应式交互。

场景 3——预算最小化：在这种场景中，用户主要关心的是解决方案的成本。给定最大执行时间和最小置信度约束，指引模型以选择最佳配置从而实现预算最小化。

每个场景都能够在给定用户要求的情况下解决一个优化问题，其中几个配置可能会在满足约束的同时实现用户目标的最大化。我们借鉴了一种构建模型的方法，旨在支持用户选择评估架构的最佳配置[113]。质量模块需要应对不同的可能场景，因此引发了一个优化问题。该模型以提供的非功能性需求为基础：T——以分钟为单位的执行时间；B——以美元为单位的预算；C——置信度从 $0^+$ 到 1。

给定感兴趣的具体场景，上述非功能性需求将扮演目标函数或决策变量的角色。在扮演决策变量角色情况下，非功能性需求将受到约束。构建模型的过程包括三个步骤。

（1）样品采集。第一步是测试可用的基础设施，以收集关于三个考虑参数——执行时间、置信度和预算之间关系的数据。在所考虑的础设施服务场景中，预算是一个直接取决于数据质量服务中核心数量和执行时间的值。据此，在此初始步骤中，以核心数量代替预算。

更具体地说，该算法的执行考虑以下两点：①不同的置信水平——通过抽样减少数据质量评估的数据集输入，以便以不同的置信水平评估结果；②不同数量的核心——通过改变用于运行评估算法的核心数量来测试几种配置。

对于每个配置，都会测算执行时间。收集的样本提示了置信度和核心数量如何影响数据质量评估算法的执行时间。由于所描述的分析因大量配置而无法广泛使用，因此将这些数据用作输入来构建表示这三个参数之间的依赖关系的模型。

（2）置信模型回归。依据上一步提取的样本，可以构建一个模型，该模型表示置信度、执行时间和核心数量之间的依赖关系。我们使用回归方法来构建模型[114]，以便找到更适合前一阶段收集的样本的连续函数，采用的是支持向量回归（support vector regression，SVR）模型。

SVR 是一种流行的机器学习方法[115]，以其鲁棒性和对异常值不敏感而闻名。鉴于在上一步中根据经验获得的曲线形状，对于给定的置信水平 $c$，将执行时间 $T_c$ 表示为核心数量 $n$ 的单调递减函数，$\alpha_c$，$\beta_c$ 为机器学习训练的参数：

$$T_c(n) = \frac{\alpha_c}{n} + \beta_c \qquad (4\text{-}1)$$

（3）以成本为导向的模式探索。上一步的结果提供了对执行时间、置信度和核心数量之间的关系进行建模的方法。拟议方法的非功能性要求之一是支持评估执行所需的预算。为了在模型中包含预算，需要将考虑的非功能性需求维度映射到解决方案的成本中。在这一步，将模型转换为置信度/成本/时间（confidence/cost/time）模型，称为 CCT 模型。

成本是过程中涉及的计算节点的数量和执行时间的函数。根据基础设施提供商和服务的合同，可能有两种不同的定价策略：①离散的小时成本，即按小时向用户收取使用物理基础设施的费用；②时间连续成本，即按执行分析的实际时间向用户收费。

### 4.2.3　本节小结

本节首先简单介绍了数据质量评估与大数据质量评估的区别与联系，其次概述了现有的一些大数据质量评估模型，最后挑选其中几个具有代表性的模型，分别从大数据的全生命周期和参与角色角度建立相关评估模型。

## 4.3　数据质量评价驱动的大数据集成方法

本节我们将结合前两节提到的概念和模型，详细阐述其如何应用于我们的实际研究中，我们运用上述公共管理大数据质量评估办法进行地理空间数据的集成。

地理空间数据云（Geospatial Data Cloud，GSCloud），服务网址为 http://www.gscloud.cn，网站首页如图 4-4 所示，由中国科学院计算机网络信息中心于 2008 年创立，是国际先进，国内最具影响力的地学大数据平台。平台紧密围绕科研人员在地理空间数据搜索、获取、存储、分析和可视化等方面的迫切需求，利用云计算、大数据等新一代信息技术，自主研发了可靠的大规模地理空间数据实时分析引擎，实现了亿级元数据高效管理和 PB 级实体数据分析服务。平台不断创新服务模式，成功实现海量数据实时在线分析服务、在线众包创新服务及在线协同标注服务等。经过十几年发展，GSCloud 已建立完善的地理空间数据资源储备库，汇聚数十颗国际遥感卫星数据和国内资源、高分等系列陆地观测卫星数据，同时生产了具有自主知识产权的地理空间数据产品。截至 2022 年 9 月，GSCloud 已累计汇聚实体数据 954TB，注册用户数 70.79 万人，总访问人次 1400 万，总页面访问数 2.6 亿次，数据在线服务量 1.1PB，在线任务数 10 万个，支持科研项目 1 万余次，支持中英文文献产出 12 000 余篇。极大地推动了我国数据开放共享，大幅度节约了科研成本，产生了显著的社会效益。平台核心技术"大规模地理空间数据云服务关键技术与应用"获得 2016 年北京市科学技术进步奖二等奖，平台核心产品"遥感大数据平台 GeoBox"获得 2021 年度中国国际大数据产业博览会领先科技成果奖"新产品"奖。

### 4.3.1　地理空间大数据事前评估模型

根据 4.2 节所述，对于地理空间大数据的事前评估以数据类型、数据源和应用域为基础的质量评估模型，我们以遥感大数据集成为例。通过各种遥感技术得到的遥感数据集具有典型的大数据特征，基于这种认识，遥感大数据是指以海量遥感数据集为主、综合其他多种来源的辅助数据，运用大数据思维与手段，聚焦于从多种来源、多种介质、多种频段、多种分辨率的海量遥感数据集中获取有价值信息的理论、方法、技术与活动。

图 4-4　GSCloud

遥感是指非接触的、远距离的探测技术。一般指运用传感器/遥感器对物体的电磁波的辐射、反射特性的探测。作为一种重要的对地观测技术，它为我们研究和理解地球表面提供了主要的数据来源。目前遥感数据呈现出高中低分辨率、多光谱、高光谱、合成孔径雷达（synthetic aperture radar，SAR）、街景及激光雷达（light detection and ranging，LiDAR）点云等多源数据共存的情况，为遥感监测及其他多领域应用提供了基本数据保障。获取遥感数据的装备主要包括遥感平台和传感器。根据遥感平台的高度，可将遥感技术划分为航天遥感、航空遥感及地面遥感：①航天遥感，是指以载人飞船、太空站、人造卫星等各种太空飞行器为平台，搭载照相机、多谱段扫描仪、合成孔径雷达等传感器的遥感技术系统；②航空遥感，是指利用飞艇、飞机、气球等平台完成对地观测任务的遥感技术系统；③地面遥感，是指将地物波谱仪或各种传感器安装在船、车、高塔等平台上的遥感技术系统。传感器方面，可利用可见光、红外线、微波等探测仪器，通过摄影扫描、信息感应、传输和处理等，来识别地面物体的性质和运动状态。

遥感数据主要有如下特点：测量范围大，具有综合、宏观的特点；信息量大，具有手段多、技术先进的特点；获取信息快，更新周期短，具有动态监测的特点；具有用途广、效益高的特点。

1. 数据类型

遥感大数据集成事前评估模型考虑的主要数据类型有地图和结构化数据。

1）地图

遥感数据通常以卫星地图形式呈现，卫星地图是地图数据的其中一种表现形式。卫星地图，简称卫星图，确切的说法是卫星遥感图像，也叫卫星影像。卫星遥感即通过卫星在太空中探测地球地表物体对电磁波的反射和其发射的电磁波，从而提取这些物体的信息，实现远距离识别物体。根据这些电波信息转换、识别得到的图像，即为卫星图。

2）结构化数据

结构化数据属于事前评估模型数据类型中链接开源数据类型中的一种，在遥感数据中，结构化数据用于描述遥感地图包含的描述信息，主要包括卫星数据的标识、条带号、日期、云量、经度、纬度等数据，都是较为规则的数据。

2. 数据源

遥感数据的数据源通常是遥感卫星的监测数据，大多数陆地资源卫星的扫描器是典型的光谱扫描器，是一种线性排列装置。扫描仪通过往复扫描（如LANDSAT）或推进式扫描（如SPOT）方式获取地面数据。这些扫描仪被动地记录地球表面反射的太阳光谱，如多光谱扫描数据可以提取作物类型、分布与长势信息，地形信息，以及土壤、水面和河网信息。红外扫描仪能记录地物所发射的热辐射数据，这些热辐射数据能用来监测火灾、火山与地热活动。热辐射遥感器或长波红外遥感器所获取的数据能用来绘制大洋温度以及研究海潮的变化规律。在陆地上，植物含水量的变化可由遥感数据得到的树冠温度的变化数据得出。依据遥感数据得到的温度分布图数据，通常用来监测城市、工业区、生产中心及农业区的分布状况。

从数据源方面考虑，遥感大数据的数据源质量需要考虑的因素主要包括经济成本、用途、遥感图像比例尺等诸多问题。

3. 应用域

遥感大数据的应用域十分广泛，具体可分为资源遥感、环境遥感、农业遥感、林业遥感、渔业遥感、气象遥感、水文遥感、城市遥感、工程遥感、军事遥感和灾害遥感等诸多方面。针对每个不同的领域都有对应的数据需求和质量要求。例如，在资源遥感领域，资源遥感是以地球资源的探测、开发、利用、规划、管理和保护为主要内容的遥感技术及其应用过程。在这个领域遥感卫星主要用于监测收集地球资源数据，分析资源的形成条件、赋存环境、分布状态，根据有利于资源调查的最佳时间及波段，选择遥感平台、传感器和遥感影像数据。在环境遥感领域，环境遥感是以探测地球表层环境的现象及其动态为目的的遥感技术，旨在通过探测和研究环境污染的空间分布、时间尺度、性质、发展动态、影响和危害程度，帮助采取环境保护措施或制订环境保护规划。可见，不同的遥感大数据应用域对于数据的侧重点是不同的，要根据不同的应用域制定最合适的质量评估体系。

4. 数据质量维度在上述三方面的演变

如 4.2 节所述，数据类型中的地图对应着关系模型的准确性。遥感数据中的地图数据同样遵守公共管理地理信息系统中的地图质量标准。因此，我们同样参考 ISO 19100 系列地理信息标准及 SDTS。

遥感大数据中的结构化文本数据则主要关注数据本身的可读性、可理解性和正确性。

对于遥感数据的数据源和应用域的质量评估，我们直接参照前文中事前评估模型中所述的各项指标进行评估。

### 4.3.2 地理空间大数据事中评估模型

地理空间大数据事中评估模型以 3As 模型为标准进行评价，我们同样利用遥感大数据的特点结合 3As 模型的评价指标进行详细描述。

如 4.2 节所述，3As 模型提出了在大数据分析背景下对数据很重要的三个关键数据质量特征：上下文充分性、时间充分性和操作充分性。

在地理空间大数据中，3As 模型中每个关键数据质量特征的定义如下。

1）上下文充分性

遥感大数据上下文充分性是指遥感数据集在所分析的某一遥感领域内使用的能力。从这个意义上说，对于遥感数据较为重要的指标主要如下。

（1）相关性和完整性：需要进行分析的遥感领域的数据量是适当的，例如，对于资源遥感需要收集一整个资源环境区域的数据，数据必须要完整，并且在当前任务的范围内。

（2）语义准确性：遥感数据必须是真实的。

（3）可信性：遥感数据对于要应用的遥感领域必须是可信的。

遥感数据的收集必须符合规定和要求。

2）时间充分性

遥感大数据的时间充分性是指遥感数据在适当的时间段内进行分析，如对于资源遥感，一般选择收集分析白天的数据。

（1）时间并发性：指在相似或适当的时间段内发生的事实。

（2）趋势性：数据的年龄必须相似。在某些情况下，合并具有不同年龄级别的数据可能会导致分析不合理。

（3）及时更新：遥感数据必须针对当前的任务进行适当的更新，以便于分析。

（4）时间一致性：遥感数据不得包含任何与所表示时间不一致的情况（例如，

无序的事件、不可能的日期）。

3）操作充分性

操作充分性是指"在预期分析中，通过一套适当的技术处理数据的程度，而不会将任何数据排除在分析之外"[94]。这意味着，有足够和适当的资源可用于执行分析（例如，类似的数据类型、等效表示的数据属性等）。与 3Vs 相关的成本效益和性能也必须考虑在内。因此，各种数据集中的数据应该：

（1）易于恢复和可用于分析；

（2）被授权用于预期目的；

（3）使用类似的数据类型和相同的精度来表示，并且还可以移植；

（4）有一个有效的代表，以避免浪费资源；

（5）提供审计跟踪功能，以跟踪访问和更改。

同时，使用 3As 模型时，为衡量大数据项目中数据的使用质量水平，应遵循以下步骤：

（1）提出由大数据环境范围界定的数据质量要求。例如，资源遥感数据主要关注遥感数据中富含资源信息的数据，应针对这些数据提出数据质量要求。

（2）汇总数据必须满足的业务规则。业务规则是对数据定义的约束或要求。例如，对于资源遥感，我们需要根据有利于资源调查的最佳时间及波段，选择遥感平台、传感器和遥感影像数据，按资源分布特点、类型差异、赋存状态确定影像分析和判读的方法。

（3）为了评估外部数据质量水平，必须在特定的大数据项目背景下定义一些度量标准。每条业务规则将作为这些度量标准的输入。定义的度量标准应基于 ISO/IEC 25024 中的质量度量，并且必须在特定的大数据解决方案范围内开发。

### 4.3.3 地理空间大数据事后反馈模型

同样地，建立地理空间大数据事后反馈模型的目标是提供一种方法来支持遥感领域数据使用者选择在大数据环境中评估数据质量的最佳设置，同时考虑数据质量评估置信度、执行时间和预算之间的权衡。在这种情况下，需要考虑如下三个主要参数。

（1）置信度：在遥感数据中，置信度的评估主要在数据收集阶段，不可靠数据主要来自传感器出现问题产生的异常值，在事后评估中，置信度主要取决于采用数据分析手段得出的结果与实际结果之间的差异程度。

（2）执行时间：该时间会随着遥感数据集的增大而延长，同时随着评估中涉及的计算节点的数量的减少而缩短。

（3）预算：在基础设施服务场景中，执行数据质量计算的成本取决于执行时间和使用的资源（计算节点）数量。

　　上述三个参数代表了最终用户的非功能需求，并且可以相互对比。为了提供考虑到这些参数的解决方案，有必要建立一个考虑这些参数的数据质量分析的预期行为模型。

　　遥感数据的质量评估同样根据应用域确定了三个主要场景。

　　场景 1——置信度最大化：在这个场景中，用户表示了对最大执行时间和预算的限制，并以最大的置信度搜索配置。遥感数据中，模型主要目标是在执行时间和预算的限制下获得更高的置信度，主要通过在该限制下计算分析尽可能多的数据，从中得到最大的置信度。

　　场景 2——执行时间最小化：在这个交互式场景中，用户表达了对最大预算和最小置信度的约束，并探索模型以选择最佳权衡，从而最小化执行时间。主要目标是对遥感数据质量评估快速做出响应，例如，用小批量数据子集进行评估，从而实现用户与数据质量评估算法之间的响应式交互。

　　场景 3——预算最小化：在这种场景中，用户主要关心的是解决方案的成本。给定最大执行时间和最小置信度约束，指引模型以选择最佳配置从而实现预算最小化。

　　每个场景都能够在给定用户要求的情况下解决一个优化问题，其中几个配置可能会在满足约束的同时实现用户目标的最大化。我们借鉴了一种构建模型的方法，旨在支持用户选择评估架构的最佳配置。质量模块需要应对不同的场景，这将导致优化问题产生。该模型以提供的非功能性需求为基础：T——以分钟为单位的执行时间；B——以人民币为单位的预算；C——置信度从 $0^+$ 到 1。

　　给定感兴趣的具体场景，上述非功能性需求将扮演目标函数或决策变量的角色。当非功能性需求扮演决策变量的角色时，非功能性需求将受到约束。构建模型的过程包括三个步骤。

　　（1）样品采集。第一步是测试可用的基础设施，以收集关于三个考虑参数——执行时间、置信度和预算之间关系的数据。在所考虑的基础设施服务场景中，预算是直接取决于数据质量服务执行中涉及的核心数量和执行时间的因素。据此，在此初始步骤中，以核心数量代替预算。

　　更具体地说，该算法的执行考虑以下两点：①不同的置信水平——通过抽样减少数据质量评估的数据集输入，以便以不同的置信水平评估结果；②不同数量的核心——通过改变用于运行评估算法的核心数量来测试几种配置。

　　对于每个配置，都会测算执行时间。收集的样本提示了置信度和核心数量如何影响数据质量评估算法的执行时间。所描述的分析因大量配置而无法广泛使用，因此将这些数据用作输入来构建表示这三个参数之间依赖关系的模型。

　　（2）置信模型回归。根据上一步提取的样本，可以构建一个模型，该模型表示置信度、执行时间和核心数量之间的依赖关系。我们使用回归方法来构建模型，以便找到更适合上一步提取的样本的连续函数，采用的是 SVR 模型。

（3）以成本为导向的模式探索。对于地理空间数据时间连续成本策略，每秒的实际成本是可用的。在这种情况下，代价函数可以表示为：

$$c(n) = \left\lceil \frac{n}{\text{VMConfigCores}} \right\rceil \times \text{cost}^h \times \left\lceil \frac{T}{3.6 \times 10^6} \right\rceil \tag{4-2}$$

其中，$n$ 为考虑的内核数；$\text{cost}^h$ 为使用的虚拟机（virtual machine，VM）的每小时价格；VMConfigCores 为此类 VM 中可用的内核数；$T$ 由方程式（4-1）获得（以毫秒为单位）。一个上限算子应用于式（4-1）第一项，表示执行中涉及的 VM 数量。这是因为一旦使用了一个内核就需要为整个 VM 付费。据此，成本取决于所需 VM 的数量，而不是取决于将有效使用的内核。另一个上限算子应用于式（4-1）最后一项，用于对部分小时租金按整小时收费的情况进行建模，否则可以将其删除。

对于时间连续成本策略，每秒的实际成本是可用的。在这种情况下，成本函数可以表示为

$$c(n) = \left\lceil \frac{n}{\text{VMConfigCores}} \right\rceil \times \text{cost}^s \times T$$

其中，$\text{cost}^s$ 为一秒钟的基础设施服务成本，它可以从每小时成本中获得：

$$\text{cost}^s = \frac{\text{cost}^h}{3.6 \times 10^3} \tag{4-3}$$

根据定价策略将之前的 CCT 模型转换为所需的 confidence/cost/time 模型。

第二篇

# 集成平台篇

第二篇

# 集成平台篇

# 第 5 章
## 数据集成架构与建设

## 5.1 数据集成架构

### 5.1.1 数据集成的概念

数据集成是指将来自多个源系统的数据合并成统一的信息集，用于运营和分析。这个过程包括将不同来源的数据整合在一起，以提供完整、准确和最新的数据集，供商业智能（business intelligence，BI）、数据分析等领域使用。数据集成的重要性在于其打破数据孤岛的能力。数据孤岛是指组织内部隔离的数据块，其他部分无法访问。通过数据集成，组织可以确保所有利益相关者都能访问到相同的信息，这对于做出明智的决策至关重要。它还通过识别和纠正数据不一致性来提高数据质量，从而带来更好的分析和洞察。在商业环境中，数据集成对于企业获得全面的运营、客户和市场趋势视图至关重要。这种全面视图对于制定战略规划、改善客户体验、优化供应链和推动创新都是必不可少的。数据集成确保准确及时的信息在需要时可用，支持各种业务流程。然而，数据集成也面临着自己的挑战。这些挑战包括处理不同数据格式和结构的复杂性、确保数据质量和一致性、有效管理大量数据及维护数据安全和隐私。此外，将来自遗留系统和新技术的数据集成起来尤其具有挑战性，需要特殊的工具和专业知识。组织必须通过完善的数据集成策略来应对这些挑战，运用恰当的技术组合、遵循最佳实践及实施有效的治理，以确保他们的数据集成工作支持业务目标，并带来实际价值。

### 5.1.2 数据集成架构的组成

数据集成架构是一组原则、方法和规则，用于定义信息技术资产和组织流程之间的数据流。简单来说，数据集成架构主要是连接两个系统交换数据的桥梁。通常由数据源、转换引擎、集成层和分析层组成。

数据源是数据集成架构的基础，是数据流动的起点。数据源包括内部的系统，如企业资源规划（enterprise resource planning，ERP）系统、客户关系管理（customer relationship management，CRM）系统、财务系统，以及外部的系统，具体包括社交媒体平台、合作伙伴提供的数据接口、公开的数据集和云服务提供商等。这些数据源可能包含结构化数据，如数据库中的表格数据，也可能包含非结构化数据，如文本文件、图片、视频和社交媒体帖子。在数据集成的过程中，来自这些多样化数据源的数据需要被抽取并统一格式，以便能够进行进一步的处理和分析。例如，数据库中的数据可能需要通过 SQL 查询进行抽取，社交媒体数据可能需要通过应用程序接口（application programming interface，API）调用获取，而云存储中的数据可能需要通过特定的服务接口进行同步。为了有效地管理这些不同的数据源，数据集成解决方案通常包括数据目录或元数据管理系统，这些系统能够记录每个数据源的类型、结构、敏感性级别和数据更新频率。这样的管理不仅有助于自动化数据集成流程，还能确保数据的安全性和合规性。

转换引擎是数据集成架构中的关键组件，它负责执行数据的提取、转换和加载（extract-transform-load，ETL）过程。这些引擎使用一系列算法和工具来确保数据在不同系统之间移动时的流畅性和一致性。转换引擎的功能不局限于简单的数据迁移，它还包括复杂的数据处理操作，以适应不同业务场景。数据映射是转换引擎的基本功能之一，它涉及将源数据中的字段与目标系统中的字段对应起来。这个过程可能需要转换数据类型、合并或拆分字段，甚至是应用一些业务规则来确保数据的逻辑一致性。数据净化则是确保数据质量的关键步骤。在这一步骤中，转换引擎会识别并修正错误的数据，如去除重复记录、纠正格式错误、填补缺失值等。这有助于提高数据的准确性和可靠性，为后续的分析和决策提供坚实的基础。数据浓缩是指将大量的详细数据汇总成更加简洁的形式，以便于存储和分析。例如，可以将多个记录的数据汇总为平均值或总和，或者根据特定的维度（如时间、地点、客户群体）进行数据的分组和聚合。除了上述功能，现代的转换引擎还可能包括数据校验、数据合并、数据排序、数据分割等高级功能。它们可能支持数据流的并行处理，以提高处理效率，同时也可能提供图形化的用户界面，让用户能够通过拖放的方式定义数据转换逻辑。随着技术的发展，转换引擎也在不断进化，以支持更多的数据类型和格式，如半结构化的 JSON 或 XML 文件，甚至是非结构化的文本和多媒体内容。此外，为了适应实时数据处理的需求，许多转换引擎也开始支持流数据处理和事件驱动的数据转换。

集成层是连接不同系统的桥梁，它是不同数据源和应用程序之间信息交换的中心枢纽。这一层的主要职责是确保数据在系统之间流动时的连续性和同步性，无论这些系统是位于本地还是分布在云端。为了实现这一目标，集成层通常包含一系列中间件、服务总线、API 管理平台和其他集成工具。这些组件通过协同运作，共同构建了一个既稳定又灵活的环境以支持各种数据交换模式，包括批处理、实时或近实时数据流、事件驱动等。中间件和服务总线是集成层的核心，它们能够处理来自不同源的数据请求和响应，同时提供消息队列、发布/订阅机制和路由功能，以确保数据能够按照预定的逻辑和顺序传输。API 管理平台则为外部系统和第三方应用程序提供了访问内部数据的接口。通过定义和管理 API，企业可以控制数据的访问权限、监控 API 的使用情况，并确保数据交换的安全性。此外，集成层还可能包括数据虚拟化工具，这些工具能够提供分散在不同物理位置的数据的统一视图，而无须将数据物理地移动到一个集中的位置。这样不仅可以减小数据移动产生的开销，还可以提高数据访问的效率。为了确保数据的一致性和准确性，集成层还需要与数据质量和元数据管理系统紧密集成。这样可以在数据流动过程中实施数据治理策略，包括数据清洗、去重、验证和富集等操作。在确保数据及时性方面，集成层需要能够支持快速响应数据变化的机制，如变更数据捕获（change data capture，CDC）技术，它可以实时捕获数据源中的变更，并将这些变更快速地传递到目标系统。

分析层是数据集成架构中用于深入分析和洞察挖掘的关键部分。它不仅是合并数据的存储地点，更是企业从数据中提取价值的重要环节。在这一层，数据不仅被存储，还被加工和分析，以支持复杂查询、报告生成和决策制定。数据仓库在分析层中扮演着中心角色，它是专门用于查询和分析优化的集中式数据存储系统。精心组织和索引数据仓库内的数据，以支持快速的数据检索和复杂的分析操作。此外，数据湖作为一种更加灵活的数据存储解决方案，可以存储大量的非结构化和半结构化数据，为数据科学家和分析师提供更为丰富的数据资源。数据挖掘工具和算法用于从大量数据中发现模式、关联和趋势。这些工具可以应用多种统计学、机器学习和人工智能技术，以识别潜在的商业机会和风险。数据挖掘的应用场景包括客户细分、销售预测、欺诈检测等。BI 工具则提供了一个用户友好的界面，允许非技术用户轻松地创建报告和仪表板。这些工具通常包括拖放功能、预定义的图表和模板，使得用户能够快速理解数据并做出基于数据的决策。高级分析和机器学习功能是分析层的进阶应用，它们能够处理更为复杂的数据模型和预测分析。机器学习模型可以自动从数据中学习并改进，提供个性化的客户体验、优化运营流程和预测市场变化。为了支持这些高级功能，分析层可能还包括数据科学平台和工具，这些平台提供了编程环境、数据处理库和模型部署功能，使数据科学家能够构建、测试和部署复杂的分析模型。

### 5.1.3　数据集成架构的演进

在回顾企业信息化建设的历史时，我们可以看到企业应用集成技术是随着企业信息系统的发展而逐渐产生和演进的。企业追求的价值是推动应用集成技术发展的核心动力,而应用集成技术所带来的价值又反过来促进了企业竞争力的增强。随着新兴技术的不断涌现和企业业务需求的演变,数据集成架构也在不断地进化。数据集成架构的演变历程可以概括为四个主要阶段：点对点集成架构、EDI（electronic data interchange,电子数据交换）集成架构、SOA（service-oriented architecture,服务导向架构）以及互联网集成架构,如图 5-1 所示。这一发展历程反映了企业信息系统从简单的数据交换向复杂的业务流程集成的转变,标志着企业信息化从孤立的系统向互联互通的生态系统演进。

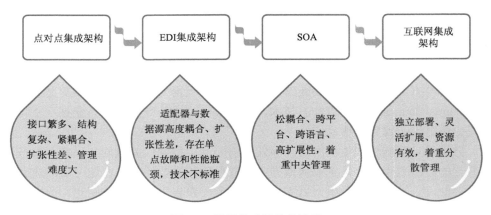

图 5-1　数据集成架构的演进

点对点集成架构是应用集成的初始形态,它通过直接开发一对一的接口程序,将需要交换信息的系统直接连接起来,以实现应用之间的整合,如图 5-2 所示。在系统较少、连接需求有限的情况下,这种模式由于具有简单高效的特点,以及较短的开发周期和较低的技术难度而受到青睐。但随着需要连接的系统数量的增加,它的缺陷变得尤为明显。首先,大量的点对点接口会使企业信息系统变得难以管理,形成一个复杂的"接口线团"。其次,这种集成架构缺乏集中管理和监控能力,只支持一对一的数据交换,不同系统间的协议不一致会大幅增大开发难度。此外,点对点集成是紧耦合的,任何单一连接的变更都可能导致所有相关接口程序需要重新开发或调整。因此,在多系统互联的环境中,点对点连接方式由于成本高昂、可用性和可维护性低下,并不是一个理想的选择。

随着企业应用集成技术的演进,基于 EDI 的中间件集成方式开始替代传统的点对点模式。这种集成方式通过在中间件上定义和执行集成规则,形成了以中心为核心的星型结构或总线型拓扑结构,如图 5-3 所示。星型结构通过适配器与各异构系统对接,而总线型拓扑结构则通过统一的通信机制简化了集成代码的编写,提高了接口的可管理性,并使得连接对象的差异性实现透明化。总线连接方式在

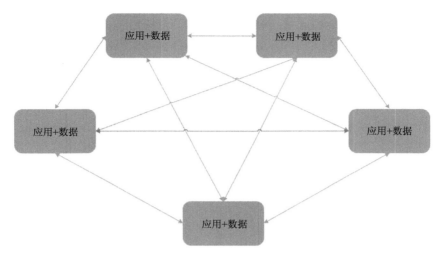

图 5-2 点对点集成架构框架图

硬件设计中的广泛应用，如数据总线、网络交换机和集线器，已经证明了它在简化结构和提高系统可靠性方面的优势。然而，其同时也面临着标准化的挑战。由于缺乏统一的标准，不同厂商的中间件往往采用专有协议，导致开放性低，一旦采用，系统的升级和完善成本高昂，周期漫长。这种固化的信息系统可能会导致企业管理流程变得僵化，随着信息化应用的深入，管理流程反而变得被动。此外，EDI 集成的异构系统之间相互依赖，单个系统的更新或升级会受到其他系统的限制，导致信息集成度越高，系统升级和数据维护越困难，进而影响管理改进、降低运营效率并增加成本。企业信息化的灵活性受限，技术成本也相应增加。同时，由于中间件功能的限制，在实施业务流程集成时，集成逻辑的定义和执行需要在中间件上通过编程完成，这增大了技术难度和复杂性，难以快速适应业务变化带来的信息系统调整需求。

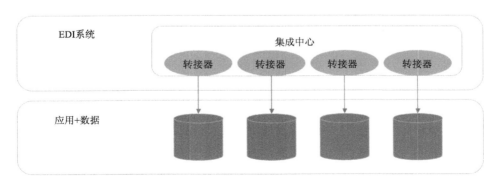

图 5-3 总线集成架构框架图

随着 Web 服务规范的成熟，Web 技术已被广泛应用于企业内部的应用集成，催生了面向服务的集成架构，即 SOA。SOA 以 Web 服务[116]与 SOC（service-oriented computing，面向服务的计算）[117]为基础，目前已在互联网与企业信息网络中实现了空前的发展[118]。此外，SOA 基于 Web 标准如 UDDI（universal description discovery and integration，通用描述、发现与集成）、SOAP（simple object access protocol，简单对象访问协议）、WSDL（Web services description language，Web 服务描述语言）和 XML 来开发接口程序，并将支持这些规范的中间件产品作为集成平台，是一种开放且灵活的应用集成方法。SOA 不仅是一种技术，更是一种将信息技术与业务流程同步的开发理念，它通过将企业应用中的离散业务功能组织成可互动、基于标准的服务，实现了松耦合的集成架构。这种架构提供了模块化和可重用的服务，使得企业能够快速响应业务需求变化。SOA 还配备了成熟的安全管理体系，以满足企业在实施松耦合集成时的安全需求。在 SOA 中，企业服务总线（enterprise service bus，ESB）是实现服务集成的关键组件，它通过标准接口实现不同服务之间的互联和通信，如图 5-4 所示。ESB 支持消息驱动、事件驱动和基于内容的服务路由，促进了服务的异步处理和分布式处理。这种架构不仅降低了企业信息系统的复杂性，还提高了系统架构的灵活性，并降低了企业内部信息共享的成本，为企业信息系统的松耦合提供了坚实的架构基础。

图 5-4　SOA 框架图

互联网技术的飞速发展，特别是移动互联网的兴起，催生了一种新型的"去中心化"架构——微服务。微服务集成架构强调将业务需求细分为彻底组件化和服务化的小应用，这些小应用可以独立开发、设计、部署运行，并通过服务化的方式相互交互和集成，如图 5-5 所示。与 SOA 相比，微服务的独立性更强，每个服务都可以独立部署和运行，不依赖其他服务，形成分布式架构。微服务的自治性意味着即使单个服务出现问题，也只会影响到直接调用它的服务，而不会波及整个系统，从而提供了更高的系统可靠性和弹性扩缩容能力。尽管有人认为微服务可能会取代 SOA，但这两者在实际应用中各有侧重。SOA 注重服务的重用和集成，面向的是系统级的服务集成，而微服务则更注重服务的快速迭代和独立部署，目的是缩短从开发到部署的周期。微服务通常从最不耦合或扩展性要求最高的模块开始，逐步将其转化为独立的服务，并采用敏捷开发方法和微服务技术进行重写和部署。微服务集成架构将各个服务分散部署在多台不同的服务器上，增强了系统的全局稳定性。由于每个服务的功能单一且资源需求较低，这种部署方式有效地降低了单点故障对整个系统的影响。微服务集成涉及接口集成、数据集成、界面集成和外部集成等多个层面，其中接口集成通过描述性状态迁移应用程序接口（representational state transfer application programming interface，REST API）和轻量级消息系统实现，数据集成可以通过联邦数据库或数据复制实现，界面集成则涉及微服务自身的用户界面（user interface，UI），外部集成则是指微服务与外部服务之间的连接与整合。在数字化、智能化时代，数据已成为企业的重要资产。技术和应用的发展都将围绕数据展开，合理利用数据能够为企业创造巨大价值。在这一过程中，数据集成技术发挥着至关重要的作用，为企业更高效、更智能地利用数据提供了坚实的技术支撑。

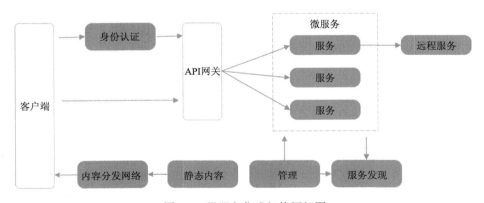

图 5-5　微服务集成架构框架图

## 5.1.4　数据集成技术和工具

　　数据集成技术和工具作为企业信息化战略的核心组成部分，它们的作用不仅在于能对不同来源和格式的数据进行有效整合和分析，更关键的是，它们为企业提供了一个可靠的数据基础，以支撑数据驱动的业务决策和智能化运营。在选择数据集成解决方案时，企业需要在成本和功能之间做出权衡。商业解决方案通常提供一站式服务，确保了集成过程的顺畅和技术支持的及时性，而开源工具则以其灵活性和成本效益吸引了技术成熟的企业。随着实时数据处理需求的日益增加，流处理技术和事件驱动架构成为支撑实时数据集成的关键。流处理技术能够实时捕捉并分析数据在产生时的状态，而事件驱动架构则通过事件的触发来驱动数据的处理流程，这两者协同工作，为企业提供了迅速响应市场和内部变化的能力。数据虚拟化技术通过提供一个统一的数据访问层，使得用户无须关心数据的物理存储位置，可以更加灵活和高效地进行数据访问和分析。这种技术降低了数据冗余程度，简化了数据管理，并能够快速适应业务变化。

### 5.1.5 数据治理和质量

数据治理在企业信息管理中占据着举足轻重的地位，它涉及对数据资产的规范管理和控制，确保数据的可用性、可靠性和安全性。有效的数据治理策略不仅有助于促使企业遵守相关法规和标准，还能够提升企业的运营效率，增强决策的数据支持力度。进行数据治理时，企业需要建立一套包括政策、程序、标准和指标在内的综合体系，确保数据在整个生命周期中的质量和合规性。这通常涉及跨部门的协作，需要明确数据所有权、数据质量责任以及数据访问控制等关键方面。

数据质量管理是数据治理的核心组成部分，它致力于通过一系列措施来确保数据的准确性、完整性和一致性。这包括数据清洗、数据校验、数据去重和数据监控等活动。数据清洗涉及识别并纠正数据中的错误和不一致；而数据校验则帮助确保数据符合预定义的格式和标准；数据去重有助于消除重复记录，保持数据的唯一性；通过持续的数据监控，企业可以及时发现和解决数据问题，从而保证数据质量。

元数据管理是提高数据治理效率的关键工具，它涉及对数据的描述、分类和组织。通过有效的元数据管理，企业能够提高数据的可见性和可追溯性，从而更好地了解数据的来源、结构和用途。元数据不仅能够帮助用户快速定位和理解数据，还支持数据的标准化和数据质量评估。此外，元数据还是数据安全性和合规性的重要组成部分，因为它能够记录数据的访问历史和使用模式。

### 5.1.6 数据安全性和合规性

在当今数字化时代，数据安全性和合规性是企业不可忽视的重要议题。数据安全涉及采取一系列技术和管理措施，以保护数据避免被未授权访问、泄露、篡改或破坏。这些措施包括但不限于强化身份验证和授权机制、加密敏感数据、实施网络安全防护、定期进行安全审计以及制定应急响应计划。强化身份验证确保只有合法用户能够访问系统，而授权机制则限定了用户能够访问的数据范围。加密敏感数据是防止数据在传输过程中被截获的有效手段，而实施网络安全防护则能够防止恶意软件和攻击者侵入系统。定期进行安全审计可以揭示潜在的安全漏洞，而制定应急响应计划则可以确保在数据安全事件发生时企业能够迅速采取行动，减少损失。

数据安全性和合规性要求企业在处理个人和敏感数据时遵守相关的法律法规，如欧盟的《通用数据保护条例》（General Data Protection Regulation，GDPR）和美国的《健康保险流通与责任法案》（Health Insurance Portability and Accountability Act，HIPAA）。GDPR 强调了数据主体的权利，要求企业在处理欧盟公民的个人数据时必须获得明确同意，并允许个人访问、更正或删除其个人数据。HIPAA 则规定了医疗信息的保护标准，确保患者信息的隐私和安全。为了遵守这些法规，企业需要制定严格的数据处理政策，进行风险评估，以及实施数据保护措施，如数据最小化、数据脱敏和访问控制。

企业必须认识到，数据安全和隐私保护不仅是法律义务，也是赢得客户信任和保护品牌声誉的关键。因此，企业需要建立一个全面的数据安全和合规性框架，将其融入企业文化和日常运营中。这要求企业进行跨部门的合作，从信息技术部门到法务部门，再到人力资源和市场营销部门，每个部门都需深刻理解并践行数据安全和隐私保护的最佳做法。通过持续的员工培训、技术更新和政策审查，企业可以确保其数据安全和合规性措施能够跟上法规的变化和技术的发展，从而保护企业和客户的利益不受损害。

## 5.2　数据体系建设

### 5.2.1　数据体系建设概念

数据体系建设是指在组织内部构建一个全面的、结构化的数据管理框架，旨在确保数据资产在从采集、存储、处理到分析和使用的全过程中都能够得到有效的管理和优化。这个框架包括了一系列的政策、程序、技术和工具，它们共同作用于数据的生命周期，以支持组织的战略目标和日常运营。

在数据体系建设中，数据治理是核心，它确保数据的质量、安全性、合规性，并促进跨部门的数据一致性和协作。数据架构设计则涉及数据的组织方式，包括如何存储、访问和维护数据。数据平台和工具的选择则是实现数据架构设计的技术支持，它们帮助组织有效地集成、处理和分析数据。数据安全和隐私保护旨在确保数据在整个生命周期中的安全性和合规性，保护组织和个人免遭数据泄露和滥用的风险。数据应用和价值实现关注如何将数据转化为洞察和行动，以驱动业务增长和创新。

### 5.2.2　数据治理体系

数据治理是组织对数据资产进行系统性管理的一系列活动，旨在确保数据在其整个生命周期内的质量、合法性、安全性和有效利用。这一过程涉及制定明确的政策、程序和控制机制，以及指定相应的责任主体，从而对数据的采集、存储、维护、使用和删除等各个环节进行规范化管理。好的数据治理体系可以盘活整条数据链路，最大化保障企业数据的采集、存储、计算和使用过程的可控、可追溯。数据治理对于组织而言至关重要，因为它直接关系到数据的准确性和信任度，这是做出明智业务决策的基础。有效的数据治理不仅有助于提升操作效率，降低合规风险，还能够使客户增强信任，从而在竞争激烈的市场中为组织赢得优势。此外，随着数据量的激增和法规的日益严格，数据治理成为维护组织声誉、遵守法律法规并实现数据价值最大化的关键策略[116]。其中，企业数据治理体系包括数据质量管理、元数据管理、主数据管理（master data management，MDM）、数据资产管理、数据安全及数据标准等内容。

在企业数据管理中，数据质量是衡量信息系统效能的关键指标，通常根据业界认可的标准来评估，包括数据的完整性、准确性、一致性和及时性。数据完整性关注数据记录是否全面，所有必要的数据元素是否都被捕获，且无缺失。准确性则要求数据记录反映真实情况，数据中不存在误差或偏差，确保决策基于正确的信息。一致性要求在不同的业务系统和数据仓库中，相同的数据应保持统一，避免因数据不一致而出现混淆或做出错误决策。及时性则强调数据应能够在需要时迅速提供，支持实时决策和操作。这些数据质量维度共同构成了企业数据质量管理的基础，是确保数据可信赖、可用和有效支持业务流程的前提，如图5-6 所示。

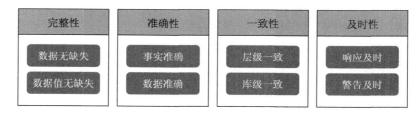

图 5-6　企业数据质量保障流程图

元数据管理是数据治理的关键组成部分，它涉及对数据的描述性信息的组织和管理，以便更好地理解和利用数据资源。元数据，或称为数据的数据，为数据分析人员提供了关于数据的来源、结构、存储位置以及处理方法的关键信息。它分为技术元数据，涉及数据模型、数据库架构、数据仓库和 ETL 流程等技术层面的细节，以及业务元数据，涉及数据的业务上下文、数据所有权和数据的业务规则。元数据管理分类如图 5-7 所示。通过有效的元数据管理，企业能够构建一个全面的业务知识体系，使得数据的业务含义和用途得到明确和解释，从而提升数据的可解释性和价值。此外，元数据管理增强了数据整合和溯源的能力，使得数据的血缘关系，即数据从源头到目的地的流转路径得以明确记录和维护。这对于追踪数据的历史变化、诊断数据问题和支持合规性要求至关重要。进一步地，元数据管理支持建立数据质量稽核体系，通过分类管理和监控，确保数据质量符合既定的标准和期望。这种体系能够识别数据质量问题，提供改进措施，并持续监控数据质量的变化，以保持数据的准确性和可靠性。

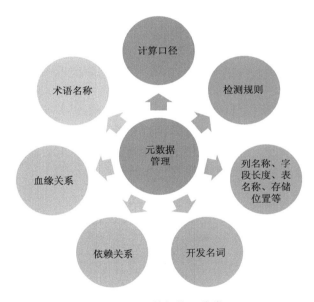

图 5-7　元数据管理分类

MDM 是企业信息管理策略的核心，它关注于维护和处理企业内部一致且被各业务单元共享的关键业务数据。这些数据通常包括员工、客户、产品、供应商和组织机构等信息，它们是企业运营的基础，并被视为企业资产的重要组成部分。主数据具有权威性和全局性，是跨越企业各个业务系统和流程的信息核心。为了有效管理主数据，企业需要制定和执行一系列的管理原则和访问规范。这包括对各组织机构、子公司和部门访问主数据的监管，确保数据的一致性和安全性。同时，企业应定期对主数据进行质量评估，以判断数据管理活动是否达到既定的目标和标准，并据此进行必要的调整和优化。此外，MDM 还要求组织内的相关人员和机构协同工作，共同努力提升数据的质量。这通常涉及跨部门的沟通和协作，以及对数据管理流程的持续改进。技术支持也是 MDM 不可或缺的一部分，它包括提供必要的数据管理工具和系统，以及确保业务流程与 MDM 策略的一致性。最终，通过集中统筹和技术支持，企业能够确保主数据的准确性、可用性和一致性，从而支持企业的业务流程，提高决策质量，并增强整个集团的运营效率。MDM 是企业实现数据治理目标和提升数据资产价值的关键环节。

在数字化转型的浪潮中，企业越来越意识到数据资产的重要性。数据资产管理是一种战略性的方法，旨在识别、评估、管理和优化数据资源，以确保数据的有效利用并最大化其价值。核心关注点在于数据的实际应用和价值创造能力，即数据如何被组织内部利用，以及如何通过数据驱动业务增长和创新。在构建数据资产管理体系时，企业通常从业务和技术两个角度进行考虑。从业务角度出发，关注数据如何支持业务目标和流程，以及如何通过数据分析获得洞察力和竞争优势。技术角度则涉及数据的存储、处理和安全性，确保数据的可访问性和完整性。将这两个角度合并，企业可以形成一个统一的数据资产地图，为决策者提供一个全面的数据资产全景，帮助他们宏观地掌握企业资产的动态和潜在价值。数据资产管理的实践包括建立数据目录、评估数据质量、制定数据治理政策和实施数据安全措施。通过这些方法，企业能够盘活现有数据，将其转化为有形的资产，并通过构建资产地图，使运营者能够更加有效地管理和利用数据，从而推动企业的整体战略发展。数据资产管理流程如图 5-8 所示。

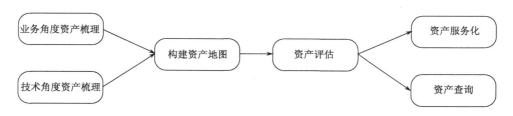

图 5-8　数据资产管理流程

数据安全在企业数据治理体系中占据着至关重要的地位，它涵盖了一系列措施和技术，旨在保护存储在各种存储介质中的数据避免遭受未授权访问、泄露、篡改或丢失风险。随着企业日益依赖于数据驱动的决策和运营，确保数据的安全性变得尤为重要。企业必须采取多层次的安全策略，包括但不限于定期进行数据安全审计、对敏感数据进行加密处理，以及对数据访问进行严格的权限控制。数据安全的实践要求企业不断评估和更新其安全措施，以应对不断演变的安全威胁。这包括实施最新的加密技术来保护数据在传输和存储过程中的安全，以及确保只有授权用户才能访问特定的数据集。此外，企业还应建立强大的身份验证和访问管理系统，监控和记录数据的使用情况，以便在数据被非法访问或泄露时迅速采取行动。通过这些综合性的数据安全措施，企业不仅能够保护其数据资产，还能够增强客户和合作伙伴对企业的信任，同时满足日益严格的法规和标准要求。数据安全是企业可持续发展的基础，是确保企业在竞争激烈的市场中保持领先地位的关键。

　　数据标准是企业数据管理中不可或缺的一部分，它们是一系列定义清晰的规范和约束，旨在确保组织内外部对数据的理解和使用具有一致性和准确性。在组织内部，数据标准化意味着所有部门和团队都遵循相同的数据定义、格式和术语，从而消除歧义，提高数据的可靠性和有效性。例如，对于客户号，数据标准会明确其代表的具体含义，无论是指办理银行卡的客户还是指借贷过的客户，都将有一个统一的解释和表示方法。数据标准的建立通常涉及数据的命名规则、数据类型、格式、长度以及数据值的范围等方面。这些标准化的数据元素和结构，不仅有助于内部数据的整合和分析，还对外部数据交换和共享至关重要。它们确保了数据在不同系统和组织之间传递时的一致性和互操作性，从而支持了跨部门和跨企业的协作。

### 5.2.3　数据架构设计

　　数据架构设计是构建企业数据管理体系的基础，它涵盖了从数据模型构建到数据存储、处理和分析的全过程。数据模型和数据仓库设计是数据架构设计的核心，它们确保数据被组织和存储在能够支持企业决策的结构中。这包括定义数据之间的关系、确保数据的一致性和整合性，以及设计能够支持复杂查询和报告的数据仓库。

　　紧随其后的是数据集成和数据流设计，该过程确保了来自不同源的数据都能够被有效地收集、转换和加载到数据仓库中。这一过程中，数据流的设计必须优化以支持数据的实时或批量处理，确保数据的及时性和准确性。

　　数据存储和数据生命周期管理关注于数据的持久化和维护。这涉及选择合适的存储技术、设计数据备份和恢复策略，以及制定数据归档和清除政策，以确保数据在其生命周期的各个阶段都得到妥善管理。

　　随着技术的发展，数据虚拟化和数据服务化成为数据架构设计的重要组成部分。数据虚拟化允许用户通过抽象层访问和管理数据，而不需要关心数据的物理存储细节，从而提高了数据的可访问性和灵活性。数据服务化则将数据封装为服务，使得数据消费者能够通过标准化的接口访问数据，促进了数据的重用和共享。

　　数据分析和数据挖掘架构是数据架构设计的高级阶段，它支持从数据中提取有价值的信息和知识。这要求设计高效的数据处理流程、选择合适的分析工具和算法，以及构建支持预测分析和机器学习的平台。

### 5.2.4 数据平台和工具

在当今数据驱动的商业环境中，数据集成工具的选择对于企业的数据管理战略至关重要。数据集成工具可以分为三种主要类型，每种都有其独特的优势和应用场景。

首先，基于云端的数据集成工具提供了一种高效且成本可控的方式来完成数据集成任务。这些工具运行在云服务提供商的基础设施上，免除了企业在硬件和软件维护上的投入。它们通常具有易于使用的界面和弹性的计算资源，使得企业能够快速适应不断变化的数据需求。

其次，开源的数据集成工具为企业提供了更高的灵活性和可定制性。这些工具的源代码可供用户访问，允许企业根据特定需求进行修改和扩展。开源工具通常是免费的，但可能需要企业投入更多的时间和资源来进行定制开发和后期支持。其中，DataX、Kettle 和 Apache Sqoop 是业界常用的开源解决方案[117]。DataX，由阿里巴巴开发，支持广泛的数据源同步，采用灵活的插件架构，允许用户通过 JSON 配置文件轻松同步数据。它的独立部署特性——只需 Java 和 Python 环境，使其成为一个不依赖于其他系统的优选工具。Kettle，作为一个 Java 编写的 ETL 工具，提供了一个图形化界面，使得数据流程的编排变得直观，能够实现复杂业务逻辑的数据操作[118]。尽管它支持多种数据源的操作，但其相对较大的体积和较高的学习曲线可能会成为使用门槛。Apache Sqoop 专注于关系型数据库和大数据集群之间的数据同步，通过将命令转换为 MapReduce 任务来运行。然而，它对 Hadoop 环境的依赖以及相关的搭建和维护成本，使得它在某些情况下不那么理想。考虑到 Apache Sqoop 和 Kettle 的限制，DataX 成为首选的数据集成工具。尽管 DataX 在执行时只能处理单次数据同步，但通过集成到 Quartz 定时任务管理器，它不仅可以实现自动化数据同步，还能处理数据的增量更新。为了提高 DataX 的实时性，可以结合消息队列技术，如 Kafka，来实时处理数据集成通知。Kafka 作为一个分布式消息系统，不仅能提供高吞吐量和促进消息持久化，还能通过流量削峰功能减轻在高数据量情况下的服务器压力。这种结合使用 DataX 和 Kafka 的策略，为数据集成提供了一个高效、可扩展的解决方案。

最后，基于企业级的数据集成工具可以满足大型企业对数据集成的高要求。这些工具提供了强大的功能和优异的性能，支持复杂的数据集成场景，包括大数据处理和实时数据集成。尽管这些工具的成本较高，但它们通常包括全面的技术支持和服务协议，确保企业数据集成的连续性和稳定性。选择合适的数据集成工具是一个涉及多个维度的决策过程。企业需评估数据源的多样性，确保选定的工具能够适应不同类型的数据源，无论是结构化还是非结构化数据。同时，处理数据量的能力也是一个关键考量点，尤其是在面对大数据时，工具必须能够高效地处理和转换大量信息。数据质量的维护同样重要，工具需要集成强大的数据清洗和转换功能，以保证数据在整合过程中的准确性和完整性。此外，随着数据安全和隐私保护的日益重要，工具还必须提供严格的安全措施，如加密和访问控制，以确保数据在整个集成过程中的安全性。

在构建一个全面的数据平台时，企业需要配备一系列工具来处理和分析数据。数据处理和分析工具是这一套件的核心，它们使得从原始数据中提取有价值的信息成为可能，而且支持复杂的数据操作，如数据挖掘、预测分析和统计分析。这些工具的高级算法和模型能够帮助企业洞察市场趋势和提高内部运营效率。随着数据分析的深入，将分析结果转化为易于理解的格式变得尤为重要。数据可视化和报告工具允许用户创建直观的图表、仪表板和报告，这些直观的表示形式能够帮助决策者快速掌握数据背后的故事，促进基于数据的决策。然而，无论分析多么深入，数据的质量始终是决定分析有效性的关键。数据质量和数据清洗工具确保数据在分析前是准确和一致的，通过识别和纠正数据中的错误和不一致，这些工具帮助企业建立和维护高质量的数据环境。此外，为了支持数据的管理和合规性，元数据管理工具和目录服务提供了必要的框架。它们帮助企业构建数据的详细目录，包括数据的来源、格式、用途和质量信息，从而使数据治理更加透明和高效。通过这些工具，企业能够确保数据的整合性和可信赖性，为数据驱动的业务模式提供坚实的基础。

### 5.2.5　数据安全和隐私保护

在确保企业数据安全的多层防御策略中，数据加密和数据掩码技术发挥着基础且关键的作用。这些技术通过转换数据格式，保护数据内容不被未授权用户读取，即使在数据被意外泄露的情况下也能保障信息的机密性。数据掩码技术进一步确保在开发和测试环境中使用的数据不会暴露敏感信息，同时仍能保持操作的有效性。

为了强化这些技术措施的效果，并构建一个更加严密的安全体系，访问控制和身份验证机制被引入，以确保只有经过授权的用户才能访问敏感数据。这通常涉及复杂的权限管理系统，该系统根据用户的角色和职责分配相应的数据访问权限。身份验证机制，如多因素认证，增加了额外的安全层，以防止出现未授权访问相关问题。

数据安全监控和入侵检测系统是企业安全架构中的观察和警报系统。它们不断监控数据活动，以便及时发现异常行为和潜在的安全威胁，从而迅速采取行动以防止数据泄露或其他安全事件。

在这些技术措施之上，数据隐私政策和数据合规性要求为企业提供了应遵循的法律和道德框架。这些政策和要求确保企业在处理个人数据和敏感数据时遵守相关的法律法规，如 GDPR 或《加利福尼亚州消费者隐私法案》（California Consumer Privacy Act，CCPA）。

此外，企业必须制定应对数据泄露等安全事件的策略，以应对数据安全事件。这包括事先制订响应计划、恢复策略和通知程序，确保在发生安全事件时能够迅速响应，最小化损害，并及时通知所有相关方。

### 5.2.6 数据应用和价值实现

在现代企业中，数据不仅是资产，更是推动业务增长和创新的关键因素。数据应用和价值实现始于数据驱动的业务决策支持，这要求企业能够有效地分析数据，以便洞察业务趋势和客户需求。随着数据分析的深入，企业能够开发新的数据产品和服务，这些创新不仅能满足市场需求，还能开辟新的收入渠道。

深入分析客户数据带来的市场洞察为企业提供了竞争优势，使其能够更好地理解客户行为，优化产品和服务，从而提升客户满意度和忠诚度。同时，对数据资产的持续评估和管理有助于企业识别和利用数据的潜在价值，确保数据资产的价值最大化。

为了支持数据的有效应用，企业还必须培养一种数据文化，提升员工的数据素养。这种文化鼓励数据的使用和分享，同时强调数据分析在日常决策中的重要性。然而，数据的使用和分享必须建立在坚实的数据安全基础之上。数据加密和数据掩码技术是保护数据安全的基石，它们确保敏感信息在存储和传输过程中的安全。

此外，访问控制和身份验证机制确保只有授权人员能够访问敏感数据，而数据安全监控和入侵检测系统则持续监视数据环境，以便及时发现和响应潜在的安全威胁。数据隐私政策和合规性要求确保企业在处理数据时遵守法律法规，而对数据泄露和安全事件的应对策略则确保企业能够迅速有效地处理安全事件，减轻损害。

通过这些策略和措施的综合实施，企业能够确保数据的安全性和合规性，同时充分利用数据的潜力，推动业务发展和创新。

### 5.2.7 数据体系建设的实施和管理

数据体系建设是企业信息化战略的核心组成部分，它要求企业进行周密的规划和项目管理。这一过程涉及明确的目标设定、详细的项目规划以及有效的执行策略。项目管理的成功不仅取决于清晰的阶段性目标和里程碑的设定，还依赖于对这些目标的持续跟踪和评估，确保数据体系建设按计划推进。

资源配置和预算管理对于数据体系建设同样至关重要。企业需要确保有足够的人力、技术和财务资源来支持数据体系的构建和维护。合理的预算分配能够保证项目的顺利进行，同时避免资源浪费。

在建设过程中，风险评估和质量控制是确保项目成功的关键。通过识别潜在的风险并制定相应的应对措施，企业能够降低项目失败的可能性。质量控制确保数据体系的构建符合既定的标准和要求，从而提供稳定可靠的数据服务。

数据体系建设不是一次性的任务，而是一个需要持续改进和优化的过程。随着业务需求的变化和技术的发展，企业需要不断评估和调整数据体系，以适应新的挑战和机遇。通过持续的改进，企业能够确保其数据体系始终支持其业务战略，为决策提供强有力的数据支持。

## 5.3　安全多方计算技术

### 5.3.1　安全多方计算概念

安全多方计算（secure multi-party computation，SMPC）是现代密码学的一个重要分支[119]。安全多方计算指的是多个用户（如 $p_1, p_2, \cdots, p_n$）安全地共同协同计算特定函数 $f(x)$。$n$ 个参与者分别秘密掌握这个函数的 $n$ 个隐私输入数据，设 $p_i$ 的秘密输入是 $i$，输出 $y_i$。若所有输出 $y_i$ 相等，则 $y_1 = y_2 = \cdots = y_n = y$。安全多方计算的定义描述如图 5-9 所示。

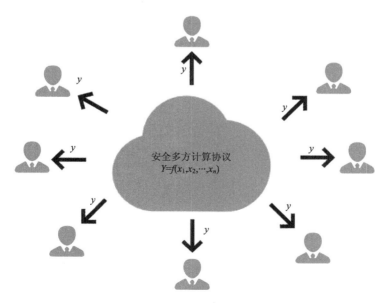

图 5-9　安全多方计算的定义描述

安全多方计算的两个主要属性是正确性和隐私性。其中，正确性是指计算结果的正确性。即：即使在某些参与者存在欺骗行为的情况下，也能保证正确输出。同时，隐私性要求保证输入的保密性，即保证每个参与者一方拥有的秘密输入数据不会泄露给另一方，也即除了 $(x_i, y_i)$ 之外，每个参与者 $p_i$ 不能得到其他的信息。安全多方计算适用于无可信第三方情形中，安全计算一个预定函数的情形。安全多方计算在电子选举、电子投票、电子拍卖、秘密共享、门限签名等领域具有重要作用。安全多方计算技术框架如图 5-10 所示。

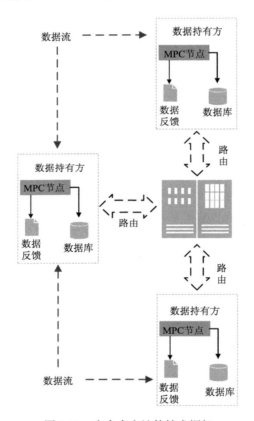

图 5-10　安全多方计算技术框架

执行安全多方计算时各参与节点的位置是等价的，可独立启动协同计算任务，还可选择参加由他方启动的计算任务，高度灵活，自主性强。同时各节点之间共享信息交换数据，能够减少网络开销，提高计算速度和效率。另外，在安全多方计算中，路由寻址、计算逻辑传输等均受枢纽节点控制，在计算过程中达到全局协调与控制，从而保证计算过程高效准确。在执行安全多方计算时，每个 MPC 节点按照计算逻辑进行本地数据库的数据提取和计算。然后，它们将计算结果发送到指定节点，以便多个节点协同执行计算任务，并生成唯一的输出结果。因此，整个计算过程只需要一个中心节点就能完成。在此过程中，所有参与人的资料均完整地留在原处，不会泄露给其他节点，从而确保数据隐私安全。由于各参与方均可获得自己的信息，因此他们能够对自身进行有效监控，提高系统整体性能。

### 5.3.2　安全多方计算主流技术介绍

安全多方计算是一对协议集，其所采用的主流技术主要包括混淆电路、不经意传输协议、秘密共享、同态加密、零知识证明等关键技术。

（1）混淆电路（garbled circuit）[120]，是一种在不暴露输入数据和中间结果的前提下执行计算的加密技术。混淆电路可用于各种安全计算协议，如安全多方计算和基于密码学的协议。在混淆电路中，每个门都被加密并打乱，以确保计算过程的安全性。当两个参与方拥有各自的输入时，他们按照特定的协议依次执行计算，并相互交换加密后的结果。在应用混淆电路的情况下，即使其中一个参与方试图推断出其他参与方的输入或中间结果，也无法获得任何有用的信息。只有在完成计算并解密结果后，才能获得最终结果。

（2）不经意传输协议（oblivious transfer protocol，OT 协议）[121]，是一种在保护隐私的前提下进行双方通信的协议。在 OT 协议中，发送方有多个待发送的消息，接收方只需要选择其中一条消息进行接收。发送方不知道接收方选择的具体消息，同样，接收方也无法获取未被选择的其他消息。因此，该协议可以保证通信双方的隐私安全。OT 协议通常是基于混淆电路实现的。在具体实现中，混淆电路将多个待发送的消息加密并打乱。接收方选择的消息会在混淆电路中解密，并返回给接收方。由于混淆电路的设计，接收方无法得知未选择的消息，也无法破解混淆电路以获取其他消息。

（3）秘密共享（secret sharing），是一种保护信息安全的技术[122]。秘密共享技术可以将秘密信息分割成多份，分别交给不同的参与者，每个参与者只能获得其中的一部分信息。只有在所有参与者共同协作时，秘密信息才能被完整恢复出来。秘密共享技术通常涉及两个关键的操作：秘密的拆分和秘密的恢复。在秘密拆分过程中，秘密信息被拆分成多个份额，并分别交给不同的参与者。在秘密恢复过程中，参与者必须共同合作，将他们各自持有的份额进行协调，以恢复出完整的秘密信息。秘密共享技术的一个重要特点是容错性，即使某些参与者失效或无法参与，秘密信息仍然可以恢复。这是因为拆分后的秘密信息只需要满足一定的份额阈值即可被恢复。例如，如果将秘密信息分割成五个份额，那么只需要其中任意三个份额即可恢复秘密信息，无须其他参与者帮助。

（4）同态加密（homomorphic encryption）是一种加密技术，它允许在加密后的密文上直接进行计算，并且解密后的计算结果与明文的计算结果相同[123]。这种特性对于保护信息的安全非常重要。利用同态加密技术，我们可以在不解密每个密文的情况下，对多个密文进行计算，从而避免高昂的计算代价。此外，同态加密技术无须密钥方的参与即可对密文进行计算，从而减小通信代价并分担计算任务，实现各方之间计算代价的平衡。最重要的是，同态加密技术使得解密方只能获知最终结果，而无法获取每个密文的具体消息，从而提高了信息的安全性。

（5）零知识证明（zero-knowledge proof）是一种证明协议，通过该协议，证明者可以向验证者证明某个事实，而无须透露关于这个事实的其他任何信息[124]。在这个协议中，证明者需要向验证者发送一系列的消息，这些消息能够使验证者相信某个断言是真实的，同时不需要向验证者透露任何与该断言无关的信息。验证者可以通过检查证明者发送的消息来验证断言的真实性。零知识证明的应用非常广泛，如在密码学中，零知识证明可以用于验证用户的身份、数字签名、计算结果等。另外，零知识证明还可以用于保护个人隐私，在许多场合中，证明者不希望向验证者披露关于自己的任何信息，这时零知识证明可以用于验证断言的真实性，同时保护证明者的隐私。这些安全多方计算框架为保护隐私、保护数据安全、实现协同计算和联合分析等应用场景提供了强有力的技术支持。随着技术的不断发展和完善，相信会有更多更高效、更安全的安全多方计算框架被提出并应用于实际场景中。

### 5.3.3　安全多方计算实际应用案例

#### 1. 金融服务安全

（1）联合贷款审批：多家银行可以使用 MPC 技术来共同评估一个贷款申请，而无须直接交换申请人的敏感财务信息。这种方式不仅加强了数据隐私保护，还促进了银行间的合作，提高了贷款审批的效率和安全性。

（2）跨境支付与结算：在跨境支付中，MPC 技术可以用来安全地计算汇率和执行货币转换，同时保护各方的交易信息不被泄露。这降低了欺诈的风险，加速了支付处理过程。

#### 2. 医疗健康数据分析

（1）基因数据研究：研究人员可以利用 MPC 技术安全地合作分析来自多个机构的基因数据，以探索疾病的遗传因素，而无须直接共享患者的基因信息。这保证了参与者的隐私，同时促进了跨机构的科研合作。

（2）电子健康档案（electronic health record，EHR）共享：医疗机构可以使用 MPC 技术安全地共享电子健康档案，以便在不泄露患者敏感信息的前提下，共同进行疾病监测和流行病学研究。

### 3.　供应链管理

（1）产量和库存数据共享：供应链中的企业可以利用 MPC 技术共享产量和库存数据，从而提高整个供应链的运作效率。这种共享方式保证了企业间的竞争敏感信息不被泄露，同时促进了资源的合理分配和利用。

（2）质量控制：通过 MPC，供应链上的不同企业可以在保护各自数据隐私的前提下，共同进行产品质量的检验和控制，确保产品质量符合标准，同时减少了由信息不对称导致的信任问题。

### 4.　隐私保护投票和决策

（1）匿名投票：在需要保护投票者身份的情况下（如公司董事会决策），安全多方计算可用于实现匿名投票。参与者可以在不泄露自己的投票选择的情况下，共同计算出投票结果。

（2）共同决策：安全多方计算也可应用于需要合作伙伴共同做出决策的场景，如合资企业间的战略选择，而无须担心敏感信息会泄露给对方或外部。

## 5.4　数据协同与联邦学习

### 5.4.1　联邦学习概念

联邦学习（federated learning，FL）的概念由 Google 于 2016 年提出，其设计目的是基于分布在多个设备上的数据集构建机器学习模型并同时避免数据泄露[125]。因此，联邦学习允许各参与方在不共享数据的前提下完成多中心协同模型的分布式训练，从而利用各参与方的协同合作解决数据孤岛的问题。由于各个参与方用于训练机器学习模型的数据仍然保留在本地，与第三方服务器仅仅交换模型参数，并不需要将大量的本地数据上传至第三方服务器，因此，相比于共享原始数据的传统集中式多中心模型，这种分布式模型也在一定程度上保护了各个参与方的隐私。同时，由于节约了各个参与方在数据上传等环节上的时间，联邦学习具有延迟低、通信代价低的特点，因此在面对大规模样本时具有更高的可扩展性。

图 5-11 为一个典型的联邦学习框架，由分布在多家医疗机构的参与方与一个中央服务器组成。联邦学习中的 N 个参与方具有相同的训练目标。在接收到训练请求后，中央服务器开始初始化模型参数，并分发给 N 个参与方；N 个参与方将全局模型参数下载至本地，并利用本地数据完成模型更新；更新后的本地模型参数将被发送回中央服务器，中央服务器通过聚合所有接收到的各本地模型参数（如

局部梯度等）来更新全局模型，并将全局型的参数反馈给各本地医疗机构；经过多次"中央服务器-参与方"之间的"全局-本地"模型的更新迭代，最终将训练出可以用于在外部医疗机构中执行相应预测任务的全局模型。

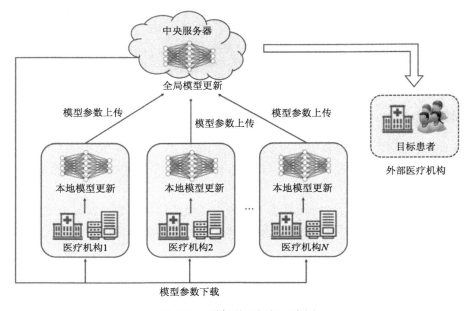

图 5-11    联邦学习框架示意图

### 5.4.2    联邦学习分类

设 $D_i$ 表示数据持有者 $F_i$ 的本地训练数据集，通常 $D_i$ 以矩阵的形式存在，$D_i$ 的每一行表示一组训练样本数据，将特征空间设为 $I$。每一列表示一个具体的数据特征，将特征空间设为 $X$。同时，数据集包含标签数据，将标签空间设为 $Y$。特征空间 $X$、标签空间 $Y$ 和特征 $I$ 组成了一个训练数据集 $D_i = (I, X, Y)$。

横向联邦学习也被称为样本划分的联邦学习。假设参与方 A 拥有样本 $u1$、$u2$ 和 $u3$，参与方 B 拥有样本 $u4$、$u5$ 和 $u6$，如图 5-12 所示。图 5-12 中 $u1 . X1$ 表示样本 $u1$ 拥有数据特征 $X1$，其他同理。从图 5-12 中可以看出，参与方 A 和参与方 B 分别拥有三个不同的样本，但是每个样本都拥有数据特征 $X1$、$X2$ 和 $X3$。简而言之，不同参与方拥有不同的数据样本，但是拥有相同的数据特征。例如，两家在不同地区的银行提供的服务大致类似，客户的数据可能因为相似的业务而有相似的特征，尽管客户的用户集合重叠部分较少。换句话说，虽然不同参与方的数据集合有差异，但数据特征却有较大的重叠部分。

| | ID | X1 | X2 | X3 | Y |
|---|---|---|---|---|---|
| | u1 | u1.X1 | u1.X2 | u1.X3 | Y1 |
| 参与方A | u2 | u2.X1 | u2.X2 | u2.X3 | Y2 |
| | u3 | u3.X1 | u3.X2 | u3.X3 | Y3 |
| 参与方B | u4 | u4.X1 | u4.X2 | u4.X3 | Y4 |
| | u5 | u5.X1 | u5.X2 | u5.X3 | Y5 |
| | u6 | u6.X1 | u6.X2 | u6.X3 | Y6 |

图 5-12　横向联邦学习

纵向联邦学习也被称为特征划分的联邦学习。假设参与方 A 拥有样本 $u1$、$u2$ 和 $u3$，参与方 B 拥有样本 $u2$、$u3$ 和 $u4$，如图 5-13 所示。从图 5-13 中可以看出，参与方 A 和参与方 B 有两个相同的样本，样本之间的数据特征都不相同。简而言之，不同参与方拥有不同的数据特征，但数据样本高度重叠。例如，两家不同公司的业务不同，但目标客户集合十分相似。电子商务公司需要预测消费者购买商品的概率，而金融机构拥有这些消费者的资产数据，可以很好地反映消费者的消费水平。如果能够将这两种数据结合起来，就可以极大地提高模型预测的准确性。

| ID | X1 | X2 | Y | X3 | X4 | ID |
|---|---|---|---|---|---|---|
| u1 | u1.X1 | u1.X2 | Y1 | | | |
| u2 | u2.X1 | u2.X2 | Y2 | u2.X3 | u2.X4 | u2 |
| u3 | u3.X1 | u3.X2 | Y3 | u3.X3 | u3.X4 | u3 |
| | | | Y4 | u4.X3 | u4.X4 | u4 |
| 参与方A | | | | | 参与方B | |

图 5-13　纵向联邦学习

联邦迁移学习是指参与方的数据样本和数据特征都很少重叠的情况，如图 5-14 所示，参与方 A 和参与方 B 的样本和数据特征都没有重叠。

| ID | X1 | X2 | Y | X3 | X4 | ID |
|---|---|---|---|---|---|---|
| u1 | u1.X1 | u1.X2 | Y1 | | | |
| u2 | u2.X1 | u2.X2 | Y2 | | | |
| | | | Y3 | u3.X3 | u3.X4 | u3 |
| | | | Y4 | u4.X3 | u4.X4 | u4 |
| 参与方A | | | | | 参与方B | |

图 5-14　联邦迁移学习

### 5.4.3 联邦学习应用案例

#### 1. 医疗应用

随着许多人工智能应用开始在医疗领域进行应用，医疗行业的数据保护也越发受到重视。医疗机构的数据对于隐私和安全问题特别敏感，直接将这些数据收集在一起是不可行的；另外，因为医疗涉及的机构众多，很难收集到足够数量的、具有丰富特征的、可以用来全面描述患者症状的数据。

在智能医疗系统中，医药数据、基因数据、医疗影像数据、专家知识、电子健康档案等，都是重要的数据，但因为数据隐私或数据安全问题，无法直接进行使用。

医疗相关的数据，可能是多源异构数据，含医疗影像数据、基因测序、健康记录等，只有使用联邦迁移学习技术，才能融合这些数据，从而更好地进行场景应用。

如图 5-15 所示，联邦迁移学习技术可以帮助扩展训练数据的样本和特征空间，并且降低各医疗机构之间样本分布的差异性，进而改善共享模型的性能，发挥出重要作用。如果未来有相当数量的医疗机构能够通过联邦迁移学习参与到数据联邦的构建中来，医疗人工智能将为更多的患者带来更多的益处。

#### 2. 智能手机应用

联邦学习可以更好地分析手机中的用户行为并为其建模，以此来改善手机用户的体验，这些模型可以为用户在虚拟键盘上预测下一个词或词语，为各种语言的用户更好更快地回复电子邮件或进行语音识别等提供支持。考虑到个人隐私和手机的电量或带宽问题，用户可能不愿意共享其数据。联邦学习可以为智能手机启用预测功能，提供更方便更快捷的应用，而不会影响用户体验或泄露私人信息。

#### 3. 在物联网中的应用

物联网中包含着很多用于收集数据、传输数据的传感器和设备，如自动驾驶车辆和可穿戴设备等。随着这些设备的存储和计算能力的提升，设备对数据的需求也进一步增加，对应用的要求也随之提升。例如，开发一辆更安全更可靠的自动驾驶汽车可能需要与行人行为相关的数据或模型、与交通信号和路线相关的数据或模型、街道建筑地图最新数据或模型。但是，由于数据的隐私性和设备的有限连接性，汇总这些数据或模型并建立全局模型可能很困难。联邦学习的提出可以帮助打破数据隔离局面并训练模型，使其有效地适应系统的变化，同时保护用户隐私，为建立更稳定、更高效的物联网应用提供技术支撑。

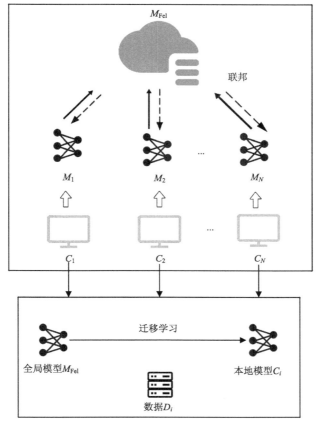

图 5-15　基于模型的联邦迁移学习应用

### 4．在金融领域的应用

随着金融科技的成熟和不断发展，金融欺诈的方式也层出不穷，方法的不断进化，使得金融诈骗的危害越来越大，造成全球每年数十亿美元的损失。金融风控管理技术体现在两个方面，一方面是基于金融信贷风险指标的风险量化体系，如预期损失、期望损失、风险价值等；另一方面是基于大数据、云计算和人工智能的信息技术系统。但是相比于正常样本，欺诈样本的比例十分小，使得训练的正负样本比例存在严重偏差，同时由于用户隐私和数据安全原因，各个金融机构之间无法共享数据，从而使得训练的机器学习算法无法准确地捕捉用户的异常行为，一个有效的风控系统无法很好地被构建。联邦学习的应用使得各个银行之间不用交换用户数据，该框架直接利用各银行的本地数据构建风控系统，然后通过整合各银行的系统参数，形成共享风控模型，帮助各个银行提升其风控效果。此外，联邦学习的应用还能帮助打破银行与其他领域（如电子商务领域）之间的数据壁垒，帮助实现业务跨领域发展，联邦学习在将来定能为智慧金融的发展添砖加瓦。

# 6.1 计算能力集成架构

### 6.1.1 简介

随着信息化和数字化进程的加速，大数据技术已经成为推动各行各业发展的核心力量之一[126]。在公共管理领域，大数据技术的应用已经从传统的数据分析和报告向更深层次的决策支持和治理能力提升转变。然而，面对日益增长的数据规模和多样化的应用需求，如何有效地管理和利用这些数据成为亟待解决的问题[127]。因此本书提出了计算能力集成架构，以应对这一挑战，为公共管理决策提供更加精准、高效的支持。

在公共管理领域，大数据技术的应用已经涉及公共安全管理、生态环境管理、交通运输管理等多个方面。比如，在公共安全管理领域，通过大数据技术可以实现对犯罪模式的预测和预防；在生态环境管理领域，可以利用大数据技术对环境数据进行监测和分析，实现对环境污染的及时控制和治理；在交通运输管理领域，可以通过大数据技术对交通流量进行实时监测和调度，提高交通运输效率和安全性[128]。这些应用场景都需要大量的计算资源和高效的计算能力支持，而计算能力集成架构正是为了满足这些需求而设计的[129]。

### 6.1.2 架构设计原则

计算能力集成架构的设计需要遵循一系列基本原则，以确保其在面对复杂的数据处理和分析任务时能够高效、稳定地运行。其中包括灵活性、可扩展性、性能和可管理性等。首先，架构的灵活性意味着它需要能够适应不同类型的计算任务和应用场景。无论是批量处理还是实时计算，都应该能够得到有效支持。其次，架构的可扩展性则要求它能够随着数据规模的扩大和计算需求的增长而进行水平或垂直扩展。随着数据规模的扩大和计算任务的复杂化，架构需要能够方便地扩展计算节点和存储容量，以满足不断增长的需求。再次，架构的性能也是一个至关重要的考量因素。高效的计算能力是保证系统能够及时响应和处理大规模数据的关键。最后，架构的可管理性是保证系统能够稳定运行和持续发展的基础。通过良好的监控、管理和维护机制，可以及时发现和解决系统中的问题，保证系统的稳定性和可靠性。

### 6.1.3　架构组成要素

计算能力集成架构由多个要素构成，每个要素都承担着特定的功能和任务。首先，任务调度器负责根据任务的优先级和资源情况进行任务调度和分配。它需要能够根据不同任务的特点和需求，合理地安排任务的执行顺序和分配资源。其次，资源管理器负责管理计算集群中的各种资源，如 CPU、内存、存储等[130]。它需要能够实时监控资源的使用情况，并根据需求进行动态调整和分配。再次，数据存储负责存储和管理大数据集。它需要能够提供高性能和可靠的数据存储服务，以满足不同应用场景的需求。最后，作业管理器负责管理和监控作业的执行情况[131]。它需要能够及时发现和处理作业执行过程中的异常情况，保证作业能够按时完成并达到预期效果。这些组成要素相互协作，共同构建起一个完整的计算能力集成架构，为公共管理决策提供强有力的支持。

### 6.1.4　任务调度与优化

任务调度是计算能力集成架构中的核心环节之一，其质量直接影响着整个系统的性能和效率。在面对大规模数据和复杂计算任务的情况下，如何合理地安排任务的执行顺序和分配资源成为一个重要的挑战。传统的调度算法往往无法满足实际应用场景的需求，因此需要设计更加灵活和高效的调度算法和策略。比如，可以通过负载均衡算法来实现集群资源的合理分配，避免出现资源闲置或者过载的情况；可以通过任务优先级调整算法根据任务的重要性和紧急程度来调整任务的执行顺序，确保重要任务能够及时得到处理。此外，还可以通过资源预留策略来提前为重要任务分配足够的资源，以保证其能够在高峰时期得以优先执行。这些调度算法和优化策略的应用，可以提高任务调度的效率和性能，进一步提升计算能力集成架构的整体水平。

### 6.1.5　应用场景和前景

计算能力集成架构是公共管理领域应对大数据挑战的重要技术手段，通过不断优化和创新，可以进一步提升性能和功能，在公共管理领域具有广泛的应用场景和巨大的发展前景。在公共安全管理领域，可以利用计算能力集成架构实现对犯罪模式的预测和预防，提高公共安全管理的效率和水平。在生态环境管理领域，可以利用计算能力集成架构对环境数据进行监测和分析，实现对环境污染的及时控制和治理。在交通运输管理领域，可以利用计算能力集成架构实现对交通流量的实时监测和调度，提高交通运输的效率和安全性。此外，计算能力集成架构还可以应用于教育、医疗、金融等多个领域，为公共管理提供更加精准、高效的数据支持和决策依据。

## 6.2　集群管理与计算资源集成

### 6.2.1　集群管理概述

在大数据时代，构建高效可靠的计算集群是实现大规模数据处理和分析的关键。集群管理作为计算能力集成架构的重要组成部分，负责管理和维护计算集群的运行状态和资源利用情况。

在公共管理领域，大数据技术应用已经渗透到各个方面，包括公共安全、生态环境保护、交通运输等领域。这些应用通常需要大量的计算资源和高效的数据处理能力，而计算集群作为支撑这些应用的基础设施，承担着重要的责任。集群管理的任务就是确保计算集群能够稳定可靠地运行，满足不同应用场景的需求。它包括集群的部署、监控、维护等方面，涉及多个技术领域的知识和技能。

### 6.2.2　计算资源集成策略

计算资源集成是集群管理的核心内容之一，它涉及资源的调度、分配和管理等方面。在公共管理领域，通常会面临多种类型的计算任务和应用场景，因此需要设计合适的计算资源集成策略，以满足不同任务的需求。本节将详细探讨计算资源集成的原理、策略和技术。

资源调度算法是计算资源集成的关键。传统的调度算法通常采用静态调度策略，即根据任务的优先级和资源需求进行资源分配。然而，在实际应用中，任务的资源需求往往是动态变化的，因此需要设计更加灵活和高效的资源调度算法。比如，可以采用基于学习的动态调度算法，根据任务的执行情况和资源利用率动态调整资源分配策略，实现资源的最优利用。此外，还可以采用基于预测的资源调度算法，通过对任务执行时间和资源消耗的预测，提前为任务分配足够的资源，避免资源短缺和任务延迟。

负载均衡策略是保证计算集群高效运行的关键。在公共管理领域，通常会面临多种类型的计算任务和应用场景，其中一些任务可能会比较密集，而另一些任务可能会比较稀疏。因此，需要设计合适的负载均衡策略，实现计算资源的均衡利用。比如，可以采用基于任务队列的负载均衡策略，将任务均匀地分配到不同的计算节点上，以实现计算资源的平衡利用。此外，还可以采用基于自适应调整的负载均衡策略，根据计算集群的实际运行情况动态调整资源分配策略，以适应不同的负载情况。

资源分配算法是保证计算集群高效利用的关键。在公共管理领域，通常会面临多种类型的计算任务和应用场景，其中一些任务可能对计算资源的需求比较大，而另一些任务则对计算资源的需求比较小。因此，需要设计合适的资源分配算法，实现计算资源的动态分配和调整。比如，可以采用基于优先级的资源分配算法，根据任务的重要性和紧急程度调整资源分配策略，确保重要任务能够得到优先执行。此外，还可以采用基于自适应调整的资源分配算法，根据计算集群的实际运行情况动态调整资源分配策略，以适应不同的计算负载和资源利用率。

### 6.2.3 弹性伸缩和容错机制

在实际应用中，计算集群的规模和配置可能会发生变化，同时也难免会出现一些故障和错误。因此，设计弹性伸缩和容错机制成为极其重要的任务。本节将深入探讨弹性伸缩和容错机制的策略等内容。

弹性伸缩是保证计算集群能够按需自动扩展和收缩的关键。在实际应用中，遇到突发事件或节假日等特殊情况时，计算资源的需求可能会显著增长。因此，需要设计合适的弹性伸缩策略，实现计算集群的自动扩展和收缩。比如，可以采用基于负载预测的弹性伸缩策略，根据计算集群的负载情况预测未来的资源需求，提前调整计算集群的规模和配置，以适应未来的负载情况。此外，还可以采用基于自动化部署的弹性伸缩策略，通过自动化部署和配置管理工具实现计算集群的快速扩展和收缩，提高系统的灵活性和可靠性。

容错机制是保证计算集群能够在发生故障或错误时保持正常运行的关键。在公共管理领域，计算集群往往会面临各种各样的故障和错误，如网络故障、节点故障等。因此，需要设计合适的容错机制，及时检测和处理故障，保证计算集群的可靠性和稳定性。比如，可以采用基于冗余备份的容错机制，通过在计算集群中增加冗余节点和备份数据，实现故障的快速修复和数据的自动备份。此外，还可以采用基于监控和告警的容错机制，通过实时监控计算集群的运行状态和性能指标，及时发现和处理故障，确保计算集群能够持续稳定地运行。

### 6.2.4 安全性和隐私保护机制

在公共管理领域，数据安全和隐私保护是至关重要的问题。因此，设计安全性和隐私保护机制成为集群管理的重要任务。本节将深入探讨安全性和隐私保护机制的策略等内容。

数据加密是保证数据安全性的关键[132]。在公共管理领域，通常会涉及大量的敏感数据，如公民个人信息、国家机密信息等。因此，需要采取合适的数据加密策略，保证数据的安全性和完整性。比如，可以采用基于安全套接层/传输层安全（secure sockets layer/ransport layer security，SSL/TLS）的数据传输加密技术，在传输过程中对数据进行加密，防止数据被窃取和篡改。此外，还可以采用基于高级加密标准（advanced encryption standard，AES）或非对称加密 RSA（Rivest Shamir Adleman）的数据存储加密技术，在存储过程中对数据进行加密，防止数据被非法访问和泄露。

访问控制是数据隐私保护的关键[133]。在公共管理领域，通常会涉及多个用户和角色对数据的访问和使用。因此，需要采取合适的访问控制策略，限制用户对数据的访问和使用权限，保护数据的隐私和机密性。比如，可以采用基于角色的访问控制策略，根据用户的角色和权限对数据进行分类和管理，实现对数据的精细化控制。此外，还可以采用基于审计和监控的访问控制策略，通过对用户的操作和行为进行实时监控与审计，发现和阻止非法访问行为，确保数据的安全性和隐私性[134]。

### 6.2.5 案例分析

为了更好地理解集群管理在公共管理领域的应用，本节将结合实际案例进行深入分析和讨论。我们将以某城市交通管理系统为例，探讨集群管理在交通管理领域的应用和效果。

某城市交通管理系统是一个涉及大量交通数据处理和分析的典型应用场景。该系统通过计算能力集成架构实现对交通流量、路况、交通事故等数据的实时监测和分析，为交通管理决策提供及时支持[135]。在该系统中，集群管理起着至关重要的作用，负责管理和维护计算集群的运行状态和资源利用情况。通过合理的资源调度、负载均衡和资源分配策略，系统能够实现对交通数据的快速处理和分析，保证交通管理决策的及时性和准确性。同时，弹性伸缩和容错机制能够保证系统在面对突发事件和故障时能够保持正常运行，确保交通管理系统的稳定性和可靠性。此外，安全性和隐私保护机制能够保护交通数据的安全和隐私，防止了数据被非法访问和泄露。

## 6.3 算法库、算法执行引擎与性能优化

### 6.3.1 算法库概述

在大数据计算中，算法库是支撑数据分析、挖掘以及机器学习等任务的基础

设施之一。本节将深入介绍常用的算法库，包括机器学习算法库、数据分析算法库等，以及它们在公共管理领域的应用场景和特点。

### 1. 机器学习算法库

机器学习算法库是指包含了各种机器学习算法的软件库。其中，包括了监督学习、无监督学习和半监督学习等不同类型的算法。在公共管理领域，机器学习算法库可以用于数据挖掘、预测分析、智能决策等方面。

监督学习算法：如决策树、支持向量机、神经网络等[136]。这些算法可以应用于犯罪预测、舆情分析、智能交通管理等场景，帮助政府部门进行决策和规划。

无监督学习算法：如聚类、关联规则挖掘等。这些算法可以应用于社会治理、资源优化配置等领域，帮助政府部门发现数据中的潜在规律和关联性。

半监督学习算法：如半监督聚类、标签传播等。这些算法可以应用于舆情监测、事件预警等方面，帮助政府部门及时发现和应对重要事件。

### 2. 数据分析算法库

数据分析算法库包含了各种数据清洗、特征提取、统计分析等算法。在公共管理领域，数据分析算法库通常用于完成数据清洗、数据预处理、特征工程等任务。

数据清洗算法：如缺失值处理、异常值检测、重复数据删除等。这些算法可以帮助政府部门清理和整理数据，保证数据质量和可信度。

特征提取算法：如主成分分析（principal component analysis，PCA）、奇异值分解（singular value decomposition，SVD）等。这些算法可以帮助政府部门从海量数据中提取出关键特征，为后续的建模和分析提供支持。

统计分析算法：如假设检验、方差分析等。这些算法可以帮助政府部门对数据进行统计分析，揭示数据之间的相关性和规律性。

## 6.3.2 算法执行引擎设计

算法执行引擎是指将算法应用到大规模数据集上，并提供高效计算支持的软件组件。本节将详细讨论算法执行引擎的设计原则和实现方法，以及其在公共管理决策中的作用。

### 1. 并行计算支持

在大数据场景下，常常需要对海量数据进行高效处理和分析。为了提高计算效率，算法执行引擎通常会采用并行计算技术，将任务分解为多个子任务，并行执行。在公共管理决策中，这种并行计算技术可以帮助政府部门加快数据处理和分析的速度，提高决策的时效性和准确性。

2. 分布式计算架构

分布式计算架构是指将计算任务分配到多个计算节点上，并通过网络进行通信和协调，实现任务的并行执行和结果的汇总。在公共管理决策中，分布式计算架构可以帮助政府部门充分利用集群资源，实现大规模数据的快速处理和分析。

3. 弹性伸缩和容错机制

在实际应用中，计算集群的规模和配置可能会发生变化，同时也难免会出现一些故障和错误。因此，设计弹性伸缩和容错机制成为极其重要的任务。弹性伸缩和容错机制可以帮助算法执行引擎实现自动化的伸缩和容错，保证系统的可靠性和稳定性。

### 6.3.3 算法性能优化与部署

在实际应用中，对算法进行性能优化并将其部署到计算集成平台上是非常重要的。本节将探讨如何对算法进行性能优化，并将其部署到计算集成平台上，以提高算法执行效率和速度。

1. 并行化与分布式计算

针对大规模数据处理和分析任务，常常需要采用并行化与分布式计算技术。将任务分解为多个子任务，并在多个计算节点上并行执行，这样可以大大提高计算效率和速度。在公共管理决策中，借助并行化与分布式计算技术，政府部门可以更快地进行数据分析和决策支持。

2. 内存计算与高性能计算

在处理大规模数据时，内存计算与高性能计算是提高计算效率的重要手段。内存计算将数据加载到内存中进行计算，避免了频繁的磁盘读写操作，从而大大提高了计算速度[137]。高性能计算则利用了专用硬件和优化算法，进一步提升了计算性能。在公共管理决策中，政府部门可以通过采用内存计算与高性能计算技术，加快数据处理和分析的速度，提高决策效率。

3. 模型优化与部署

在算法性能优化的过程中，还需要对模型进行优化和部署。模型优化是指通过特征选择、模型调参等方法来提高模型的准确性和泛化能力[138]。模型部署则是指将优化后的模型应用到实际场景中，为决策提供支持。在公共管理决策中，政府部门可以通过模型优化与部署，实现更精准、更高效的决策支持。

# 6.4　大数据计算能力建设

21 世纪以来，数据呈现爆炸式增长，每天都会有不同领域产生大量的数据，如图 6-1 所示，预计到 2027 年，全球数据产生量将达到 284 ZB[139]。在当今数据驱动的时代，大数据已成为推动社会发展和科技进步的关键力量。

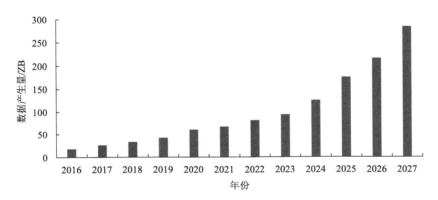

图 6-1　2016—2027 年全球数据产生量统计及预测

特别是在公共管理领域，大数据的应用不仅能够提高决策的效率和准确性，还能够促进政府服务的透明化和公众参与。随着数据量的爆炸性增长和复杂性的持续提升，构建强大的大数据计算能力已成为释放数据潜能的先决条件。

大数据计算能力指的是收集、存储、管理、分析和解释大量复杂数据的能力，这包括使用高性能的硬件资源、高效的软件工具和先进的分析技术。在公共管理决策中，这种能力使得决策者能够快速响应各种社会需求，解决复杂问题，并制定基于数据的、更为精准的政策。

然而，大数据体量巨大、多样、速度快和价值密度低等特性，给计算能力建设带来了前所未有的挑战[140]。这些挑战包括如何有效地存储和访问巨量数据、如何快速准确地处理和分析数据，以及如何确保数据的安全和隐私。随着技术的发展，新的挑战也不断涌现，例如，如何整合人工智能和机器学习技术来增强大数据计算的能力，以及如何在边缘计算环境下高效处理数据。

本节旨在全面探讨大数据计算能力建设的关键方面，包括大数据计算能力的概念与重要性、大数据基础架构的搭建、计算资源的管理、数据安全与隐私保护，以及大数据技术的未来趋势。

### 6.4.1　大数据计算能力的概念与重要性

大数据通常指的是庞大复杂以至于传统的数据处理应用软件难以有效处理的数据集合[141]。这些数据有多种来源，包括社交媒体、传感器、视频监控、交易记录等，它们具有高体量、高速度和高多样性的特点。

大数据计算能力指的是利用先进的技术手段有效处理和分析大量数据的能力，这不仅包括数据的收集和存储，还包括数据的管理、分析和可视化。为了实现这一目标，需要借助强大的硬件基础设施、高效的软件框架和算法，以及科学的数据管理和分析流程。

大数据技术能够快速提供准确的数据分析结果，为政府和企业提供科学的决策支持。在公共管理领域，这意味着能够基于更加全面和深入的数据洞察来制定政策，提高决策的有效性。通过自动化的数据处理和分析流程，强大的大数据计算能力可以显著提高工作效率，减少人工操作的错误和成本。这在处理大规模数据集时尤为重要，此外，大数据计算能力可以推动新技术和应用的发展，如人工智能、机器学习和物联网等。这些技术的融合使用，将进一步拓宽大数据的应用范围，促进社会和经济的创新发展。在社会治理领域，强大的大数据计算能力可以帮助政府更好地理解和预测公众需求，优化资源分配，提高公共服务的质量和效率。例如，在公共安全、生态环境、交通运输等领域的应用，都可以显著提升城市管理的智能化水平。在面对自然灾害、公共卫生事件、金融危机等突发事件时，大数据计算可以帮助相关机构快速收集和分析信息，有效评估风险，制定应对措施，降低损失。

### 6.4.2　大数据基础架构的搭建

构建一个全面的大数据基础架构需要综合考虑数据查询、数据存储与计算以及数据集成等核心模块，如图 6-2 所示。这些模块共同构成了一个能够处理海量数据、支持高并发查询、实现复杂数据分析和挖掘的大数据平台。下面我们将详细探讨这些模块及其关键组件。

数据查询模块是大数据架构的前端，它为用户提供了数据查询和分析的接口。根据查询的实时性和复杂性，可以进一步细分为 OLAP（online analytical processing，联机分析处理）查询和实时查询。OLAP 查询分析技术提供了针对大规模数据集的快速、高效的查询能力，支持复杂的分析操作。它们通过分布式架构优化查询性能，适用于需要快速响应的业务智能化和数据分析场景。实时查询旨在提供低延迟的实时查询功能，适合需要即时数据分析和决策支持的应用场景。它们各自拥有独特的存储和索引机制，以满足不同的实时数据查询需求。

图 6-2　大数据基础架构图

HTTP 指超文本传送协议（hypertext transfer protocol），HTTPS 指超文本传输安全协议（hypertext transfer protocol secure）

　　数据存储与计算模块是大数据架构的核心，它负责数据的存储管理和计算处理。流式计算（Flink/Spark Streaming/Storm）专注于流式数据处理，支持对实时生成的数据进行快速分析和处理。它们能够实现高吞吐量和低延迟的数据处理，适用于日志监控、实时推荐等场景。离线批计算（Spark/MapReduce/Hive）主要用于处理存储在大数据平台上的历史数据，支持大规模的数据批处理任务。它们在数据仓库、数据分析和报表生成等领域有着广泛的应用。数据挖掘/人工智能（Spark ML/sklearn[①]/TensorFlow）结合数据湖和数据仓库的概念，为数据挖掘和人工智能应用提供了强大的支持。它们能够处理大规模的数据集，支持复杂的机器学习算法和模型训练。

　　数据集成模块负责将来自多个源的数据统一收集、整合和处理，为后续的数据分析和业务决策提供准确、全面的数据基础。日志同步（Sqoop/Flume/Logstash/Filebeat）工具负责收集系统日志和应用日志，支持日志数据的实时同步和传输。它们在日志分析、系统监控等场景中发挥着重要作用。数据抽取（DataX/BitSail）专注于高效的数据抽取任务，支持多种数据源和目标存储之间的数据迁移和同步。业务数据库包括 MySQL、MongoDB 等传统数据库，以及半结构化的业务日志、爬虫数据和第三方数据。这些数据源提供了丰富的业务信息和用户行为数据。埋点上报通过 HTTP/HTTPS 等协议收集用户的交互数据，为用户行为分析和产品优化提供了基础数据。

① sklearn，即 scikit-learn 的简称。

　　构建一个大数据平台不仅涉及技术的选择，还涉及如何有效地管理这些技术和资源。因此，平台工具在大数据架构中扮演着关键角色。调度系统中的调度工具（Azkaban/Airflow/DolphinScheduler）负责协调和管理数据处理流程中的各项任务，包括数据抽取、转换、加载任务和数据分析作业。它们提供了可视化的工作流编辑和监控功能，确保数据处理的准时性和准确性。资源管理（YARN）作为 Hadoop 生态系统中的资源管理器，负责分配系统资源给各个应用程序。它提高了资源的利用率，保证了不同任务之间的公平性和效率。为了确保大数据基础架构的稳定性和可靠性，运维工具是不可或缺的。监控工具如 Prometheus、Grafana 和 Nagios 等可以实时监控系统的性能指标和健康状态，及时发现和解决系统问题。自动化部署和管理工具，如 Ansible、Chef 和 Puppet，帮助简化了大数据基础设施的部署和维护工作，提高了运维效率。

　　在构建大数据基础架构时，要综合考虑各个模块的功能和相互之间的协作。数据查询模块需要与数据存储和计算模块紧密集成，以确保查询的准确性和效率。同样，数据集成模块需要能够高效地处理不同源的数据，并将其准备好以供存储和计算模块使用。此外，平台工具和运维工具的选择也应该支持整个架构的高效运行和可持续发展。构建大数据基础架构是一项复杂但有价值的任务，它不仅要求技术具有先进性，还要求架构具有灵活性和可扩展性，以适应不断变化的业务需求和技术环境。通过仔细规划和执行，组织可以构建出能够支撑其数据驱动决策和业务增长的大数据平台。

### 6.4.3　计算资源的管理

　　在大数据生态系统中，计算资源的管理是确保高效处理海量数据并保障其可扩展性的关键。随着数据量的爆炸式增长和计算需求的复杂化，对计算资源的管理变得尤为重要。这不仅涉及硬件资源的最优化配置和使用，还涉及软件层面的调度、分配和优化。

　　在大数据处理过程中，资源调度器的作用是分配计算任务到集群中的节点，以有效利用每个节点的计算能力。YARN 是 Hadoop 生态系统中的一个关键组件，它负责资源的分配和调度。YARN 引入了 ResourceManager（资源管理器）和 NodeManager（节点管理器）的概念，前者负责整个系统的资源管理和分配，后者则关注单个节点的资源使用情况。另外，Kubernetes 作为一个现代化的容器编排系统，也在大数据资源管理中发挥着越来越重要的作用。它通过 Pods（一组一个或多个容器）、Nodes（物理或虚拟机器）和 Cluster（节点的集合）等抽象概念，为大数据应用弹性部署、扩展和管理提供支持。

　　为了最大化计算资源的使用效率，性能优化是不可忽视的方面。这包括对作业的优化，如调整 MapReduce 作业的参数设置［如 Map（映射）和 Reduce（归约）

任务的数量〕，以适应不同的数据集和计算需求。在 Spark 中，性能优化可以通过优化内存使用结构、控制并行度、广播大变量、选择正确的数据结构等方式来实现。此外，数据本地性也是一个重要的考虑因素，尽可能在数据所在的节点上进行计算可以显著缩短数据传输的时间，提高整体的处理速度。

大数据处理往往具有高度的动态性，处理需求可能会因为数据量、计算任务的复杂度或其他因素的变化而波动。因此，大数据平台需要能够根据实际需求弹性伸缩计算资源。云计算服务〔如 AWS（Amazon Web Services，亚马逊网络服务）、GCP（Google Cloud Platform，谷歌云平台）和 Microsoft Azure〕提供了按需分配资源的能力，使得大数据处理可以在需要时自动扩展资源，在不需要时缩减，以此提高效益。

在分布式计算环境中，节点或任务可能会由于各种原因而失败。因此，确保计算资源的管理系统具备高容错性和可靠性是至关重要的。Hadoop HDFS 借助数据多副本存储机制，有力地保障了数据层面的容错性能，在计算层面，YARN 和 Spark 等框架提供了检测和重新执行失败任务的机制，确保了整体计算过程的鲁棒性。

在管理大数据计算资源时，成本控制也是一个重要的考虑因素。特别是在使用云计算资源时，如何在满足计算需求的同时降低成本，是企业需要面对的挑战。这可能涉及选择合适的云服务计划、合理配置资源，以及通过自动化工具监控资源使用情况，以避免浪费。

随着环境可持续性成为全球关注的焦点，绿色计算在大数据资源管理中也越来越受到重视。这涉及提升数据中心的能源使用效率，比如，通过改进冷却系统、使用能源效率更高的硬件，以及采用能源管理软件来监测和调整能源消耗。在大数据处理过程中，可以通过优化算法和处理流程来避免不必要的计算和数据移动，从而降低能源消耗。

在多租户的大数据环境中，不同的用户或任务共享相同的计算资源。在这种情况下，资源隔离成为确保每个任务获得必要资源且不被其他任务干扰的关键。通过技术如 Docker 容器和 Kubernetes 命名空间，可以实现强隔离，确保每个任务或用户的环境独立，避免资源争抢和干扰。

数据重力理念着重指出，伴随数据规模持续扩增，将计算任务迁移至数据所处方位，而不是数据迁就计算任务，能够显著提升效率，获得更好的处理效能与更高的资源配置效益。在大数据资源管理中，尽可能地在数据生成或存储的地点进行计算可以缩短数据转移所需的时间并降低带宽成本，提高整体处理效率。这要求资源管理系统具有智能的调度能力，能够识别数据和计算任务的位置，并据此做出优化决策。

随着人工智能技术的发展，越来越多的大数据平台开始利用人工智能来优化资源管理。运用机器学习模型预测计算任务的资源需求和执行时间，资源管理系统可以更精确地进行资源分配和调度，提前识别并突破潜在的性能瓶颈，从而提高资源利用率和处理效率。

有效的大数据计算资源管理是实现高效数据处理的基石。通过采用先进的资源调度策略、性能优化技术，以及考虑弹性伸缩、容错和成本管理等因素，组织可以建立强大而灵活的大数据处理体系。随着技术的不断进步，将人工智能和绿色计算原则融入资源管理将进一步提升大数据平台的性能和可持续性。

### 6.4.4　数据安全与隐私保护

在大数据计算能力建设的过程中，数据安全与隐私保护是不容忽视的重要环节。随着数据量的爆炸式增长和大数据技术的广泛应用，数据安全和隐私面临的威胁也日益增多。这不仅关系到个人信息的保护，还关系到企业的商业秘密和国家的安全利益。因此，制定和实施有效的数据安全与隐私保护措施是大数据计算能力建设中不可或缺的一环。

在大数据的安全和隐私领域，面临的挑战包括有效防止敏感信息泄露，确保数据在存储、传输和处理过程中的安全性。随着技术的发展和数据量的增加，数据被非授权访问或恶意篡改的风险也随之升高。隐私保护的法律和标准在不同地区有着显著差异，使得跨境数据处理变得复杂。个人信息的匿名化处理也是一个挑战，因为即便数据被匿名化，个人身份也仍有可能被通过数据关联或其他分析技术重新识别。此外，如何在开放数据共享和个人隐私保护之间找到平衡点，也是大数据安全和隐私保护需要面对的重要问题。

为了应对日益严峻的安全挑战和隐私威胁，采取有效的保护措施是必要的。数据加密技术是保护存储数据和传输中数据的基石，它确保即便数据被非法访问，信息也会因加密而难以被解读。同时，实施强大的访问控制和身份验证机制可以有效地限制数据访问权限，确保只有授权用户才能访问敏感信息。此外，采用数据脱敏和匿名化技术可以在不暴露个人隐私的情况下进行数据分析和处理，特别是在数据共享和发布时，这一点尤为重要。进一步地，可以建立一套全面的安全审计和监控体系，以追踪数据访问和使用情况、及时发现安全威胁。这包括记录详细的日志信息和实施实时的系统监控。与此同时，差分隐私技术的应用可以在保护个体隐私的同时，允许对大数据集进行有效的统计分析。此技术在数据查询结果中加入了一定的随机性，防止通过分析结果推断出个人信息。在法律和合规方面，遵守相关的数据保护法律和行业标准是保护数据安全和隐私的重要环节。这要求组织不仅要了解并遵守所在地的法律法规，还需要关注国际数据保护法律，特别是在处理跨境数据时。此外，持续的教育和培训对于提高组织内部人员对数据安全和隐私保护重要性的认识同样重要。员工是数据安全的第一道防线，因此确保每个员工都了解基本的数据保护原则和实践对于维护整个组织的数据安全至关重要。大数据安全与隐私保护需要一套多层次、综合性的策略，涵盖技术、法律和人员等多个方面，以营造一个既能保护敏感信息，又能支持数据驱动决策的安全环境。

### 6.4.5 大数据技术的未来趋势

大数据计算能力建设的未来趋势与发展方向正处于一个快速演变的阶段，技术的革新和应用需求的扩大不断推动着这一领域向前发展。随着人工智能、物联网、云计算等技术的蓬勃发展，大数据计算能力也将迎来新的发展机遇和挑战。

展望未来，云原生技术将继续成熟和发展，成为企业数字化转型的重要驱动力。随着容器技术和微服务架构的普及，将大数据技术与云原生技术相结合，可以提高大数据应用的灵活性和可扩展性。通过在云平台上部署大数据处理框架，企业可以实现资源的按需分配和弹性伸缩，有效降低成本，提高计算效率。同时边缘计算将在大数据计算能力建设中扮演越来越重要的角色。随着物联网设备的广泛部署，数据产生的位置越来越分散，将计算能力下沉到数据产生的边缘，可以减少数据传输的延迟和带宽需求，实现更快速的数据处理和分析。这对于需要实时处理和分析数据的应用场景尤为重要。此外，人工智能和机器学习等技术将与大数据计算能力建设紧密结合。在大数据平台中集成机器学习算法和模型，可以实现更加智能的数据分析和处理，提高数据价值的挖掘效率[142]。同时，利用机器学习技术优化大数据计算过程，如通过预测模型优化资源分配和任务调度，也将成为未来的发展方向。

在数据安全与隐私保护方面，随着数据保护法规的日益严格，如何在保证计算能力的同时，确保数据的安全和隐私，将成为大数据计算能力建设必须面对的问题。先进的加密技术、匿名化处理技术及差分隐私等方法，将成为保护数据安全和隐私的重要手段。随着大数据技术的不断发展，跨学科的融合也将是未来的一个重要趋势。将大数据技术与社会科学、生物科学等其他领域相结合，不仅可以拓宽大数据技术的应用场景，也可以促进其他领域的创新和发展。未来的大数据计算能力建设将更加注重技术的融合与创新，以及计算效率和数据安全的平衡，以满足日益复杂和多样化的数据处理需求。

## 6.5 机器学习计算能力建设

机器学习计算能力的发展已经成为推动人工智能和数据科学领域进步的关键因素之一。当前，随着数据量的不断增加和模型复杂度的不断提升，其对机器学习计算能力的要求也在不断提升，为此，硬件、软件、算法和模型以及应用等方面都出现了新的发展状况。

在硬件方面，图形处理单元（graphics processing unit，GPU）和专用张量处理单元（tensor processing unit，TPU）等新型加速器的出现，为机器学习计算能力的提升提供了巨大助力[143]。GPU 以其并行计算能力和高性能成为深度学习模型训练的首选，而 TPU 则专注于加速神经网络的推理任务，提供了更高的性能和效率。

在软件方面，深度学习框架（如 PaddlePaddle、TensorFlow、PyTorch、MXNet 等）的不断更新和优化，为开发者提供了更加强大和灵活的工具。这些框架提供了丰富的 API 和模块，使开发者能够更轻松地构建、训练和部署各种类型的机器学习模型。

在算法和模型方面，研究者不断探索各种优化和压缩技术，以提高模型的性能和效率。例如，模型剪枝、量化、蒸馏等技术可以有效减少模型的参数量并降低计算成本，同时保持模型的性能和泛化能力。

随着数据规模的不断扩大，分布式计算在机器学习中的应用也变得愈发重要。分布式训练、模型并行化等技术可以加速大规模数据集的处理和模型训练过程，从而提高机器学习任务的效率和可扩展性。同时，自动化管理系统的出现，如 AutoML（automated machine learning，自动机器学习）、Kubernetes 等，进一步简化了机器学习任务的管理和部署流程，提高了系统的智能化程度。

除了技术层面的发展，机器学习计算能力在各个领域的应用也在不断拓展。从传统的图像识别、语音识别、自然语言处理等领域，到新兴的医疗保健、金融服务、智能制造等领域，机器学习计算能力正在为各行各业带来革命性的变革和创新[144]。

### 6.5.1　机器学习计算能力的概念和重要性

机器学习计算能力是指用于构建和优化机器学习任务计算资源和技术基础设施的能力。这包括选择与配置硬件设备，如高性能的 CPU 和专用的 TPU，以及构建有效的软件工具链，如深度学习框架（TensorFlow、PyTorch 等）和数据处理工具（Pandas、NumPy 等）。此外，机器学习计算能力还包括对算法的优化和对并行计算技术的应用，以加速模型训练和推理过程。总体而言，机器学习计算能力的建设旨在为机器学习任务提供高效、可靠的计算支持。

机器学习计算能力对于推动机器学习技术的发展和应用至关重要。首先，它能够加速模型训练的过程，缩短开发周期，提高工作效率。随着数据量的不断增长，构建高效的计算能力可以更好地处理大规模数据集，提高模型的准确性和泛化能力。其次，通过算法优化和硬件加速，可以提高机器学习模型的性能，使其在实际应用中表现更加出色。再次，优化的计算能力还能够降低机器学习任务的成本，通过提高资源利用率来节省成本。最后，机器学习计算能力的建设促进了科学研究和工程实践的创新，为科学家和工程师提供了更好的技术基础，推动了机器学习技术的不断发展和进步。

机器学习计算能力是推动机器学习技术发展的关键因素之一。构建和优化计算资源与技术基础设施，能够加速模型训练进程、处理大规模数据、提高模型性能、降低成本，并促进创新。因此，加强机器学习计算能力建设对于推动机器学习技术在各个领域的广泛应用具有重要意义。

### 6.5.2　计算能力集成架构

计算能力集成架构是现代科技领域中的一个关键概念，它涉及将各种计算资源整合在一起，以实现更高效、更强大的计算能力。这种架构的设计旨在最大程度地利用各种计算资源，包括处理器、存储设备、网络连接和各种加速器，以满足不断增长的计算需求。下面将简要介绍计算能力集成架构的一些关键方面，如图 6-3 所示。

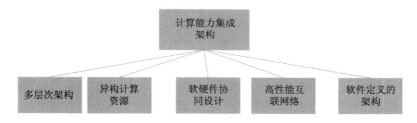

图 6-3　计算能力集成架构图

多层次架构：计算能力集成架构通常采用多层次的设计。这些层次包括底层的硬件层、中间的软件层以及顶层的应用层。这种层次结构有助于提供灵活性和可扩展性，同时使不同类型的计算资源可以被有效地整合和管理。

异构计算资源：现代计算需求变得越来越复杂，因此，计算能力集成架构通常包括多种不同类型的计算资源，如 CPU、GPU、现场可编程门阵列（field-programmable gate array，FPGA）、专用集成电路（application specific integrated circuit，ASIC）等[145]。这些异构资源各自具有不同的特点和优势，在特定的应用场景下能够发挥最佳的性能。

软硬件协同设计：在计算能力集成架构中，软件与硬件的协同设计非常重要。在硬件层面实现特定的优化，并配合软件层面的编程模型和算法设计，可以实现更高效的计算。例如，针对特定的深度学习任务，可以设计专用的硬件加速器，并配合优化的软件框架，以实现更快的训练速度和更低的能耗。

高性能互联网络：计算能力集成架构通常涉及大规模的计算资源，因此需要高性能的互联网络来连接这些资源。这些网络不仅需要提供足够的带宽和保证低延迟，还需要具备可靠性和可扩展性，以适应不断增长的计算规模。

软件定义的架构：为了实现灵活性和可管理性，计算能力集成架构通常采用软件定义的方法。这意味着计算资源的分配和管理是通过软件实现的，而不是依赖于静态的硬件配置。这种方法使得计算能力集成架构可以根据需要动态地分配和调整计算资源，从而更好地满足不同应用的需求。

计算能力集成架构是一种为了满足现代计算需求而设计的复杂而灵活的架构。整合多种不同类型的计算资源，并采用软硬件协同设计和软件定义的方法，可以实现更高效、更强大的计算能力，从而推动科技领域的发展。

### 6.5.3　计算资源管理与优化

机器学习计算能力建设过程中，计算资源管理与优化是至关重要的一环，它涉及对计算资源的有效利用，以提高模型训练和推理的效率，从而加速解决问题的过程并降低成本

#### 1. 资源管理

资源管理包括对硬件资源（如 CPU、GPU、内存）和软件资源（如算法库、框架）的有效分配和调度，以满足不同任务的需求。

1）硬件资源管理：根据任务的需求和优先级，合理分配和调度计算资源。对于大规模的训练任务，可能需要在多个 GPU 或分布式系统上并行执行，以提高训练速度；而对于推理任务，可能需要根据实时性要求进行资源调度，以确保系统的响应速度。

2）软件资源管理：选择合适的算法库和框架，并对其进行优化和配置，以提高计算效率和性能。此外，还需要管理依赖库和环境配置，确保模型训练和推理的稳定运行。

#### 2. 资源优化

资源优化旨在提高资源利用率、降低成本，并优化模型性能和用户体验。

1）算法优化：选择合适的算法和模型架构，并对其进行优化，以提高计算效率和准确度。对于训练任务，可以采用分布式训练、混合精度计算等技术来加速训练过程；对于推理任务，可以采用模型剪枝、量化、模型压缩等技术来调整模型大小和计算量。

2）自动化管理：引入自动化管理工具和系统，实现资源的自动监控、调度和优化。通过监控系统性能和任务运行情况，及时发现和解决资源瓶颈和性能问题，提高系统的稳定性和可靠性。

3）资源调度策略：制定合理的资源调度策略，根据任务的特性和优先级动态调整资源分配。例如，可以根据任务的计算量和截止时间来确定资源分配的优先级，以最大程度地提高资源利用率和系统性能。计算资源管理与优化结构如图 6-4 所示。

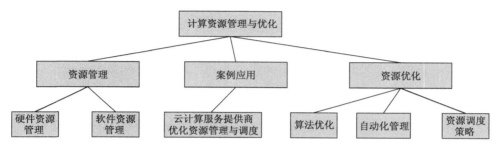

图 6-4　计算资源管理与优化结构图

3. 案例应用

一家云计算服务提供商利用机器学习技术优化资源管理与调度，提高了云服务器的利用率和性能。他们通过分析用户的历史数据和行为模式，预测用户的资源需求，并动态调整服务器的资源分配，以满足用户的需求并降低成本。他们通过引入自动化管理系统，实现了对服务器资源的实时监控和调度，提高了系统的稳定性和可靠性，同时降低了管理成本和人力投入。资源管理与优化是机器学习计算能力建设过程中的重要环节，它不仅可以提高计算资源的利用效率和性能，还可以降低成本并优化用户体验，为企业和用户带来更大的价值和更好的服务。

### 6.5.4　机器学习分布式计算

机器学习的成功往往依赖于大量的数据和复杂的计算模型[146]。随着数据量的不断增长和模型规模的不断扩大，传统的单机计算已无法满足机器学习任务的需求。因此，分布式计算成为处理大规模数据和模型训练的重要手段。分布式计算将任务分解成多个子任务，并在多个计算节点上并行执行，以提高计算效率和扩展性，从而加速机器学习任务的处理过程。

分布式计算涉及多个计算节点之间的协调和通信[147]。常见的分布式计算架构包括 Master-Worker（主从）架构、Peer-to-Peer（点到点）架构和 Client-Server（客户端到服务器）架构等。在分布式计算中，通信和数据传输是关键问题。为了保证高效的通信，常用的技术包括消息传递接口（message passing interface，MPI）、远程过程调用（remote procedure call，RPC）以及分布式文件系统（如 HDFS）。此外，分布式计算还涉及任务调度和资源管理，如 YARN、Kubernetes 等资源管理系统，以实现任务的动态调度和资源的动态分配。

在机器学习领域，分布式计算被广泛应用于大规模数据处理和模型训练阶段。例如，在数据处理阶段，可以将数据分布式存储在多个节点上，并利用分布式计算技术并行处理数据，如数据清洗、特征提取等。在模型训练阶段，分布式计算可以加速深度学习模型的训练过程。将模型参数分布式存储在多个节点上，并利用分布式计算技术并行计算模型参数的梯度，可以加速模型训练过程，提高训练效率。除了数据处理和模型训练，分布式计算还可以应用于模型评估、超参数优化等任务，从而全面提升机器学习任务的效率和性能。

分布式计算在机器学习中的应用具有重要意义。首先，它能够处理大规模数据和模型，满足机器学习任务的需求，提高数据处理和模型训练的效率。其次，分布式计算具有良好的扩展性和容错性，能够有效应对计算节点的故障和数据丢失等问题，保障计算任务的可靠执行。然而，分布式计算在数据通信的开销、任务调度的复杂性以及计算节点间的一致性维护等方面也面临一些挑战。因此，如何有效地减少数据通信开销、优化任务调度并维持节点间一致性，是当前机器学习研究和工程实践中亟待解决的问题之一。

分布式计算在机器学习中扮演着重要角色，为处理大规模数据和模型训练提供了有效的解决方案。深入理解分布式计算的架构和技术，进一步探索其在机器学习中的应用，将有助于推动机器学习技术的发展和应用。

### 6.5.5 机器学习计算能力的网络安全

机器学习计算能力的网络安全始于对安全意识的培养。员工应受到关于网络安全的培训，了解常见的网络威胁和防范措施。培训内容应包括密码安全、恶意软件防护、社交工程攻击等。加强员工的安全意识，可以减少安全漏洞的风险，保护机器学习计算环境的安全。

确保机器学习计算能力的安全，关键在于建立健全的网络防御体系。这包括部署防火墙、入侵检测系统（intrusion detection system，IDS）、入侵防御系统（intrusion prevention system，IPS）等安全设备，以及开展网络流量监控并进行日志记录。通过监测和识别网络中的异常活动，可以及时发现并应对潜在的安全威胁，从而保护机器学习计算环境的安全。

对于机器学习计算，数据安全和隐私保护至关重要。需要采取有效的数据加密和访问控制措施，保护数据在传输和存储过程中的安全。此外，遵守隐私法规和政策，对敏感数据进行合理的处理和保护，保障用户的隐私权益。确保数据的安全和隐私，可以增强机器学习计算环境的可信度和可靠性。

及时发现和修复漏洞是保障机器学习计算能力网络安全的关键。建立漏洞管理制度，定期对系统和应用进行漏洞扫描和评估，及时修复已发现的漏洞。同时，建立完善的应急响应机制，对安全事件进行及时的识别、分析和应对，最大限度地降低安全事故对机器学习计算环境的影响。通过漏洞管理和应急响应，有效降低安全风险，保障机器学习计算环境的稳定和安全。

机器学习计算能力的网络安全是数据安全和系统稳定的重要保障。加强网络安全意识培训、强化网络防御措施、保护数据安全与隐私、加强漏洞管理与应急响应等，有效提升机器学习计算环境的网络安全性，确保其稳定运行和数据安全。

### 6.5.6 机器学习计算能力的未来趋势

未来，机器学习计算能力的趋势之一是硬件设施的优化。随着机器学习算法的不断演进和数据量的持续增长，机器学习任务对计算资源的需求也在不断提升。因此，硬件厂商将继续推出更加高效、强大的处理器和加速器，以满足机器学习任务的需求。这可能包括更快速、能耗更低的 CPU，以及专门用于深度学习任务的定制化 GPU 和 TPU。此外，量子计算等新型计算技术的发展也可能为机器学习计算能力带来新的突破和可能性。

随着深度学习模型的不断复杂化和扩展，其对计算资源的需求也在不断增加。因此，未来的趋势还包括深度学习模型的优化和压缩，以降低其计算和存储成本。这可能涉及设计更加轻量级的模型架构，引入更有效的参数量化和剪枝技术，以及优化模型推理过程的算法和技术。通过这些方法，可以在不降低模型性能的前提下，大幅度减少模型所需的计算资源，从而提高模型的部署效率和性能。

分布式和异构计算的发展也是一个未来的趋势。随着数据量和模型规模的持续增长，单个计算节点往往难以满足机器学习任务的需求。因此，分布式计算技术将继续得到广泛应用，以实现大规模数据并行处理和模型训练。同时，异构计算平台（如联合 CPU-GPU、CPU-TPU 等组合）将成为未来的发展方向，充分利用不同计算设备的优势，以提高整体计算效率和性能。

机器学习计算能力的未来趋势还将包括自动化和智能化的计算资源管理。随着机器学习任务复杂性的不断提升，人工调整和管理计算资源的成本与难度也在增加。因此，未来的发展方向之一是引入自动化和智能化的计算资源管理系统，通过机器学习算法和智能优化技术，实现对计算资源的自动分配、调度和优化，以提高计算资源的利用率和效率，进一步推动机器学习技术的发展和应用[148]。

未来机器学习计算能力的发展将受到多个方面的影响，包括硬件设施的优化、深度学习模型的优化和压缩、分布式和异构计算的发展，以及自动化和智能化的计算资源管理。这些趋势将为机器学习技术的不断进步和应用提供重要的支持。

# 第 7 章

# 应用集成与敏捷应用开发

本章将详细介绍如何实现应用集成与敏捷应用开发，基于大数据技术的创新研究与发展，构建应用服务集成平台载体，集成各服务系统，将其应用在互联网公共信息管理工作中，实现对海量数据信息的快速整合和处理分析，敏捷应用开发旨在通过灵活高效的方法解决在掌控信息数据方面遇到的实际执行难题，本章将分别从数据集成管理、算法集成和应用集成等方面分析敏捷应用开发在数据管理中的实际应用。

## 7.1 应用集成架构

系统集成是指将不同的计算机硬件基础设施、软件系统等有机结合起来，加强信息互联互通、资源有效利用共享，实现整体更加优化的目标[149]。总体而言，系统集成除了在技术和系统上集成之外，还需要一定的管理制度来保证系统集成最优化，如业务流程再造、组织架构重组、企业高层及管理人员改变传统信息技术思想观念等[150]。系统集成大多对系统业务流程、系统架构、企业内部信息、组织人员和业务数据等进行集成[151-154]。集成方法研究方面，主要有面向服务、ESB、工作流、中间件和中台等的研究[155-159]。本书从系统集成架构方面进行应用集成的阐述。

公共管理大数据集成平台由两部分组成，即：内置部件（集成项目承担团队的工作成果）、整合部件（其他项目团队的相关工作成果）。应用集成架构如图 7-1 所示。

按照微服务与敏捷开发的工程化理论和思想，应用集成采用微服务架构和演进式开发方法，首先构建"前后端分离"的微服务通用平台，其次在通用平台的基础上构建各种基础服务，最后在基础服务和通用平台的支撑下进行应用迁移和集成。

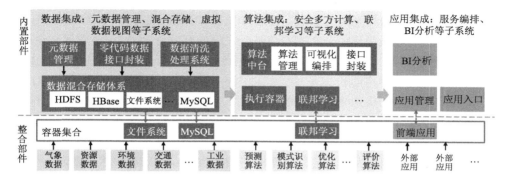

图 7-1 应用集成架构图

通用业务平台采用微服务架构和"前后端分离"模式进行设计、开发，这样让前端人员专注于前端控制和页面展示，后端开发人员专注于后端服务和数据访问。前端页面采用 HTML5[①]编写，通过 JS（JavaScript）异步调用后端的 API。采用"前后端分离"的架构模式可以使得前端关注界面展现，后端关注业务逻辑，分工明确，职责清晰。前、后端之间通过轻量级的通信协议 HTTP 进行通信，数据采用 JSON 格式进行传输。主要技术支持如下。

前端采用模型–视图–视图模型（model-view-view model，MVVM）架构模式：为了保证数据显示的一致性，后端数据发生变化时能够及时在前端进行展示，前端页面采用 MVVM 架构模式。采用 MVVM 架构模式能够使图形用户界面（graphical user interface，GUI）前端开发与后端业务逻辑分离，极大地提高前端开发效率；采用该模式使开发人员专注于业务逻辑和数据开发，使设计人员专注于页面设计，以提高开发效率；采用该模式可以实现一个后端业务逻辑对应多个前端 GUI，提高组件的可重用性和开发效率。

后端采用微服务架构模式：为了提高后端服务的可重用性、缩短系统交付周期、快速适应业务需求变化、降低维护成本，对于后端采用微服务架构进行设计、开发。本书针对后端服务采用微服务架构风格可以把系统功能拆分成多个微小的服务，每个服务都保持独立，职责单一，只做一件事情，做到高内聚、低耦合。每个服务都运行在自己的进程中，并通过轻量级的机制保持通信，就像 HTTP 这样的 API。这些服务要基于业务场景，并使用自动化部署工具进行独立发布。可以通过非常轻量级的集中式管理来协调这些服务，可以使用不同的语言来编写服务，也可以使用不同的数据存储，这样可以根据业务的需求，选择最适合的技术方案，同时各个服务独立运行，可以根据业务需求独立进行扩展，提高系统的性能、稳定性和可扩展性。通用业务平台的微服务平台构建采用 Spring Cloud 框架，

_____

① HTML，即 hypertext mark language（超文本标记语言），HTML5 为其技术标准。

对系统中运行的所有服务进行管理、配置和监控。Spring Cloud 利用 Spring Boot 的开发便利性巧妙地简化了分布式系统基础设施的开发程序,如服务发现与注册、配置中心、消息总线、负载均衡、断路器、数据监控等功能,都可以通过 Spring Boot 的开发风格实现一键启动和部署。

虚拟容器:由于应用集成系统的特殊性,需要保证系统能够高效、稳定地运行,需要保证集成应用的隔离,让每个服务都能够很高效地运行,并且出现问题时能够快速启动;为了适应业务的快速增长和系统的快速部署或启动,需要每个服务都能够快速部署,为了满足以上需求,采用 Docker 容器化技术构建我们的通用业务平台。采用该方案能够简化系统的配置,降低应用和硬件之间的耦合度;采用 Docker 技术,能够为系统中的每个服务提供独立的运行环境,可以单独对每个服务进行资源配置,对于每个服务来说就相当于运行在一个独立的服务器上,保证服务之间的隔离,保证系统的稳定性;隔离应用的能力使得 Docker 可以整合多个服务器以降低成本,由于没有占用多个操作系统的内存,以及能在多个实例之间共享没有使用的内存,相比于虚拟机,Docker 能够提供更好的服务器整合解决方案,这样可以更好地利用服务器的资源,提高资源的利用率;Docker 的虚拟化技术能够将系统的部署时间降到几分钟,Docker 只需创建一个容器进程而无须启动操作系统,这个过程只需要秒级的时间,能够极大地降低系统的部署成本。对基础平台和应用进行服务化(微服务化)+容器化后,就可以使用 Kubernetes 进行编排,部署到 Kubernetes 集群中。采用 Kubernetes 对系统中的服务进行编排,可以解决以下几方面问题:①高可用;②资源调度及应用的弹性伸缩;③从开发、测试到运维的一体化及运维自动化等。

采用该方案,微服务平台不仅能够监控到系统中运行的所有服务,还能监控每个服务运行的实例数,以及每个实例当前的运行状态;可以对系统中的所有服务的配置文件进行统一管理,配置修改时不需要对程序重新打包部署,只需要在配置中心进行修改,这极大地降低了配置修改的成本;能够通过平台中的服务网关(API gateway,API 网关)统一对系统中的服务进行身份认证和鉴权、负载分配、动态路由等管理,极大降低了系统的开发和运维成本;通过服务跟踪,可以迅速发现服务中接口的调用链、调用时长等信息,迅速定位到系统中的问题和性能瓶颈,快速解决问题;通过服务监控和熔断,不仅能快速发现系统中服务的运行状况,还能迅速摘除有问题的服务,防止错误蔓延。

## 7.2 应用数据资源管理

应用数据资源管理是指在数据集成与数据协作共享的基础上,构建支持应用基础所需的数据资源管理服务和工具,应用数据资源管理部分主要包括数据资源管理、数据应用安全、数据共享服务、开发引擎、统一数据门户等部分。应用数据资源管理部分架构如图 7-2 所示。

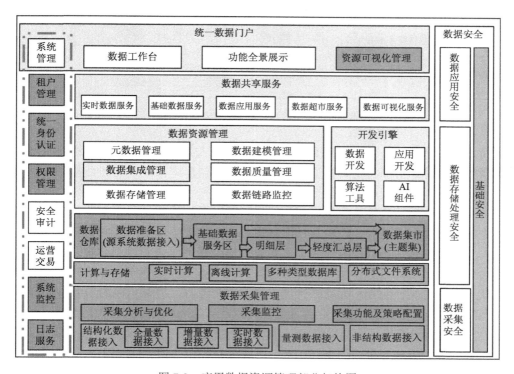

图 7-2　应用数据资源管理部分架构图

## 7.2.1　应用数据资源集成管理

数据资源集成管理主要用于集成平台中应用集成所需的数据管理及数据运维等方面，在数据中台功能（包括数据集成、数据共享与协同、安全多方计算、联邦学习）的基础上进行集成与封装，形成一个功能完善的应用数据资源集成管理架构，包含数据建模管理、元数据管理、数据集成管理、数据质量管理、数据存储管理、数据链路监控（图 7-3）。

其中，数据建模管理包括逻辑模型设计、模型物化、模型对比等功能。标准化建模旨在可视化构建数据仓库模型，对模型进行规范约束，并且实现模型的全生命周期管理。基础管理功能包括：目录管理、维度管理、版本管理、导入导出管理。平台提供基于树形结构的目录化管理，用户可自定义创建目录，用来挂载逻辑模型和物理模型，目录名称后会自动统计并显示所挂载的模型数量。逻辑建模功能提供规则管理、模型设计、模型导入以及逻辑模型管理等功能。物理建模

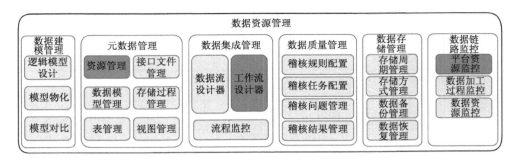

图 7-3　应用数据资源集成管理架构图

支持 Hive、MySQL、Oracle 等目前大数据平台相关数据库类型，可以管理数据字典及分区信息，可以将逻辑模型物化到指定的数据库中，并且能够查看每次变更的版本信息。物理建模功能包括：资源管理、数据字典生成、分区管理、模型物化以及物理模型管理等。模型监测为了保障数据模型的质量和安全有效，以物理模型和仓库模型为基础，校验数据库物理结构与物理模型的一致性和规范性。

元数据管理对各数据的实体定义和流程管控管理两方面的元数据进行管理，并提供相应的对外服务。从数据源到后续的逐层加工以及稽核，元数据对各类数据实体进行定义、约束；元数据管理贯穿于整个流程，提供相应的服务，并与各环节有效地互动。元数据管理包括元数据基础数据管理和元数据应用，主要功能点包括元数据自动获取、元数据检索、数据模型管理、分工监控流程等。

数据集成管理提供数据集成工具，实现分布式的数据 ETL 服务，支持分布式计算、数据抽取及加载，能够快速处理来自多个平台的同构和异构数据。支持通过可视化组件进行任务及调度配置，支持数据的导入、转换、加载，提高快速开发部署能力，有效降低操作门槛，提升工作效率。

数据质量管理，面向数据质量管理、数据质量实施、数据质量维护人员，提供规则标准、规则配置、逻辑检控、问题管理、质量报告评估等从无到有的可视化平台管理，完成基于异构混搭数据架构的数据质量一体化管控。结合集成应用业务，围绕数据质量评估合理性、一致性、及时性、完整性、唯一性、准确性六要素进行数据质量稽核规则的梳理和系统落地，数据质量保障环节覆盖数据入口（采集）、数据整合（加工）、数据出口（服务）三大环节，保障数据的可用性，实现数据质量端到端的管控。

数据链路监控包括平台资源监控、数据加工过程监控及数据资源监控。平台资源监控对平台的资源使用情况进行监控，并可查看平台使用资源情况、部署情况、全部资源、可用资源、已用资源、服务情况、账号情况等，可显示具体信息，对异常情况可预警。已实现的主要功能有对资源性能进行监控和将监控信息导出，通过图形、表格等方式进行展现。数据加工过程监控及数据资源监控主要是对数据采集、数据加工、数据服务、数据发布、数据稽核五个环节进行监控。需要对接数据加工处理的各分层进行数据日志的采集，最终形成的数据全过程监控功能能够以准实时的方式展示监控信息，用户不仅可以实时查看数据加工过程的信息，还可以按日、月等不同时间维度查看数据资产的监控报表。

## 7.2.2　数据共享服务

在数据中台功能中的安全多方计算、联邦学习等数据开放共享模块的基础上，整合目前数据中台的数据查询读取服务、联邦学习开发环境等各方面资源，并在数据存储系统的全量数据基础上，通过加工整合，形成标准化数据服务，以实时、非实时的方式统一对外提供数据共享服务，为包括应用数据门户在内的其他应用集成模块提供支撑服务。数据共享服务系统可实现资源申请、定义、审核、发布流程化管理，满足用户对数据提取的定制化需求。数据共享服务架构如图 7-4 所示。

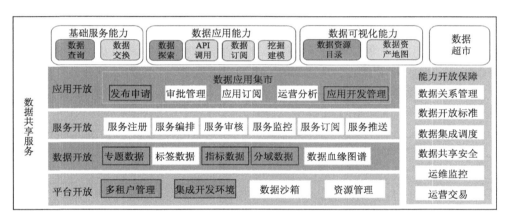

图 7-4　数据共享服务架构图

基础服务能力包括明细数据的高频海量查询和系统间及内外部的数据交换。

数据应用能力提供数据探索、统一数据接口服务（API 调用）、数据订阅以及挖掘建模等能力。

数据可视化能力为大数据平台用户提供便于查看和检索的数据资源目录，并在此基础上，以地图的形式提供数据资产全景展示能力。

数据超市向用户提供可读、易用的共享数据资源目录以及更加便捷的数据资源检索功能，提供集成统一数据访问接口、集成在线数据可视化分析工具，实现自助式报表分析，以及指标报表组合、订阅和共享等功能。

### 7.2.3　应用开发支持工具

应用开发支持工具底层以 Docker 提供的容器环境为统一的应用运行部署平台。上层提供工具中心、数据中心、资源中心、容器中心等部分。可进行可视化工作流开发、数据挖掘分析、数据建模、调度配置、发布管理、流任务开发、协同开发、代码管理和开发资源管理等工作，提供一站式大数据应用开发部署发布服务。

图 7-5 展示了应用开发支持工具架构，其中，人工智能组件提供目前主流的深度学习库和机器学习库，供模型开发和数据分析挖掘调用。算法工具支持多种通用类型计算组件，算法调用也支持用户上传自定义算法模块，丰富算法工具库。基础开发工具提供可视化工作流开发，为数据分析研究、数据指标开发提供简单、易用的可视化编辑环境以及数据加工链路可视化配置。分析挖掘工具中，数据建模工具为数据工程师提供拖拉拽的数据模型设计；数据挖掘工具为平台用户提供成熟的 BI 工具，用户可以直接使用 BI 工具对探索结果进行深入的数据分析；探索分析工具在目前大数据平台数据探索组件的基础上封装服务，提供跨表跨域的数据探索功能。应用开发工具为各种类型的应用提供统一的数据接口、在线报表工具以及相关基础开发组件。DevOps 为应用提供部署资源管理、程序版本管理、发布内容管理等功能，用于支持多人协同开发同一个项目。

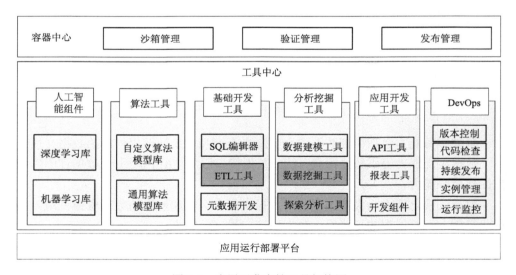

图 7-5　应用开发支持工具架构图

容器中心中，沙箱管理向应用开发者及数据工程师提供一个开发环境，包括可用于测试的样例数据，用户应用开发的容器环境以及与大数据平台一致的运行环境；验证管理提供实例环境，用于对沙箱中开发的数据模型、算法模型或业务模型进行模型验证和调优；发布管理是指对通过验证后的应用进行发布管理，可通过此模块将应用一键部署至实际生产环境，此外，发布管理还支持对数据库连接方式、端口号、服务器 IP 地址等配置项进行统一管理。

### 7.2.4　统一数据门户

如图 7-6 所示，统一数据门户是将大数据平台各组件模块的对外服务能力及平台管理功能集成在一起并对外展示的直接窗口。面向不同层级用户，实现数据统一展现，包括统一入口、用户权限设置、统一认证、个性化页面设置、数据可视化展示（统计分析数据、实时监控数据展现）、多屏无缝支持等。根据用户权限，面向不同用户，形象、直观、实时地展现与其角色相匹配的各类数据分析信息。

图 7-6　应用数据门户架构图

统一数据门户与公司统一权限系统集成，通过企业门户实现单点登录，共用一套登录账号密码。

服务管理中心提供大数据平台各组件模块功能的注册和申请服务，进行集中统一配置，并展示在门户上。

数据工作台是统一数据门户的核心，通过分角色数据权限控制，实现面向不同层级、根据不同权限分别展示不同的指标监控和数据分析结果，包括领导看板、部门看板、业务人员看板等。工作可根据各级用户各自不同的重点关注指标及风格喜好，配置个性化的数据管理驾驶舱及个人数据门户页面。

功能全景展示集成了大数据平台对外提供服务的各功能组件，包括数据超市、应用超市、统一开发平台等的入口，通过服务目录进行统一的管理及展示。

资源可视化管理面向系统管理及运维人员，将系统平台运行、数据存储、应用使用等各方面情况进行统一集中可视化展示，提供一站式监控功能。

### 7.2.5　应用数据安全

在原大数据平台零散的安全管理工具的基础上，集成与完善数据安全模块，为大数据平台各模块组件提供统一的安全服务，进行全流程的安全配置与管理。包括数据采集安全、数据存储处理安全、数据应用安全等方面。数据安全模块底层拥有安全管理组件、安全态势组件、安全视图组件及安全工具等（图 7-7）。

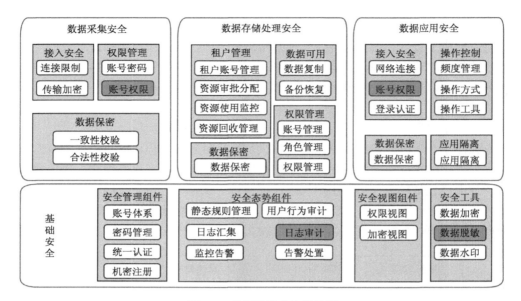

图 7-7　应用数据安全架构图

基础安全包括从数据安全底层抽象出来的四种安全功能组件，其中安全管理主要用于构建统一的用户体系，并进行相关注册、认证和管理；安全态势是将用户行为审计和监控的工具集成在一起，进行统一配置管理；安全视图向系统运维和管理人员提供可视化用户权限管理；安全工具主要提供数据安全工具，供平台其他组件调用。

数据采集安全对大数据平台数据接入全流程进行安全管理和配置，保证数据源的安全以及数据采集链路的安全。

数据存储处理安全对大数据平台数据仓库中的数据进行安全管理和配置，保证用户基于自身权限访问数据仓库中的数据，并且保证数据存储安全。

数据应用安全对大数据平台数据开放共享及应用过程中的权限和安全进行统一配置和管理，并提供逻辑及物理隔离方式，保证应用之间的数据独立性及安全性。

# 7.3　应用算法服务编排与服务聚合

## 7.3.1　服务编排共享架构

应用算法服务编排主要在传统的服务编排方式基础上构建一种微服务架构下服务编排数据共享方法与系统，目的在于在服务编排中，提供一种面向不同服务编排和不同会话，能在运行时动态共享数据、保存服务状态，并高效利用系统存储空间的方法。应用集成所需的算法服务通过微服务架构的服务编排，并结合数据共享服务实现更复杂的算法功能。服务编排数据共享方法提供数据订阅和数据请求两种方式，实现灵活的数据共享和数据状态记录，结合改进服务网关功能和共享数据服务操作封装，降低对业务服务代码的侵入性，提升服务编排数据共享方法与系统的可用性。

　　系统本质上采用了微服务方式，通过增强服务网关功能，降低对业务服务代码的侵入性。为了实现上述目的，系统包括面向服务编排的数据共享服务、服务网关的数据共享目录功能组件、数据生产服务根（Stub）和数据消费服务根（Stub）（图 7-8）。

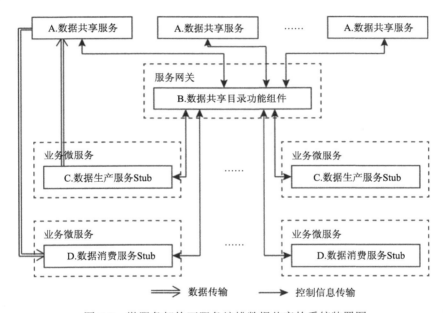

图 7-8　微服务架构下服务编排数据共享的系统装置图

　　其中，数据共享服务实现共享数据的存储与管理，在系统中可以存在多个，以提高数据共享性能，避免单一节点故障的发生。

　　服务网关的数据共享目录功能组件在传统服务网关的基础上添加数据共享目录及其管理功能。

　　数据生产服务 Stub 与数据消费服务 Stub 是针对有数据共享需求的业务微服务，对数据生产端与数据消费端进行数据操作的封装。数据生产服务 Stub 与数据消费服务 Stub 根据业务需求会在系统中存在多个。

　　在整个系统中，控制信息通过服务网关的数据共享目录功能组件进行流转，而数据则是通过数据共享服务与数据生产服务 Stub 及数据消费服务 Stub 直接传输的。以此避免大数据传输因网关而产生的性能瓶颈，同时也可以降低分布式管理带来的管理复杂性并减少开销。

1. 数据共享服务组件

数据共享服务组件具体包括以下内容。

（1）数据共享服务接口，用于与其他服务交互，实现共享数据操作，包括数据定义、初始化、上传、读取等。

（2）共享数据存储组件，主要用于共享数据存储，可实现临时存储和持久化存储。该组件使用不同类型的存储方式，包括内存、文件系统、分布式文件存储、关系型数据库、NoSQL 存储（如 Redis）等。共享数据存储组件支持异构存储方式，并根据用户共享数据的不同类型选择合适的存储方式。通过统一位置索引编码对不同存储方式进行统一的数据检索，统一位置索引编码是不定长编码，主要包含三部分：2 位的类型码、3 位的装置码、不定长的位置码。位置码是根据不同存储方式定义的，一般和存储类型密切相关。例如，在统一位置索引编码 03001micro.share.id_101 中，03 表示关系型数据库，001 表示服务器的 MySQL 服务，micro.share.id_101 为位置码，表示 micro 库下的 share 表中的 id 为 101 的数据。

为实现根据统一位置索引编码进行数据检索与存储，共享数据存储组件包含存储控制器、存储适配器、存储装置等。

存储控制器，实现对存取请求的具体操作。对于读取请求，根据统一位置索引编码中的类型码、装置码定位存储装置，并进行数据读取操作；对于存储请求，根据用户定义和数据类型确定存储装置，并在存储装置上执行存储操作，获取位置码，最后根据存储装置、位置码生成完整的统一位置索引编码。

存储适配器，针对不同存储方式，实现：①对统一位置索引编码中位置码的生成与解析；②数据存储位置规则；③对数据增删查改操作的封装，如对于文件系统存储方式实现文件的操作、对于 MySQL 实现对 SQL 查询语言的封装。对于不同存储方式，需要不同的存储适配器。

存储装置，实现数据存储的具体应用，是不同类型存储方式的具体实现，如服务本地系统的文件系统、数据共享服务的程序空间或 MySQL 数据库。

（3）数据索引及管理组件主要用于共享数据的组织与管理，实现用户请求及参数解析，并根据用户请求对共享数据进行增删查改操作，以及数据权限检查。该组件具体包含以下部分：①数据索引哈希树，共享数据组织采用一种改进的哈希树，其中，哈希树的叶子结点存储的是统一位置索引编码，即数据存储位置，而不是具体数据的值；②数据表达式解释器，根据用户请求中的表达式进行分解；③数据更新触发器，是一个用户请求过滤器，当用户进行数据更新时，它通过调用相应的处理逻辑来执行特定的操作。

（4）订阅列表组件记录当前共享数据的订阅情况，并通过实现共享数据订阅回调接口来发送更新通知。具体来说，订阅列表组件主要用于记录哪些用户或服务订阅了特定的共享数据。该列表以 Session ID 和共享数据键为索引，索引的内容为该共享数据的订阅队列。订阅队列包含了订阅了该共享数据的微服务的共享数据订阅回调接口。

（5）服务注册与状态组件主要用于向服务网关注册及定时汇报数据共享服务当前状态，包括服务运行时长、当前有效 Session 数、已用存储空间、CPU 占用等信息。

2. 服务网关的数据共享目录功能组件

服务网关的数据共享目录功能组件主要包括以下内容。

（1）数据共享目录管理组件，实现对数据共享服务 Session 的管理。该组件包含以下部分。

（a）数据定义解释器，根据用户请求对共享数据定义和共享数据表达式进行解析。

（b）数据校验器，实现对用户请求共享数据的检查，主要包括：①路径检查，即存在性检查，根据用户请求中的共享数据表达式检查数据是否存在；②权限检查，即检查用户是否有读取或者更新数据的权限。

（c）数据共享目录及控制器，数据共享目录以 Session ID 为索引，数据共享服务的信息为内容的存储空间。实现数据共享目录操作包括以下步骤：①调用数据定义解释器解析共享数据定义，生成 Session，选择数据共享服务，在数据共享目录中创建目录条目；②调用数据定义解释器解析数据表达式，使用数据校验器进行路径及权限检查，若检查通过则返回数据共享服务信息。

（d）共享目录管理接口，实现对数据共享目录操作的封装。

（2）数据共享服务管理组件，实现对数据共享服务的管理，完成数据共享服务的注册、状态监控和注销，该组件包含：①服务监控接口服务注册与状态组件，主要用于向服务网关注册及定时汇报数据共享服务当前状态，包括服务运行时长、当前有效 Session 数、已用存储空间、CPU 占用等信息；②数据共享服务列表，记录各个数据共享服务状态，信息包括服务运行时长、当前有效 Session 数、已用存储空间、CPU 占用，以及注册时间、上一次状态登记时间等信息；③服务监控操作器，根据服务注册与状态组件的请求更新数据共享服务列表，同时它拥有一个计时器，定时检查数据共享服务列表中状态登记超时的服务，并把它标记为不可用。

### 3. 数据生产服务 Stub

数据生产服务 Stub 是对共享数据进行定义、初始化、更新、注销等数据生产端操作的封装。具体包括以下内容。

（1）共享数据定义与初始化操作组件，封装了共享数据的定义与初始化操作。

（2）共享数据更新操作组件，封装了共享数据更新，即数据上传的操作。

（3）共享数据注销操作组件，封装了共享数据的注销操作。

### 4. 数据消费服务 Stub

数据消费服务 Stub 是对共享数据进行读取、订阅等数据消费端操作的封装。具体包括以下内容。

（1）共享数据读取操作组件，封装了共享数据读取，即数据下载的操作。

（2）共享数据订阅操作组件，封装了共享数据订阅的操作。

（3）共享数据订阅回调组件，提供了共享数据订阅回调的执行逻辑及接口。共享数据订阅回调接口的统一资源定位符（uniform resource locator，URL）及参数描述在共享数据订阅操作执行时，被记录到订阅列表组件中。被订阅共享数据变化时，数据更新触发器通过调用订阅列表组件记录的共享数据订阅回调接口实现共享数据更新通知。

## 7.3.2　服务编排共享流程

在服务编排共享系统架构的基础上，一次数据共享可分为四个阶段，具体包括：初始化阶段、数据生产阶段、数据消费阶段和数据注销阶段，服务编排共享系统采用生产者-消费者模型进行数据处理，下面详细讲解各阶段的步骤。

### 1. 初始化阶段

初始化阶段主要实现初始化数据共享 Session，具体步骤如下。

步骤 1：通过共享数据定义与初始化操作组件构建共享数据定义，包括数据名称、数据类型、数据描述、数据初始值、数据值域、获取权限、是否加密等。

步骤 2：判断定义的共享数据是否加密，如果是，则数据初始值以密文形式存放；否则，属性值以明文形式存放。

步骤 3：继续步骤 1，定义多个共享数据，直至所有共享数据定义完毕。

步骤 4：将共享数据定义以 JSON 格式序列化。

步骤 5：调用服务网关的数据共享目录功能组件的共享数据定义接口。

步骤 6：服务网关的数据共享目录功能组件接到定义及初始化请求后，验证用户权限，若通过则执行步骤 7，否则执行步骤 9。

步骤 7：请求交由数据共享目录及控制器处理，其调用数据定义解释器解析共享数据定义，生成 Session，并选择数据共享服务。

步骤 8：数据共享目录及控制器处理以用户构建的共享数据定义和 Session ID 为参数，调用所选择的数据共享服务的共享数据定义接口，利用数据索引及管理组件更新数据索引哈希树，共享数据以初始值形式进行存储；若无异常，则返回成功信息；若发生异常，则返回异常信息。

步骤 9：返回权限受限的错误信息。

2. 数据生产阶段

数据生产阶段完成共享数据的生成和更新，共享数据生产服务利用数据生产服务 Stub 存储或更新共享数据，具体步骤如下。

步骤 1：通过共享数据更新操作组件构建更新请求数据描述，包括共享数据表达式、数据值。

步骤 2：继续步骤 1，设置多个共享数据请求描述，直至所有带请求数据描述完毕。

步骤 3：将 Session ID、权限密钥与更新请求数据描述以 JSON 格式序列化。

步骤 4：调用服务网关的数据共享目录功能组件的共享数据更新接口。

步骤 5：服务网关的数据共享目录功能组件接到更新请求后，由数据共享目录及控制器处理，根据 Session ID 获取共享数据定义，并调用数据定义解释器解析数据表达式，使用数据校验器进行路径及权限检查，若检查通过，则返回数据共享服务信息和安全 Token，否则执行步骤 10。

步骤 6：共享数据更新操作组件接收返回的数据共享服务信息和安全 Token，根据数据共享服务信息向共享数据所在的数据共享服务发送请求，请求参数包括 Session ID、安全 Token 与步骤 2 生成的更新请求数据描述。

步骤 7：数据共享服务接收请求后，首先将安全 Token 发送至服务网关的数据共享目录功能组件验证请求有效性。

步骤 8：服务网关的数据共享目录功能组件返回安全 Token 的有效性至数据共享服务，若有效则执行步骤 9，否则执行步骤 10。

步骤 9：利用数据表达式解释器解析请求更新的数据表达式，并根据数据索引哈希树确定共享数据位置，根据共享数据存储组件写入数据；若无异常，则返回成功信息；若发生异常，则返回异常信息。

步骤 10：返回权限受限的错误信息。

3. 数据消费阶段

数据消费阶段完成共享数据的读取，共享数据消费服务利用数据消费服务

Stub 获取共享数据，系统有两种获取共享数据的方式：直接获取和订阅获取。

1）直接获取具体步骤

步骤 1：通过共享数据读取操作组件构建更新请求数据描述，包括共享数据表达式。

步骤 2：继续步骤 1，设置多个共享数据请求描述，直至所有带请求数据描述完毕。

步骤 3：将 Session ID、权限密钥与更新请求数据描述以 JSON 格式序列化。

步骤 4：调用服务网关的数据共享目录功能组件的共享数据获取接口。

步骤 5：服务网关的数据共享目录功能组件接到获取请求后，由数据共享目录及控制器处理，根据 Session ID 获取共享数据定义，并调用数据定义解释器解析数据表达式，使用数据校验器进行路径及权限检查，若检查通过，则返回数据共享服务信息和安全 Token，否则执行步骤 10。

步骤 6：共享数据读取操作组件接收返回的数据共享服务信息和安全 Token，根据数据共享服务信息向共享数据所在的数据共享服务发送请求，请求参数包括 Session ID、安全 Token 与步骤 2 生成的更新请求数据描述。

步骤 7：数据共享服务接收请求后，首先将安全 Token 发送至服务网关的数据共享目录功能组件验证请求有效性。

步骤 8：服务网关的数据共享目录功能组件返回安全 Token 的有效性至数据共享服务，若有效则执行步骤 9，否则执行步骤 10。

步骤 9：利用数据表达式解释器解析请求更新的数据表达式，并根据数据索引哈希树确定共享数据位置，根据共享数据存储组件读取数据，若无异常，则返回数据；若发生异常，则返回异常信息。

步骤 10：返回权限受限的错误信息。

2）订阅获取具体步骤

步骤 1：通过共享数据订阅操作组件构建更新请求数据描述，包括共享数据表达式，共享数据订阅回调接口。

步骤 2：继续步骤 1，设置多个共享数据请求描述，直至所有带请求数据描述完毕。

步骤 3：将 Session ID、权限密钥与更新请求数据描述以 JSON 格式序列化。

步骤 4：调用服务网关的数据共享目录功能组件的共享数据订阅回调接口。

步骤 5：服务网关的数据共享目录功能组件接到订阅请求后，由数据共享目录及控制器处理，根据 Session ID 获取共享数据定义，并调用数据定义解释器解析数据表达式，使用数据校验器进行路径及权限检查，若检查通过则执行步骤 6，否则执行步骤 9。

步骤 6：数据共享目录及控制器处理以用户构建的请求数据描述和 Session ID

为参数，调用所选择的数据共享服务的共享数据订阅回调接口，利用订阅列表组件记录当前共享数据的订阅情况；若无异常，则返回成功信息；若发生异常，则返回异常信息。

步骤 7：当被订阅共享数据发生变化时，数据更新触发器通过调用订阅列表组件记录的共享数据订阅回调接口实现共享数据更新通知。

步骤 8：共享数据订阅回调组件收到更新通知后，回调业务系统相关逻辑。

步骤 9：返回权限受限的错误信息。

#### 4. 数据注销阶段

数据注销指在服务编排执行完后销毁数据，释放存储空间。在数据注销后，数据不能再次使用。具体步骤如下。

步骤 1：通过共享数据注销操作组件以 Session ID 和权限密钥为参数，调用服务网关的数据共享目录功能组件的共享数据注销接口。

步骤 2：服务网关的数据共享目录功能组件接到定义及初始化请求后，验证用户权限，若通过则执行步骤 3，否则执行步骤 5。

步骤 3：请求交由数据共享目录及控制器处理，其根据 Session ID，获取数据共享服务，并在数据共享目录中删除 Session 信息。

步骤 4：数据共享目录及控制器以 Session ID 为参数，调用所选择的数据共享服务的共享数据定义接口，利用数据索引及管理组件更新数据索引哈希树，并删除共享数据；若无异常，则返回成功信息；若发生异常，则返回异常信息。

步骤 5：返回权限受限的错误信息。

## 7.4　敏捷应用开发方案

应用集成是将业务系统在云平台的基础设施即服务（infrastructure as a service，IaaS）和平台即服务（platform as a service，PaaS）层资源迁移到集成平台上，业务系统可以通过虚拟机方式部署、容器化部署和混合模式部署三种形式实现应用业务迁移。

（1）虚拟机方式部署。单体应用和特定软件适合采用虚拟机方式部署：单体应用将若干个功能项都打包在一个整体的发布包中，通常情况下通过纵向扩展或提高硬件性能来满足业务性能需求；特定软件包括特殊中间件（如 Tuxedo）、关系型数据库（如 SQL Server）、NoSQL 数据库（如 MongoDB）、缓存数据库（如 Redis、memcached）等应用。

（2）容器化部署。微服务架构系统适合采用容器化方式部署：微服务架构系统或中大型应用对云平台资源需求多，网络复杂，涉及云平台组件种类多，用户数多，并发高。

（3）混合模式部署。对于复杂的业务系统技术架构，若容器化部署或者虚拟机方式部署无法满足技术架构要求和业务发展需求，则需要采用混合模式部署，一般 Web 服务是单体应用，采用虚拟机方式部署；数据库是特定软件，也可采用虚拟机方式部署；若后台服务采用微服务架构，则适用容器化部署方式。

### 7.4.1 集成系统虚拟机方式部署

#### 1. 基础方式

基础的虚拟机方式部署系统采用图 7-9 所示的部署架构，需使用 ECS（elastic compute service，弹性计算服务）、VPC（virtual private cloud，虚拟私有云）、RDS（relational database service，关系型数据库服务）三种云平台组件。在此种部署方式下，须根据业务划分和被访问范围选择一个专有网络 VPC，在 VPC 内根据服务器的规格开通云服务器 ECS 实例；根据业务需要开通相应规格的云数据库 RDS 作为数据库，获得数据库的连接方式后，将程序中的数据库连接配置更新为新的连接信息，并将应用程序部署在 ECS 上。

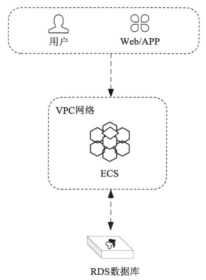

图 7-9　虚拟机方式基础部署架构

#### 2. 分布式架构

如果一台云服务器 ECS 的能力不足以满足业务的需求，可以通过增加 SLB（Server Load Balancer，服务器负载均衡）的方式实现分布式架构，在 ECS 集群上部署应用，然后通过 SLB 对外提供统一的服务，虚拟机方式分布式部署架构如图 7-10 所示。

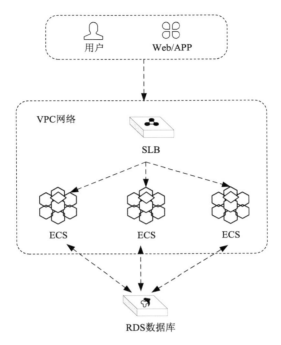

图 7-10　虚拟机方式分布式部署架构

### 3. 数据库缓存

在分布式架构中，往往数据库会成为高并发访问的性能瓶颈，为了降低数据库压力，往往会把热点数据加载到 Redis 缓存数据库，ECS 在读写热点数据的时候操作 Redis，以此来降低数据库的访问压力，虚拟机方式+缓存数据库部署架构如图 7-11 所示。

### 4. 数据库分库分表

在有了 Redis 降低数据库压力的情况下，系统数据无论是采集数据还是设备数据，一般业务系统数据库的表格一旦突破亿这个数量级，单台服务器就会达到性能瓶颈，需要通过集群的方式组织更多 RDS 分担表格，这就需要引入 DRDS（Distributed Relational Database Service，分布式关系型数据库服务）组件进行分库分表的操作，如图 7-12 所示。有了 DRDS 做横向扩展，业务系统中更多的数据也能随着业务发展横向扩容数据库集群，数据库不再成为业务发展的天花板。

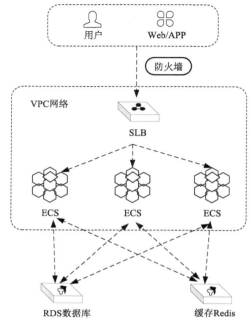

图 7-11　虚拟机方式+缓存数据库部署架构

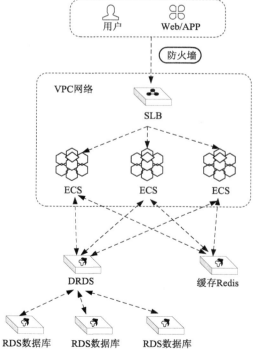

图 7-12　虚拟机方式+数据库分库分表部署架构

以上四种架构为较为常见的业务系统虚拟机迁移上云架构。选择不同的数据库产品，还能够使云上系统适应不同的业务场景需求。

云数据库：最基本的兼容 MySQL 的 OLTP（online transaction processing，联机事务处理）数据库，小型系统在 RDS 中直接建表，表的容量过大可以把多个 RDS 实例挂载在 DRDS 下做分布式数据服务集群横向扩展。

缓存数据库：常用于海量数据键值对查询（每次查询唯一记录，一条记录可包含多个值），支持高并发下的快速更新和查询，以此降低 RDS 的负荷，例如，用户档案数据、用户登录判断、设备状态等场景都可以通过缓存数据库实现高效管理。

表格存储：常用于海量数据（每次查询多条记录）快速更新查询，可理解为与 HBase 相似的数据库，但在维护和使用上要方便很多。存储用户档案数据、用户缴费记录、用户电量数据、用户登录日志等。

分布式数据库服务：多个 RDS 实例挂载在 DRDS 下组成集群，对外提供数据库服务。这种架构能够高效处理海量数据的写入和查询，尤其适用于 OLTP 型数据库容量过大的场景。通过 DRDS 实现分表分库，可以有效突破数据库瓶颈。例如，对于设备数据、用户档案数据等，通常会将表格拆分成每个表 500 万条记录的小表进行存储和查询。

时序数据库：主要用于物联网数据的写入和查询，如所有的量测数据。与表格存储（Tablestore）相比，时序数据库提供了更多的时序特性，包括时序聚合、差值计算等特殊处理功能，更适合处理具有时间序列特性的数据。

分析性数据库：常用于海量数据的大表快速关联查询、计数、求和等操作，如统计 A 类用户所有的欠费月份和金额（将用户档案表和费用表关联）时传统数据库需要较长时间，分析性数据库可以快速出结果。

文档型数据库：常用于海量文字内容数据通过 JSON 组合后的写入和读取，如用户评论、设备说明资料等，在搜索和文字处理方面比传统数据库更快。

离线数据计算引擎：这个大数据引擎一般不作为数据库服务，这里做说明方便对比。MaxCompute，又称开放数据处理服务（open data processing service，ODPS），是一种大规模数据处理平台。选型时可以将其理解为 Hadoop 类型数据库，但在维护和使用上要方便很多，开箱即用，不用部署维护一堆散乱的组件以稳定运行，主要用于存储和计算整个电力行业的所有海量离线数据。

## 7.4.2 集成系统容器化部署

### 1. 基础方式

在系统规模较小，对外提供服务数量较少时，可考虑采取基础的容器化部署架构，如图 7-13 所示。该架构使用到镜像仓库、VPC、EDAS（enterprise distributed application service，企业级分布式应用服务）、ARMS（application real-time monitoring service，应用实时监控服务）四种组件。使用 EDAS 组件，将各个功能独立的系统微服务以容器方式，部署在云平台的 K8S（kubernetes）集群中，最终通过集群的服务地址 ClusterIP 实现服务的对外发布，配合 ARMS 组件实现系统运行情况监控。

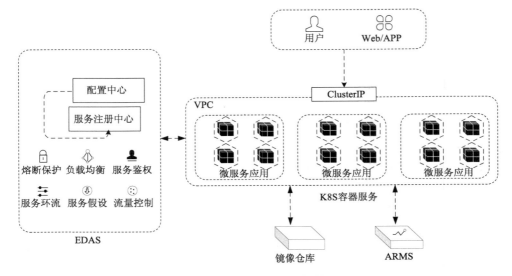

图 7-13    容器化部署架构

### 2. 优化服务的对外访问方式

当系统规模扩大、服务数量增加，且业务对对外提供访问方式的灵活性需求提升时，可以在基础架构中引入 SLB 组件，如图 7-14 所示。此时，SLB 可代理后端多个服务端口，实现系统访问的统一管理。

### 3. 实现接口级别的访问鉴权

当系统针对服务调用方进行权限控制时，可以通过 CSB（cloud service bus，云服务总线）组件来实现 API 级别的鉴权访问，部署架构如图 7-15 所示。

若系统有数据库组件的使用需求，也可以在容器化部署架构中引入数据库组件，部署在 K8S 集群的后端，数据库选型标准与虚拟机方式部署标准相同。

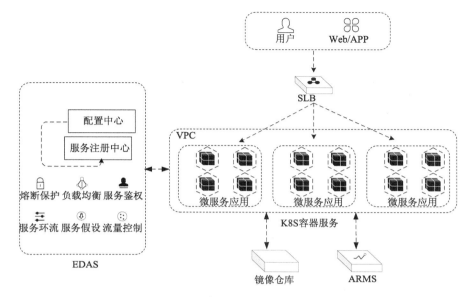

图 7-14　容器化+SLB 部署架构

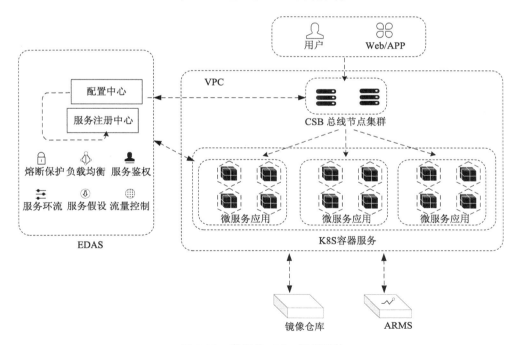

图 7-15　容器化+CSB 部署架构

### 7.4.3 集成系统混合方式部署

混合方式部署是虚拟机方式部署和容器化部署的结合，当业务系统服务只能部分进行微服务改造时，考虑使用此种方式迁移上云。业务系统通常需要将前后端服务分离，将前端系统部署至虚拟机上，通过 SLB 方式对外提供服务，系统内部再通过 ClusterIP、SLB 或 CSB 的方式完成通信。以将虚拟机的分布式架构和容器化的 CSB 优化架构结合进行混合部署为例，部署架构如图 7-16 所示。

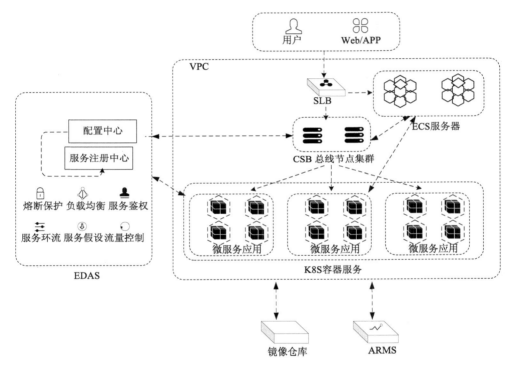

图 7-16　混合方式部署架构

混合方式的系统部署方法，可按照虚拟机方式和容器化方式分别执行。在涉及系统内部服务调用时，注意打通虚拟机上的服务与微服务访问策略。

### 7.4.4 应用业务集成开发支持

（1）完善大数据平台开发测试功能，扩充统一开发管理工具，搭建业务应用开发平台，快速支撑基于微服务框架的业务应用开发。主要包括构建微服务微应用开发框架及平台（Spring Cloud）；基于统一权限、BPM（business process management，业务流程管理）、GIS（geographic information system，地理信息系统）等公共系统服务支撑业务应用开发；推出基于 Docker 容器的微服务微应用开发工具，提供统一前端开发框架、分布式消息队列、Web 中间件、分布式数据库服务等，实现应用开发快速搭建部署，研究探索业务中台构建途径。

（2）规范应用支撑服务模式。大数据应用开发工作可分为四个主要部分：业务需求与分析、数据准备（数据溯源、建模、接入等）、应用功能开发、应用发布和运行使用。大数据应用开发建设采用三种模式。一是自主研发模式，业务部门负责业务需求分析，大数据技术中心作为应用项目的承建单位，负责准备数据、开发应用功能、发布应用和运行全流程的开发工作。二是资源交付模式，业务部门负责业务需求分析，厂商作为应用项目的承建单位，负责应用功能开发，大数据技术中心负责数据准备、应用发布和运行。三是自助式模式，地市公司负责业务需求分析和自助式应用功能开发，大数据技术中心负责数据准备、应用发布和运行。部分微应用可以采用离线数据开发，但必须遵循应用开发标准。

（3）统一应用开发规范。发布更新版的大数据应用开发的全套技术标准及规范，形成大数据应用技术标准 2.0 版本，统一规范和指导各单位大数据应用的开发建设。

（4）开展业务中台顶层设计研究，制定微服务微应用开发规范及标准，确定应用开发流程。以智慧能源综合服务平台等典型示范应用建设为切入点，基于大数据平台、微服务微应用框架开展应用开发工作。将公共业务功能抽象下沉，形成可重用公共业务微服务，减少开发工作量并降低难度，实现低成本快业务应用开发，逐步构建业务中台。

第三篇

# 应用示范篇

# 第 8 章

## 保障公共安全——集成平台的安全应急应用示范

大数据技术在公共卫生和食品安全领域扮演着越来越重要的角色。随着信息技术的快速发展，大数据的应用已成为提升公共卫生体系效能和食品安全管理水平的关键手段。大数据不仅可以帮助公共卫生部门更准确地监测疾病趋势、评估干预措施的效果，还能协助相关部门进行资源优化配置，有效应对突发公共卫生事件。同时，在食品安全领域，大数据挖掘技术能够帮助构建更加客观、准确的风险预测模型，为食品安全监管工作提供有力支持。尽管大数据技术的应用已经取得了一定的成效，但在数据质量、数据共享机制以及隐私保护等方面仍然面临着挑战。

本章将重点讨论大数据在食品安全风险预测与公共安全应急管理中的应用，通过案例分析和技术探讨，展示大数据如何为食品安全和公共安全管理提供科学依据和支持。接下来将分析大数据在食品安全风险预测中的应用价值，并开展冬奥会公共安全风险大数据分析，以此展现大数据技术在食品安全等领域的广阔应用前景与实践成果。

## 8.1 大数据驱动的食品安全风险预测

中国是世界上最大的食品生产和消费国，也是最大的食品进出口国，近年来，随着全球贸易的迅速发展，食品安全问题层出不穷，如日本"核污染区"的食品出现在中国市场等。频发的食品安全问题、召回事件等越来越引起人们对食品供应链网络安全、食品生产质量评估的重视，食品安全风险预防与控制工作显得更加迫切，需要加大对食品的监管力度，提高食品安全风险追溯能力，并对问题食品及时发出风险预警，做好风险预防、追溯和应对工作。

由于现实世界数据采集受客观条件限制，数据质量普遍较差，对追溯系统的深度理解、对供应链网络的科学建模、对数据挖掘算法的合理运用将有助于促进大数据分析在食品安全风险预测中的推广运用。互联网与大数据时代下，物联网技术、大数据技术、人工智能、数字 PCR（polymerase chain reaction，聚合酶链式反应）技术、无人机技术等新兴技术将在提高食品溯源能力、风险预警能力、快速反应能力、监管效能以及促进消费者参与等方面发挥重要作用，从而助力构建更加安全、可靠的食品供应链和消费环境。

### 8.1.1　食品安全大数据的类型及特征

随着互联网的普及、计算机技术的发展，大数据技术在食品安全方面的作用日益突出，逐渐成为全球共同关注的研究热点。目前，在互联网、物联网、云计算、人工智能、区块链等现代信息技术的支撑下，食品安全进入了前所未有的大数据时代。食品安全大数据指与食品安全相关的大数据，涵盖了从农业种养殖、农产品加工、食品生产、存储、运输、销售、消费整个产业链的各个环节，涉及政府部门、食品行业、检验检测机构、行业协会、媒体和消费者等多类主体。

典型的食品安全大数据包括：①食品生产大数据，包括土壤质量、水质污染等农田环境数据，农作物种植、养殖等农业生产数据，以及农药和化肥使用情况等，这些数据可以反映食品生产环节潜在的风险因素；②食品供应链大数据，包括原材料采购、食品流通、食品批次追溯等环节的食品供应链信息，通过这些数据可以掌握食品的质量、流转和安全情况；③食品消费者大数据，包括消费者对食品质量和安全的投诉、举报以及消费者满意度调查结果等，这些数据可以反映消费者对食品的评价和需求，有助于及时发现和解决潜在的食品安全问题；④食品安全监管大数据，包括食品质量检测数据、食品安全抽检数据等，这些数据可以用于评估食品是否符合相关法规和标准，为监管部门提供食品安全监管依据和参考；⑤食品安全舆情大数据，包括食品安全事件、食品安全条例等引发的网络舆情讨论以及新闻媒体报道，如与食品安全相关的微博发帖和转发数据、食品安全事件新闻报道等，这类数据可以用于迅速了解公众的关切点和诉求，及时发布透明和准确的信息，缓解公众的恐慌情绪，保护政府及企业的声誉和形象以及消费者权益。

食品安全大数据具有数据来源广、数据规模大、数据类型多、处理速度快、数据价值高等特点[160]。首先，食品安全大数据涵盖了食品生产、流通和消费环节的多个数据源信息，包括政府监管部门对食品加工、运输、包装、储存等进行监控的数据；食品企业经营许可证、营业执照信息；食品检验机构日常监管及抽检监测数据；食品消费过程中的投诉举报数据；社会信用及舆情监测数据；食品安全分析过程中的风险评估数据等。这些数据可以通过在线数据库、传感器、物联网、监管部门、企业、行业协会、社交媒体等渠道获取，由于突破了时间限制和地域限制，因此积累的数据量巨大、数据类型多，包括结构化数据（如统计数据、抽样调查数据）、半结构化数据（如文本数据、图像数据）和非结构化数据（如视频数据、社交媒体数据）等，并且是实时动态更新的。其次，食品安全大数据可以通过蓝牙、Wi-Fi、物联网等途径进行实时传输，再通过云计算、互联网、大数据技术等对数据进行分类储存和高效分析，既保证了食品安全数据的时效性，又大大提高了批量数据的处理效率，还能对数据进行高效压缩、缩小储存容量，使数据管理更加方便和高效。最后，食品安全大数据中蕴含着大量有价值的信息，可以借助关联挖掘、机器学习、神经网络、聚类分析等数据挖掘技术对这些数据进行全面的分析与挖掘，并进一步应用于食品污染监测、食品供应链溯源、食品安全风险评估和监管等场景。

### 8.1.2　大数据在食品安全管理中的应用价值

大数据等高新技术在食品安全领域的应用逐渐受到国家政府部门的关注，运用现代化信息技术对大数据进行挖掘与分析，可以极大提高监管效率，为探索新的食品安全智能化监管机制、解决食品安全管理问题提供重要依据。例如，美国食品药品监督管理局（U.S. Food and Drug Administration，FDA）启动公共数据开放项目（openFDA），推动从"农田到餐桌"全链条检测数据的共建共享[161]；欧洲食品安全局通过快速预警系统——欧盟食品和饲料快速预警系统（Rapid Alert System for Food and Feed，RASFF）发布食品安全信息[162]；英国食品标准局搭建了基于区块链技术的供应链监控系统并以牛肉的监管进行验证[163]。在国内，中共中央、国务院在 2019 年发布《关于深化改革加强食品安全工作的意见》[164]，明确提出要推进"互联网+食品"监管，建立基于大数据分析的食品安全信息平台，推进大数据、云计算、物联网、人工智能、区块链等技术在食品安全监管领域的应用，实施智慧监管。各地政府也积极探索大数据技术在食品安全监管领域的应用，例如，贵州利用大数据构建精准化预警体系，开发出了"食品安全云"平台，应用大数据挖掘分析技术，对数据进行整合、挖掘、分析、预警，实现"数据驱动"的市场风险预警方式的创新。具体地，大数据在食品安全管理领域的典型应用如下。

#### 1. 大数据驱动的食品安全市场监管

基于大数据技术可以构建食品安全管理平台，为食品安全监管带来功能多样的监管需求，为食品安全智慧监管提供良好思路。例如，国家食品安全抽样检验信息系统支持抽样计划制定、抽样任务分配、抽样数据采集、检验结果录入与查询等功能，有助于实现全国抽检数据实时更新和共享，在抽样环节可避免重复抽样，不合格样品的核查处置工作可通过此套系统实时更新溯源；贵州的"食品安全云"体系及各平台是当前食品安全大数据示范产品，其已建成食品安全智慧监管体系、互联网+检验检测体系、追溯认证体系和大数据平台的"三体系一平台"，并提供食品安全监管和服务效率提升、产品溯源、舆情分析、认证查询等信息服务，同时提出了政府、食品生产（含食用农产品种植养殖）、流通（商超和电子商务平台）和餐饮企业、检验检测机构、媒体和消费者 6 类用户食品安全社会共治理念[165]；福州自主研发"福州市市场监管预警平台"，应用大数据挖掘分析技术，对数据进行整合、挖掘、分析、预警，实现"数据驱动"的市场风险预警，包括主体登记风险、经营风险、信用风险、违法违规风险、涉企人员风险、动态监测风险等维度，产生了"证照到期预警、检验检测合格率异常、频繁被投诉举报主体、热点投诉问题"等风险预警信息[166]；此外，云南开发了"餐饮安心码"和"云智溯"平台等。

### 2. 大数据驱动的食品安全溯源

追溯系统是食品质量安全保障的有效手段，以区块链为代表的追溯技术应用广泛[167]，其不可篡改的特性天然适用于食品溯源。利用区块链不易被篡改的特性，可以设计"区块链+RFID"①两位一体的食品溯源平台，实现食品供应链全过程公开透明，在极大提升追溯性能的同时，溯源结果具有法律效力，保证了数据可信。例如，广东省上线运行的广东食品溯源平台，实现了对省内流通的婴幼儿配方食品、食用油和酒类等重点监管品种的追溯和食品全品种可查询，公众可通过扫描或者输入追溯码、商品码等方式，利用微信或超市内的自助终端，查询食品生产企业相关信息，包括生产许可证信息、抽检信息、流通环节信息[168]。基于大数据的食品安全追溯系统，能促进食品生产的规范化、标准化，为社会大众提供多样性的食品溯源服务，为监管部门提供食品全周期的生产流通追溯服务，当发现问题产品时，能够做到及时召回，这大大提升了食品安全性，以及公众的信任。

### 3. 大数据驱动的食品安全风险预警

食品安全预警系统是食品安全控制体系中非常重要的一项内容，食品安全预警体系通过关联风险指标，使用不同算法来分析食品的安全状态，揭示食品可能存在的风险，是食品安全预防控制的有力手段，可更好服务食品安全监管行业。通过食品生产大数据分析，可以关联环境与危害因子，预测食品潜在的风险。例如，通过对田间作物状况的监测，可精准分析农作物黄曲霉毒素发病率；通过对食品质量检测数据、官方监控数据、社交媒体信息、消费者反馈数据等的实时监测，可以及时感知和分析食品安全问题的动态变化，并迅速发布预警信息；通过整合多源异构大数据，可以设计构建食品安全风险预警指标体系，利用机器学习和数据挖掘算法进行模式识别和异常监测，开发食品安全风险评估模型及风险预

---

① RFID 即 radio frequency identification（射频识别）。

警系统，从而实现食品生产流通全过程的风险分级评估和风险预警[169]。大数据驱动的食品安全风险预警系统可以为监管部门制定有针对性的抽检策略、确立优先监管领域和分配风险监管资源等提供科学依据，有利于提升食品风险信息研判的科学性，并帮助相关部门和企业更好地监测和预警食品安全风险，及时采取措施保护消费者的权益和健康[170]。

### 8.1.3　基于大数据挖掘的食品安全风险预测

食品安全是关系国计民生的重大问题，它涉及食品供应链的整个过程，原材料供应、食品生产加工、食品流通等各个环节都存在威胁食品安全的潜在因素，食品安全风险评估与监管需要综合考虑各个环节的风险因素。近年来，食品安全风险的预警和治理已受到高度关注，其中，风险预测作为风险预警和治理的基础受到格外重视。食品安全风险预测是利用适当的风险预测工具和方法来确定食品安全风险等级和优先控制顺序的过程，可以为实施有效的食品安全风险管理措施提供决策支持。常用的食品安全风险预测方法主要有定性和定量两大类。

定性的分析方法主要有灰色系统法、德尔菲（Delphi）法、层次分析法等。灰色系统法是针对不确定系统的研究方法，可用于评估各种食品安全风险因素之间的相互联系，从而更好地理解它们对风险的影响程度；德尔菲法是一种依赖于众多专家意见的反馈匿名函询法，它通过不断整合、归纳、统计，匿名反馈，最终得到一致的意见，能够充分征求不同专家的不同意见，评定过程公正，但收集汇总专家意见的过程相对复杂，花费时间较长；层次分析法是食品安全风险分析与预测中应用最为广泛的方法，它通过构建目标层、准则层、方案层三层结构来处理复杂的多目标决策问题，但存在结构复杂、易受权威人士影响等不足。上述定性分析方法的共性缺点是此类方法主要用于构建食品安全风险评价指标体系，在运算过程中受主观因素的影响较大，使得结果的精确度不够，并且不能根据系统状态的变化实时改变风险预测结果[169]。

定量的分析方法主要有贝叶斯网络（Bayesian network）、关联规则挖掘、ARIMA、人工神经网络（artificial neural network，ANN）、支持向量机[171]、随机森林（random forest，RF）[172]、隐马尔可夫模型（hidden Markov model，HMM）[173]、决策树[174]、极端梯度提升（eXtreme gradient boosting，XGBoost）[175]、极限学习机（extreme learning machine，ELM）[176]等。贝叶斯网络是一种基于概率推理的图形化概率网络，能在有限的不确定信息条件下进行学习和推理，从而得到每个食品生产环节的潜在风险等级程度，但是网络构造烦琐，实际应用时还需反复交叉不断完善，易用性不佳；关联规则挖掘方法通过寻找数据中的频繁项集、最大频繁项和最大关联规则，来对风险因素进行验证和预测，主要用于找出影响食品安全的主要因素并对其进行验证，但其评估结果中容易出现冗余数据；ARIMA

是最典型的时间序列预测方法，具有简单、短期预测效果良好的特点，常被用于预测食品安全事件发生的时间序列（如抽检不合格次数随时间的变化情况），但其该模型假设时间序列数据是线性变化的，不能准确地描述食品安全与其影响因子间的非线性关系，使用十分受限[177]。相比之下，人工神经网络和支持向量机等技术十分善于发掘非线性变化规律数据中存在的联系，提取多维复杂数据中的特征值并将其作为模型输入，可以实现精准高效的风险评估与预测[171]。

综上所述，单纯地通过实证调研进行统计分析的方法和模糊理论、层次分析等结果评价模型进行食品供应链安全风险评价，往往只能从宏观层面解决食品供应链安全风险监管"结果怎么样"的现状认识问题，而无法为整个食品供应链及其节点安全风险水平"未来怎么样"的预测问题提供解决方案[175]。大数据时代下，基于数据体量大、数据种类繁多的食品供应链数据和食品安全相关数据，结合大数据挖掘技术（如贝叶斯网络、人工神经网络等）构建的定量的、鲁棒的、可迁移的食品安全风险预测模型，在客观性、准确性、适用性等方面均表现出突出优势。

大数据挖掘是指从大数据中自动提取潜在隐含的信息，以发现规律或模式的一种手段。大数据挖掘技术是多种学科领域技术的集成，每一种挖掘方式都涵盖了机器学习、统计学、模式识别、高性能计算等技术领域。例如，人工神经网络是一种高度适用于解决不确定性问题的方法。在食品安全风险预测中，即使系统内部状态未知，也能基于现有的定量和定性知识实现精准预测与预警。此外，考虑到现代食品供应链网络涉及要素繁多、要素间关系错综、供应链层级复杂，复杂网络和知识图谱的理论与方法在食品安全风险预测中也得到应用。对此，基于大数据挖掘的食品安全风险预测方法主要有以下三类。

**1. 基于机器学习和深度学习的食品安全风险预测**

基于机器学习和深度学习的食品安全风险预测方法将食品安全大数据（如食品属性数据、历史抽检数据等）作为模型输入数据，将其对应的食品安全状态即目标属性（如食品风险等级）作为模型输出数据，通过训练机器学习和深度学习模型来预测食品安全风险水平。方法流程一般分为模型构建、模型训练和模型预测三个阶段。

在模型构建阶段，首先需对食品安全大数据进行预处理，整理出用于食品安全风险预测的属性数据，并评估食品的风险程度或等级；其次需要根据研究问题和数据特点选取合适的机器学习或深度学习模型，常用的模型包括支持向量机、HMM、决策树、ANN等。其中，ANN作为一种重要的数据挖掘工具，通过大批次训练获得系统隐含规律，输入值之间、输入输出值之间不需要严格的假设关系，同时能够根据区间数、模糊数等处理定性信息。ANN以并行处理、自学习、实时性等特点见长，由于大量神经元的微观活动构成了神经网络的总体宏观效应，因此其具有很强的表现能力与容错性。在模型训练阶段，需要设置和调整模型的训练参数，并根据训练过程中的模型误差变化情况挑选出最佳模型。在模型预测阶段，运用训练好的模型进行食品安全风险预测，将预测结果与期望输出进行比较分析，从而得出模型性能评价结果，常用的模型评价指标包括准确率、精准率、F1 值、AUC（area under curve，曲线下方的面积）、ROC（receiver operating characteristic curve，受试者操作特征曲线）等。

与传统的食品安全风险评估方法相比，大数据挖掘技术可以有效利用表征食品安全信息的原数据，由此构建的食品安全风险预测模型能够更客观地反映食品安全状况，对模型预测结果进行细化分析，可以辅助食品安全监管工作。同时，训练好的食品安全风险预测模型可以应用于后续新生产食品的风险管控，具有较好的复用性和可扩展性[178]。

2. 基于复杂网络的食品安全风险评估与溯源

食品安全与供应链之间具有密切的关系，供应链环节及其主体是产生食品安全风险的主要源头。在供应链视角下，食品供应链核心企业的食品安全经常遭受来自原料供应、加工生产、流通销售等不同环节的未知风险和潜在危害，食品安全风险管理的关键在于根据食品供应链的特征及其风险形成机制，构建能够适应供应链结构、发挥供应链主体作用的风险管理体系。

食品供应链并非一个简单的链条式结构，而是由多节点和多主体交互作用所构成的网状结构。在"从农田到餐桌"的整个流程中，食品供应链涉及原料供应商、生产商、食品加工商、分销商、物流商、零售商、政府、社会组织（如认证、检验、鉴定等相关机构）和消费者个体等众多利益相关者，涉及原材料的采购、加工、生产、包装以及食品的流通、销售等关键流程。众多分散、不稳定的利益相关者通过一系列食品生产和交易活动，形成了多主体的交互合作关系，进而形成了食品供应网络化的组织结构[179]。基于此，复杂网络的相关理论与方法被用于食品供应链网络构建、结构分析以及风险评估与溯源。

一方面，基于海量的食品流通数据，如生产商、中间商、零售商等供应链节点企业之间的食品交易记录，可以构建食品供应链网络，利用复杂网络理论与方法来分析食品供应链网络结构特征，包括静态拓扑结构特征，如度中心性、介数中心性、网络平均度、网络度分布、网络直径、网络密度、网络聚类系数等，以及动态拓扑结构演化特征，如节点度和网络直径随时间的变化情况等；在此基础上，可以对食品供应链网络中节点的重要性和传播能力进行衡量，从而实现食品供应链网络风险评估；也可以提出基于食品供应链网络结构的风险溯源指标，从而实现风险追踪。另一方面，基于与食品安全相关的海量互联网舆情数据，如微博帖子和转发数据等，可以构建食品安全舆情网络，通过复杂网络相关计算来识别舆情网络上传播食品安全相关舆情的意见领袖、关键节点等，进而通过传播动力学理论与方法来评估网络舆情的传播风险，从而辅助开展食品安全舆情的跟踪和管控等工作[180]。

3. 基于知识图谱和图神经网络的食品安全风险预测

知识图谱（knowledge graph，KG）是一种带有语义信息的异构网络，其中节点表示实体，节点间连边表示实体之间的语义关系。知识图谱通常是以三元组<头实体，关系，尾实体>的形式来描述真实事件的，表达比较直观，使人可以在较短时间内熟悉和掌握数据[181]。图神经网络（graph neural network，GNN）是一种利用深度学习方法直接对图结构数据进行学习的框架，其通过在图的节点和边上进行特定的处理，来将图结构数据转化为规范而标准的数据，并将其输入多种不同的神经网络中进行训练，在节点分类、边信息传播和图聚类等任务上取得优良的效果，已应用于社会网络、推荐系统、化学分子预测、医药、人类行为预测等领域。

在食品安全领域，知识图谱可以最有效、最直观地表达出食品安全相关实体间的关系，让监管人员对数据有更加直观的了解，利用图神经网络对知识图谱数据进行挖掘，可以解决以往深度学习在关系推理上存在的问题，进而实现食品安全风险的可视化分析和风险预测[182]。具体地，通过绘制与食品安全相关的知识图谱，并将这些信息可视化，可以精确地分析和评估食品安全状况；利用食品抽检数据建立食品安全知识图谱，基于异构图注意力网络建立食品安全风险评估模型，可以取得较好的食品安全风险预测效果[183]。例如，在图 8-1 所示的食品安全知识图谱中，圆圈表示实体，不同类型的实体用颜色区分，其中白色表示地区，浅灰色表示食品，深灰色表示危害物；箭头表示实体间的关系，如该图谱中包含的关系类型有销售、生产、检出等。于是，从该图谱中可得到的信息有：北京生产奶酪并销售到河北，山东和陕西生产泡菜并销售到福建，从熏制火腿中检出山梨酸及其钾盐，等等。

在基于知识图谱和图神经网络的食品安全风险预测中，首先，需对来源多、形式多样的食品安全风险信息进行清洗与集成，并从中提取食品安全相关实体以及实体间的关系类型，从而构建食品安全知识图谱，以有效反映当前食品安全的综合风险状况。其次，将食品安全知识图谱作为训练图神经网络的数据集并进行特征学习，常用的图神经网络包括图卷积网络（graph convolutional network，GCN）、图自编码器（graph auto-encoder，GAE）、图循环网络（graph recurrent network，GRN）和异构图注意力网络等；以异构图注意力网络为例，按照不同的关系路径将整个知识图谱分解为多个子图，在不同的子图内进行信息的加权聚合得到子图级表示，再通过注意力机制聚合不同子图得到图谱级特征表示。最后，对图神经网络模型进行训练并评估模型性能，利用训练好的模型进行食品安全风险预测。

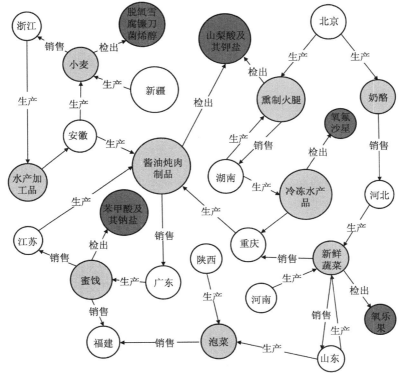

图 8-1　食品安全知识图谱示例

　　受到全球化生产、组装、销售模式的深刻影响，频发的产品质量安全事件、召回事件等越来越引起人们对供应链网络安全、生产质量评估的重视。基于知识图谱和图神经网络的食品安全风险预测模型可以用于食品抽检时的现场快检或辅助专家决断，该模型不仅可以节省大量时间、设备和人力资源，而且可以为食品安全风险预警提供决策依据。因此，利用该模型进行食品风险预测可以帮助食品监管部门更加高效地监管食品安全，保障人民群众的健康。此外，还可以结合时间数据将知识图谱扩展为时序知识图谱，基于时序知识图谱和图神经网络构建食品安全风险预警模型，既能对历史数据进行分析和集成，又能把控全局信息的网络，可以充分挖掘随时间变化的食品数据安全信息。

### 8.1.4　食品供应链网络建模与风险溯源

　　现代信息物理系统（cyber-physical systems，CPS）高度集成并呈现出日益复杂化的趋势，在现实生活中，对发生和传递在 CPS 上的物品或信息进行追溯，在谣言传播、食品安全问题曝光、流行病暴发等重大事件的应急处置中具有至关重要的作用。以现代供应链网络为例，其网络结构错综复杂，参与节点从数千到数百万不等，其地域分布、供应能力、保障水平等均存在极大差异，给产品质量安全、质量追踪等带来新的挑战。在如此复杂的供应链网络中，通过科学的模型和指标保障产品质量安全，并指导网络结构设计，从而使追溯能力得到最大程度的提升显得尤为重要。

基于可追溯流通数据的供应链管理是典型的大数据时代下的社会管理问题，也是国家和政府重点关注的民生问题。随着全球贸易活动的增加与活跃，产品追溯体系在各国产品安全管理中得到更加迅速的发展。欧盟、日本及澳大利亚等国家和地区的政府推行强制性追溯体系，旨在满足消费者和国际市场需求、保护消费者权益以及加强产业链管理。我国商务部也早在 2016 年在宁波市召开了全国重要产品追溯体系建设工作会议，贯彻落实《国务院办公厅关于加快推进重要产品追溯体系建设的意见》（国办发〔2015〕95 号），总结了"十二五"重要产品追溯体系建设成效，并研究部署"十三五"工作。重要产品追溯体系贯穿着产品供应链的全过程，可以有效解决各环节间的信息不对称问题，建立起价格信息市场互通机制和质量安全责任惩罚机制，有利于实现质量问题产品召回、产品安全事件追责，这是构建国家产品质量安全体系的重要组成部分。

在此背景下，本书结合我国商务部分批支持建设的 58 个城市重要产品追溯体系，围绕复杂产品供应链网络追溯能力，提出了大规模复杂有向加权网络的可追溯性问题，开发了一个通用的三层加权有向供应链网络模型[184]，在此基础上基于贝叶斯推断提出了网络追溯能力指标——追溯熵（traceability entropy，TE）[185]，对互联网与大数据环境下现代 CPS 网络设计与优化具有重要的指导意义。

## 1. 三层加权有向供应链网络模型

现代供应链是由大量的生产者、加工者、分销商和零售商构成的，这样广泛的流通范围给检验、监测以及追溯工作带来了巨大的挑战。由于产品在生产和销售的过程中会被生产商、加工厂、包装商、多级经销商、批发商和零售商经手，我们需要一种可以最广泛代表这种供应链特征的模型，在此本书提出一种针对单一产品类型的简单建模框架，这种建模框架可以推广到多种商品类型，其结构如图 8-2 所示，节点表示供应链节点，边表示供应链节点之间的产品流通。

"生产者-加工者-分销商"三层供应链网络模型将现实世界中的供应链抽象为一个三层网络（FSR）——生产层（farm layer）、分销层（distributor layer）、零售层（retailer layer），产品从生产者流向加工者，从加工者流向分销商。

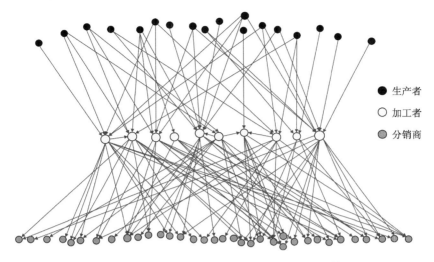

图 8-2　"生产者-加工者-分销商"三层供应链网络模型示意图

假设产品在每个节点都经过了充分的均匀的混合，那么每个节点成为感染或故障来源的概率与其生产或销售量在总量中所占的比例成正比，令 $F$ 表示生产层行向量，其每个元素 $f_i$ 表示第 $i$ 个生产商的生产量，而 $\mathrm{fs}_{ij}$ 表示从第 $i$ 个生产商到第 $j$ 个分销商的产品在第 $i$ 个生产商的生产量中所占的比例。令 $S$ 表示加工层行向量，可以通过生产层行向量 $F$ 和基于先验概率的流通矩阵 FS 的内积计算求得。相似地，令 $\mathrm{sr}_{jk}$ 表示从第 $j$ 个分销商到第 $k$ 个分销商的产品在第 $j$ 个分销商的销售量中所占的比例，则分销层行向量 $R$ 可以通过加工层行向量 $S$ 和基于先验概率的流通矩阵 SR 的内积计算求得。生产商的数量、加工商的数量以及分销商的数量分别为 $I$、$J$ 和 $K$。

第 $i$ 个生产商的生产量为 $f_i$（$1 \leqslant i \leqslant I$），其中，$I$ 也可称为生产层的节点总数。同理，第 $k$ 个分销商的销售量是 $r_k$（$1 \leqslant k \leqslant K$），其中，$K$ 也可称为分销层的节点总数，其计算公式如下：

$$F = \left[ f_1, f_2, \cdots, f_i, \cdots, f_I \right], \ 1 \leqslant i \leqslant I \tag{8-1}$$

$$S = F \times \mathrm{FS} \tag{8-2}$$

$$R = S \times \mathrm{SR} = F \times \mathrm{FS} \times \mathrm{SR} \tag{8-3}$$

其中，

$$\mathrm{FS} = \begin{bmatrix} \mathrm{fs}_{11} & \mathrm{fs}_{12} & \cdots & \mathrm{fs}_{1J} \\ \mathrm{fs}_{21} & \mathrm{fs}_{22} & \cdots & \mathrm{fs}_{2J} \\ \vdots & \vdots & & \vdots \\ \mathrm{fs}_{J1} & \mathrm{fs}_{J2} & \cdots & \mathrm{fs}_{IJ} \end{bmatrix} \tag{8-4}$$

$$SR = \begin{bmatrix} sr_{11} & sr_{12} & \cdots & sr_{1K} \\ sr_{21} & sr_{22} & \cdots & sr_{2K} \\ \vdots & \vdots & & \vdots \\ sr_{J1} & sr_{J2} & \cdots & sr_{JK} \end{bmatrix} \tag{8-5}$$

因此，可以通过生产层向量，结合流通中转量的矩阵推断出分销层和零售层的向量数据：

$$S = F \times FS = [f_1, f_2, \cdots, f_I] \times \begin{bmatrix} fs_{11} & fs_{12} & \cdots & fs_{1J} \\ fs_{21} & fs_{22} & \cdots & fs_{2J} \\ \vdots & \vdots & & \vdots \\ fs_{J1} & fs_{J2} & \cdots & fs_{IJ} \end{bmatrix} = [s_1, s_2, \cdots, s_j, \cdots, s_J],$$

$$1 \leqslant j \leqslant J$$

$$\tag{8-6}$$

$$R = F \times FS \times SR = [f_1, f_2, \cdots, f_I] \times \begin{bmatrix} fs_{11} & fs_{12} & \cdots & fs_{1J} \\ fs_{21} & fs_{22} & \cdots & fs_{2J} \\ \vdots & \vdots & & \vdots \\ fs_{J1} & fs_{J2} & \cdots & fs_{IJ} \end{bmatrix} \times \begin{bmatrix} sr_{11} & sr_{12} & \cdots & sr_{1K} \\ sr_{21} & sr_{22} & \cdots & sr_{2K} \\ \vdots & \vdots & & \vdots \\ sr_{J1} & sr_{J2} & \cdots & sr_{JK} \end{bmatrix}$$

$$= [r_1, r_2, \cdots, r_k, \cdots, r_K], 1 \leqslant k \leqslant K$$

$$\tag{8-7}$$

$$S = F \times FS = [f_1, f_2, \cdots, f_I] \times \begin{bmatrix} fs_{11} & fs_{12} & \cdots & fs_{1J} \\ fs_{21} & fs_{22} & \cdots & fs_{2J} \\ \vdots & \vdots & & \vdots \\ fs_{J1} & fs_{J2} & \cdots & fs_{IJ} \end{bmatrix} = [s_1, s_2, \cdots, s_j, \cdots, s_J], 1 \leqslant j \leqslant J$$

$$R = F \times FS \times SR = [f_1, f_2, \cdots, f_I] \times \begin{bmatrix} fs_{11} & fs_{12} & \cdots & fs_{1J} \\ fs_{21} & fs_{22} & \cdots & fs_{2J} \\ \vdots & \vdots & & \vdots \\ fs_{J1} & fs_{J2} & \cdots & fs_{IJ} \end{bmatrix} \times \begin{bmatrix} sr_{11} & sr_{12} & \cdots & sr_{1K} \\ sr_{21} & sr_{22} & \cdots & sr_{2K} \\ \vdots & \vdots & & \vdots \\ sr_{J1} & sr_{J2} & \cdots & sr_{JK} \end{bmatrix}$$

$$= [r_1, r_2, \cdots, r_k, \cdots, r_K], 1 \leqslant k \leqslant K$$

2. 基于贝叶斯推断的追溯矩阵

基于上述供应链网络模型，可以采用贝叶斯推断来分析后向追溯问题[186]，这可以抽象概括为一种概率推理问题。需要思考的是，在观测到不同分销商发生感染的情形下，已知供应链网络的拓扑结构和流通量数据，可否推断出哪个生产商或经销商是其感染源。借助概率的思想，也就是需要推断出每个生产商是感染源的概率分别是多少。由于 FS 是从 $F$ 到 $S$ 的先验概率矩阵，而已知 $F$ 向量和 $S$ 向量的数值，则可以计算后验概率矩阵：

$$P\left(F_i\big|S_j\right) = \frac{P\left(F_i\right)P\left(S_j\big|F_i\right)}{P\left(S_j\right)} = \frac{F_i \times \mathrm{FS}_{ij}}{S_j} = \mathrm{SF}_{ji} \tag{8-8}$$

$$P\left(S_j\big|R_k\right) = \frac{P\left(S_j\right)P\left(S_j\big|R_k\right)}{P\left(R_k\right)} = \frac{S_j \times \mathrm{SR}_{jk}}{R_k} = \mathrm{RS}_{kj} \tag{8-9}$$

假设在供应链网络中有且仅有一个感染源，如果在第 $k$ 个分销商处观测到某安全事件，那么推断其来源于第 $i$ 个生产商的概率为

$$P\left(F_i\big|R_k\right) = \sum_{j=1}^{J} P\left(S_j\big|R_k\right) \times P\left(F_i\big|S_j\right) = j = \sum_{j=1}^{J} \mathrm{RS}_{kj} \times \mathrm{SF}_{ji} \tag{8-10}$$

$$= \left(e_k^{\mathrm{T}} \times \mathrm{RS}\right) \times \left(\mathrm{SF} \times e_i\right) = \mathrm{RF}_{ki}$$

因此，这种后验概率矩阵的计算方式可以拓展到矩阵形式，即已知某分销商感染之后推断某生产商为感染源的概率矩阵为

$$\mathrm{RF} = \mathrm{RS} \times \mathrm{SF} \tag{8-11}$$

### 3. 复杂供应链网络追溯熵指标

基于上述内容，将信息学中关于熵的理论应用在追溯问题上。设想一种追溯工作场景：我们被允许提出答案是"是/不是"的问题，直到确认出哪一个是感染源。那么 $F_i$ 的网络追溯熵的含义就是：为了寻找到它，我们需要问"是/不是"这个问题的次数的平均值（假设我们有一种合理的提问策略）。不确定性越小，那么需要提问的次数就越少，这也就意味着熵值越小，网络的可追溯性越高。在这个过程中，感染源的不确定性是 $2^E$，或者说感染事件可能的暴发来源有 $2^E$ 个。

我们提出使用追溯熵来表征追溯感染源农场的不确定性指标，当观测到第 $k$ 个零售商发生了感染时，其网络追溯熵的计算公式如下：

$$\mathrm{TE}(k) = -\sum_{i=1}^{I} P\left(F_i\big|R_k\right) \log\left(P\left(F_i\big|R_k\right)\right) \tag{8-12}$$

显然，当追溯网络呈现树状结构的时候，网络追溯熵最小，TE = 0。当整个网络呈现为全连接网络，即每一个层级之间的链接都被最大化，每个零售商都得到来自全部生产商的相同数量的产品时，网络追溯熵最大，TE = log $I$。对任意一个供应链网络，如果污染来源于 $F_i$，已知某感染零售商为 $R_k$，鉴定农场 $F_i$ 为感

染源的不确定性等同于从 $2^{\text{TE}(k)}$ 个生产商中随机挑选一个的概率。因此，追溯熵提供了一个对网络普遍适用的评价指标。

4. 结果分析

本案例在国家重要产品追溯体系的数百万大宗商品流通基础上验证了上述模型和方法的有效性，证实了我国供应链输送网络的复杂关系，为源头追溯、管控等提供了有意义的借鉴。研究结果表明，追溯熵可以描述网络结构中所隐含的最本质的追溯特性，并与实际的网络追溯算法预测精度具有强相关性。我们发现，供应链网络的密度、节点度分布、区域化或全球化结构等均对网络追溯能力有重要影响，对大数据与互联网环境下现代 CPS 网络设计与优化具有重要的指导意义。网络追溯能力熵被用于评估我国重要产品的十个最早试点城市供应链网络结构，包括宁波（NB）、杭州（HZ）、成都（CD）、重庆（CQ）、昆明（KM）、无锡（WX）、上海（SH）、青岛（QD）、南京（NJ）和大连（DL），上述城市的网络追溯熵与追溯算法预测精度的相关性如图 8-3 所示，有效指导了我国复杂城市供应链网络结构设计，提升了食品安全追溯能力。

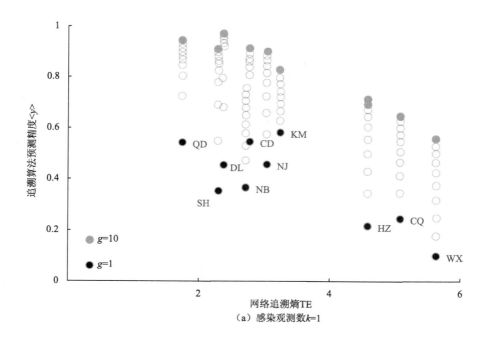

（a）感染观测数 $k=1$

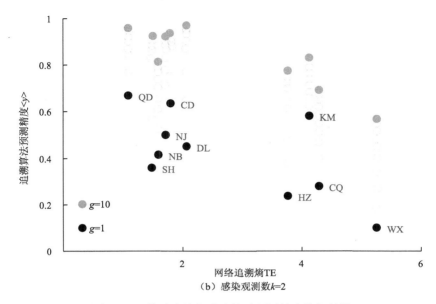

图 8-3　网络追溯熵与追溯算法预测精度的相关性

从实际应用角度看，本案例是大数据环境下的社会管理在供应链管理领域的应用，主要聚焦于分析产品属性的影响因素、产品市场的特征规律以及产品安全的风险管理和应急追溯，为基于现实追溯系统进行数据挖掘开拓出了一套全新的研究框架，有利于现代大规模复杂网络的追溯能力优化设计与评估。网络追溯熵指标可用于衡量质量问题及其来源的不确定性，并应用于解决各类有向加权网络的溯源问题，从而为供应链风险管理提供全新的研究思路。

### 8.1.5　总结与展望

大数据驱动的食品安全风险预测具有非常重要的研究意义，能够结合人工智能、数据挖掘等理论与方法发挥潜在应用价值，但在数据质量、数据共享、隐私保护等方面也面临一些挑战。在数据质量方面，多源异构的食品安全大数据融合不够充分，存在综合利用困难问题，例如，开展食品安全抽检及监测的主要部门有国家市场监督管理总局、农业农村部、国家卫生健康委员会和海关总署等，不同部门之间的职能分工不同，存在信息平台相互独立、数据难以融合以及数据有误差、数据缺失、数据不准确等问题，难以实现数据互通互用。在数据共享方面，国家食品安全抽检数据具有敏感性，企业相关数据的商业价值巨大，各部门数据源相对独立，数据开放共享程度低，存在食品安全大数据链条缺失、信息不全、碎片化、孤岛化等问题，难以构建行业跨部门的全链条大数据体系。在隐私保护方面，大数据在采集、存储和使用过程中面临诸多安全风险，尤其是隐私泄露风险给用户带来了严重困扰，如何确保大数据的安全始终是技术人员面对的难题。

为应对上述挑战，针对多层级、多主体、多阶段、跨部门的食品生态系统，应建立有效的数据采集渠道和标准，解决数据异构和不完整等问题，并确保数据的准确性和一致性；应采取相应的数据加密和权限控制措施，防止数据泄露和滥用，并在此基础上建立食品安全知识共享平台，促进食品安全数据的开放共享和互通，形成有效的食品安全管理体系；应进一步加强多阶段的食品安全风险管理，融合人工智能、区块链、物联网、分布式计算等新技术，提高食品安全风险评估、溯源和预测能力，为社会共治食品安全提供技术支撑，从而实现食品安全智慧监管。

## 8.2 冬奥会公共安全风险大数据分析

冬奥会的公共安全风险种类繁多，涉及自然灾害、城市运行、防恐反恐、冬季流行病等多重公共安全风险，覆盖十几个行业领域。除了各个行业领域内的各种风险，多灾种、跨领域、多尺度的耦合风险受到越来越多的关注。传统的风险识别与评估技术在处理具有点、线、面等特征的单一风险源方面已经相对成熟。然而，当面临多灾种和全过程的风险评估时，由于高度的不确定性的存在，这些技术表现出明显的不足。因此，基于大数据、事件链分析和情景推演的新兴风险评估技术成了重要的研究方向[187-189]。具体到冬奥会这一特殊场景下，研究不同时空尺度下赛事中的次生、衍生及耦合事件的发生规律变得尤为重要。此外，对可能影响冬奥会举办的城市公共安全相关数据进行采集更新、科学评估以及分类管理也显得至关重要。这不仅有助于提高应对突发事件的能力，还能为保障赛事顺利进行提供强有力的支持。

冬奥会突发事件链风险源的辨识可分为两个层次：一是辨识（列举）评估区的高危自然灾害、事故灾难风险源、公共卫生风险事件、社会安全风险事件，辨别突发事件可能对周边的工业设施、人员、财产造成的损失的大小；二是基于系统动力学理论，运用灾害链式效应（事件链式效应）的专业知识，分析区域中灾害演变、发展、衍生的趋势，以及自然灾害、事故灾难、公共卫生事件、社会安全事件之间的诱发关系。

对于突发事件链中的灾害相关数据，可以通过查阅长期的历史资料，特别是大数据的统计分析获得，或者结合专家意见开展社会调查获得。

### 8.2.1 历届冬奥会突发事件统计分析研究

本书对收集的 59 起奥运会事故数据进行了整理分析，其中自然灾害 6 起，自然灾害引发的事故灾难 3 起，涉及大风、低温、高温、地震、冰冻、暴雨等；事故灾难 17 起，涉及坍塌、爆炸、火灾等；公共卫生事件 3 起，涉及传染病和食品安全等；社会安全事件 30 起，涉及恐怖袭击、战争、新闻舆论、群体性事件等。由冬奥会突发事件统计分析可见，极端气象灾害事件、公共卫生事件、恐怖袭击事件、网络安全事件、人员密集场所安全事故等突发事件的影响较大。

根据历史事故发生规律、冬奥会赛事特点以及城市运行等各方面的影响因素，初步判断北京冬奥会期间城市公共安全面临的主要风险有：①暴雪、雾霾、大风等自然灾害；②危险物品突发环境事件及通信保障与信息安全、城市轨道交通安全、城市道路与桥梁安全、电力安全等事故灾难；③重大传染病、重大动物疫情、食品安全等公共卫生风险；④恐怖袭击、群体性事件、新闻舆论等社会安全风险。

### 1. 极端气象灾害事件影响

受全球急剧变暖的影响，全球冬季气温总体上呈逐年升高的趋势，冬季平均气温不断攀升，索契、温哥华等多届冬奥会均出现高温缺雪等情况，给赛事活动带来了直接影响。但全球变暖同时增大了极端天气气候事件的发生概率和影响，即冬季极暖和极寒等极端天气气候事件均有可能出现，特别是极寒、大风、强降雨、降雪等天气均会对赛事活动的交通服务保障、赛事活动开展、城市运行服务保障等产生很大的影响[190]。

### 2. 公共卫生事件

疫情是十分受关注的公共卫生事件，2018 年平昌冬奥会开幕式前暴发了诺如病毒疫情，导致多名工作人员被感染。2019 年底全球暴发的新型冠状病毒（coronavirus disease 2019，COVID-19）疫情，导致众多国家的重大体育赛事活动延期举办或取消，其中包括原定于 2020 年举办的日本东京夏季奥运会。COVID-19 疫情发展与控制的不确定性也给北京冬奥会公共卫生突发事件防控带来了挑战[191-192]。

### 3. 恐怖袭击、网络安全等社会安全事件

社会安全突发事件防控是奥运会等重大活动期间的重点工作，历届奥运会期间发生的重大事件大多与社会安全相关，包括恐怖袭击、网络安全事件、暴动骚乱以及虚假舆论宣传等。随着国际形势的变化，特别是由于近年来国内外激进组织的蓄意破坏和策划，恐怖袭击和暴乱事件时有发生[193-194]。同时，随着 5G、互联网等信息化新技术的发展与应用，这些事件将进一步导致不良舆论的传播扩散。此外，冬奥会等赛事活动对网络的依赖程度日益加深，这也更加凸显了网络信息安全的重要性。

4. 人员密集场所安全事故

近几届的冬奥会参加国家/地区、参会运动员以及开闭幕式参加活动的观众等数量增加明显，短时间内的大量人员聚集带来了较大不确定性。人员密集场所建筑物坍塌、人员聚众骚乱等事件均有发生。重要场馆的基础设施性能安全、人员有序疏导均值得关注[195]。

### 8.2.2 北京冬奥会公共安全大数据情况和事件链关系图谱

1. 冬奥会公共安全事件链风险数据情况

数据是实现冬奥会公共安全风险评估的基础。针对上文提出的四大类可能影响冬奥会举办的风险，通过广泛深入的部门访谈、区县调研，收集大量数据资料。首先通过大数据分析技术，对数据资料进行挖掘分析，找出不同地区、行业（领域）风险特性、突出问题和薄弱环节，明确不同灾害事件之间的相互影响关系，构建冬奥会公共安全事件链关系图谱。其次通过综合风险评估方法，对城市各区块及整体的风险进行量化评估，为城市安全发展提供强有力的技术支撑。

冬奥会公共安全信息数据需要涵盖基础地理信息数据、行政综合信息数据、气象探测数据、地质信息数据、风险源数据、冬奥会相关专业数据等。

1）基础地理信息数据

基础地理信息数据是对突发事件情景中孕灾环境、承灾体等要素进行分析所必备的信息数据，也是实现突发事件情景在 GIS 中空间叠加呈现的必要基础。基础地理信息数据包括大地测量数据（纵深范围、坡度等）、数字线划图数据，如交通路线、水域、地形地势等高线等，各级行政区域（市、区、县、乡镇等）界线标注、数字栅格、地图数据等。

2）行政综合信息数据

为更好地分析承灾体相关要素，需要行政综合信息部门提供人口数量、人口结构及居住分布信息，区域内工业生产的综合信息，区域内相关设施的部署位置、参考指标和注意事项等。

3）气象探测数据

气象因素常常是自然灾害发生的主要致灾因子，因此，气象数据的精准度与实时性是直接影响情景要素的属性，尤其是致灾因子要素位置的主要数据。气象探测数据主要包括气旋与大风等级、方向、路径和范围，降雨降雪强度范围、事件，大气温差与变化趋势等。

4）地质信息数据

地质信息数据包括突发事件区域的地表地貌、板块构造、地质断裂带数据，以及山体、丘陵、植被信息等。

5）风险源数据

风险源数据主要包括重点场所（点）、城市生命线（线）、区域性的突发事件风险源信息，如危险源信息、历史事故案例数据、在线或历史监测数据等。

6）冬奥会相关专业数据

冬奥会相关专业数据包括场馆位置、场馆建筑设计、比赛项目、应急预案等。

### 2. 冬奥会公共安全事件链关系图谱

风险评估的第一步是风险识别。针对冬奥会公共安全风险，除了识别单一风险事件之外，更为重要的是识别公共安全事件链风险。首先，需要构建一个事件链表达模型；其次，基于大数据分析等技术，对影响冬奥会举办的各类风险事件进行挖掘分析，得到事件之间的地理依赖、逻辑依赖、功能依赖、控制依赖等相互作用关系，从而构建事件链关系图谱。

1）事件链表达模型

北京冬奥会于 2022 年 2 月 4 日至 2022 年 2 月 20 日由北京和河北省张家口市联合举行。该届冬奥会包含三个赛区，分别为北京赛区、北京延庆赛区和张家口赛区。冬奥会面临的公共安全风险种类繁多，涉及恐怖袭击、自然灾害、冬季流行病等多种风险，覆盖十几个行业领域。除了各行业领域内的各种风险，多灾种、跨领域、多尺度的耦合风险近年来受到了越来越多的关注。事件链分析技术是近年来风险评估的研究方向，在国外得到了广泛的应用，但是国内的研究相对不足。开展事件链分析有助于深化对事件演化规律的认知，识别出冬奥会公共安全风险中具有耦合关系的事件，预测事件可能形成的链式结构，继而采取更加有效的断链减灾措施。

对事件进行结构化表达，揭示其发生、发展及演化规律，是事件链关系图谱及耦合风险模型构建的前提。本节基于系统论方法，将事件系统分为输入要素、状态要素、输出要素三个基本组成部分。

（1）输入要素，指导致事件系统内部状态发生变化的系统外部因素。外部环境中的异常物质、能量与信息，会促进事件的发生发展。根据异常物质、能量与信息载体的不同，输入要素可以进一步分为人为因素、物体因素、社会经济环境与自然生态环境。

（2）状态要素。输入要素中的异常物质、信息、能量的释放与爆发会以事件的形式表现出来。状态要素用来描述事件系统在特定时刻的性质与特征，主要包括三个方面：触发状态、事件状态、承灾体状态。触发状态表示事件是否发生；事件状态表示事件的行为特点，包括事件强度、影响范围等；承灾体状态描述了在一定的区域内受到该事件影响的承灾体种类与数量。

（3）输出要素。事件系统状态的变化会产生一定的异常物质、能量与信息影响外部环境，称之为输出要素。输出要素主要包括两种类型，一是事件导致的外部环境的改变，二是事件造成的损失。与此同时，某事件系统的输出要素也是其引发的次生衍生事件的输入要素。

综上，事件的结构化表达为：事件={{输入要素}，{状态要素}，{输出要素}}。模型如图 8-4 所示。

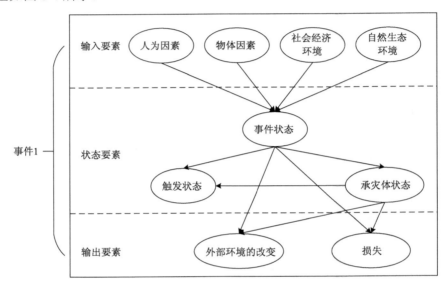

图 8-4　事件的结构化表达模型

在对事件进行结构化表达的基础上，结合各风险事件间的因果关系，将"因"事件的输出要素与"果"事件的输入要素相连接，从而构建事件链表达模型，如图 8-5 所示。

根据上述方法，可基于各风险事件间的因果关系，构建相应的事件链表达模型，揭示事件的发生、发展及演化规律，并为进一步构建事件链关系图谱及耦合风险模型提供支撑。

2）冬奥会公共安全典型事件链关系图谱

北京冬奥会举办期间，场馆人员密集，风险传播速度快，小的风险和问题有可能被高度放大，这一特点给冬奥会公共安全风险管理带来了巨大挑战。此外，冬奥会面临的公共安全风险一方面涉及自然灾害、城市运行、防恐反恐、冬季流行病[196]等多重风险，另一方面，赛事举办过程中不同时空尺度下的风险事件可能会引发一系列次生、衍生事件，这进一步增大了风险防控工作的难度。为此，本节结合北京冬奥会举办地周边的时空环境，基于北京市风险大数据分析结果，列出了可能影响赛事正常举办的典型风险事件，分析了其可能引发的次生衍生事件，研究了各风险

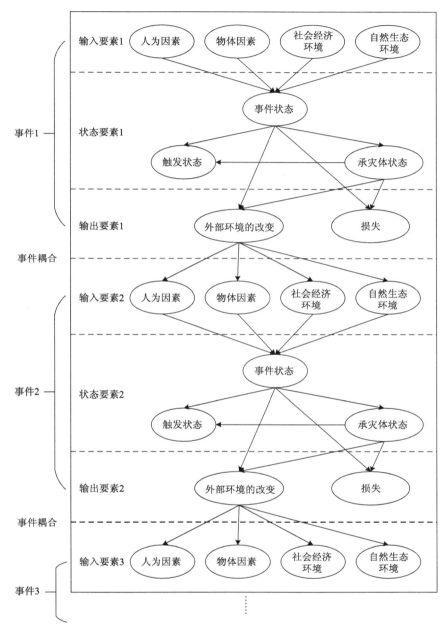

图 8-5　事件链表达模型

事件之间的因果关联关系，构建了相应的事件链模型，形成了北京冬奥会公共安全风险事件链关系图谱，如图 8-6 所示，图 8-6 中的事件（编号）含义见表 8-2。

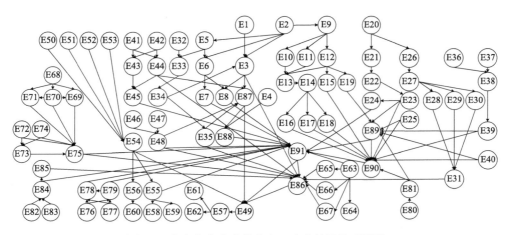

图 8-6　北京冬奥会公共安全风险事件链关系图谱

表 8-2　事件含义

| 编号 | 含义 | 编号 | 含义 |
|---|---|---|---|
| 1 | 人为破坏通信设备 | 23 | 危化品泄漏 |
| 2 | 破坏性地质灾害 | 24 | 人员中毒 |
| 3 | 通信设备失效 | 25 | 危化品发生火灾 |
| 4 | 现场应急管理不当 | 26 | 航班延误 |
| 5 | 山体滑坡 | 27 | 机场群体性事件 |
| 6 | 道路毁坏 | 28 | 围堵登机门 |
| 7 | 交通事故 | 29 | 占机霸机 |
| 8 | 救援受阻 | 30 | 机上冲突 |
| 9 | 石化系统结构或构件破坏 | 31 | 登机口封闭 |
| 10 | 石化系统管道破裂 | 32 | 冰雪灾害 |
| 11 | 油气储罐破裂 | 33 | 输电线路损坏 |
| 12 | 石化系统生产设备破坏 | 34 | 停电 |
| 13 | 石化原料或产品泄漏 | 35 | 场馆电力设备无法运行 |
| 14 | 易燃易爆原料或产品泄漏 | 36 | 市政施工破坏燃气管道 |
| 15 | 倒塌设备与其他设备碰撞 | 37 | 人为破坏燃气管道 |
| 16 | 构件碰撞产生火花 | 38 | 燃气管道失效 |
| 17 | 电线短路引起火灾 | 39 | 燃气泄漏 |
| 18 | 特殊石化原料在空气中自燃 | 40 | 泄漏处周围出现火源 |
| 19 | 生产环节引起过大压力 | 41 | 体育场馆附件群体性事件 |
| 20 | 大雾、暴雪、大风等恶劣天气发生 | 42 | 对聚集群众劝解疏散不力 |
| 21 | 危化品运输车辆发生交通事故 | 43 | 围堵体育场馆出入口 |
| 22 | 车辆中的危化品存储设备损坏 | 44 | 强行进入体育场馆 |

续表

| 编号 | 含义 | 编号 | 含义 |
|---|---|---|---|
| 45 | 肢体冲突 | 69 | 网络安全部门未有效防范或及时应对网络恐怖袭击 |
| 46 | 水源污染 | 70 | 指挥部门未能高效指挥各参与部门 |
| 47 | 水质监测不当 | 71 | 现场安保部门未及时检测出危险物品或识别出危安分子并对其加以处置 |
| 48 | 运动员中毒 | 72 | 监管部门对于危险物品的监管不足 |
| 49 | 舆论批评 | 73 | 警察部门未对可疑恐怖分子加以有效管控 |
| 50 | 环境污染 | 74 | 情报部门未准确识别危安分子 |
| 51 | 动物疫情 | 75 | 针对体育场馆的恐怖袭击 |
| 52 | 食物中毒 | 76 | 恐怖袭击地铁站 |
| 53 | 致病病毒 | 77 | 地铁设备故障 |
| 54 | 突发性传染病暴发 | 78 | 地铁火灾 |
| 55 | 运动员患病 | 79 | 地铁爆炸 |
| 56 | 药物研制压力 | 80 | 公交车老化、故障 |
| 57 | 药物抢购 | 81 | 公交车自燃 |
| 58 | 医院床位供应不足 | 82 | 冬奥景区火灾 |
| 59 | 交通限制 | 83 | 消防车辆受阻 |
| 60 | 病情控制压力 | 84 | 灾情未得到有效控制 |
| 61 | 物资供应紧张 | 85 | 火灾扩张影响比赛场地 |
| 62 | 人群踩踏 | 86 | 比赛中断 |
| 63 | 森林火灾 | 87 | 人员恐慌 |
| 64 | 林木损毁 | 88 | 踩踏事故 |
| 65 | 野生动物骚乱 | 89 | 爆炸 |
| 66 | 温度上升、场地积雪融化 | 90 | 火灾 |
| 67 | 空气污染 | 91 | 人员伤亡 |
| 68 | 活动组织者安保意识薄弱且未制定完善的安保方案 | | |

基于构建的公共安全风险事件链关系图谱，北京冬奥会的相关管理部门可清晰直观地了解各风险事件间的关联关系。

# 第 9 章

## 守护碧水蓝天——集成平台的生态环保应用示范

近年来，党中央、国务院高度重视大数据在推进生态文明建设中的地位和作用。《"十四五"国家信息化规划》提出要打造智慧高效的生态环境数字化治理体系：提升生态环境智慧监测监管水平，完善生态环境综合管理信息化平台，支撑精准治污、科学治污、依法治污。可见开展生态环境大数据治理是我国生态文明建设和新形势下生态环境保护工作的需要。但是由于我国生态环境保护工作起步晚，在数据更新、数据挖掘分析、大数据共享机制与能力建设、大数据决策应用等方面还存在不足。因此需要加强相关研究。

本章主要围绕打赢蓝天、碧水、净土三大保卫战等生态环境污染防治攻坚战的需要，以大气环境和水环境两个要素为核心，进行生态环境大数据集成分析与应用示范研究。本章主要分为三部分。首先，聚焦于生态环境领域大数据应用的难点和瓶颈问题，进行相关科学问题梳理，明确生态环境大数据资源池构建需解决的技术问题和组织管理机制问题；其次，以空气污染问题突出的京津冀地区为例，研究空气污染"预警预报—精细溯源—快速评估"示范平台构建方法；最后以水污染特别是重金属污染治理取得突出成效的湖南省"一湖四水"[①]为例，研究面向流域精细化管理的水环境管理大数据及其示范平台构建方法，分析介绍基于大数据的精准治理实践经验与成效。

## 9.1 生态环境大数据资源池构建及应用难点分析

### 9.1.1 研究背景

在新时代，信息化是驱动现代化建设的先导力量，生态环保工作与信息化工

① "一湖四水"："一湖"指洞庭湖，"四水"指湘江、资江、沅江、澧水。

作之间的联系日益紧密。党的十九大把"网络强国"作为创新型国家的基本内涵[1]，习近平总书记多次主持会议专题研究推动大数据建设和应用工作，集中体现了党中央对信息化工作、对大数据建设和应用的高度重视，大数据正成为促进我国政府管理转型的新动力、经济发展的新动能。大数据、物联网、5G、区块链、人工智能等信息技术也正成为推进我国生态环境治理体系和治理能力现代化的重要手段。

　　近年来，我国生态环保信息化建设工作如火如荼，研究和应用取得重要成效，但很多信息化基础性工作仍较为薄弱，整体工作水平还有待提升，相关信息化从业人员专业性不强，信息数据共享性较差，跟不上国家整体信息化的建设水平，无法满足新时期的生态环保工作的实际需求。随着 5G 网络的普及，物联网与移动互联将带来数据量的爆炸式增长，随着大数据与人工智能技术的应用与普及，类似的海量多源异构数据急剧增加，进行数据分析时，获取的数据量大但比较零散，很难对信息进行整合并实施集中化系统化的管理，进而导致出现信息化建设的重复和浪费现象。

　　在国内的数据库与应用平台方面，就生态环境领域而言，现存的生态环保大数据应用平台中，占据主流的平台多为基于超文本预处理器（Hypertext Preprocessor，PHP）或者 J2EE（Java 2 Platform, Enterprise Edition，Java 2 平台企业版）架构的 Web 系统、基于安卓（Android）和苹果操作系统（iPhone Operation System，iOS）开发的移动端系统等，各个平台架构不同，数据应用的方向也不同。在这些平台中，有些属于政府管控的平台，用于向公众进行数据展示和数据公开，数据来源为政府管控的现场生态环境监测站点，在信息公开和政务公开方面发挥着重要作用。有些则是小范围内的数据应用平台，用于特定项目或者特定课题的研究。这些平台的侧重点也有所不同，有的侧重于污染物数据的公开和可视化，有的侧重于数据的共享和数据的开放，有的是基于智慧环保的物联网数据的存储平台，还有的则是将数据挖掘算法模型植入之后专注于数据分析和预测预警的平台。这些传统生态环境大数据平台在处理多源异构数据时，面临数据异构融合不足、数据采集处理能力不足、数据分析运维困难等挑战。多源异构数据的融合分析会挖掘出更多隐含且具有价值的信息，如何融合结构化与非结构化数据，如何用向量处理引擎把非结构化数据变成结构化数据，高维向量、多源异构数据处理，如何推进多源异构公共管理大数据共享、融合与集成，加强对数据资源的统一管理，特别是对生态环境领域所获取的生态环境空间与生态环保业务等结构化、非结构化和半结构化数据的统一管理，成为生态环境大数据技术中的难点，也是解决现有生态环保信息化建设的瓶颈问题。

---

　　① 《习近平：决胜全面建成小康社会 夺取新时代中国特色社会主义伟大胜利——在中国共产党第十九次全国代表大会上的报告》，https://www.gov.cn/zhuanti/2017-10/27/content_5234876.htm，2017-10-27。

### 9.1.2　现状挑战

1. 开发现状

大数据资源整合技术始于 20 世纪 90 年代 ERP 系统的应用。随着计算技术以及信息化技术的快速发展，越来越多的信息应用系统诞生。越来越多系统的建立，就必然要求各个系统间能够进行数据、业务的共享。在这个过程中各个组织提出了许许多多的技术、标准、解决方案。其中较有代表性的如企业应用集成（enterprise application integration，EAI）、面向服务的体系结构（service-oriented architecture，SOA）、ESB 等几种，有技术标准、有架构思想、有设计模型、有商业概念，设计者的目的就是解决不同系统不同数据源间的数据融合问题。美国计算机科学公司（Computer Sciences Corporation，CSC）开发的 Multibase 系统是一种集成异构分布式数据库系统[197]，用于集成多源的、异构的、分布式数据库的访问。该系统缩小了数据库管理系统、语言和数据模型之间的差异，为用户提供了统一的全局模式和单一的高级查询语言，本地数据库保留了更新的自主权。美国 IBM 开发了 Garlic 中间件系统[197]，此系统设计之初是为了建立一个异构数据库系统，能够集成不同数据库系统以及各种非数据库数据服务器中的数据，这种整合必须在保证数据服务器独立性的同时不创建其数据的副本。由于数据大多是由对象自然建模的，因此该系统为应用程序提供了一个面向对象的模式，提供对象查询服务，将查询片段发送到适当的数据服务器，并汇编查询结果以将其传递回应用程序。斯坦福大学研究开发的 TSIMMIS（The Stanford-IBM Manager of Multiple Information Sources，斯坦福-IBM 多元信息来源管理系统）是一个异构信息源集成系统[198]，主要针对结构化数据和非结构化数据，从非结构化数据中提取属性的组件对象，将信息转换为公共对象模型，它结合了来自多个来源的信息，并且允许浏览信息，并管理约束跨异构站点。其优点是对任意数据源皆适用，不同数据可以用不同程序解决。BEA 系统有限公司开发了流动数据（Liquid Data）集成平台[197]，Liquid Data 采用以 XML 为中心的方法来解决集成来自不同数据源的数据并使应用程序易于访问这些信息的长期问题。

北京大学开发的 CoXML 是基于 XML 的信息应用系统[199]，能够实现数据的采集、管理以及共享。该系统以关系模型数据库为基础，开发了协同查询应答框架，建立了与其他数据库和数据源之间的查询应答机制。该系统能够基于协同查询应答机制建立通用平台，对海量的多源异构数据进行集成、管理以及共享，但该系统在 XML 数据文档类型定义（document type definition，DTD）描述方面还存在不足。东南大学开发了一种以通用对象请求代理体系结构（common object request broker architecture，CORBA）为基础的异构数据源集成系统[200]，基于 IONA

科技股份有限公司开发的数据库结构，结合微软（Microsoft）推出的关系型数据库 SQL Server 等对数据库系统和超文本数据模型进行打包。该系统可以对异构数据源和新插入的数据进行集成。北京理工大学开发的面向超大规模非结构化异构数据的数据库（ultra unstructured heterogeneous database，UUHDB）是跨平台异构型数据库，支持图形查询语言（graph query language，GQL），但是全局查询的功能没有经过系统优化，目前的效率较低。刘盼雨等提出多源异构文化大数据融合平台采用计算云和存储云两层传统架构，使用 REST API 协议将不同来源的多源异构文化数据或元数据（metadata）采集到平台中，利用元数据解析模块和元数据聚合模块（RDF 格式）进行数据解析和聚合处理[201]。张瑶等针对知识融合方法的不足，在对大数据环境下的异构知识融合方法进行深入研究的基础上，将已有的数据融合算法合理地移植到知识融合中，设计并构造了大数据环境下的多源异构知识融合算法[202]。依据知识源粒度的动态选择，提出了一种改进的知识源分解-合并算法，以获得合适粒度大小的知识源集合和尽可能真实可靠的知识。基于 Hadoop 和 MapReduce 框架所构建的实验平台对所提算法进行了实验验证，可以有效提高多源异构知识融合算法的性能。推出了多模态大模型 MarcoPolo-VL，该模型基于业界原创的结构化嵌入对齐模型训练调优，可提供 7B/14B 模型，可完成电商场景下的图片识别、优化、补全、生成等任务，形成可搜索可识别状态，关联结构化数据库解决多源异构的数据融合问题。

目前多源异构数据的整合集成平台，多数是针对特定领域，定义一个符合需求并且标准统一的全局数据模型，在处理数据之前，将采集的多源异构数据转换为符合该全局模型的数据。大多数数据平台都需要一个数据模型作为异构数据的标准，在中间环节将异构数据转换为数据模型中的标准数据，其中 XML 是比较通用的数据格式[203]。

### 2. 面临问题

根据统计，目前半结构化和非结构化数据占当前社会数据总数的 80%[204]。现有的传统的数据库结构无法准确地描述和存储它们，如何针对同源异构的大数据集成、融合、存储和管理，是当前大数据研究面临的一个重要难题。主要挑战有以下几点。

（1）数据描述语法不统一，语义异构问题突出。由于数据分散地存储于不同类型的数据源中，包括关系型数据库、文本文件及视频文件等，这些数据源所采用的语言和数据描述语法各不相同。尽管 XML 可以作为一种统一的交换格式，能在一定程度上解决语法异构问题，但各平台的应用系统存在差异，对 XML 的支持程度也各不相同，这导致在语法层面上支持多种格式与不同版本系统的兼容性成为大数据整合中的一个重要挑战，尤其是在数据集成领域[205]。

（2）系统架构异构，致使互相之间的信息交换共享成为重要挑战。这涉及网络协议异构、远程执行方案异构、用户平台操作系统异构以及认证机制异构等多方面，在不同平台不同单位的异构系统中，特别是在生态环境领域与自然资源领域、社会经济领域，原生异构系统广泛存在。数据集成面临的系统问题是特别明显的，即便有 SQL 标准查询语言，但是不同供应商的实现方式也有差异，在集成过程中需要协调。

（3）存储数据元数据格式不统一，同样或相似的科学数据元数据标准不统一，给科学数据整合带来挑战。需要克服的主要困难有，获得一个统一的集成元数据描述格式，寻找一个从源元数据格式到集成元数据格式的正确映射，正确处理元数据的不完整性和冲突，等等。随着物联网的普及，独立的存储单元增多，目前在生态环境领域并没有统一定义的格式标准，不同厂家的传感器收集的数据格式不尽相同。每个数据源即使用于相同的应用领域，也会既有结构化数据，又有半结构化数据，不同的存储模式，其结构的差异也很大。如何进行有效的跨系统查询也是一大挑战，分布式数据库中的查询处理已经是一个困难的问题，而集成数据往往是大量未知格式的数据集成，数据结构复杂，并且存放形式无组织，无法进行复杂的查询。

（4）不同领域的业务数据之间缺乏语义关联。特别是不同组织机构的数据之间缺乏语义关联，严重影响了数据之间的关联，使多业务数据综合查询存在巨大挑战。而且不同社会团体，不同政府机构，甚至不同部门之间仍存在生态环境数据不共享的现象，如果没有法律或者规章制度的保障，很难保证数据所有者将数据共享。

（5）多时空性和多尺度性，给数据融合带来了较大困难。生态环境领域的遥感数据、影像数据和监控数据具有较强的空间属性，数据可能有不同的时间和空间属性，使其在数据融合方面存在困难，且数据不仅是海量的，而且常常是实时的和动态的。

生态环境大数据是大数据的细分领域，由于生态环保工作的发展演变，大规模的观测信息资源得以产生。生态环境大数据不仅具备大数据的一般特征，还展现出更为独特的属性。生态环境数据资源是从与生态环境相关的各个部室与单位汇集而来的，数据各式各样、结构繁杂，比一些不同行业不同领域结合的信息资源更加庞大复杂，所要求的管理利用服务更加特殊化与多元化[206]。随着现代通信手段、网络与遥感（remote sensing，RS）技术、GIS、全球定位系统（global positioning system，GPS）等先进技术的进步，生态环保领域的资源呈现出快速发展的现象，对于各个行业单位在环保领域经年积存的大量信息资源，无论是存储治理还是解读利用都将遇到严峻的挑战。

### 9.1.3　技术路线

本节讨论如何汇集来自经济、社会、资源、生态环境、交通、气象等多个领域的数据源，将多源异构数据集成在统一平台上，为用户提供统一的数据访问接口，执行用户的访问请求，透明有效地对数据进行操作，对数据进行可视化展示，进而实现数据的融合集成与共享，最终形成一个大数据池，以此为基础搭建上层应用服务和数据分析工具，最终实现生态环境大数据资源池的构建与数据管理。生态环境大数据资源池整体技术架构如图 9-1 所示。

构建生态环境大数据池的主要难点在于大数据资源池平台多源异构数据的存储管理与数据融合。本节依据已经建设的生态环境大数据平台，以生态环境大数据流向为基础，以数据为导向，从生态环境管理大数据资源目录、生态环境管理大数据存储系统和生态环境管理大数据融合集成方向对架构生态环境大数据资源池的重难点进行分析研究。

生态环境公共管理场景的大数据资源池，具体包括生态环境管理大数据资源目录结构、生态环境管理大数据存储系统，以及生态环境管理大数据融合集成系统。

第一，分析国内外公共管理领域决策平台的经验与适用性，确定生态环境大数据平台系统的基本框架功能和智能决策功能；充分运用公共管理、公共决策、环境科学与系统工程、优化决策方法、大数据分析方法、云计算方法、仿真模拟技术、深度学习方法，深入研究其多源异构数据融合、多尺度清单编制、高效率环境质量模拟、快速监测预警与情景决策、适应性决策管理等关键科学问题与方法。

第二，不断跟踪国内外数据库与云平台建设相关领域的最新技术，深入研究跨部门共享和资源开放的生态环境大数据治理机制，研发多源异构的生态环境数据时空融合技术，实现跨行业、跨部门、跨区域的综合应用和数据共享，为典型区域生态环境综合管理平台的数据分析和决策支持提供历史的、丰富的、可用的数据。

第三，结合计算机、大数据相关领域的最新成果，深入研究大数据驱动的生态环境关联挖掘方法与清单编制技术、快速预测预警技术、自学习方法与智能优化决策技术、系统动力仿真方法与管理方案量化评价技术等，建设生态环境管理技术方法体系。

第四，围绕大数据驱动的生态环境管理智能决策系统理论与方法，将理论方法与实践应用相结合，实现生态环境公共管理大数据的智能决策平台示范应用，辅助决策部门优化生态环境管理。

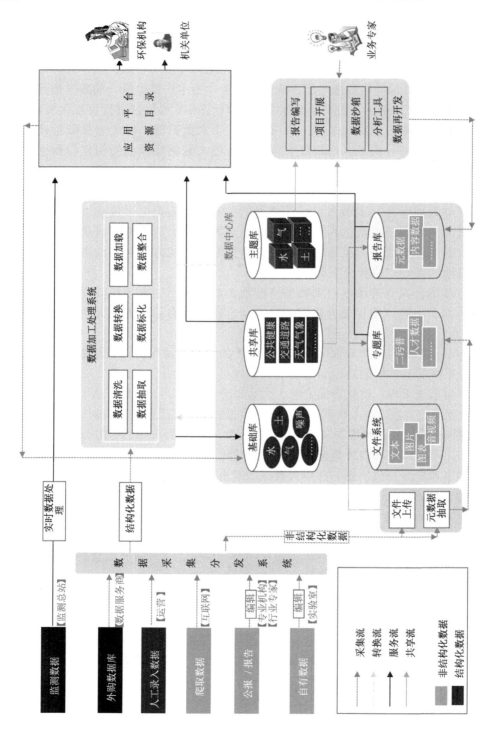

图 9-1　生态环境大数据资源池整体技术架构

### 9.1.4　生态环境管理大数据资源目录结构研究

1. 研究目标

公共管理场景下的生态环境大数据不仅包括污染物排放数据、环境质量数据、环境监测数据、环境管理数据，还包括社会经济数据及人口、交通、资源、气象、水文、能源和碳排放等各方面的数据，目的在于通过大数据集成整合寻找数据之间的耦合关系并实现对生态环境管理的精准分析。因此，有必要研究设计生态环境管理大数据资源目录，细化目录结构，以求提供多维度深层次的数据服务，建立数据共享组织和服务的基础框架。

通过研究设计生态环境管理大数据资源目录，按照信息资源分类体系及其他方式对生态环境管理数据资源核心元数据进行有序排列，为平台集成/共享环境信息和交换提供统一的信息资源目录体系，对相关的信息资源进行编目，生成生态环境管理大数据资源目录。同时规范对生态环境信息资源的采集、维护、更新等行为，提高数据查询利用率，解决生态环境大数据平台方信息资源多头采集、多头管理、输出多元、难以共享的问题，解决多方数据不一致的问题，为环境信息资源整合共享提供统一的标准化支撑，最终有效提升存储、管理、应用、协同、共享生态环境数据资源的能力。

2. 总体思路

研究生态环境管理数据来源与需求，以生态环境空间数据（涉及行政区划、数字高程、遥感影像、土地利用、控制单元、河流水系、重点区域等）与生态环保业务数据（涉及水质、水文、气象、污染源、温室气体、监测站点等）为中心，针对非结构化生态环境管理大数据的多样性及结构化大数据的异构异源特性，研究和设计生态环境管理大数据资源目录，将生态环境管理领域的资源进行整理、整合，形成标准的目录索引，构建元数据，统一数据来源，形成适应不同应用的数据资源目录。结合数据类别、数据可获得性、数据安全性、多尺度清单开发需求、模型数据需求及总体平台的功能要求，系统分析生态环境管理大数据库总体结构。

本节主要对生态环境数据资源体系进行分析、梳理和研究，对生态环境空间不同业务、政务数据进行科学、合理的分类、编码。通过对生态环境数据资源体系的进一步分析、梳理和研究，对数据进行科学、合理的分类、编码，为后续生态环境大数据集成、共享和实现多维度的环境信息资源发现、获取、定位奠定基础。

### 3. 研究方法

对生态环境管理大数据资源目录的分析、梳理和研究，一般通过以下方法进行。

1）文献研究法

使用各类文献资料数据库与各种检索查询引擎，采集归整有关生态环境保护的数据种类、信息归类技巧、各个行业资源目录体系发展情况、生态环境管理大数据资源目录设计方案等各种文献资料信息，整合前人经验和成果，系统把握当前的生态环境现状，整理出生态环境管理大数据资源目录体系研究的一些参考依据。

2）网络技术法

运用网络爬虫技术对生态环境相关公开数据以及水文、气象、管理等领域的公开数据进行动态采集并分析，为生态环境管理大数据资源目录体系研究提供信息化基础支撑。

3）分类归纳法

采用分类归纳等方法，按照不同要素、不同领域、不同空间、不同时间等规则，对生态环境保护产生的业务数据资源和生态环境保护需要的外部数据资源进行分类整理，细化分类指标，形成一套层次清晰、规范、全面的生态环境管理大数据资源目录体系。

### 4. 分类目录

数据资源目录是指在数据集成过程中，为实现信息资源的分类、展示与共享而建立的目录体系，目的在于促进信息资源的互联互通，实现信息的共通性和业务的协同性。资源目录体系最早源于信息资源目录体系，该概念源于 1994 年美国的"数字图书馆创始计划"[197]。与此同时，IBM 也发起了全球数字图书馆研究的呼吁，主张将图书资料数字化，整合数字化资源，并要求创立数字化的资源目录体系[207]。20 世纪 90 年代，美国联邦政府建立了政府信息定位服务（Government Information Locator Service，GILS）系统，该系统是一个分布式信息资源系统，可为公众提供检索、定位、获取公共信息资源等服务。经过完善与发展，美国商务部后来将其确定为联邦政府信息处理标准[208]。后来加拿大、日本、澳大利亚等国家也基于 GILS 建设本国的信息资源查询目录服务体系。21 世纪 90 年代中期，英国也开始着手进行电子政务建设，将一千多个政府机构信息资源进行整合与共享，同时出台了《电子政务互操作性框架》白皮书。为进行资源分类，英国政府公布了政府类别清单（government category list，GCL），GCL 是高级结构化的分类列表体系。之后英国政府基于 GCL 制定了电子政务元数据标准（e-government metadata standard，E-GMS），该标准统一了政府机构信息资源分类与管理的标准。

国外影响力较大的是由 15 个元素构成的都柏林核心元素集,该元素集由第六届都柏林核心元数据专题研讨会研讨通过,该元素集简单易用,得到许多相关标准规范的运用,已成为 ANSI/NISO Z39.85-2012①与互联网的正式标准 RFC2413,国外信息资源目录体系开始迅速发展[209]。

国外的信息资源目录发展起步较早,较经典的政府信息资源目录体系有加拿大的信息资源出版物(Info Source publication)系统、英国的政府信息资产登记注册库(Information Asset Register)等。有学者撰写并出版了关于描述教育和文化交流的资源目录的书籍[210]。还有学者开发了基于网络的心理健康资源目录系统,以增加可用提供者的知识[211]。为了支持基于生命周期的欧盟政策,欧洲委员会创建了欧洲生命周期评估平台(European Platform on Life Cycle Assessment,EPLCA),该平台旨在提供连贯和有质量保证的生命周期数据、方法和研究。LCA资源目录是 EPLCA 的交付品之一,包含了服务、工具、数据库和提供者的列表,之后 Sanfélix 等研究并开发了一个新的 LCA 资源目录协同网络平台,在该平台上LCA 研究可以被描述和存储[212]。Wang 和 Wei 描述了基于受限应用协议(Constrained Application Protocol,CoAP)的资源目录在加利福尼亚的实现,演示了在加利福尼亚州实现资源目录实体的基础架构,包括资源注册和资源查找[213]。美国钱德拉数据档案(Chandra Data Archive,CDA)一直在跟踪以钱德拉观测为基础的学术期刊和在线会议记录,Winkelman 和 Rots 描述了其新建的数据档案书目资源目录系统,添加了新功能,更全面地描述了文件中的数据链接[214]。

相比美国、加拿大、澳大利亚等国,我国对于政府信息资源目录体系的探索起步较晚。2002 年,中共中央办公厅、国务院办公厅印发了《国家信息化领导小组关于我国电子政务建设指导意见》,首次指明要"设计电子政务信息资源目录体系与交换体系"。同济大学的陈宏晓研究讨论了政府资源目录体系构建的一系列程序,同时还探讨了体系的整体框架与技术框架,并指出几个关键问题[215]。武汉大学的张晓娟和任文华运用定量与定性分析相结合的方法,针对 2007~2016 年十年间研究政务数据资源目录体系的相关论文进行了总体计算,分析了当前国内政务数据资源目录体系的建设情况[216]。李文生总结了国内政务数据资源目录的发展实践,对今后资源目录体系如何构建、如何发挥最大作用进行了阐述[217]。江西省非常注重政务信息资源的互通互享,目前,江西省已初步建立了政务数据资源目录体系,但在资源目录的建设过程中,仍面临缺乏完善的标准化配套体系和信息安全保障等亟待解决的问题。电子政务一体化方面,山东大学的刘文荣研究并开发了一种基于目录的政务数据信息管理系统,该系统在政务信息资源的互通共享进

---

① NISO 为 National Information Standards Organization(美国国家信息标准组织),ANSI 为 American National Standards Institute(美国国家标准学会)。

程中，提供了包括目录管理、分类管理、中介数据管理等在内多项功能，有效促进了政务数据的管理和共享[218]。北京邮电大学的刘可对电子政务数据资源目录的系统需求做了整体研究，同时针对政务数据资源目录体系设计了详细的技术架构实施计划[219]。湖南大学的周晓红依托面向服务、可扩展的结构性标记语言、J2EE 等当前主流的技术框架构建出了政务资源目录及应用平台，脱离了设定资源数据格式的限制，遵循了我国电子政务资源数据交换互享的建设需求和发展方向[220]。南昌大学的曾涛构想将信息资源分类目录和存储共享平台系统进行整合，运用 Web 服务传输技术，设计出将数据信息监测检和、交换共享合为一体的电子政务资源目录体系[221]。北京工业大学的李宏卓构建出了基于政务数据资源整合的区块链数据结构系统一致性协定，实现数据统一，设计出以智能合约手段为基础的 Metadata 体系，同时在此基础之上研究出以区块链数据结构为基础的信息资源目录体系的整体架构，设计了信息资源目录体系局部模型[222]。此外，于华探讨了将档案目录和政务资源目录两个体系进行融合的可能性，以此构建出两者一体化综合平台[223]。

随着时代的发展，信息资源目录逐渐演变成大数据资源目录，目前较为成熟的有政务大数据资源目录、交通运输大数据资源目录、医疗大数据资源目录、工业大数据资源目录、农业大数据资源目录等，但国外较少有关于生态环境方面的大数据资源目录体系的研究，在国内也缺少生态环境资源目录体系的指导文件。

在交通运输大数据资源目录体系方向，庞小培等建立了交通运输行业全域基础数据模型，逐渐形成基础数据库和数据仓库，进而形成体系化的黑龙江省交通运输管理领域数据资源目录[224]。杨雪等探讨了针对交通管理信息资源数据怎样做到目录分门别类、怎样做到目录管理监控、怎样设计出交通行业资源目录，提出了一系列举措，以期对交通管理各类信息实现整合与治理[225]。许庆超将新疆交通运输数据资源分为面向交通业务、面向交通服务和面向交通辅助三个维度，基于维度内部对信息实现了分门别类，构建出新疆交通运输大数据资源目录体系[226]。

在医疗大数据资源目录体系方向。2016 年，国务院办公厅印发了《关于促进和规范健康医疗大数据应用发展的指导意见》[227]，着重强调要建立全国健康医疗数据资源目录体系。目前我国正对健康医疗大数据资源目录的总体框架、技术路线、归类标准、编码研究等几部分进行设计，有关的标准规范也在逐步建成。陈敏等研究并设计了湖北省健康医疗大数据资源目录体系，共梳理和编制出包含近850 细目的健康医疗大数据资源分类目录[228]。随后华中科技大学的韦安琪也研究设计出湖北省健康医疗大数据资源目录体系的总体框架与技术路线，并进行了数据信息分类设计，具体构建了包含机构、基础、业务及主题资源等类别的健康医疗大数据资源目录[229]。此外，孟群等详细描述了健康医疗大数据资源目录体系建设内容当中的元数据、数据分类、编码研究与应用系统的一些主要技术和程序化规范制度的治理要求[230]；李岳峰等则梳理了健康医疗大数据资源分类目录的基础特征与探索进程，设计了我国健康医疗大数据资源目录的关键架构、分类模型与建设思路[231]。

在其他资源目录体系研究方向上，储昭武和李雪凝以建立公共数据资源目录体系为侧重点，同时应上海市大数据中心的需要及要求，提出资源目录体系基础架构与分类框架波动治理的技术路线[232]。王永隆[233]和郭路生等[234]从不同的侧重点对应急信息资源目录体系的搭建进行了探讨设计。程结晶和陈淋则提出了数字资源目录体系设计的初步构想[235]。Yu 等探讨了一种网格环境下的遥感数据共享方法，采用目录树形式，基于轻型目录访问协议（lightweight directory access protocol，LDAP）实现遥感数据的注册、发布、管理和检索，提供网格环境下遥感数据共享资源目录服务[236]。An 等采用分布式技术体系结构，结合 J2EE 框架元数据模型、目录服务技术等先进方法，建立起分布式目录的农业信息资源及数据共享平台，形成农业管理数据的有效互通共享[237]。

相较于其他领域的数据资源目录，我国生态环境大数据体系正处于探索建设时期，虽然自上而下在很多地区开展了生态环境大数据平台的相关研究与应用，但由于生态环境本身的复杂性，学者在生态环境管理大数据资源目录方面并没有深入研究，资源目录分类仍在探索时期，而且在生态环境信息化建设规范方面没有统一的技术标准化数据存储方式，数据烟囱仍存在，无法进行有效的数据互通互换，影响了生态环境数据资源的分类研究。随着人们对环境信息资源共享与数据服务的要求逐渐增高，生态环境管理大数据资源目录体系已经成为生态环境大数据平台建设不可缺少的组成部分。

在 2009 年，环境保护部①发布了《环境信息化标准指南》，但由于发布时间太早，不足以指导支撑大数据、新科技条件下的数据资源目录建设。2016 年，环境保护部办公厅印发的《生态环境大数据建设总体方案》对生态环境系统内的数据资源进行目录设计，对环境信息资源依照不同的维度进行分类，按表现形式、时间特征、信息来源、内容、时效特征和空间范围、活动行为、环境要素分别进行树状资源目录的分类，提出了建立生态环境信息资源目录体系，利用信息资源目录体系管理系统，实现系统内数据资源整合集中和动态更新，建设生态环境质量、环境污染、自然生态、核与辐射等国家生态环境基础数据库。拓展吸纳相关部委、行业协会、大型国企和互联网关联数据，形成环境信息资源中心，实现数据互联互通。孙彩萍等以大气环境科学综合数据采集与共享平台的建设为例，对大数据发展背景下以数据共享为核心的分类体系方法——美国电子政务共享框架的数据分类、中介数据服务的思想和内容进行梳理，探索业务驱动型的科学数据

---

① 2018 年组建生态环境部，不再保留环境保护部。

分类体系[238]。童波邮和陈高基于环保数据储存及管理情况，分析环保数据资源目录体系特征，构建系统所需的关键手段和环保数据资源目录的整体架构，夯实了环保数据资源目录发展的根基[239]。王燕枫等以江苏省生态环境数据资源目录体系为基础，设计了江苏省生态环境数据编码标准，构建起江苏省生态环境数据资源目录管理的系统平台，重点展现了生态环境数据的整体监管操控，呈现了生态环境信息资源服务体系成果[240]。上海市生态环保大数据项目着力建立资源目录体系，制定环境信息资源分类方法、标识符编码、核心元数据管理等规则，明确了应用模式和多权限多角色管理要求，按业务和组织架构相结合的双重分类模式，对各类型数据分别进行编目，按照环境管理对象将其分为污染源、环境质量和环境政务三大系列。环境质量数据包含对区域水、气、声、土壤、生态、核与辐射等各环境要素质量的自动监测、人工监测、预测预报等数据近20套，形成了污染源、环境质量、环境政务三大主题核心库。昆明市环境监测中心融合横向业务部门数据，如水文、气象等数据，实现对生态环境信息资源的有效补充、整合、共享、交换和分析，形成基础数据库、主题数据库、地理空间数据库。基础数据库包括污染源在线监测、污染源手工监测、排污收费、环境统计、建设项目管理、环境质量、水文、气象等非结构化数据（文档数据、视频数据）。主题数据库主要包含流域主题数据集、水环境质量数据集、空气质量数据集及污染源控制等主题。地理空间数据库包括水质在线监测站点位、空气质量监测点、水系、道路等地理信息。福建省级生态环境大数据云平台作为全国首个省级生态环境大数据平台对环保内部的数据资源体系进行拓展集成，增加了风险源、信访投诉、辐射管理、建设项目审批及验收等15条数据资源清单。黑龙江省生态环境部门的资源目录以污染源、环境质量、环境管理业务信息、环境政务管理信息、环境科技管理信息、环境保护产业信息、环境政策法规标准等为主要资源内容。江西省生态环境大数据平台实行资源目录编制综合管理，提出了目录编制要求、环境信息元数据和数据服务标识码的相关标准规范，对生态环境管理数据与服务的组织及编目、服务目录体系的建设、运行和维护管理进行标准化规定。基于此，平台制定了三级生态环境数据目录体系，与环境质量相关的28套数据资源清单，包括自然生态信息、环境质量信息、污染源信息、环境管理业务信息、政策法规标准、环保科技与产业和其他环境信息[241]。

5. 设计案例

参考生态环境大数据信息资源目录体系架构经验，根据国家环境保护环境规划与政策模拟重点实验室积累的生态环境数据基础和实际情况，建立了生态环境管理大数据资源目录体系总体框架，并进行了编码分类。

1）分类方法

综合考虑生态环境数据的属性、应用性质、处理方式、使用范围等因素，对生态环境管理大数据信息资源进行分类，同时考虑对数据进行生命周期管理和数据质量管理。

我国于 2007 年发布了《环境信息分类与代码》（HJ/T 417—2007），该规范将信息资源划分为 9 类。此份标准规范发布时间较久，且很多信息规范属于生态环境系统管理数据，社会经济数据涉及较少，并不能完全覆盖生态环境管理大数据背景下的数据资源目录。因此，本书一方面以《环境信息分类与代码》为基础，从大数据角度进行扩充，提出扩充的环境信息分类体系；另一方面对环境信息资源目录按多维树状资源目录与网状资源目录相结合的方法进行设计。

对于生态环境资源目录，目前主要采用线分类、面分类和混合分类三种分类标准。线分类法属于一维分类法，将分类对象按所选定的若干个属性或特征逐次地分成相应的若干个层级的类目，并排成一个有层次的逐渐展开的分类体系，体现的是垂直方向上的概念逻辑关联；面分类法属于二维分类法，体现的是水平方向上的逻辑关联。将所选定的分类对象的若干属性或特征视为若干个面，每个面又可分成彼此独立的若干个类目。使用时，可根据需要将这些面的类目组合在一起，形成一个复合类目。混合分类法是将线分类法和面分类法组合使用，并以其中一种为主，另一种做补充的分类方法。本节的生态环境管理大数据资源目录主要采用混合分类法，其中生态环境专业信息的分类以线分类为主，其他领域信息的分类则采用以线分类为主、面分类相结合的方式。综合现有分类情况，在国家级、省级现有资源目录分类标准基础上，采取树状信息分类方法，多维度对环境信息资源进行分类，确保树状结构下环境信息的唯一性，结合网状信息分类方法，确保环境信息资源的全面及准确。

A. 线状信息资源目录

在《环境信息分类与代码》基础上，将污染源和环境质量相关的业务数据资源主要分为 9 类环境信息。每类大的环境信息下有不同数量的中类，中类下也有若干小类、子类。

B. 多维树状环境信息资源目录

对环境信息资源按不同的维度进行分类，按表现形式、时间特征、信息来源、内容、时效特征、空间范围、活动行为、环境要素分别进行树状资源目录的分类。多维树状生态环境信息资源目录体系如图 9-2 所示。

2）编码原则

A. 唯一性

在一个分类体系中，每一个环境信息类目仅有一个代码，一个代码仅表示一个环境信息类目。

B. 合理性

代码结构与分类体系相适应。

C. 可拓充性

留有适当的后备容量，以适应不断扩充的需要。

D. 简明性

代码结构尽量简明，长度尽量短，以节省机器存储空间和降低代码的出错率。

E. 稳定性

环境信息类目的代码一经确定，应保持不变。

F. 无含义性

环境信息分类代码中的每一位数字不表示任何与环境信息相关的特定信息。

G. 规范性

代码的类型、结构以及编写格式统一。包括编码标识符、编码规则和编码结构的设计。

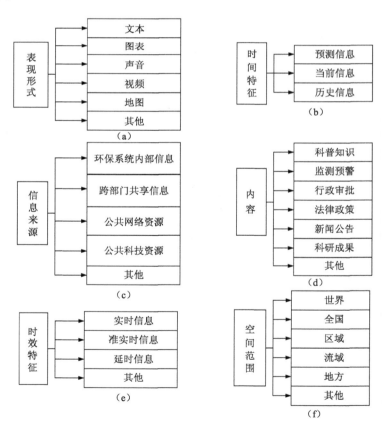

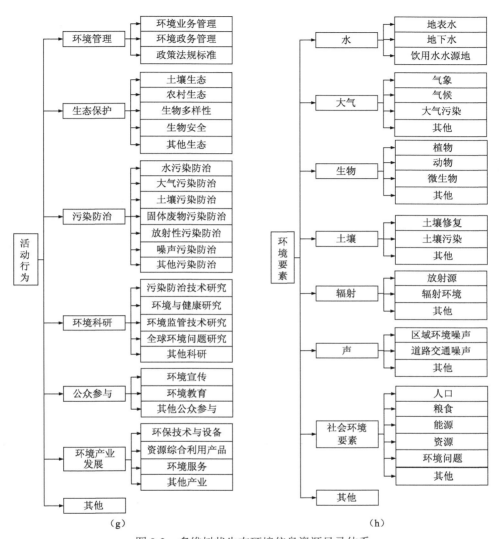

图 9-2 多维树状生态环境信息资源目录体系

3）编码方法

编码基本方法遵循《信息分类和编码的基本原则与方法》（GB/T 7027—2002）的规定和要求。以层次码为主题，每层采用顺序码，层次码依据编码对象的分类层级将代码分成若干层级，并与分类对象的分类层次相对应；代码自左向右代表层级由高至低，代码的左端为最高级层级代码，右端为最低级层级代码；采用固定递增格式。顺序码采用递增的数字码。

环境信息资源的基础代码包括行政区代码、行业代码、流域代码、监测项目代码、企业组织机构代码等，这些代码用于唯一标识各类环境信息资源，便于信息的分类、检索和管理。

### 9.1.5　生态环境管理大数据存储系统研究

#### 1. 研究目标

在大数据系统中，数据是贯穿整个体系的核心要素。所有环节设计均以数据为中心，从数据采集到最后的整合，高性能数据检索和集成共享、数据分析和深度挖掘，均涉及大量的数据存储。生态环境管理大数据在数据量上成倍增加，特别是生态环境管理平台结构化数据作为业务数据主体，仍在不断增加，而卫星影像和环境监控数据等非机构化数据正快速积累，针对这一现象，如何解决高效存储的技术难题显得十分重要。本节旨在介绍和研究设计生态环境管理大数据存储系统，以数据的存储和管理为中心，挑选不同的数据存储技术路线来避免数据流失和生态环境管理大数据存储系统失控，搭建一个以数据生命流程为主线的数据平台进行数据存储管理。

#### 2. 研究进展

数据量的爆炸式增长对数据的存储技术也提出了更高的要求。面对生态环境系统庞大的数据信息量，数据信息的存储系统需要快速地提供足够的空间对数据信息进行存储，否则难以容纳日益增加的数据信息。特别是随着生态环境管理手段的增加，卫星遥感、监测影像等非结构化数据成为大数据存储的主要组成部分，数据结构变化给存储系统带来了新的挑战，传统的数据库和存储技术不能满足日益提升的多元化数据存储要求[242]。在国内外的研究和实践应用中，主要集中使用关系型数据库，如 MySQL、Oracle、Db2 等，这些数据库在实时数据的读写方面具有良好的性能，但是当数据量增大时，处理速度会有明显的下降，并且在大数据背景下，在面对读写操作频繁、高负载的请求时，关系型数据库对并发的读写性能处理不是很理想[243]。同时，随着数据量的增大，关系型数据库不仅不能有效地支持高效率的查询，在扩容方面的特性也显得捉襟见肘。

对于结构化的生态环境数据，存储系统一般采用关系型数据库，分析数据特点，设计表结构和索引字段进行存储。分析数据特点，通常是为了减少冗余字段，减少存储量，将生态环境数据要素进行拆分表设计，并通过关联字段进行关联。但是随着海量的生态环境大数据的发展，传统的数据存储管理方式出现越来越多的问题，数据存储的冗余备份、索引容量和性能的局限性等方面都亟须引进新技术摆脱面临的困境。

生态环境数据采集方式主要有三种，一是从各类统计年鉴、中国环境状况公报和相关报告中摘取出来结构化数据，以上数据内容，在数据原始格式方面可以归纳为纸质材料、表格类统计数据，从数据存储格式来看，主要为关系型数据库形式，主要由传统的 MySQL 等关系型数据库存储，其中纸质材料主要是文件形式的数据存储格式，采用 HDFS 存储。二是社会来源数据，主要通过网络爬虫等手段从各网站或者数据库合法爬取数据，经过数据仓库技术（如 ETL）处理后存储到 HBase 分布式数据库中。三是地理空间数据，主要是卫星影像数据和栅格数据等 GIS 数据。目前全国各级生态环境信息化单位均在开展针对生态环境海量数据的存储技术的研究，除传统的关系型数据库存储系统外，面向大数据存储的信息系统技术主要包括：分布式文件系统技术、分布式数据库技术、云数据库技术。

1）分布式文件系统技术

分布式存储技术的数据存储系统具有较高的弹性、扩展性，能够实现数据库容量的横向扩展，已经发展成为大数据时代数据库存储技术的主要趋势。目前市场上的分布式内存数据库的主要架构有基于 Hadoop 的 NoSQL 和 NewSQL 两种类型，这两种类型的分布式存储技术都通过 x86 服务器搭建，数据的存储都通过服务器自带的磁盘进行。目前基于大数据存储的分布式存储系统的代表主要有GFS、HDFS、快速分布式文件系统（Fast Distributed File System，FastDFS）、Ceph分布式存储系统等。

分布式文件系统技术旨在对计算机存储与管理系统进行设计，使文件能够存储在相应的计算机节点上，依托大量的计算机节点，形成有效的计算机集群，从而提升计算机存储与管理系统的使用效率。物联网时代背景下，分布式文件系统技术以 Hadoop 生态中的 HDFS 技术为主，HDFS 能有效地对冗余的数据进行分类并存储，在保证数据安全性的前提下，提升信息数据的传输速率。湖南省气象局通过引入 Avro 数据序列化系统，对非结构化的气象小文件进行数据模式设计，并依据存储规则将这些文件合并打包为 Avro 格式后存储在 HDFS 上，从而减少了文件数量，降低了内存资源消耗。同时，对于结构化的气象数据，则利用 HBase数据库的表、列字段和行键设计思路，实施高效的宽表存储方案。为进一步提高检索效率并提供统一的检索入口，该机构还基于 Elasticsearch 搜索引擎构建了一个省级气象大数据存储索引库。通过这些技术手段，湖南省气象局不仅优化了气象数据的管理和存储，还简化了数据检索流程，提升了整体的数据处理能力和效率[244]。湖北省交通运输厅基于 Hadoop 生态体系搭建了三层架构的平台存储体系，其中主要采用数据仓库技术进行数据存储和管理，采用 Hadoop 的流式处理组件进行数据接入治理。基于 Quartz 任务调度服务框架为平台设计了一个分布式任务调度中心执行布置与运行、人工分配与管理等任务。与传统关系型数据库相比，在存储方面，该平台的数据存储结构不受数据量的限制，在查询计算方面，由于平台良好的存储结构与分布式计算能力，响应速度得到了极大的提升。在交通运输大数据应用方面[245]，以智慧无锡时空大数据为例，选取智慧无锡时空大数据与云平台 4000 余辆出租车的实时 GPS 位置数据，开展基于 HDFS 和 Spark 的时空大数据存储、处理与分析性能实验，结果表明时空数据量较少时，数据存储性能在单机环境下效率较高，而随着数据量的不断增大，集群环境的存储效率明显提升。在工业大数据存储方面[246]，相关研究基于 Hadoop 平台架构数据存储系统（HDFS、HBase、YARN），通过 Maxwell、Kafka 和 Flink 技术实现数据的读取处理和同步，在不影响系统业务库的同时提高数据查询和存储管理效率，在对 HBase 和 MySQL 的性能进行对比后，发现 HBase 在计算效率方面表现更佳[247]。

2）分布式数据库技术

分布式数据库技术是指通过构建分布式数据库，针对半结构化数据与非结构化数据进行存储，分布式数据库的特征为安全性高、性能强，属于可伸缩式分布数据库的一种。分布式数据库的优点在于支持不同类型的访问接口，因此能实现多种情况下数据的访问，根据情况来选择特定的访问形式，极大地提升了数据库的使用效率。另外，分布式数据库相比于传统数据库，其设计模型更加简单，且安全性能更高，在信息数据的传输与存储过程中，将数据转化为特定的字符串，非管理设计人员难以破解，因此极大地提升了数据信息存储的安全性。目前分布式数据库的代表有 HBase、MongoDB、DynamoDB、Redis、Memcached。

非关系型数据库中的 Apache HBase 是开源分布式的列式存储系统，作为一种基于列存储的数据库，能够很好地适应海量数据及非结构化数据的存储，因为具有高扩展性和并发性而被广泛使用，成为当前的热门存储技术之一。目前针对 HBase 存储和查询的相关研究比较多[248]，例如，在桥梁工程领域，有研究利用 Hadoop 集群中的 HBase 对区域化桥梁健康监测数据进行分布式存储。在交通领域，HBase 也被用于分布式存储交通数据[249]，运用 HBase 的行键设计结合二级索引，解决时空维度分布不均引起的热点问题。农业领域有研究设计与实现了一种基于 HBase 的农作物病虫害数据存储系统[250]，弥补传统关系型数据库的不足，对多源异构数据进行统一管理，对新型数据可扩展性强。在教育领域[251]，有研究提出基于 HBase/Spark 的教学大数据存储及索引模型设计，解决数据存储时写热点和负载均衡的问题。在建筑行业[252]，有研究采用 HBase 分布式列数据库、HDFS、MySQL 分布式关系型数据库、ArcGIS 地理信息集群相结合的方式，设计了四层结构的数据仓库。在电气领域[253]，有研究基于分布式文件存储 MongoDB 数据库对海量的电网实时数据提出分布式数据库集群规划和数据库分片方法。有研究基于 MongoDB 数据库的继电保护大数据的管理理念和方法，将 MongoDB 服务器应用部署于继电保护系统，得出一套适用于继电保护大数据增加、删除、修改和查询的管理系统[254]。有研究在滇池水环境流域管理中采用两个数据中心交换的方式实现了大数据的存储[255]，一个作为监测中心的分中心，采用关系型数据库存储实时自动监测或者校对的环境监测数据，以及其他部门交换过来的监测数据，另一个则存储所有结构化和非结构化的数据，两者通过共享交换方式互联互通。最后通过报表的形式展现数据的集成分析[256]。在遥感领域[257]，有研究基于 MongoDB 和 HDFS 两种大规模存储系统的差异，针对遥感元数据采用了基于 MongoDB 的存储架构，系统不但能够进行高效的数据存储，而且具有高可靠性、高扩展性的特点。针对遥感影像数据系统采用基于 HDFS 的分布式文件存储架构，而且为了提高存储资源利用率优化了 HDFS 的多副本存储策略，提供了基于文件访问频次的混合存储策略，在保证数据可靠性和访问速度的前提下提高系统存储资源利用率。

3）云数据库技术

在云计算中，云数据库扮演着相当重要的角色，能够实现数据库的部署和虚拟化，促进数据库数据存储能力的提高，避免重复配置问题，减少资源浪费的同时，也可以为软件和硬件的升级提供良好支撑，是未来数据存储技术发展的重要趋势。云数据库可以提供多样化的数据库功能，为数据的存储和管理提供便利，结合相应的数据库服务进行分析，用户都能够借助远程方式，使用云数据库的各种功能。对于用户而言，云数据库就好比是一个简单的计算机软件，在使用时，不需要了解云数据库的原理以及各种物理层面的细节，只需要根据自己的需要选择相应的功能即可，如百度智能云、360 安全云盘、阿里云盘等各类云盘等[258]，有助于提高数据存储效率，也可以在很大程度上保证数据信息的真实性和准确性。在生态环境领域，生态环境部信息中心 2017 年启动生态环保云建设，并将生态环境领域绝大部分系统平台部署在云平台中。

3. 存储技术

生态环境相关领域存在大量的未被有效开发的信息资源，包括互联网生态环境数据、环境舆情数据、生态环境物联网的建设带来的海量半结构化数据，以及环境业务中的审批附件、图片等非结构化数据。不久的将来，大量需分析的生态环境数据类型将以半结构化和非结构化为主，传统的关系型数据库系统只能满足结构化数据的存储需求，生态环境管理大数据存储面临的主要挑战是如何存储半结构化和非结构化数据，这类数据的存储系统应具有高性价比、高可靠性、容量横向扩展和满足分布式计算等特点。

生态环境管理大数据存储技术的研究路线是采取传统关系型数据库与分布式数据库、云数据库并存的方式，提供多元异构数据的存储服务。在持续提供关系型数据库存储服务的基础上，同时提供海量数据的分布式存储和计算服务。传统的环境监测、环境统计等核心业务数据可采用传统的并行数据仓库进行存储，对于大量的空间数据和非结构化数据则运用分布式文件系统存储。对于对时效性要求较高的数据,如突发环境事件衍生的相关数据,则采用实时数据库或内存数据库进行管理。

　　根据生态环境大数据的特点,设计分布式文件系统、数据库系统、索引文件系统和缓存系统等不同的存储系统,构建生态环境管理大数据存储系统。本节架构了基于分布式的大数据存储服务,实现生态环境管理平台数据的物理存储,数据仓库(Hive)存储采用 HBase 分布式列数据库、HDFS。考虑到未来生态环境大数据中文件数量较多、单个文件较大、程序开源程度不同等情况,采用 HDFS 作为分布式文件管理系统。考虑到现有数据已经存储在不同类型的数据库系统中,并且未来数据更新可以通过与原始数据库的对接实现,因此决定仍然部署 MySQL 等传统关系型数据库,并结合图数据库(如 Neo4j)的方式进行设计。以 Hadoop 架构为大数据存储的基本支撑架构,利用其分布式文件系统(HDFS)和并行分布式计算框架(如 MapReduce 和 Spark)的横向扩展优势,能够高效地支持海量数据的存储、处理与分析任务。大数据存储系统架构如图 9-3 所示。在此基础上利用 HBase 实现对动态更新数据的存储管理,利用 Neo4j 实现图片数据的存储管理,利用传统关系型数据库存储结构化数据。

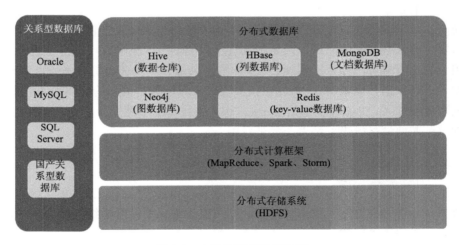

图 9-3　大数据存储系统架构

1)关系型数据库

　　关系型数据库用于存储和管理生态环境领域传统的结构化数据,采用主流的关系型数据库(Oracle、MySQL、SQL Server 及国产关系型数据库)进行存储,适合于生态环境领域中非海量数据处理及对查询等操作实时性要求高的场景。根据生态环境数据的属性,关系型数据库包含业务数据库、主数据库、主题数据库、元数据库、空间数据库。

A. 业务数据库

业务数据库定位于对已梳理的各类环境业务数据进行存储管理，数据主要来自历史数据和已建业务系统。业务数据库依据数据资源规划的结果，按照环境信息资源内在的数据关系进行存储设计，对环境基础信息采用主数据管理的设计方法，整体数据结构更加合理稳定，能更好地适应各类业务系统的不断调整，不会随着业务系统数据库结构的变化发生根本性的调整。

B. 主数据库

为了使生态环境管理大数据系统间的共享数据得以正确维护，保证生态环境管理大数据的数据一致性，须建立统一的排污企业管理档案、环境质量测点/断面档案，落实污染源一源一档、环境质量一点一档的主数据管理方式。在数据同步机制上，主数据存储库与各业务系统的主数据进行双向同步，与数据仓库等分析型数据库进行单向同步。

C. 主题数据库

按照数据的主题属性对生态环境管理大数据进行标准化的分类管理，数据主题包括水、大气、土壤、生态环境、污染源等。将与水相关的数据、与大气相关的数据、与土壤相关的数据、与生态环境相关的数据、与污染源相关的数据按照主题建立逻辑库，便于结合主题进行生态环境管理大数据场景分析。结合不同的主题，选取适合的管理模式。

D. 元数据库

通过统一的元数据库实现数据标准化管理。按照元数据库数据字典要求，生态环境管理大数据需要收集整理、标准化以下基本数据，将其作为元数据并入库：行政区划、行业类型、企业注册登记类型、单位类型、经济类型、隶属关系、企业规模、断面、饮用水水源保护区划分、水功能区类型、空气质量功能区分类、污染源控制级别、污染程度、废水类别、废气类型、建设项目类别、排污许可证类型、排污类别、排放去向、告知方式、废水排放执行标准、排放规律、处理设施类型、缴费状态、核定类型、处罚方式、执行方式、监测类型、应聘状态、监测环境条件、转移类型、运输方式、固废类型、固废处理方式、危险废物来源、燃料类型、射线装置种类、放射源种类等。

E. 空间数据库

空间数据库包括基础地图数据和专题地图数据，专题地图数据是在基础地图数据的基础上，结合相关业务数据形成的，按照数据性质划分，空间数据包括矢量数据、影像数据和属性数据等。空间数据不能独立发挥作用，须与业务数据结合才能发挥其价值，以提供空间形式的数据展现和分析。

2）分布式存储

生态环境管理大数据，除了包括传统的结构化数据以外，还包括海量规模的非结构化、半结构化数据，如环评审批附件、图片、卫星遥感图像、监控视频、标准规范等。面向海量规模的非结构化、半结构化数据，传统的集中式、阵列式存储模式已经无法满足海量数据的存储需求，且存在扩容性不强、可靠性及可用性不高等问题。因此，需引入 HDFS 存储，解决海量数据存储的难题。HDFS 的设计主要考虑文件的可靠性存储，因此它在文件的冗余存储和灾备方面提供了较好的保证，即使部分服务器硬件出现故障，它也可以保证存储的数据文件可用。HDFS 架构如图 9-4 所示。

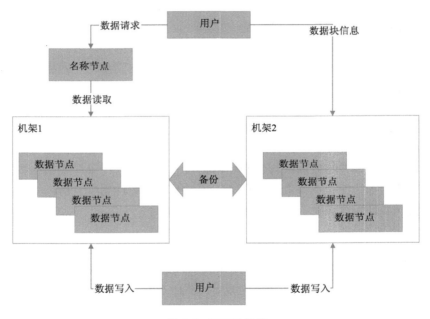

图 9-4　HDFS 架构

3）分布式计算框架

生态环境管理大数据分布式计算框架包括 MapReduce（批量计算）、Spark（内存计算）、Storm（流计算），可在建设过程中针对生态环保不同的业务场景选择相应的计算框架。

A. MapReduce

MapReduce 将计算任务分布在由成百上千个节点组成的集群中进行并行计算，处理大量的分布式离线数据，并返回计算结果，具体工作流程如图 9-5 所示。适合于环保领域海量离线数据的批量处理及对实时性要求极低的场景，如空气质量中长期模拟预测——利用 MapReduce 计算模型将海量的空气质量监测数据、污染源数据、气象数据与交通数据、道路结构数据等结合，对重点区域空气质量进行中长期分析预测，为空气质量预报及决策提供数据支持。

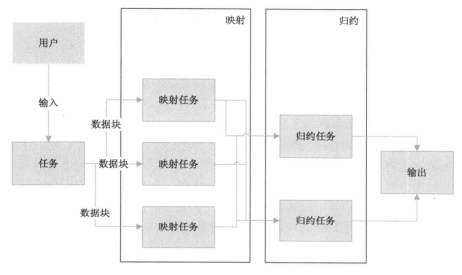

图 9-5　MapReduce 工作流程示意图

B. Spark

**Spark** 作为一个基于内存计算的开源集群计算系统，目的是更快速地进行数据分析。适用于生态环保领域海量实时性及对速度要求高的数据。适用的典型场景为重污染应急管理，针对实时监控到的各类未知污染源及已知污染源超排行为（如工业无组织排放、机动车排放、餐饮排放、散煤燃烧、扬尘等），通过 Spark 计算框架对重点区域进行精细化分析，以实现及时应急预警。

C. Storm

**Storm** 是最佳的流式计算框架，其定位是分布式实时计算系统。适用的典型场景为污染源在线监控数据存储和计算，在生态环境管理大数据应用中，污染源在线监控数据分析对企业污染源排放管理起着至关重要的作用，其中大量需要监测的数据由传感器产生，汇聚形成了大量的流数据，通过 Storm 流式计算框架对流数据进行计算，不仅能反映实时过程，同时也是进行过程追溯、流数据挖掘、溯源追踪的主要依据。**Storm** 提供的计算可以满足诸如以上所述的大量在线计算分析场景的需求。

4）分布式数据库

分布式数据库主要包括 Hive（数据仓库）、HBase（列数据库）、MongoDB（文档数据库）、Neo4j（图数据库）、Redis（key-value 数据库）等，可在建设过程中针对生态环保领域不同的业务场景选择相应的计算框架。

A. Hive（数据仓库）

Hive 是大数据存储平台中建立在 HDFS/HBase 基础之上的数据仓库基础构架组件。Hive 适用于生态环境海量结构化数据的离线分析处理，读多写少、对响应时间要求不高的场合适合使用，如数据汇总、非时实分析、海量日志分析和数据挖掘等。Hive 提供了一系列的工具，可以用来进行数据提取转化加载，是一种可以存储、查询和分析存储在 HDFS 中的大规模数据的接口。Hive 的数据存储在 HDFS 中，查询由 MapReduce 完成。

B. Hbase（列数据库）

互联网是生态环境管理大数据分析的重要数据来源，但由于互联网产生的数据结构具有多样性，不具备传统关系型数据结构特性，例如，网站公示的环境评估监测结果、气象监测站监测结果、省外环境质量、公众发布的照片、论坛信息、热门关键词、微博评论等，而其数据本身又至关重要。因此通过 HBase 数据库建设，保障海量非结构化数据的可靠存储。HBase 架构如图 9-6 所示。HBase 具有易扩展、性价比高、运维成本低等优点，同时其部署集群机器可以使用串行高级技术附件（serial advanced technology attachment，SATA）来支持海量数据存储。

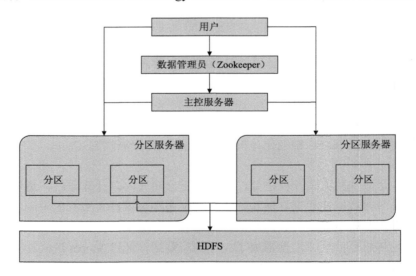

图 9-6　HBase 架构

C. MongoDB（文档数据库）

MongoDB 是一个基于分布式文件存储的数据库。为生态环境管理大数据 Web 应用提供可扩展的高性能数据存储。MongoDB 的设计目标是高性能、可扩展、易部署、易使用，存储数据非常方便。适用的场景包括：①实时数据处理。MongoDB

非常适合实时插入、更新与查询，并具备网站实时数据存储所需的复制及高度伸缩性等功能。②缓存。由于性能很高，MongoDB 适合作为信息基础设施的缓存层，在系统重启之后，由其搭建的持久化缓存层可以避免下层的数据源过载。③高伸缩性的场景。MongoDB 非常适合由数十或数百台服务器组成的数据库，其路线图中已经包含对 MapReduce 引擎的内置支持。MongoDB 的功能接近于传统的关系型数据库的功能，不仅可以利用横向扩展机器的云基础架构的优势，并且因为它能够轻松定义各种灵活的数据模型，所以可以支持不同类型的数据集存储。

D. Neo4j（图数据库）

Neo4j 是一个高性能的非关系型的图形数据库（NoSQL），适用于生态环境图形类的数据存储，如地图、移动执法现场采集的照片及环评报告等。它将结构化数据存储在网络上而不是表中，是一个嵌入式的、基于磁盘的、具备完全的事务特性的 Java 持久化引擎。Neo4j 也可以被看作是一个高性能的图引擎，该引擎具有成熟数据库的所有特性。Neo4j 具有大规模可扩展性，在一台机器上可以处理数十亿节点/关系/属性的图，可以扩展到多台机器并行运行。

E. Redis（key-value 数据库）

在生态环境大数据应用运行过程中，大量的数据被业务系统提取，频繁的数据应用请求加大了数据检索工作强度。采用 Redis 提供高性能数据缓存服务以减少各类环保业务系统对数据应用的高强度调用，以提升数据应用感受，避免出现数据展示延迟等问题。Redis 适用于生态环境数据分析、实时数据收集、实时通信等场景。

### 9.1.6　生态环境管理大数据融合集成系统研究

1. 基本概念

1）数据融合集成

人类通过各类感觉器官从外界获取各种信息来识别环境和物体状况，即使这些信息总含有一定的不确定性，含有矛盾的或者错误的成分，但人类仍然可以将各种传感器信息综合起来，并使这些感觉信息互相补充、印证，完整地处理具有不同功能的多传感器所获取的信息，实现单个传感器所不能实现的识别功能。与此同时，人类还可以根据需要不断调整自己的感官，使得人的感官对于不同时空范围内发生的物理现象能通过不同的测量特征来度量、获取和提炼。将这种方法用于工程实践中，就称为数据融合（data fusion）或多传感器数据融合（multi-sensor data fusion）。

在计算机领域，数据融合狭义上的解释是指计算机技术对按时序获得的若干传感器的观测信息在一定准则下加以自动分析、优化综合，以完成所需的决策和估计任务而进行的信息处理过程。数据融合是在 20 世纪 80 年代基于自动信息综合处理技术而形成和发展起来的，起初广泛应用于军事领域，主要利用多元数据的互补性及电子计算机的高速运算和智能功能来提高结果信息的质量[197]。随着数据量呈指数级增加，数据融合在越来越多的领域都得以应用，包括医疗、交通等领域，并且从单一传感数据向广义的结构化、非结构化数据融合集成转变。广义的数据融合是指将现有多源异构量大的真实数据转变成单一、一致且干净的数据进行展示的过程[259]。数据融合目前核心的挑战是如何解决不同编程语言的一致性问题，如何解决不同存储方式的数据互通问题，如何用同质单一的形式将储存在不同数据库、用不同语言编译的相同或类似的数据表现出来。数据集成则是在数据融合的基础上，集成多个异构数据源，并进行统一的查询与展示。

2）融合集成包含的内容

数据的广泛存在，令数据的集成成为新的挑战，其中主要的挑战有广泛的异构性，主要体现在数据类型从以结构化数据为主向结构化、半结构化、非结构化三者融合方向转变。具体包括数据产生方式、数据存储方式和数据质量要求三方面的变化。一是数据产生方式的变化。传统的电子数据主要产生于服务器或个人电脑等位置相对固定的设备。随着移动终端的快速发展，手机、平板电脑、GPS等产生的数据量呈现爆炸式增长，且产生的数据带有很明显的时空特性。二是数据存储方式的变化。传统数据主要存储在关系型数据库中，但越来越多的数据开始采用新的数据存储方式来应对数据爆炸，如在大数据存储系统研究中提到的存储在 HDFS 中，这就必然要求在集成的过程中进行数据转换，而这种转换的过程是非常复杂和难以管理的。三是数据质量要求的变化。数据量大不一定就代表信息质量好或数据价值高，相反很多时候意味着信息垃圾的泛滥：一方面，很难有单个系统能够容纳下从不同数据源集成的海量数据；另一方面，如果在集成的过程中仅仅简单地将所有数据聚集在一起而不进行任何数据清洗，则会使过多的无用数据干扰后续的数据分析过程。大数据时代的数据清洗过程必须更加谨慎，因为相对细微的有用信息混杂在庞大的数据量中。如果信息清洗的粒度过细，则很容易将有用的信息过滤掉；清洗粒度过粗又无法达到真正的清洗效果，因此在质与量之间需要进行仔细的考量和权衡。数据抽取和集成技术不是一项全新的技术，传统数据库领域已对此问题有了比较成熟的研究。随着新的数据源的涌现，数据集成方法也在不断地发展，从数据集成模型来看，现有的数据抽取与集成方式可以大致分为以下四种类型[197]：基于物化或 ETL 方法的引擎、基于联邦数据库或中间件方法的引擎、基于数据流方法的引擎及基于搜索引擎的方法。

2. 研究目标

生态环境管理大数据的重要特点就是多样性，数据来源广泛，数据类型复杂，复杂的数据环境给大数据资源池的数据处理带来了极大的挑战。要实现对不同生态环境数据的处理，就要对数据源进行抽取和集成，从中提取关系和实体，经过关联和聚合之后采用统一定义的结构来存储数据。为实现生态环境大数据多源异构数据的集成管理，需要对数据抽取和集成技术进行研究，根据数据存储部署和数据类型，考虑未来数据形势的改变及不同的业务应用，对不同的数据集成方法进行对比分析，研究出适合生态环境管理大数据集成系统的最佳解决方案和最优选择。

### 3. 研究进展

数据集成融合在生态环境大数据管理中具有重要作用，同时也面临许多挑战。因为在生态环境管理中，不同要素、不同领域的管理通常独立进行，独立收集数据，如水气土噪声监测，但出现环境问题时需要多方面监测协同合作，很多环境问题是由多种影响因素造成的，如果不将全部情景集成，就很难对全域环境问题进行科学有效的管控。

#### 1）数据集成

自20世纪80年代初多库系统（multi-base system）出现以来，数据集成就成了研究热点，自此有相当多的研究成果应用在商业中。中介者（mediator）的问世，推动了这一领域的研究热潮，并获得了多国政府的资助。Web和互联网大量可用的数据库的出现，进一步引发了学者对大规模数据集成的思考。20世纪90年代后期以来，数据集成在企业市场上变成了一个炙手可热的领域，通常被称为企业信息集成。许多公司创建面向领域的接口来集成来自多种数据源的信息，如就业旅游和分类广告领域，相关网站将多种数据源的信息进行集成展示。地球科学网络（Geosciences Network）于2002年作为一个支持地理空间数据共享和集成的网络平台，通过数据接口实现了将多源异构的数据集成在门户上，基于互联网实现了门户的无缝搜索，方便了多源异构的地理学科的数据共享和查询[259]。多生物信息源透明访问（Transparent Access to Multiple Bioinformatics Information Sources）项目集成生物科学、信息管理和计算机科学，可实现不同学科之间的信息访问，使用中间件、资源包装器等技术为各种异质生物信息源提供一个统一的查询界面和接口[260]。多信息源中介环境（Mediator Environment for Multiple Information Sources）项目基于传统的中间件架构，将结构化和半结构化的数据源进行集成整合，使用光学延迟线实现信息秒回，并且可以对数据进行抽取描述，方便数据信息的查询[261]。

#### 2）数据融合

由于数据融合具有广泛性与多样性，其已经应用到众多领域中。Chung率先提出数据融合中存在数据异质性的问题[210]，但之后很多方法采取缺省值来避免数据异质性的问题，但其实并没有从根本上解决异构数据的融合问题。Meng等聚焦于数据融合领域的优化，深入探究了借助机器学习手段来实现这一目标的有效途径，对机器学习在数据融合方面的最新进展进行了全面且系统的回顾[262]。为统一数据融合框架，Chung 试图建立一个数据融合公开参考框架。信息融合理论研究涉及较多基础理论，从算法角度大致可以分为两个大类：概率统计方法与人工智能方法。其中，概率统计方法主要以贝叶斯及其变形方法为代表，人工智能方法中贝叶斯估计、D-S 证据推理（Dempster-Shafer evidence reasoning）、模糊理论、神经网络占整个信息融合算法的 85%，而支持向量机、遗传算法、粗糙集等机器学习方法也已经在信息融合中应用。随着非结构化数据的增多，现阶段也有基于图的分析方法和自然语言中的分析方法。

在司法领域，秦永彬等提出基于深度神经网络边界组合实体识别方法，通过知识图谱进行司法数据融合，并在证据提取和犯罪行为分析上应用[263]。在医学领域，刘忠宝等针对多源异构数据集成提出一种基于深度学习算法构建知识图谱的方式实现对数据进行清洗分析和集成，最后形成了高血压数据库[264]。在公共安全领域，有学者采用基于超大规模复杂关联数据的管理理论建立超大规模的实体—关联图，对多源异构数据进行清理，构建新的关系模式，通过可视化交互分析，形成不同警种的应用环境。在科研领域，孟小峰和杜治娟通过数据汇集模块将不同数据库集群和数据库的异构数据建立关联关系，完成数据属性赋值，开发基于配置的数据转换工具，抽取对发现数据之间的关联有价值的"属性—值"并经必要的数据合并、拆分、等价变换等操作将抽取的这些数据转变为一致化的 RDF格式[265]。在智慧园区领域，叶佳帆和倪安辰打造数据平台，建立数据集成层，数据集成层介于业务应用与数字平台之间，通过统一数据标准接口对不同业务系统的数据进行抽取、清洗、归整，最终沉淀到数据底板[266]。在企业管理领域，刘婵和谭章禄对比传统数据共享方式总体制定标准和部分数据集成两种方式，针对企业海量数据的信息集成共享提出主数据管理是大数据条件下数据实现集成共享的最佳方式[267]；刘海等针对数据分布式集成提出分布式环境下高性能数据集成——全球健康数据交互操作工具包（global health data interoperability toolkit，GHDIT），引入大数据流式并行计算框架、微服务、消息队列等技术，实现多源异构数据的在线高效集成[268]。在服务领域，张志强等通过构架家电服务大数据应用平台集成面向关系模式的数据源和面向其他模式的数据源的多源异构数据，实现对大数据全生命周期的控制进而改变商业模式，提高服务质量[269]。在遥感领域，Batini 等研究 MongoDB 和 HDFS 的大规模存储系统，提出一种基于映射模板的异构遥感元数据集成方法，通过该方法可以实现异构遥感元数据的格式化统一及高效存储[270]。

## 4. 集成技术

针对多源复杂的生态环境异构数据，要想实现数据的共享分析和有效应用，首先应该将割裂的多元异构数据存储到一个平台上，将不同物理系统中不同结构的数据，整合到统一的系统中，打破数据之间的孤岛。在数据融合方面，Meng等提出了一种方法，即首先将不同数据源的属性进行对应标识，通过重命名和结构调整将相同含义的异构数据映射到统一的表达中，形成对应模式映射关系；其次对形成统一表达的数据进行分类识别，通常采用查重技术将具有重复性的数据进行识别与整合；最后将重复的数据融合为唯一数据表示，进而解决数据不一致的问题，实现数据融合[262]。数据融合集成过程如图 9-7 所示。

图 9-7　数据融合集成过程

在数据集成方面目前主要有两种方式[210]：一种是模式集成（数据仓库），另一种是模式映射（虚拟集成系统）。前者是依靠集成数据源，考虑到每一个单一的数据模式，并形成一个大而全的包含所有单一库的新型数据模式架构，即取所有数据的并集。Batini 等曾经就这一个问题提出解决方案[270]。模式映射把对对象的操作映射为对数据的存储。集成各类数据操作模式形成对不同数据的集成，数据还是保存在原有的数据源中，只有当需要查询时才会被访问。比较著名的是模式匹配技术，Chung 曾对模式匹配技术进行分类比较。两种方法分别在数据层和应用层形成一个统一的通用数据模式进而实现数据集成。但无论是整合还是新建一个新的架构模式，都具有一定的难度。数据集成仅仅是将所有数据纳入统一的架构中，并没有对数据的质量和标准进行统一的处理，此时还需要对数据进行查重检查，需要采用重复检查（duplicate detection）技术。数据集成融合管理技术架构如图 9-8 所示。

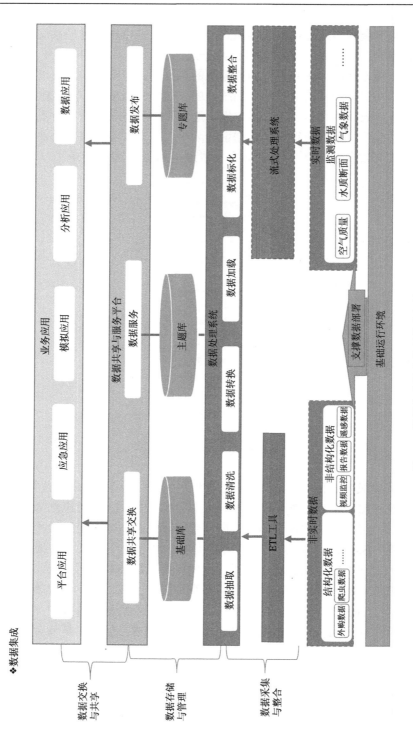

图 9-8 数据集成融合管理技术架构

传统数据集成研究的关键问题是中间件的构建，通过中间件映射各异构数据到全局视图，进而通过全局视图来获取不同数据源的数据，中间件构建方法主要有两种：一种是基于 XML 语言的，一种是基于语义（模型映射）的。涉及原始数据和用户意图映射的方法主要有全局视图（global-as-view，GAV）和局部视图（local-as-view，LAV）及全局局部视图（global-local-as-view，GLAV）。由于 LAV 方法将源数据表示为中间模式数据的一个视图，易于添加具有新模型的新数据源，且在数据源描述方面更加灵活、准确，扩展能力强，因此它成为一种较为流行的数据集成方法。

生态环境大数据集成分析的主要内容包括：结构化、非结构化数据预处理；基于模型算法及人工智能方法实现的数据挖掘建模。

1）数据预处理

由于生态环境管理大数据具有多样性，所采集和存储的大数据通常还不能直接应用于数据挖掘算法，需要在数据挖掘前对数据进行预处理。

A. 结构化数据预处理

对经过采集之后得到的结构化数据进行理解和检查，结合具体应用处理数据的结构信息，抽象数据的语义信息，并对所获得的生态环境大数据中的属性进行选择，剔除与应用无关的属性，或者引入额外的抽象测度，满足数据质量六大要素：完整性、唯一性、一致性、精确度、合法性、及时性。

通过建立预处理规则库，在数据挖掘前自动发现数据质量问题，典型规则场景为"如果细颗粒物（$PM_{2.5}$）值小于 0，则该值为异常值"。此外，集成预处理算法库，支持接口数据异常分析、指标一致性分析、缺失值处理、重复数据检测等预处理算法。在数据预处理过程中，应使对数据的修改不会覆盖原始数据，须进行有效的数据版本管理，实现数据预处理版本的修改、回滚和对比，防止预处理误操作。

B. 非结构化数据预处理

实现对生态环境的文本、图像、音视频等非结构化数据的预处理，并进行关联融合。

a）文本分析

文本分析为文本挖掘算法、搜索算法提供其所需的各种处理方法支持，包括分词方法、索引建立方法、实体标注方法、文本特征抽取方法、统计方法等，以对文本内容进行全面处理。实现文本分类、聚类、相似度比对、主题词标引、语义标注、主题发现、情感分析、语义联想、关键词提取、自动摘要提取等功能。

b）图像理解

运用先进的神经网络技术和图像算法，通过对图片进行深度学习，提取图片的复杂度和深度特征，如颜色、纹理、结构等，典型应用场景为卫星图像数据的图像理解和预处理。

c）音视频处理

将音视频数据转换成统一标准的格式，并按需求生成不同质量和大小的数据格式。采用视频分析处理技术，对视频内容进行关键帧提取、元数据抽取和特征抽取，实现对视频的多维度描述，同时将相关数据补充到元数据库和结构化数据库。

d）文字、图像、音视频关联

各类型非结构化数据经过上述处理，形成数据的多维度描述信息，将非结构化信息转化为结构化信息，基于元数据、结构化信息、语义特征，探索文字、图像、音视频内容之间的语义关联关系，形成生态环境数据内容的互联互通和语义融合。

2）数据挖掘建模

面对生态环境管理大数据融合分析挖掘的复杂性，简单的计算处理难以满足需求，必然需要更繁杂的算法及模型才能发挥数据的价值。因此，数据挖掘建模的成效依赖于对挖掘工具的合理集成和利用、挖掘建模过程的可管理性和可维护性，以及对人工智能方法的创新性应用，需要支持对 Weka、Mahout、Python、R语言等数据挖掘工具的集成。

3）人工智能

人工智能的主要任务就是利用计算机实现对人的某些学习、思维过程和智慧形成过程进行模拟，而信息融合的一个重要目标也是对人脑的事态综合处理能力进行模拟，因此人工智能方法在信息融合领域拥有广阔的应用前景，目前常用的方法有 D-S 证据推理、模糊理论、神经网络、遗传算法、粗糙集等。

基于人工智能的信息融合方法的优势在于此类方法具有较强的学习能力和自适应能力，易于实现不受主观影响的信息的融合过程；缺点是运算量较大，规则建立困难或学习时间长，难以满足信息融合的时效性和时空敏感性要求，无法及时为决策提供实时控制支持。

为实现更为精准的监管和做出更加科学的决策，需要从与生态环境相关的大量数据中不断获取、整合和分析多种异构数据，从而创新性地解决生态环境所面临的问题。随着数据量的增加和分析难度的增大，处理数据和演算训练过程的工作量增加，难度也增大。人工智能提供了所需的计算能力，深度学习带来了算法上的突破，应用深度学习的计算处理系统，根据已有的数据，由机器进行演算训练，在"黑盒"中得出规律，从而可实现问题的发现与诊断。

在不久的将来，运用人工智能大数据算法，构造智能的人工系统，让计算机完成如今需要生态环境保护业务人员和信息人员的智力才能胜任的工作，发现问题和辅助决策，对推动生态环境管理大数据精准监管和科学决策有很大作用。

（1）基于大数据和人工智能进行空气质量细粒度计算。利用地面监测站空气质量数据，结合交通流、道路结构、兴趣点分布、气象条件和人群流动规律等大数据，基于机器学习算法建立异构数据和空气质量的时空映射关系，从而推断出整个城市细粒度的空气质量。将具有空间属性的信息和具有时序特性的信息作为输入，训练半监督的模型框架，从而得出城市区域细粒度实时的空气质量。

（2）基于大数据和人工智能分析企业污染数据。导入企业申报数据、自动监控数据、企业生产数据、工商数据等，使用深度学习技术，把不同来源的数据（结构化、非结构化数据）基于特征融合到一起，检测数据当中的逻辑不一致性，从数据中自动发现问题，识别谎报、瞒报等问题。

（3）全天候巡检生态与核心设施的运维巡检智慧机器人。运用机器人技术，训练运维巡检智慧机器人，使机器人通过不断学习模仿人类发现生态环境问题的过程。在机房、服务器等核心区域或环境监测设施中投放 24 小时运维巡检智慧机器人，实现指定区域自动巡航，及时发现潜在风险，辅助甚至替代人工进行监控。

大数据时代的到来使生态环境管理变得具象化和可预期化，目前热门的数字孪生技术正是基于异构数据集的分析挖掘而不断推进迭代。5G、信息与通信技术、物联网、云计算等技术的深度融合进一步加快了异构数据的汇总与堆积。大数据集成方向不仅包括数据的集成，也包括计算方法的集成，目前集成方法的基础理论成果已经比较成熟，但是如何提高集成方法的精准预测能力和缩短预测时间，仍是大多数研究的方向与难点，特别是当涉及多维度数据模型时，集成方法在各个维度很难得出泛化和统一的结果。未来生态环境大数据在方法集成方面可发挥各种模型算法的突出作用，在降低欠拟合和过拟合程度的基础上，使集成方法发挥更大的作用，降低训练数据及（或）结构的微小扰动带来的生态环境预测模拟仿真方法和实际应用的不稳定性。

## 9.2 大气环境大数据应用示范——以京津冀地区为例

大数据技术在大气环境中的应用越来越多。微软亚洲研究院等研究机构早在 2008 年就开始了相关研究。2013 年微软亚洲研究院的城市空气（Urban Air）项目，基于气象、交通、人口流动等大数据，依靠空间分类器和时间分类器对北京市空气质量进行预测，从而帮助市民在空气质量监测站覆盖不到的地方了解空气质量，该项目取得了较好的效果。本节主要以京津冀地区为例，开展基于遥感数据的臭氧（$O_3$）污染控制类型识别研究，开展基于机器学习的空气质量模拟研究和大气环境承载力监测预警方法与应用研究，并建立"预警预报—精细溯源—快速评估"空气质量模拟平台。

### 9.2.1 基于遥感数据的 $O_3$ 污染控制类型识别

自 2013 年和 2018 年国家印发《大气污染防治行动计划》和《打赢蓝天保卫

战三年行动计划》以来，我国大气环境质量得到明显改善，尤其是 $PM_{2.5}$ 浓度下降显著，但 $O_3$ 浓度不降反升，并呈现加重趋势，已经成为影响我国大气环境质量的重要因素[271,272]。加强 $PM_{2.5}$ 和 $O_3$ 协同控制已经成为我国"十四五"及更长时期大气污染防治的重点任务。$O_3$ 属于大气二次污染物，其前体物主要包括挥发性有机物（volatile organic compounds，VOCs）和氮氧化物（$NO_x$），这两种污染物排放量与 $O_3$ 浓度呈非线性关系。$O_3$ 污染的形成不仅受辐射、温度、湿度、风向、风速等气象因素影响[273,274]，也受 VOCs 和 $NO_x$ 等 $O_3$ 前体物，以及 $PM_{2.5}$ 浓度的影响[275]。$O_3$ 成因的复杂性使其防治成为全球性难题，而我国 $O_3$ 污染防治起步晚，经验不足，$O_3$ 污染防治工作面临巨大挑战[276]。为了满足 $O_3$ 污染防治精细化需求，需要识别 $O_3$ 主控区（VOCs 主控、$NO_x$ 主控，或者两者协同），有针对性地采取管控措施。

美国在 20 世纪 50 年代经历过严重的 $O_3$ 污染，洛杉矶光化学烟雾事件造成数千人死亡，农作物损失严重；经过几十年的综合治理，美国的 $O_3$ 污染状况得到极大改善，2019 年 $O_3$ 日最大 8 小时平均浓度为 0.064ppm（相当于 125.6 微克/米$^3$），与 1980 年水平相比下降了 35%[277]。日本在 20 世纪 90 年代在 $O_3$ 污染治理方面遇到瓶颈，日本本州岛四大工业区的 $O_3$ 和过氧乙酰硝酸酯日最大 8 小时平均浓度的第 99 百分位数 3 年滑动均值波动上升；实施 $O_3$ 前体物总量控制之后，$O_3$ 浓度呈现下降趋势[278]。美国、日本的成功经验在于从 $O_3$ 前体物 VOCs 或 $NO_x$ 的单一排放控制，转变为 VOCs 和 $NO_x$ 的协同控制；从单一的城市属地管理，转变为区域协同治理[276-278]。我国在 $NO_x$ 控制方面，已经取得明显成效，但 VOCs 的减排才刚刚起步。根据经典的 EKMA（empirical kinetic modeling approach，经验动力学建模方法）曲线，削减前体物浓度，$O_3$ 浓度不一定下降，因而需要进一步分析我国不同区域的 $O_3$ 污染对前体物的敏感类型，进而有针对性地开展 $NO_x$ 和 VOCs 的协同控制。

我国在京津冀、长三角和珠三角等地区已经开展了大量 $O_3$ 与前体物敏感性研究。主要采用指示剂法、观测模型法和空气质量模型法进行判断。研究表明，我国大部分城市属于 VOCs 控制区，以人为源为主，珠三角地区天然源 VOCs 贡献显著；而远郊区属于 $NO_x$ 控制区；郊区则属于 VOCs 和 $NO_x$ 协同控制区[273,279]。研究还表明，$O_3$ 生成敏感性存在明显的时空差异，同一地点不同时间可能属于不同的 $O_3$ 污染控制区。例如，在京津冀、长三角和珠三角等地开展的研究发现，当地 $O_3$ 生成的控制区在早上为 VOCs 控制区，在下午则转变为 $NO_x$ 控制区[280,281]。采用烟雾产量模式的观测模型法研究结果显示，珠三角地区及台湾地区的 $O_3$ 生成主要受 VOCs 控制[273,282]。基于卫星观测的甲醛（HCHO）和二氧化氮（$NO_2$）数据的指示剂法显示，2010~2019 年我国大多数农村地区依旧为 $NO_x$ 控制区，但是京津冀、长三角和珠三角及周边地区中属于 VOCs 和 $NO_x$ 协同控制区的范围在扩大[279,283]。基于此方法，Tang 等的研究表明，北京市的 $O_3$ 污染在 2016 年以前主要为 VOCs 控制型，2016 年以后为 $NO_x$ 控制型[284]。除控制类型外，学者进一步分析了 VOCs 的关键性物种、VOCs 的污染来源等，相关研究在郑州、洛阳、深圳、长三角、四川盆地等地均已开展[284-288]。

总结以上研究发现，我国 $O_3$ 污染防治工作已进入 $NO_x$ 和 VOCs 的协同控制阶段，并已在城市级别及区域层面开展了相关研究；但在国家层面，尚缺乏对 $O_3$ 污染控制分区的宏观判断，以及分区域的 $O_3$ 污染控制手段。本节基于卫星遥感指示剂法，以 2019 年为基准年，通过对比 $O_3$ 在线监测数据、VOCs 和 $NO_x$ 排放强度数据及卫星监测数据，在生态环境部划定的以 $PM_{2.5}$ 治理为核心的大气污染重点监管区域的基础上，重新划定大气污染 $O_3$ 重点管控区，将我国 $O_3$ 年均浓度超标区（高于 160 微克/米$^3$）划分为不同重点区域，识别每一个重点区域 $O_3$ 前体物敏感类型，针对每种类型将重点区域进一步细化为本地污染控制区和联防联控控制区，并针对不同区域提出相应的管控措施和建议，为国家出台全国层面 $O_3$ 污染防治及 $PM_{2.5}$ 和 $O_3$ 协同控制相关管理政策提供决策参考。

## 1. 研究方法

### 1）FNR 指示剂法

指示剂法基于卫星观测数据，将 $O_3$ 光化学反应中某些特定的物种、组合或比值作为指示剂，根据其区间范围来判定 $O_3$ 生成的控制类型。其中，HCHO 作为多种 VOCs 的短寿命氧化产物，与过氧自由基成正比，可用于指示 VOCs 的反应速率，其与 $NO_2/NO_y$ 等污染物浓度的比值 FNR（the formaldehyde nitrogen oxides ratio，甲醛氮氧化物比值）被广泛用于判断 $O_3$ 生成敏感性[289]。

FNR 指示剂法目前在城市尺度[290]、区域尺度[291]及全球尺度[292]均得到应用，并且可用于研究 $O_3$ 污染控制区类型的时空变化特征。Martin 等首次将指示剂法扩展到了卫星观测领域，基于全球臭氧监测实验（Global Ozone Monitoring Experiment，GOME）卫星数据计算 HCHO 与 $NO_2$ 柱浓度的比值 $HCHO/NO_2$，作为 $O_3$ 生成敏感性的指示剂[293]。随后，Duncan 等基于美国国家航空航天局（National Aeronautics and Space Administration，NASA）和芬兰气象研究所（Finnish Meteorological Institute，FMI）联合研制的新一代传感器 OMI（Ozone Monitoring Instrument，$O_3$ 检测仪）研究近地面 $O_3$ 生成与其前体物 VOCs 及 $NO_x$ 的响应关系[294]。

上述研究表明当某地区 FNR<1 时，该地区主要受 VOCs 控制，$O_3$ 浓度对 VOCs 排放量的变化较为敏感；当 FNR>2 时，该地区主要受 $NO_x$ 控制，$O_3$ 浓度对 $NO_x$ 排放量的变化较为敏感；介于 1 和 2 之间的则为 $NO_x$ 与 VOCs 协同控制[291,204]。

### 2）排放强度法

这里的排放强度是指单位面积排放强度（每平方公里排放量），通过对比

VOCs 和 $NO_x$ 排放强度与 $O_3$ 的实时监测浓度，定量分析出我国 $O_3$ 污染与本地 VOCs 和 $NO_x$ 排放之间的关系。我们通过研究发现，$O_3$ 日最大 8 小时平均浓度超过国家二级标准的区域内城市的 $NO_x$ 和 VOCs 平均排放强度显著高于全国均值；也可以说 $NO_x$ 或 VOCs 排放强度高于全国均值的区域，多数情况下对应的就是 $O_3$ 日最大 8 小时平均浓度超过国家二级标准的地区。因此可以把全国均值作为评判排放强度和 $O_3$ 浓度关系的一个关键点。本节以 VOCs 和 $NO_x$ 单位面积排放强度全国平均值为依据，在 $O_3$ 日最大 8 小时平均浓度超过国家二级标准的区域内，当某城市 VOCs 或 $NO_x$ 单位面积排放强度实际统计值高于全国平均值时，认为本地人为源的贡献比较突出，确定其为本地控制区；低于全国平均值时，确定其为联防联控区。

3）综合分析法

基于 $O_3$ 年均浓度，识别我国 $O_3$ 超标区域；结合卫星遥感数据（FNR），将我国 $O_3$ 超标区域划分为 VOCs 主控区、$NO_x$ 主控区及 VOCs 和 $NO_x$ 协同控制区；再根据 VOCs 和 $NO_x$ 排放强度数据，以城市为最小单位，进一步确定本地控制区和联防联控区，完成 $O_3$ 污染分区分类划定，并提出管控建议。

2. 结果分析

1）$O_3$ 浓度及其前体物排放

2011~2016 年，全国 $O_3$ 污染形势变化不明显。但是 2015 年污染又变得严重起来。从全国各地区看，我国北方地区 $O_3$ 污染更严重一些。根据中国环境监测总站发布的城市年均浓度数据，2015 年我国 $O_3$ 年均浓度超过国家二级标准的地区连片分布在我国华北和华东沿海地区，其中京津冀地区的北京市、河北省 $O_3$ 污染比较严重，超标城市有北京市、保定市、承德市、衡水市、廊坊市、唐山市、沧州市，北京市是全国各个城市中污染最严重的城市，年均浓度达到 203 毫克/米 $^3$。2019 年京津冀地区 $O_3$ 浓度二级超标城市有北京市、天津市、石家庄市、唐山市、邢台市、沧州市、秦皇岛市、邯郸市、保定市、承德市、衡水市、廊坊市，污染最严重的是河北省邢台市，达到 209 毫克/米 $^3$。

我国 $NO_x$ 和 VOCs 单位面积排放强度（每平方公里排放量）极高值和高值区分布规律与 $O_3$ 浓度超标区分布规律十分相似，即也分布在京津冀及周边、汾渭平原、苏皖鲁豫和长三角等重点地区。研究还发现，2017~2019 年，随着 $O_3$ 浓度等级的升高，$NO_x$ 排放强度也逐渐升高[图 9-9（a）]，$O_3$ 浓度超标区对应的 VOCs 排放强度也显著高于 $O_3$ 浓度达标区[图 9-9（b）]，且 $O_3$ 浓度超标区对应的 $NO_x$ 和 VOCs 排放强度都显著高于全国均值。同时虽然位于 $O_3$ 浓度超标区的土地面积较小[图 9-9（d）]，仅占全国总面积的 0.13%，但是 $O_3$ 超标区内的人口数量却较多[图 9-9（c）]，占全国总人口的 46.68%。所以虽然 $O_3$ 超标面积所占比例很小，

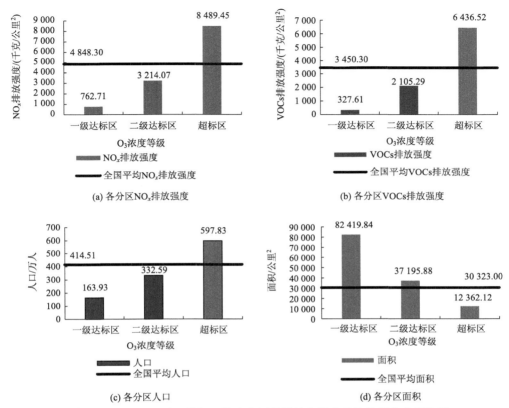

图 9-9　2017~2019 年不同 $O_3$ 浓度分区的排放和社会经济数据分布规律图

但都位于我国人口集中的地区，危害程度较大。由此可以判断，如果京津冀地区各城市 $NO_x$ 和 VOCs 排放强度高于全国平均值，可判断其为以本地排放控制为主；反之则为以外地传输为主。

2）$NO_2$ 柱浓度

虽然京津冀地区是我国 $NO_2$ 污染最为严重的地区之一，但是在过去几年，污染治理取得了一定的成绩。以 2011~2016 年为例，遥感反演数据显示，2011 年京津冀地区对流层平均 $NO_2$ 柱浓度为 $11.90×10^{15}$ 摩尔/厘米 $^2$，2012 年保持不变，2013 年下降到 $11.00×10^{15}$ 摩尔/厘米 $^2$，2014 年大幅下降到 $9.64×10^{15}$ 摩尔/厘米 $^2$，2015 年为 $8.45×10^{15}$ 摩尔/厘米 $^2$，2016 年小幅回升到 $8.67×10^{15}$ 摩尔/厘米 $^2$（图 9-10），京津冀地区 $NO_x$ 污染治理取得积极进展。

包括北京市南部、保定市东南部、唐山市在内的地区，在 2011 年都属于 $NO_2$ 高污染地区，到 2014 年情况出现好转，到 2016 年，整个京津冀地区的 $NO_2$ 高污染态势已经得到遏制，但是上述地区相对于京津冀地区的北部仍然属于 $NO_2$ 高污染地区。

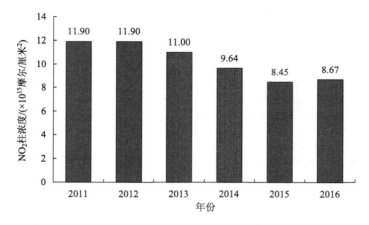

图 9-10　2011~2016 年京津冀地区对流层平均 $NO_2$ 柱浓度变化

### 3）HCHO 柱浓度

京津冀地区是我国 HCHO 污染最为严重的地区之一，而且 2011~2016 年的污染形势进一步加剧。遥感反演数据显示，2011 年京津冀地区对流层平均 HCHO 柱浓度为 $7.30×10^{15}$ 摩尔/厘米$^2$，2012 年下降，2013 年上升到 $7.62×10^{15}$ 摩尔/厘米$^2$，2014~2015 年基本保持不变，2016 年为 $8.06×10^{15}$ 摩尔/厘米$^2$（图 9-11）。京津冀地区 VOCs 污染治理任重道远。

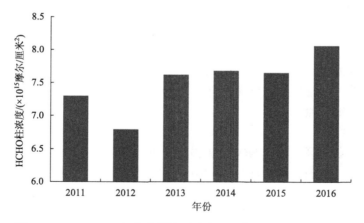

图 9-11　2011~2016 年京津冀地区对流层平均 HCHO 柱浓度变化

包括北京市南部、保定市东南部、唐山市在内的地区，在 2011 年都属于 HCHO 高污染地区，到 2016 年，整个京津冀地区的 HCHO 高污染态势没有得到有效遏制，而且上述地区相对于京津冀地区的北部仍然属于 HCHO 高污染地区。

4）FNR 识别

指示剂法是分析 $O_3$ 污染控制类型的方法之一，其原理为将 $O_3$ 光化学反应中某些特定的物种、组合或比值作为指示剂，根据其区间范围来判定 $O_3$ 生成的控制类型。本节基于 OMI 卫星获取 HCHO 柱浓度和 $NO_2$ 柱浓度数据，计算两者的比值（FNR），沿用已有研究的 $O_3$ 生成敏感性判别标准，判断我国各地区 $O_3$ 生成的主控类型。

京津冀地区的 FNR 数据表明，2011 年唐山市东部和秦皇岛市南部、天津市东南部、张家口市和石家庄市中部、邢台市和邯郸市南部的 $O_3$ 生成与消解对 VOCs 的作用更明显，属于 VOCs 主控区；唐山市和天津市其他区域、北京市东南部、张家口市南部、保定市南部、石家庄市南部、邢台市中部、邯郸市南部地区以外的大部分地区属于 VOCs 和 $NO_x$ 协同控制区；其他地区为 $NO_x$ 敏感区，属于 $NO_x$ 主控区。不同年份对比来看，受污染形势的变化，不同年份的污染主控区类型不同。2016 年 VOCs 主控区范围继续缩小，VOCs 主控区、VOCs 和 $NO_x$ 协同控制区范围缩小到"十二五"时期以来的最小范围，$NO_x$ 主控区范围逐渐增大。到 2019 年，基本上保持这一趋势。

5）污染管控分区结果

在 $O_3$ 主控区识别的基础上，根据 $NO_x$ 和 VOCs 单位面积排放强度实际统计值与全国平均值的比值确定出哪些地区是本地人为源排放强度较大的区域，将其作为最核心的本地排放控制区，此分类能够确定某地区是以本地人为源排放为主还是以非本地人为源排放为主，即 FNR 和排放强度指标指向类型一致的地区为以本地人为源排放为主的地区，可作为本地控制类别；如果两者指向不一致，则该地区属于联防联控类别。例如，某市按照 FNR 属于 VOCs 主控区，但该区域的 VOCs 排放强度相对全国平均水平较低，则该市在管控类型上应为联防联控类别。具体分区管控原则如表 9-1 所示。

**表 9-1　$O_3$ 浓度高值区内前体物 $NO_x$ 和 VOCs 分区管控原则**

| 主要类别 | FNR | 细分类别 | $NO_x$ 单位面积排放强度/（千克/公里$^2$） | VOCs 单位面积排放强度/（千克/公里$^2$） |
|---|---|---|---|---|
| VOCs 主控区 | <1 | VOCs 本地排放控制区（本地人为源） | — | 高于全国均值 |
| | | VOCs 联防联控区（非本地人为源） | — | 低于全国均值 |
| $NO_x$ 主控区 | >2 | $NO_x$ 本地排放控制区（本地人为源） | 高于全国均值 | — |
| | | $NO_x$ 联防联控区（非本地人为源） | 低于全国均值 | — |

续表

| 主要类别 | FNR | 细分类别 | NO$_x$单位面积排放强度/（千克/公里$^2$） | VOCs 单位面积排放强度/（千克/公里$^2$） |
|---|---|---|---|---|
| VOCs 和 NO$_x$ 协同控制区 | (1, 2) | VOCs 和 NO$_x$ 本地双控区（本地人为源） | 高于全国均值 | 高于全国均值 |
| | | VOCs 和 NO$_x$ 联防双控区（非本地人为源） | 任一前体物排放强度低于其全国均值 | |

京津冀及周边地区"2+26"城市①及河北省秦皇岛市的 O$_3$ 日最大 8 小时平均浓度，全部超过我国二级标准与世界卫生组织（World Health Organization，WHO）的过渡期目标值 160 微克/米$^3$，在该浓度下长期暴露对人体健康的危害较大。根据 FNR 判断绝大部分城市属于 VOCs 主控区，其中环渤海地区和太行山东侧单位面积 VOCs 排放是全国平均值的 1.82 倍，是 VOCs 本地排放控制区，山东省西部地区是 VOCs 和 NO$_x$ 本地双控区，单位面积 VOCs 和 NO$_x$ 排放量分别是全国平均值的 1.49 倍和 1.85 倍。受大气传输影响，这些地区周边区域的遥感监测的 FNR 也都显示属于 VOCs 本地排放控制区或 VOCs 和 NO$_x$ 本地双控区。

6）分区管控建议

针对不同的控制区域，强调精细化管理，以环境质量改善为核心，加强对 O$_3$ 污染的管控，有针对性、有目的地开展 VOCs 和 NO$_x$ 污染治理，制定减排措施、保障政策，加强能力建设。削减 O$_3$ 前体物的主要措施应集中于本地控制区，由于联防联控区多分布于本地控制区周边，虽处于 O$_3$ 浓度超标区，但是其本地单位面积排放强度较低，管控本地人为源的潜力有限。

针对 VOCs 的减排措施，强化源头控制，大力推进低 VOCs 含量产品原料替代，严格监管石化、化工、工业涂装、包装印刷等 VOCs 排放的重点行业。2019年7月1日起，三项涉 VOCs 国标[《挥发性有机物无组织排放控制标准》（GB 37822—2019）、《制药工业大气污染物排放标准》（GB 37823—2019）、《涂料、油墨及胶粘剂工业大气污染物排放标准》（GB 37824—2019）]全面实施，制药、涂料、油墨及胶粘剂工业大气污染物排放控制不再执行《大气污染物综合排放标准》（GB 16297—1996）相关规定，国家对 VOCs 无组织排放和有组织排放做出了新的规定。但部分企业还未严格落实，建议地方执法部门加大监管力度，确保企业运行符合相关法规标准，并逐步提高标准，细化相关细则，完善 VOCs 管控体系。同时，加快制定针对 VOCs 末端治理去除效率的规定。调研发现，2019 年大部分企业在

---

① "2+26"城市：北京市和天津市，以及河北省、山西省、山东省和河南省的 26 个城市。具体来说，"2"指的是北京和天津，"26"指石家庄、唐山、廊坊、保定、沧州、衡水、邢台、邯郸、太原、阳泉、长治、晋城、济南、淄博、济宁、德州、聊城、滨州、菏泽、郑州、开封、安阳、鹤壁、新乡、焦作、濮阳。

VOCs 治理端仅安装光氧等离子等简易设备，去除效率极低（不足 30%）。建议国家加快修订 VOCs 相关的技术指南。对于交通源，要通过不断提升排放标准和油品质量标准，来降低尾气燃油蒸发 VOCs 的量；全面推进汽油储运销油气回收治理工作，重点区域全面推进原油储运和成品油储运销回收治理工作；对已安装油气回收设施的企业全面加强运行监管，提高油气回收率。对于生活源，应提高有机溶剂产品 VOCs 含量限值标准，从源头控制 VOCs 排放。

针对 $NO_x$ 的减排措施，强调治理工程，低氮燃烧、脱氮改造、超低排放，加快工业企业脱硫脱硝改造进程。针对火电超低排放企业，加强监管，确保监测数据真实有效；并建立相应环保管理措施，对违规行为责令整改后方可运行。针对非火电行业，加紧推进超低排放或特别限制排放措施，鼓励钢铁行业进行超低排放改造；对于水泥、平板玻璃、石化、焦化、有色金属等行业，鼓励地方建立新的大气污染物排放标准；所有涉及锅炉的企业，执行严格的锅炉大气污染物排放标准，限制 $NO_x$ 排放。交通方面加快实施机动车排放标准的提标和车用燃料的控制等措施。

针对 VOCs 和 $NO_x$ 协同的减排措施，两种前体物的排放强度都比较高，短期应制定合理的 $NO_x$ 和 VOCs 的减排比例，应用管理和工程技术措施，在短期削峰和长期达标之间取得平衡，确保城市 $O_3$ 污染控制能取得更好的效果，长期应强化结构调整，采取产业结构、能源结构、交通运输结构调整等综合性措施，使 $NO_x$ 和 VOCs 两种前体物的排放强度都实现大幅度下降。

综上所述，建议通过技术、管理双重手段协同控制 VOCs 和 $NO_x$ 的排放，建议各重点区域根据自身的 $O_3$ 浓度和其前体物排放特征，尽快制定 $O_3$ 污染防治的大气污染控制政策，以工程技术为抓手、政策制度为依据，加快不同类型区域 $O_3$ 管控细节措施方案的制定，把 $O_3$ 的污染防控工作与优良天数比率的保障工作相结合，实现 $O_3$ 和 $PM_{2.5}$ 的双赢目标。

### 9.2.2　基于机器学习的空气质量模拟研究

自 20 世纪 70 年代以来，统计模型一直被运用在空气质量预测领域，包括多元回归、分类树、人工神经网络、模糊逻辑和卡尔曼滤波器等多种算法，统计模型一般需要大量的历史数据作为模型输入，不同的算法可以解决不同的空气质量预测问题。在统计学中一类是简单经验统计，另一类是机器学习，机器学习是在简单经验统计的基础上，通过算法使计算机模拟人类学习行为，重新组织已有知识结构使之不断改善自身的性能，相比简单经验统计，机器学习具有自学习的特点，在空气质量预测领域，通过输入大量历史数据，训练计算机找到历史数据特定区域、特定时间内的变化规律，并以此为依据对未来空气质量进行预测。支持空气质量预测的统计学模型有支持向量机回归、神经网络、卷积神经网络、长短期记忆（long short-term memory，LSTM）神经网络、随机森林算法、决策树等。本节采用 LSTM 神经网络进行模拟。

### 1. LSTM 神经网络简介

LSTM 神经网络由于自身的网络特点，善于分析处理具有时间特性的序列数据，通过分析自身的历史计算结果和当前新输入信息影响未来的数据预测，对于具有前后逻辑关联的时间序列数据有很强的处理能力。空气污染监测数据与气象数据属于时间序列数据，污染物浓度随着时间的推移而逐渐变化，即历史的污染物浓度与气象因素会影响未来的污染状况，因此采用 LSTM 神经网络构建污染预测模型，实现空气污染预测。基于 LSTM 神经网络的空气污染监测预报系统以 LSTM 神经网络污染预测模型为基础，实现未来的空气污染物浓度预测、空气质量状态评价、超标污染预警功能。空气污染监测预报系统需要实现的功能目标有以下五个方面。

（1）从全国城市空气质量实时发布平台采集数据，经过初步处理后，将监测数据存入系统数据库中，作为后续相关系统功能的数据支撑。

（2）按照指定数据处理流程进行模型输入格式处理后再次存入数据库中，供后续空气污染预测功能中内置的 LSTM 神经网络预测模型进行预测分析。

（3）经过空气污染预测模型的分析，预测未来 7 天的 $PM_{2.5}$、可吸入颗粒物（$PM_{10}$）、一氧化碳（CO）、$O_3$、$NO_2$、二氧化硫（$SO_2$）六种主要空气污染物浓度数据，绘制未来 7 天的六种空气污染物的浓度变化折线图，并将未来 7 天每种污染物的具体预测浓度值通过数据表单的形式详细展示。

（4）依据预测得到的未来 7 天内各项污染物浓度数据，采用空气质量指数（air quality index，AQI）对未来每天的空气质量状况进行评价，计算系统未来 7 天内每天的空气质量指数，划分空气质量等级、等级颜色，指出首要污染物。

（5）依据浓度限值和未来 7 天的污染物浓度预测结果对六种污染物进行超标检验，将污染超标信息进行有效组织后给出详细污染超标提示。

### 2. 数据处理设计

数据处理部分分为对经过人工采集的历史污染与气象数据的处理和对自动从监测网站定时采集的实时污染与气象数据的处理两部分。历史监测数据处理完成后用于 LSTM 神经网络预测模型的训练，自动采集的用于预测。

采集到的历史监测数据往往存在数据格式不符或质量存在缺陷等问题，不符合模型训练要求，因此需要按照模型的训练样本输入要求进行预处理。首先对采集得到的历史污染数据与气象数据进行缺失数据处理，其次将数据组织格式转化为利于模型分析的形式，最后对数据进行归一化处理，划分数据集，为模型训练做数据准备。

1）模型训练数据采集

本书从中国环境监测总站采集了全国重点城市的各项空气污染物浓度数据，同时从天气网站采集了典型城市的气象数据作为训练预测模型的原始数据。空气污染数据包括日期、小时、类型、所有城市四项内容，其中日期为 2014 年 1 月 1 日到 2019 年 1 月 1 日，时间为一天 24 小时，包括 AQI、六种主要污染物类型和六种主要污染物截至当前小时的前 24 小时或 8 小时的污染数据平均值三大类型。气象数据包括日期、小时、各项气象因素三项内容，包括 2014 年 1 月 1 日到 2019 年 1 月 1 日每隔三小时的气象监测数据。

空气污染监测设备和气象传感设备通过网络设施将监测数据传输到数据中心，在监测、传输和存储等过程中可能会出现各种问题，从而导致小部分监测数据缺失。训练数据的质量直接影响到模型的训练效果，因此需要对原始监测数据进行缺失值处理。

2）数据组织格式转换

在处理完原始数据中的缺失值后，接下来的步骤是转换数据的组织格式，以使其符合模型训练的需求。空气污染预测模型旨在预测未来七天内六种空气污染物的浓度数据，因此必须将原始数据的组织形式调整为每日六种污染物浓度数据与平均气温、气压、风速、湿度四项气象数据的格式。本书选取了典型城市的空气污染和气象数据作为模型训练的样本。首先，从处理完缺失值的数据集中提取数据，创建文件以存储典型城市每日的六种污染物浓度数据和四项气象数据。对于存储每日污染物浓度数据的文件，我们定义其组织格式为单行存储日期和六种污染物浓度数据。对于存储每日气象数据的文件，我们定义其组织格式为单行存储日期和四项气象数据。其次，选定所需的污染物数据项，逐行遍历一天内各个时刻的每项污染物浓度值，并累计各项污染物浓度的总值及有效数据量。一旦一天内所有时刻的数据读取完毕，便计算当天各项污染物的平均浓度值，并将日期与浓度数据写入文件中。对于气象数据，同样选择所需的气象数据项进行遍历，累计一天内各个时刻的数据总值及有效数据量，并计算当日均值。计算完成后，将日期和各项气象因子值写入文件。这一过程不断迭代，直至所有数据转换完成。完成数据组织格式的转换后，每日空气污染数据的组织形式将首行作为标题行，包括日期和六种污染物类型，每行数据代表一天内所有空气污染物的平均浓度数据。每日气象数据的标题行则包括日期和一天内四项气象因子的均值数据。

3）数据归一化

在原始数据集中，六种污染物和四种气象数据的量纲不同，数量级差距较大，会导致模型在训练过程中的收敛速度较为缓慢，模型预测精度较低。由于污染物浓度值和气象数值分布在有限范围内，因此采用离差标准化的方法对数据进行归一化处理。

4）数据集划分

LSTM 神经网络属于有监督的机器学习模型，通常会在有监督的机器学习神经网络的训练过程中将数据集按照模型训练的三个阶段划分为三个部分。第一部分为训练集，用于模型的初始训练，在训练过程中采用适宜的模型参数调优方法，由模型自主调整确定网络权重，得出最初的训练模型。第二部分为验证集，采用验证数据集评估模型的预测偏差，根据在验证集上获得的预测效果再次调整模型，包括模型的网络节点数、学习速率等参数，或者重新对网络模型进行设计，使之达到最优。第三部分为测试集，当模型通过验证集的检验后，使用测试集数据最终检验模型的预测效果。划分三种数据集并分别使用，可以提高模型预测精度并大大降低过拟合的风险。本书将预处理完成的数据集进行划分，将 2014 年 1 月 1 日至 2017 年 12 月 31 日的数据作为训练集；将 2018 年 1 月 1 日至 2018 年 6 月 30 日的数据作为验证集；将 2018 年 7 月 1 日至 2019 年 1 月 1 日的数据作为测试集，各数据集之间互不相交，能够有效达到模型训练不断优化的目的。

3. 预测模型设计

1）模型构造与训练

本模型采用统计预测的方法，基于六种空气污染物大量的监测数据和相关气象数据，采用 LSTM 神经网络构建空气污染预测模型。依据各项污染物的监测数据特征，每种污染物都存在自身的变化规律，由于统计预测法主要通过分析监测数据进行污染预测，不考虑污染物在大气环境中复杂的物理、化学等一系列相互作用变化，因此分别将每种污染物和相关气象数据作为特征因子进行训练，生成六种污染物的预测模型，使最终模型结构更加简化。当空气污染物排放到大气中后，污染物浓度除了受历史污染物浓度的影响外，还会受到当前大气环境中气象因素的影响，因此在对空气污染物浓度进行预测时，除了需要考虑该地区的历史污染监测数据，还需要将该地区的气象因素考虑在内。因此本书选择 $SO_2$、$NO_2$、$PM_{10}$、$PM_{2.5}$、$O_3$、CO 这六种污染物浓度数据和一天中的平均气温、气压、风速、湿度四项与污染物浓度直接相关的气象因素作为污染预测模型的输入因子。

2）模型搭建

本预测模型包含一个 LSTM 神经网络层和一个全连接层，两层之间按顺序连接。LSTM 神经网络层是污染预测模型的核心，该层可接收经过模型输入格式处理后的历史污染数据和气象数据，并对其进行分析和结果预测；连接 LSTM 神经网络层的下一层为一个全连接层，负责输出计算结果。首先设置 LSTM 神经网络层，包括输入数据维度设置、时间步长设置和循环神经网络结构中三个激活函数（Sigmoid 函数）层和一个激活函数（tanh 函数）层的神经元数量设置。模型输入数据维度即为样本数据的特征数。

3）样本数据结构转换

输入模型数据结构转化包括将序列数据集转化为有监督学习模式和将样本中的特征数据改造为 LSTM 输入格式两部分。依据搭建完成的模型训练要求，将第一个样本数据转化为以第 1 天到第 10 天的一种污染物每日平均浓度与第 11 天的每日平均气温、湿度、风速、气压为特征，以第 11 天的污染物浓度数据为标签；第二个样本以第 2 天到第 11 天的污染物浓度值与第 12 天的每日平均气温、湿度、风速、气压为特征，以第 12 天的污染物浓度数据为标签，以此类推。模型的学习为连续的过程，通过连续学习样本数据中的特征和标签数据达到有监督的学习目的。模型训练数据的输入标准要求样本特征数据的输入格式为三阶向量，因此将经过有监督学习模式改造的样本特征数据转化为三阶向量的形式。其中第一个维度为转化后的样本总数，第二个维度为 LSTM 神经网络层设置的时间步长，第三个维度为模型特征数。特征数据经过转化后可作为模型输入数据。

4）模型参数设计与训练

模型训练的目的为通过学习有标签的样本数据调整自身网络权重，使模型的计算结果能够最大限度地接近实际值来减小偏差达到理想状态。在模型训练的过程中，不同网络权重值的设置会使模型产生不同程度的偏差，可以采用一种损失函数来描述在设置不同网络权重情况下的不同预测偏差。在回归问题中常采用平均绝对误差、均方误差等来描述损失函数的损失值。平均绝对误差为各个样本的误差绝对值之和的平均值，对误差求平均值可以消除不同样本计算的预测值与实际值的正负偏差相互抵消的弊端，但是含有绝对值的函数存在不能求导的点，不利于模型优化。本模型采用均方误差来描述损失函数的损失值。传统的网络权重优化方法有批量随机梯度下降法、随机梯度下降法、小批量随机梯度下降法。批量随机梯度下降法在单次迭代中使用完整样本，一次优化即消耗大量时间，效率低下；随机梯度下降法在单次迭代中使用一个样本，导致完整的训练过程杂乱，收敛性差；小批量随机梯度下降法在单次迭代中采用部分样本，是前两种方法的折中，能高效地达到较好的收敛效果。但是小批量随机梯度下降法每次更新的梯度步长受学习速率大小的影响，一旦设置则在一次完整实验中不可改变。如果学习速率设置过小，则会导致训练过程缓慢，设置过大则可能会使模型在最优值之间不断摇摆难以收敛。

模型在训练过程中需要不断地学习样本数据，由于训练样本为时间序列数据，污染数据之间存在严格的时间关系，因此设置禁止打乱输入模型的样本顺序，需要按照样本的原始顺序输入模型。若模型训练完成的检验标准设定为损失变化极为缓慢或不再变化，则可以停止训练。模型初步训练完成后采用验证集验证模型预测性能，如果发现模型在验证集上没有预期的良好表现，可以对模型的超参数进行调整，如时间步长的大小、LSTM 神经网络循环结构内隐层的神经元数量等。经过多次实验，得出较低损失的预测模型。

5）模型预测过程

模型采用迭代的方式进行预测，首先将样本数据经过有监督学习模式转化和 LSTM 输入格式转化后，输入模型进行浓度预测，得出未来一天的污染物浓度数据并记录；其次将实际输出结果加入下一条样本的污染物浓度特征中，与其他气象特征共同作为训练样本再次预测未来一天的污染物浓度数据，以此类推，得到预测结果。

6）模型评价

空气污染物浓度预测问题属于回归问题，本模型采用平均绝对百分比误差和均方根误差来进行评估。由于模型采用经过归一化缩放后的数据进行污染物浓度预测，因此预测结果为按同样比例进行缩放后的结果。在计算模型的预测误差之前，首先将所得的预测结果数据和同样经过缩放处理的测试数据进行反归一化处理，采用实际比例的预测值与真实值计算平均绝对百分比误差和均方根误差，从而评估模型的预测偏差。

4. 主要结果

对基于 LSTM 神经网络的空气污染监测预报系统进行功能测试，结果表明，该系统的监测数据采集与存储功能能够获取各监测网站的污染与气象数据，这些数据经过初步处理后可以正常存入数据库中；模型训练数据和系统预测功能所需的历史和系统定时监测数据能够按照预定的数据处理流程完成处理；空气污染每日预测功能可以正确响应用户请求并绘制出预测结果；空气质量评价功能能够清晰展示未来 7 天空气质量评价结果；污染物超标预警功能能够按照设定污染物浓度限值预告未来 7 天的超标污染情况。2015~2019 年典型城市空气质量情况如图 9-12~图 9-16 所示，其中横轴从左到右依次为每个月的 1~31 天，纵轴从上到下依次为每年的 1~12 月，颜色越深代表浓度越高，颜色越浅代表浓度越低，AQI 为无量纲指数，其他污染物浓度单位均为微克/米$^3$。

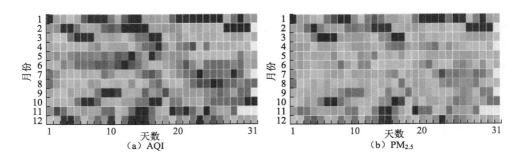

（a）AQI　　　　　　　　（b）PM$_{2.5}$

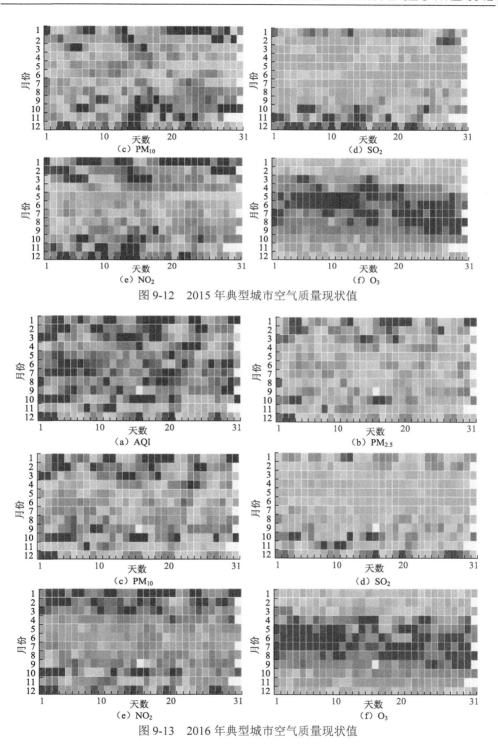

图 9-12　2015 年典型城市空气质量现状值

图 9-13　2016 年典型城市空气质量现状值

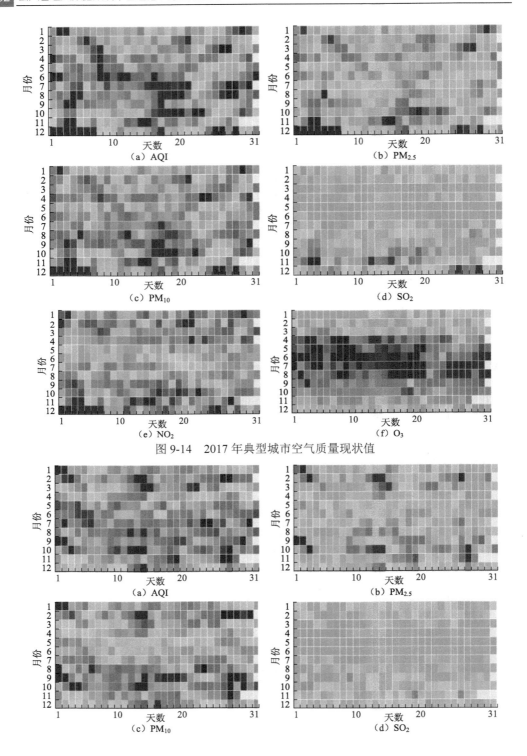

图 9-14　2017 年典型城市空气质量现状值

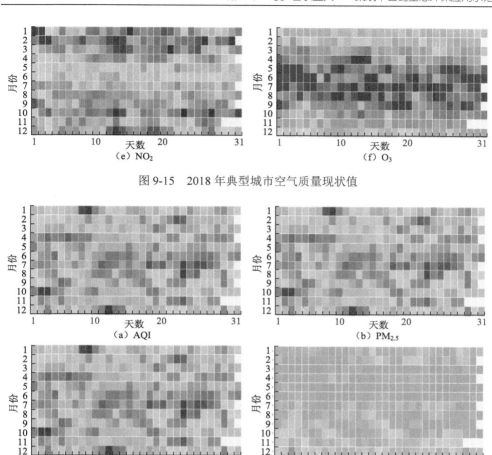

图 9-15　2018 年典型城市空气质量现状值

图 9-16　基于 2015~2018 年数据对 2019 年典型城市空气质量的预测结果

对基于 LSTM 神经网络的空气污染预测模型的偏差性测试表明，六种污染物的预测模型的预测误差在 15%到 25%之间，即模型对六种污染物的预测准确性在 75%到 85%之间。并且由六种污染物的预测模型的预测偏差离散值可知，六种污染物的预测模型的数据相对于真实浓度数据都具有较小的偏差值，模型预测结果稳定性较强，能够模拟出未来空气污染的变化情况。总体来说模型具有较低的预测偏差性，能够满足实际预测需求。

5. 结论与建议

本书基于 LSTM 神经网络以 2015~2018 年空气质量数据作为输入预测未来空气质量，结论显示，六种污染物的预测模型的预测误差在 15%到 25%之间，即模型对六种污染物的预测准确性在 75%到 85%之间，总体来说模型具有较低的预测偏差性，能够满足实际预测需求。为此，建议政府相关部门加强该模型在日常空气质量监测和预警系统中的应用，提高空气质量预报的准确性和及时性。同时，加强对模型的持续优化和更新，结合最新的空气质量数据进行训练，以进一步提升预测精度。此外，应加大对空气质量监测站点的建设和维护力度，确保数据采集的全面性和可靠性，为模型提供更高质量的输入数据。

## 9.2.3　大气环境承载力监测预警方法与应用研究

环境承载力监测预警研究具有重要现实意义，是我国深化生态文明体制改革、提升生态文明治理体系与治理能力现代化的重要手段。2013 年 11 月，《中共中央关于全面深化改革若干重大问题的决定》明确提出要"建立资源环境承载能力监测预警机制"。2016 年 9 月国家发展改革委等 13 部委下发《资源环境承载能力监测预警技术方法（试行）》，规定了水、土地、生态、环境等要素的单项评价和综合集成方法[295]①。2017 年 9 月，中共中央办公厅、国务院办公厅印发《关于建立资源环境承载能力监测预警长效机制的若干意见》，要求"建立手段完备、数据共享、实时高效、管控有力、多方协同的资源环境承载能力监测预警长效机制"，"为构建高效协调可持续的国土空间开发格局奠定坚实基础"。当前，资源环境承载能力监测预警长效机制建立相关研究与实践工作已经开始推进，将成为我国国土空间开发和生态环境治理的重要基础和手段。环境承载力监测预警是国家资源环境承载能力监测预警体系的重要组成部分。

环境承载力的概念是随着人类对环境问题认识的不断深入以及环境科学的发展而被提出的，其理论雏形源于环境容量。目前，环境承载力并没有统一的定义方式，最常见的是从"阈值"角度定义。因此环境承载力的大小可用人类活动（或人类活动导致的污染物排放）的规模、强度、速度等指标表示。由于环境容量仅

---

① 《国家发改委、国家海洋局等 13 部委联合印发〈资源环境承载能力监测预警技术方法（试行）〉》，https://www.gov.cn/xinwen/2016-10/13/content_5118667.htm，2016-10-13。

反映环境消纳污染物的一个功能,因而,也可以把它作为一种狭义的环境承载力。环境承载力是指在一定时期、一定状态或条件下,在一定的区域范围内,在维持区域环境系统结构不发生质的变化、环境功能不遭受破坏的前提下,区域环境系统所能承受的人类各种社会经济活动的能力[296],即环境对区域社会经济发展的最大支持能力,这是环境的基本属性和有限的自我调节能力的量度。其特点一般包括:①时空性,即在不同地区和不同时间具有不同表象;②稀缺性,以物质为媒介与外界联系,但是该物质是有限的;③动态性,环境系统是一个开放的系统,会随着自然和人类活动的变化而不断变化;④可调控性,对人类活动的调控可以减轻对环境承载力造成的影响。

大气环境方面,大气环境承载力从地理气象、能源消费、社会生活等诸多因素之间的关系入手研究大气环境与人类活动的关系,从而为人口、社会、经济与环境的协调发展提供科学依据。由此可知,大气环境承载力是指在一定时期、一定状态或条件下,在一定的区域范围内,在维持区域大气环境系统结构不发生质的变化、大气环境功能不遭受破坏的前提下,区域大气环境系统所能承受的人类各种社会经济活动的能力。大气环境承载力反映了人类与环境相互作用的界面特征,是研究环境与经济是否协调发展的一个重要判据[296-299]。

大气环境承载力评价方法,目前主要有承载率评价法、基于"压力-状态-响应"(pressure-state-response,PSR)框架模型的指标法等。承载率评价法是目前比较常用的一种评价大气环境承载力的方法[300-301]。该方法需要通过计算大气环境承载率来衡量大气环境承载力的大小。承载率是指区域环境承载量与该区域环境承载量阈值的比值,环境承载量阈值是容易得到的理论最佳值或预期要达到的目标值(标准值)。目前常用的承载率评价法有两种,一种是污染物排放量与环境总量承载率评价法[302],一种是环境质量与环境质量标准承载率评价法[295]。前者较为复杂,算力时间长;后者简便易行,应用广泛。PSR 框架模型主要反映的是人类活动对环境施加了一定的压力,环境在一定范围内进行自我调节,而社会根据环境调节的状况做出响应,以维持环境系统的健康稳定状态[303-305]。常用的 PSR 评价方法包括专家打分法、层次分析法、景气指数法等。本节选取景气指数法进行大气环境承载力监测预警。

1. 景气指数介绍

景气指数的概念是在经济周期的研究中被逐渐发现的,它是指由于经济运行的波动性而形成的以景气指数形式表现的经济景气期与经济不景气期交替出现的现象。实际上,景气指数只是利用景气与不景气的形式来描述经济周期,对于经济周期,还有古典周期、增长周期等不同的经济周期描述方式。环境承载力评估与预警领域也可以借鉴该思想。对于环境承载力系统，随着经济的周期波动，人类活动、经济发展导致其对环境造成的压力表现出一定的周期性波动趋势，这种"环境承载周期性"是环境承载力监测预警研究的主要理论基础。

1）指标构建

本节考虑经济活动对环境压力的影响，选取社会经济发展、资源能源利用、污染排放等给环境带来压力的指标（如用水量、能源消耗量、废水排放量、废气排放量、$SO_2$ 排放量等），并按照指标选取的原则，在考虑数据收集情况的前提下，构建环境承载力监测预警指标体系。

2）指标数据标准化

警情指标的构建过程就是数据标准化的过程。将标准化后各压力指标命名为警情指标。我国现阶段经济发展、资源和能源消耗的大部分指标数据在大部分年份保持增长，无法体现经济周期的波动性，所以本节将"同比增长率循环法"作为无量纲归一化方法得到相应的警情指标，来反映环境承载力监测预警指标的变化情况：

$$X_i^t = \frac{P_i^t - P_i^{t-1}}{P_i^{t-1}} \tag{9-1}$$

其中，$X_i^t$ 为同比增长率循环法的警情指标；$P_i^t$ 为本年对应的压力指标值；$P_i^{t-1}$ 为上一年对应的压力指标值。对于构建的警情指标，若警情指标大于 0，说明压力在增大；若警情指标小于 0，说明压力在减小。

3）警情指标的分类

在环境承载力系统运行过程中，不同变量不是同时变动的，反映在指标上就是指标的变动存在时间上的先后顺序。例如，有些指标变动与环境承载状况变动是一致的，有些指标变动是领先于环境承载状况变动的，有些指标变动反而落后于环境承载状况变动，因此，可以将构建的警情指标分为先行指标、一致指标和滞后指标。

划分先行、一致、滞后指标的方法有时差相关分析法、KL 信息量法[也称为 KL 散度，由 Kullback（库尔贝克）和 Leibler（莱布勒）提出]、峰谷图形分析法和峰谷对应分析法[BB（Barzilai-Borwein，巴兹莱-博尔温）算法]，判断指标相对于环境承载周期基准循环的先行性、一致性和滞后性。其中，时差相关分析法分别针对不同的提前或滞后阶数求基准指标与所选指标的相关性，相关性最大的阶数对应所选指标的先行性或滞后性。本节将选取时差相关分析法。

时差相关分析法先确定基准指标，依据其他指标较基准指标的时差序确定先行、一致与滞后指标：

$$R_j = \frac{\sum_{i=1}^{N_i} \left( X_{ij} - \overline{x} \right)\left( Y_i - \overline{y} \right)}{\sqrt{\sum_{i=1}^{N_i} \left( X_{ij} - \overline{x} \right) \sum_{i=1}^{N_i} \left( Y_i - \overline{y} \right)}} \tag{9-2}$$

其中，$R_j$ 为时差相关系数，当 $R_j$ 取最大值时，$j$ 值则为延迟数，若 $R_j$ 在 $j$=0 时最大，说明指标 $X$ 是 $Y$ 的一致指标，若 $R_j$ 在 $j$ 为负值时最大，说明 $X$ 是 $Y$ 的先行指标，若 $R_j$ 在 $j$ 为正值时最大，说明 $X$ 是 $Y$ 的滞后指标；$X$、$Y$ 分别为 $X_{ij}$ 和 $Y_i$ 的集合，$Y$ 为基准指标，这里指 $PM_{2.5}$ 的年均浓度值，$X$ 为其他指标，在本书中指地区生产总值、总人口、第一产业占比、第二产业占比、第三产业占比、能源总消耗量、万元地区生产总值能源消耗、发电量、农药使用量、化肥施用量、私人机动车拥有量、颗粒物浓度、$SO_2$ 浓度、$NO_2$ 浓度、$SO_2$ 排放量、颗粒物排放量、环境污染治理投资总额、城市环境基础设施建设投资、工业污染源治理投资、环境污染治理投资占地区生产总值比重等 20 个大气环境预警指标；$j$ 为移动的时长，正数为后移，负数为前移；$i$、$\overline{x}$、$\overline{y}$ 分别为第 $i$ 个其他指标、第 $i$ 个其他指标的平均值和基准指标平均值。

从表征上看，先行指标的波动先于系统波动发生，这主要是因为先行指标往往能体现未来经济发展的方向和趋势，对先行指标的研究也是环境承载力监测预警研究的重点。但使用先行指标来预测环境承载力景气情况有一个无法回避的问题，那就是统计时滞性，对于指标数据，由监测到统计公布需要一段时间，而这段时间如果长于先行指标对基准周期的领先时间，预警就只能变成现状评价。

4）景气指数编制

景气指数可综合反映各指标的情况，分为扩散指数（diffusion index，DI）和合成指数（composite index，CI）两种。扩散指数评价和衡量景气指标的波动及变化状态，反映社会经济对环境的影响状态。当扩散指数大于 50 时，说明半数以上警情指标处于景气状态，经济压力对环境造成的压力在增大；当扩散指数小于 50 时，说明半数以上警情指标处于不景气状态，经济带给环境的压力在变小。此外，对于先行扩散指数对同步扩散指数的领先程度（设为时差 $t$），可以认为先行扩散指数所预测的承载状态改变将在 $t$ 年后出现。

合成指数是将各敏感性指标的波动幅度综合起来，表征社会经济指标的整体变化幅度，反映社会经济对环境的影响程度。若合成指数上升，则说明社会经济对环境的影响过热，环境污染物有增加的可能，反之亦然。

扩散指数是扩散指标与半扩散指标之和占指标总数的加权百分比：

$$DI_t = \frac{\sum_{i=1}^{N} I\left( X_t^i > X_{t-1}^i \right)}{N} \times 100 \tag{9-3}$$

其中，$X_i^t$ 为第 $i$ 个变量在 $t$ 时刻的波动值；$N$ 为变量总数；$I$ 为符合条件的变量数；$\mathrm{DI}_t$ 为时序变化为增长的变量数占总数的比例。

计算合成指数，首先，需要根据指标原时间序列求出循环相对数时间序列的对称变化率：

$$C_i(t) = \frac{X_i^t - X_i^{t-1}}{\frac{1}{2}\left(X_i^t + X_i^{t-1}\right)} \times 100 \tag{9-4}$$

其次，求序列的标准化因子 $A_i$：

$$A_i = \sum \frac{\left|C_i(t)\right|}{n-1} \tag{9-5}$$

其中，$n$ 为标准化期间的年份，用 $A_i$ 将 $C_i(t)$ 标准化，得到标准化变化率为 $S_i(t)$，如式（9-6）所示：

$$S_i(t) = \frac{C_i(t)}{A_i} \tag{9-6}$$

计算平均变化率 $R(t)$，如式（9-7）所示：

$$R(t) = \frac{\sum S_i W_i}{\sum W_i} \tag{9-7}$$

其中，$W_i$ 为第 $i$ 项指标的权重，由各指标的时差相关系数决定。

令 $\bar{I}(0) = 100$，则 $I$ 的计算见式（9-8）：

$$I(t) = I(t-1) \times \frac{200 + R(t)}{200 - R(t)} \tag{9-8}$$

合成指数计算公式如式（9-9）所示：

$$\mathrm{CI}(t) = 100 \times \frac{I(t)}{\bar{I}(0)} \tag{9-9}$$

其中，$\bar{I}(0)$ 为基准年限的平均值。

合成指数在预警中能起到和扩散指数相似的作用，但需要注意的是，合成指数不仅能对环境承载运行的景气状态进行预警，还可以预测承载力景气波动的程度和所处的水平。

5）综合警情指数构建

环境承载力监测预警指标体系中的每一个指标只能反映环境承载力某一方面所面临的风险，而要进行全面预警必须构建综合警情指数。传统的综合警情指数计算方法一般是分别对指标数据进行评价，把每个指标归入合适的区间，并给每个区间赋予一个分数标准值，然后把各指标的分数标准值简单加总，得到综合警情指数。这种方法的缺陷是没有考虑各指标对环境承载力总体波动的贡献率，各指标所占权重相同，即将各指标一视同仁。为弥补传统方法的缺陷，本节先通过熵权法确定各指标权重，再通过相应的权重计算综合警情指数。

信息熵的理念来自热力学，表征信息量的多少，熵权法是根据变异性的大小来确定客观权重的。具体赋权步骤如下。

首先对各个指标的数据进行标准化处理。假设给定了 $k$ 个指标 $X_1, X_2, \cdots, X_k$，其中 $X_i = \{x_1, x_2, \cdots, x_n\}$。假设对各指标数据标准化后的值为 $Y_1, Y_2, \cdots, Y_k$，标准化后的各指标的矩阵 $Y_{ij}$ 的计算见式（9-10）：

$$Y_{ij} = \frac{X_{ij} - \min X_i}{\max X_i - \min X_i} \tag{9-10}$$

根据信息论中信息熵的定义，一组数据的信息熵如式（9-11）所示：

$$E_j = -\ln(n)^{-1} \sum_{i=1}^{n} p_{ij} \ln p_{ij} \tag{9-11}$$

其中，

$$p_{ij} = \frac{Y_{ij}}{\sum_{i=1}^{n} Y_{ij}} \tag{9-12}$$

如果 $p_{ij} = 0$，则定义：$\lim\limits_{p_{ij} \to 0} p_{ij} \ln p_{ij} = 0$。

其次，计算出各个指标的信息熵 $E_1, E_2, \cdots, E_k$，通过信息熵计算各指标的权重：

$$W_i = \frac{1 - E_i}{k - \sum E_i}, i = 1, 2, \cdots, k \tag{9-13}$$

由此得到各指标的权重值。

信号灯是选取重要的先行指标作为信号灯体系的基础，通过这些指标评判环境承载情况，并综合这些指标构建综合警情指数，给出承载状态的判断。借鉴交通信号灯，预警信号灯系统用"深蓝""浅蓝""绿""黄""橙""红"等六种颜色代表整个承载状况中"过弱载""弱载""适载""弱超载""较强超载""强超载"等六种情形，预警信号灯给人的印象直观易懂；同时，当预警信号灯出现"浅蓝"或"黄"两种颜色代表的"弱载"或"弱超载"时，可以预先知道承载状况已经偏离了正常运行的情形，从而可以提前采取一些调控手段防止"过弱载"或"强超载"情形的发生。为方便起见，选定▲代表深蓝灯，▶代表浅蓝灯，▼代表绿灯，◀代表黄灯，◊代表橙灯，●代表红灯。

2. 研究区域介绍

京津冀地区是我国北方经济规模最大、最具活力的区域，包括北京市、天津市及河北省的 11 个地级市和雄安新区。该地区位于东经 113°04'~119°53'，北纬 36°01'~42°37'，面积为 21.6 万平方公里，2019 年常住人口约 11 308 万人。京津冀地区处于内蒙古高原、太行山脉向华北平原的过渡地带，多高原和山地丘陵地，大气扩散条件极其不利，加之其承载了巨大的社会经济功能，该区域环境状况一直不容乐观，资源环境与经济发展矛盾十分突出。区域内地形差异显著，地貌类型复杂多样，高原、山地、丘陵、平原、盆地、湖泊等地貌类型齐全，高原和山地丘陵地区占区域面积比例超过 50%。复杂地形地貌对区域风速、风向都有影响，进而影响大气污染扩散。

京津冀地区作为"首都经济圈"，2019 年的经济总量达到 8.46 万亿元，占全国经济总量的 8.54%。2004 年，京津冀地区共有人口 9326 万人，2019 年达到 11 308 万人。2004~2019 年京津冀地区整体人口增长幅度不大，特别是 2010 年后增速放缓。其中，2013 年后北京市人口增速减缓，2016 年后受非首都功能疏解影响，人口持续减少。京津冀地区人口规模如图 9-17 所示。

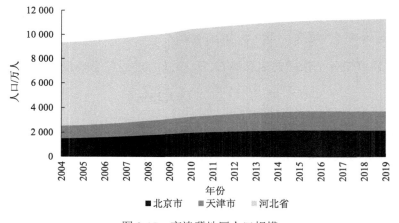

图 9-17　京津冀地区人口规模

2004 年，京津冀地区的经济总量（地区生产总值）为 1.69 万亿，到 2019 年增长到 8.46 万亿。2004~2019 年京津冀地区整体经济增长速度较快，增去了 4 倍。但在 2013 年经济增速整体放缓，特别是天津市几乎没有增长，2019 年其地区生产总值负增长，如图 9-18 所示。

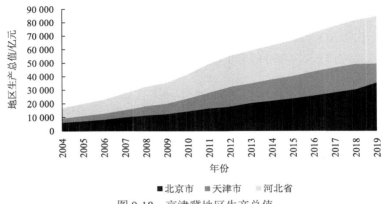

图 9-18　京津冀地区生产总值

　　2004~2019 年京津冀地区能源总消耗量增加，主要以河北省能源总消耗量为主，天津市和北京市相对较少，且在 2012 年后三个地区的能源总消耗量增加趋势逐渐放缓；2004~2019 年京津冀地区的万元地区生产总值能源消耗均有较大幅度下降，但河北省的能源消耗水平仍较高，是北京市和天津市的 1~2 倍。京津冀地区能源消耗如图 9-19 所示。

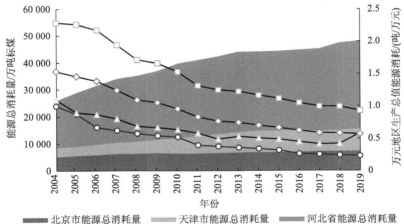

图 9-19　京津冀地区能源消耗

　　$SO_2$ 排放方面，2004~2019 年京津冀地区整体 $SO_2$ 排放呈快速下降趋势（2011年与 2010 年相比，排放量增大，主要是由统计口径变化导致）。2004 年，京津冀地区 $SO_2$ 排放量为 184.67 万吨，2019 年下降到 31.07 万吨，仅为 2004 年的 1/6。$NO_x$ 排放方面，除 2017 年和 2019 年外，其他年份也呈下降趋势。2011 年，京津冀地区 $NO_x$ 排放量为 234.84 万吨，2019 年下降到 122.93 万吨，为 2011 年的 1/2。

颗粒物排放方面，2004~2019 年京津冀地区的颗粒物排放量整体呈下降趋势，但是下降速度不及 SO₂。2004 年，京津冀地区颗粒物排放量为 160.32 万吨，2019 年下降到 52.82 万吨，为 2004 年的 1/3。具体情况如图 9-20 所示。

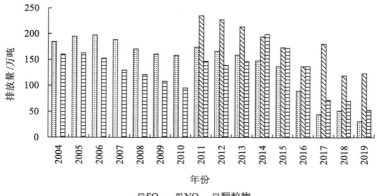

图 9-20　京津冀地区大气污染物排放情况

NOₓ排放量统计从 2011 年开始

除天津市在 2009 年、北京市在 2012 年空气质量达标天数略有减少，2004~2012 年京津冀地区的空气质量达标天数呈增加趋势。受监测标准改革的影响，京津冀地区的达标天数在 2013 年进行了调整，2014 年后北京市的空气质量不断提升、达标天数不断增加；2017 年天津市、河北省的空气质量达标天数有所减少。但是京津冀地区的总体空气质量在 2013 年后是有明显提升的，2019 年北京市全年空气质量优良天数为 240 天，比 2013 年多了 64 天。京津冀地区空气质量达标情况如图 9-21 所示。

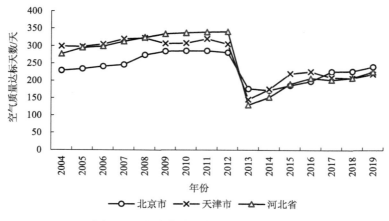

图 9-21　京津冀地区空气质量达标情况

### 3. 研究结果

#### 1）警情指标类型确定

采用 SPSS 软件计算指标之间的时差相关系数，并以达标天数增长序列值为基准指标，对预警指标时间序列进行验证，以时差相关系数最高项（最高项需同时满足相关系数大于 0.5，显著性水平大于 0.85）来确定延迟数，进而确定各指标与基准指标在时间序列上的先行、一致和滞后关系，具体结果如表 9-2~表 9-4 所示。

表 9-2　北京市大气环境预警指标分类

| 指标 | 时差 | 相关系数 | 指标 | 时差 | 相关系数 |
|---|---|---|---|---|---|
| $X_1$ | −2 | 0.395 | $X_{11}$ | −2 | 0.321 |
| $X_2$ | −5 | 0.522 | $X_{12}$ | −6 | 0.517 |
| $X_3$ | −6 | 0.505 | $X_{13}$ | 5 | 0.587 |
| $X_4$ | −6 | 0.740 | $X_{14}$ | 5 | 0.717 |
| $X_5$ | 3 | 0.406 | $X_{15}$ | 5 | 0.604 |
| $X_6$ | 3 | 0.604 | $X_{16}$ | −4 | 0.776 |
| $X_7$ | 7 | 0.713 | $X_{17}$ | 5 | 0.699 |
| $X_8$ | −4 | 0.578 | $X_{18}$ | 7 | 0.692 |
| $X_9$ | 6 | 0.782 | $X_{19}$ | 1 | 0.617 |
| $X_{10}$ | 6 | 0.518 | $X_{20}$ | 7 | 0.676 |

注：$X_1$ 至 $X_{20}$ 分别表示地区生产总值、总人口、第一产业占比、第二产业占比、第三产业占比、能源总消耗量、万元地区生产总值能源消耗、发电量、农药使用量、化肥施用量、私人机动车拥有量、颗粒物浓度、$SO_2$ 浓度、$NO_2$ 浓度、$SO_2$ 排放量、颗粒物排放量、环境污染治理投资总额、城市环境基础设施建设投资、工业污染源治理投资、环境污染治理投资占地区生产总值比重等 20 个大气环境预警指标。表 9-3、表 9-4 同。

表 9-3　天津市大气环境预警指标分类

| 指标 | 时差 | 相关系数 | 指标 | 时差 | 相关系数 |
|---|---|---|---|---|---|
| $X_1$ | −6 | 0.782 | $X_{11}$ | −5 | 0.258 |
| $X_2$ | −6 | 0.435 | $X_{12}$ | 2 | 0.478 |
| $X_3$ | −5 | 0.695 | $X_{13}$ | 2 | 0.554 |
| $X_4$ | −6 | 0.749 | $X_{14}$ | 2 | 0.623 |
| $X_5$ | 5 | 0.586 | $X_{15}$ | −7 | 0.592 |
| $X_6$ | −4 | 0.413 | $X_{16}$ | −7 | 0.531 |
| $X_7$ | 1 | 0.586 | $X_{17}$ | −5 | 0.900 |
| $X_8$ | 5 | 0.510 | $X_{18}$ | −1 | 0.676 |
| $X_9$ | −4 | 0.812 | $X_{19}$ | −1 | 0.700 |
| $X_{10}$ | −4 | 0.607 | $X_{20}$ | −5 | 0.863 |

表 9-4　河北省大气环境预警指标分类

| 指标 | 时差 | 相关系数 | 指标 | 时差 | 相关系数 |
|---|---|---|---|---|---|
| $X_1$ | 4 | 0.313 | $X_{11}$ | −6 | 0.700 |
| $X_2$ | −6 | 0.568 | $X_{12}$ | 2 | 0.335 |
| $X_3$ | −4 | 0.926 | $X_{13}$ | −5 | 0.531 |
| $X_4$ | −6 | 0.894 | $X_{14}$ | 2 | 0.306 |
| $X_5$ | 5 | 0.503 | $X_{15}$ | −4 | 0.502 |
| $X_6$ | −2 | 0.282 | $X_{16}$ | −7 | 0.442 |
| $X_7$ | 2 | 0.679 | $X_{17}$ | −7 | 0.702 |
| $X_8$ | 5 | 0.641 | $X_{18}$ | 3 | 0.573 |
| $X_9$ | −5 | 0.839 | $X_{19}$ | 0 | 0.480 |
| $X_{10}$ | −7 | 0.800 | $X_{20}$ | −7 | 0.836 |

　　本书对预警指标进行了分类。采用 SPSS 软件计算指标之间的时差相关系数，具体操作为"SPSS—分析—预测—互相关图"，并将 $PM_{2.5}$ 序列值作为基准指标，对预警指标时间序列进行验证，以时差相关系数最高项来确定延迟数，进而确定各指标与基准指标在时间序列上的先行、一致和滞后关系，具体结果如下。北京市共划分出 5 个先行指标、15 个滞后指标，天津市共划分出 11 个先行指标、9 个滞后指标，河北省共划分出 10 个先行指标、1 个一致指标、9 个滞后指标。

　　从指标分类结果中还可以看出，京津冀地区的大气环境承载力主要受人口、第一、二产业和环境污染治理投资的影响。其中北京市的大气环境承载力还与发电量有关；天津市的大气环境承载力还与地区生产总值、城市环境基础设施建设投资、工业污染源治理投资有关；河北省的大气环境承载力还与私人机动车拥有量、$SO_2$ 浓度有关。

　　此外，从滞后指标分类结果中可以发现，当前的大气环境承载状况还将影响未来几年该地区的人口、机动车保有量、环境污染治理投资等。比如，河北省的人口在滞后 3 年时其相关系数为−0.933，显著性水平大于 0.95，与空气达标天数呈显著的反向相关关系，可视为是空气质量较差、超出大气环境承载力，而主动或被动地造成人口流失。

　　2）警情指标编制

　　对北京市、天津市、河北省的先行指标进行扩散指数编制，结果如图 9-22 所示。北京市的先行扩散指数在 2013 年之前较高，特别是在 2010 年达到 80，说明所选的社会经济的大多数指标使得大气环境承载的压力较大；到 2019 年降为 20，说明社会经济的多数指标使得大气环境承载的压力较小。在 2014 年及之前，天津市的先行扩散指数较高，社会经济多数指标使得大气环境承载的压力较大；之后先行扩散指数都小于 50，社会经济多数指标带来的压力相对较小。河北省先行扩散指数在 2013 年及之前也都高于 50；2014~2017 年低于 50，但是 2018 年、2019年上升为 50，说明河北省的大气环境承载压力变大。

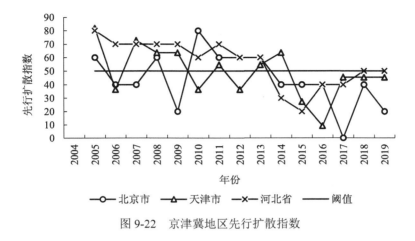

图 9-22　京津冀地区先行扩散指数

另外，通过计算 $t$ 值可知，北京市先行扩散指数领先 4.96 年，天津市领先 4.62年，河北省领先 5.74 年，即京津冀地区社会经济各方面对大气环境的压力一般会通过 5~6 年的时间传导到大气环境质量层面并明显表现出来。

根据北京市、天津市、河北省的先行指标进行合成指数编制，从图 9-23 中可以看出，除河北省 2019 年的数据，其他地区各个年份的先行合成指数波动不大，基本在 100 左右浮动。北京市的先行合成指数在 2009 年及之前较低，但是在 2010年达到 100 以上，说明社会经济各方面使得大气环境承载的压力变大；在 2017年及以后又降到 100 以下，社会经济各方面使得大气环境承载的压力逐渐变小。在 2015 年及之前，天津市的先行合成指数大多都高于 100，社会经济各方面给大气环境承载带来的压力较大；之后先行合成指数都小于 100，社会经济各方面带来的压力相对较小。河北省先行合成指数变化规律与天津市类似，在 2014 年及之前都高于 100；2015~2019 年低于 100，特别是 2019 年下降为 94.07，说明河北省的大气环境承载压力变小。

3）综合承载指标编制

取在三个地区中同时出现两次及以上的先行指标，作为京津冀地区的先行指标，包括总人口、第一产业占比、第二产业占比、农药使用量、化肥施用量、$SO_2$排放量、颗粒物排放量、环境污染治理投资总额和环境污染治理投资占地区生产总值比重，共 9 个指标。将其标准化后，采用熵权法进行综合预警分析。具体过程如下。

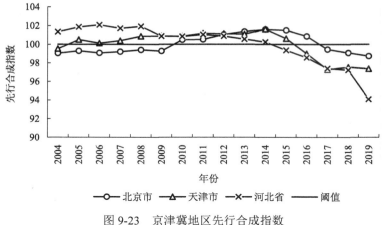

图 9-23　京津冀地区先行合成指数

　　首先进行数据标准化。采用极值法对数据进行归一化，其中环境污染治理投资总额和环境污染治理投资占地区生产总值比重与空气达标天数呈反向相关关系，因此进行逆标准化。

　　其次确定各指标的权重，结果如表 9-5 所示。9 个指标的权重分配较为均衡，最大权重与最小权重仅差 0.004。第二产业占比和农药使用量的权重最大，为0.113；第一产业占比的权重最小，为 0.109。

表 9-5　大气环境承载力监测预警关键指标权重表

| 指标 | 总人口 | 第一产业占比 | 第二产业占比 | 农药使用量 | 化肥施用量 |
|---|---|---|---|---|---|
| 权重 | 0.110 | 0.109 | 0.113 | 0.113 | 0.112 |

| 指标 | $SO_2$ 排放量 | 颗粒物排放量 | 环境污染治理投资总额 | 环境污染治理投资占地区生产总值比重 | |
|---|---|---|---|---|---|
| 权重 | 0.111 | 0.111 | 0.111 | 0.110 | |

　　2004~2019 年京津冀地区大气环境监测预警综合警情指数如表 9-6 所示。2004~2007 年，京津冀地区的综合警情指数总体保持增长状态，在 2007 年达到0.74，此后波动下降；2017~2019 年下降幅度较大。从中可以判断，2004~2007 年，各年后的 5~6 年，即 2009~2013 年，京津冀地区的大气环境承载压力达到峰值；2017~2019 年，各年后的 5~6 年，即 2022~2025 年，京津冀地区的大气环境承载压力较小。

表 9-6　京津冀地区大气环境监测预警综合警情指数

| 年份 | 综合警情指数 | 年份 | 综合警情指数 |
|------|-------------|------|-------------|
| 2004 | 0.70 | 2012 | 0.68 |
| 2005 | 0.71 | 2013 | 0.66 |
| 2006 | 0.69 | 2014 | 0.65 |
| 2007 | 0.74 | 2015 | 0.69 |
| 2008 | 0.70 | 2016 | 0.57 |
| 2009 | 0.65 | 2017 | 0.38 |
| 2010 | 0.65 | 2018 | 0.26 |
| 2011 | 0.64 | 2019 | 0.13 |

　　最后对景气预警信号灯临界值进行确定及预警。京津冀地区景气预警信号灯如表 9-7 所示。通过输出的景气预警信号灯结果可以看出，京津冀地区景气预警信号灯从 2004 年到 2019 年一直处于由黄变蓝状态，说明监测预警指标使得大气环境承载的压力越来越小。其中 2004~2008 年为黄灯，说明 5~6 年后社会经济发展对环境造成的压力仍较大，需要警惕社会经济进一步发展会导致的超载状况，应加大环境保护力度，控制经济发展速度；2009~2016 年为绿灯，说明 5~6 年后社会经济规模匹配环境承载力，环境承载力在负载当前社会经济发展规模的情况下还有少量结余，社会经济环境协调发展；2017 年为浅蓝灯，说明 5~6 年后环境承载力在承载目前的社会经济发展规模的情况下，还有较大结余，也说明经济增速正在放缓，需要警惕可能出现的经济增速过缓的情况；2018~2019 年为深蓝灯，说明 5~6 年后社会经济发展对环境造成的压力较小，环境承载力利用不足，未来可能面临社会经济发展速度过慢的问题。

表 9-7　京津冀地区景气预警信号灯

| 年份 | 大气环境承载信号灯 | 年份 | 大气环境承载信号灯 |
|------|------------------|------|------------------|
| 2004 | ◄ | 2012 | ▼ |
| 2005 | ◄ | 2013 | ▼ |
| 2006 | ◄ | 2014 | ▼ |
| 2007 | ◄ | 2015 | ▼ |
| 2008 | ◄ | 2016 | ▼ |
| 2009 | ▼ | 2017 | ► |
| 2010 | ▼ | 2018 | ▲ |
| 2011 | ▼ | 2019 | ▲ |

### 4. 主要结论与建议

综上研究可以发现，京津冀地区作为华北地区的重要协同发展区域，"十二五""十三五"期间，经济发展给环境带来的压力整体上逐渐减小，社会经济与环境发展愈发协调，但大气环境承载情况仍不乐观，大气环境质量的提升空间仍然很大。综合来看，京津冀地区的经济仍然保持着较快的发展势头，这会使人口增长和资源利用量增加。此外，当前京津冀地区的产业结构仍存在不合理的地方，天津市和河北省的第一、二产业占地区生产总值的比重仍然很高，造成能源消耗及污染排放量居高不下。河北省作为北京市和天津市的生态屏障，环境状况改善不显著。

京津冀地区社会经济发展及环境治理的协同性尚未充分发挥，导致现阶段该地区环境承载状态不理想。京津冀地区作为一个在地理位置上紧密相连的有机整体，一方面，应继续加强区域的协调发展，统一发展目标，根据各自城市功能定位，调节产业结构，提高资源利用效率，淘汰产能落后、污染严重的企业，积极发展绿色产业，推广清洁生产技术，减少地区工业废气排放，转变经济增长方式。另一方面，在环境治理方面继续加强区域联防联治，尤其是在大气环境治理方面加强跨区域协同管理，减少污染源数量，尤其是要控制河北省牌照的车辆增加量，保证京津冀地区整体机动车污染源得到有效抑制。在环保基础设施投资和建设方面，天津市和河北省还应继续加强基础设施建设，加大对环保投资的力度，提高地区整体环境承载能力。

此外，为确保经济环境协调发展，还需进一步加强对环境管理方法的科学应用，完善环境承载监测预警体系，融入环境承载指标，构建更为综合的环境承载监测预警指标体系；同时，建立完整的大气环境承载力监测系统和数据管理平台，实时监测给环境带来压力的指标的变动，真正做到"动态"预警，最终实现京津冀地区的协同可持续发展。

### 9.2.4 空气质量模拟预测与科学决策平台

该平台由生态环境部环境规划院（Chinese Academy of Environmental Planning，CAEP）大气环境规划研究所薛文博研究员团队自主研发。基于"预警预报—精细溯源—快速评估"一体化技术，构建了重点区域"预警预报—精细溯源—快速评估"空气质量模拟平台，包括：空气质量预报、实时溯源解析、应急预案评估、空气质量分析、污染排放-空气质量快速响应、降碳减污协同效应 6个模块。实现了京津冀及周边"2+26"城市等重点地区空气质量实时溯源、应急预案后的环境效果和降碳减污协同效益分析。

### 1. 空气质量预报模块

该模块主要由污染源清单处理、气象预报、大气传输与物理化学过程运算构成。其中污染源清单处理的主要目的是将大气污染物源排放清单转换成网格化、逐小时的模式污染源清单。输入参数包括区域大气污染物源排放清单、时间和空间分配系数、化学成分物种谱等。大气污染物源排放清单基本属性包括基准年、覆盖范围、排放污染物种类、排放来源分类、时间和空间分辨率等。排放来源类别包含电厂、工业、交通、居民、农业、生物质燃烧、扬尘、天然源等。排放污染物种类包含 $PM_{2.5}$、$PM_{10}$、VOCs 等。依据时间和空间分配系数对大气污染物源排放清单进行时间和空间分配，依据化学物种成分谱对排放污染物进行化学组成分配。气象预报采用气象研究与预报模型（weather research and forecasting model，WRF）进行，主要目的是将气象预报模式的原始输出结果转化为环境空气质量数值预报模式的输入气象预报场，气象要素包括温度、气压、湿度、风速、风向、降水、云、辐射等。大气传输运算输入参数包括模式污染源清单、模式气象预报场、模式初始和边界条件以及地理经纬度资料等。主要物理化学过程应包括排放、平流、扩散、对流、干沉降、湿沉降、气相化学、液相化学、无机气溶胶化学、有机气溶胶化学及多相化学反应等。结合计算区域地形特点、气象条件、污染物排放特征等因素，设置物理化学过程关键参数最优化方案组合。空气质量预报产品输出的主要目的是对模式原始输出结果进行数据提取、诊断分析、单位换算、网格坐标和数据格式转换等，制作空气质量预报产品。空气质量预报基本产品应包括 $PM_{2.5}$、$PM_{10}$、CO、$O_3$、$NO_2$、$SO_2$ 等主要污染物浓度和空气质量指数的时空分布。

### 2. 实时溯源解析模块

空气污染在线溯源子系统基于空气质量模型实现 $PM_{2.5}$、$O_3$ 污染物浓度在地域、部门、前体物等维度的污染来源实时和过程解析。通过对地域污染来源的解析，分析主要污染过程和目标年全国、主要区域、省份之间的污染物传输影响，为区域协同控制提供支撑；通过对部门的解析明确电力、工业、交通、民用等部门及其细分行业在不同时段对不同地域主要污染物浓度的贡献大小，为确定优先控制对象提供支撑；通过对前体物的解析明确前体物对 $PM_{2.5}$、$O_3$ 的贡献程度，为确定多污染物协同控制战略提供支撑。该模块可以进一步分为污染物空间溯源综合分析模块、污染物行业溯源综合分析模块、污染物前体物溯源综合分析模块。因此，空气污染在线溯源子系统主要包含污染物空间溯源综合分析、污染物行业溯源综合分析和污染物前体物溯源综合分析三方面内容。

3. 应急预案评估模块

应急预案评估模块包括减排控制方案分析子系统和大气污染防治对策预评估子系统。其中减排控制方案分析子系统包括减排措施动态管理模块、减排方案建立模块、减排方案减排量测算模块、减排方案动态优化模块、减排清单动态生成模块、减排清单分析模块和对接空气质量模型模块。大气污染防治对策预评估子系统包括减排清单和应急清单对接模块、空气质量数值模拟模块、减排方案实施效果评估模块、减排方案实施效果分析模块。减排方案实施效果评估应用空气质量模型对各个减排方案下的空气质量进行模拟,并进行空气质量状况数据的输出。

4. 空气质量分析模块

空气质量分析模块由空气质量综合分析子系统和空气质量目标动态调度子系统组成。空气质量综合分析子系统包括空气质量监测数据整合模块、空气质量现状分析模块、空气质量排名分析模块、空气质量变化趋势分析模块、空气质量等级分析模块、空气质量监测数据空间分布特征分析模块、重污染分析模块、重大活动期间大气环境特征分析模块、基于后向轨迹的一次污染源追踪模块和自助报告分析模块。空气质量目标动态调度子系统包括空气质量目标定制模块、空气质量目标进度分析模块和空气质量目标动态分析模块。

5. 污染排放-空气质量快速响应模块

基于气象研究预报耦合多尺度空气质量(weather research and forecasting coupled with the community multiscale air quality,WRF-CMAQ)、颗粒物三维敏感性分析(decoupled direct 3D sensitivity analysis for particulate matter,DDM-3D)模型构建大气污染物排放量与浓度的响应关系以实现在核算获得减排量的情况下,快速定量大气污染物浓度。在构建 DDM 模拟情景时充分考虑了跨区域输送对大气污染物浓度的影响,构建了受体区域 $PM_{2.5}$ 及其组分浓度对多区域多污染物排放变化的相应关系,实现了污染物浓度变化的实时响应。其中情景设计部分,设计了三套控制情景方案,包括基准情景、强化情景以及布局调整下的强化情景。其中基准情景的活动水平由低碳经济评估标准模型提供的社会经济及能源发展情景定义,末端控制基础维持在 2017 年的水平;强化情景在基准情景的基础上,使用最佳可行技术加严末端控制;布局调整下的强化情景在强化情景的基础上,保持其末端控制水平,进一步深化结构调整。

6. 降碳减污协同效应模块

根据CAEP提出的二氧化碳排放路径(carbon pathways,CP),即CAEP-CP 1.0,

以全国、分省、分部门的碳排放达峰、中和路径情景为约束，参考能源相关研究/规划，设定能源消费情景；基于能源消费情景，考虑碳减排与末端治理技术等因素，计算不同情景下 $SO_2$、$NO_x$、一次 $PM_{2.5}$、VOCs、氨气（$NH_3$）的排放量，分析减污与降碳之间的协同关系；利用空气质量模型，模拟不同情景下空气质量改善情况，分析碳排放路径与空气质量改善之间的协同关系。

## 9.3　水环境大数据应用示范——以湖南省"一湖四水"为例

"一湖四水"水质污染防治问题已引起政府的高度重视。2018 年 4 月 25 日，习近平总书记在调研长江经济带发展战略时，专程到湖南岳阳实地考察，深情勉励湖南继续做好长江保护和修复工作，坚持共抓大保护、不搞大开发，"守护好一江碧水"。在长江经济带保护与发展的大棋局中，湖南地处中游腹地，位置重要。"一湖四水"辐射全省、联通长江，全省 96% 的区域在长江经济带范围内。2021 年 9 月，湖南省人民政府办公厅印发《湖南省"十四五"生态环境保护规划》，提出开展重金属污染治理、$PM_{2.5}$ 与臭氧协同控制、"一湖四水"总磷控制、砷碱渣铍渣等危废治理、土壤污染风险管控与修复、农村生活污染集约化治理和农业面源污染控制等关键与共性技术研究，力争若干核心技术达到国内领先水平。深入推进"一湖四水"水安全科技创新、大气污染防治科技创新、土壤修复技术创新等重点工程。

在"一湖四水"水安全科技创新关键战略中，水质评价和水质预测的重要性愈发凸显。这两项工作不仅是科学决策的基础，更是确保湖南省生态环境保护取得实效的关键所在。水质评价是确保水资源安全利用的关键环节，通过科学的水质评价，我们能够全面了解河流中污染物的种类、浓度和分布，从而评估水质的优劣和潜在风险[306,307]。这不仅有助于保障饮用水安全，维护公众健康，还能为渔业、农业等产业的可持续发展提供支撑。水质预测对于预防和控制水污染至关重要，通过准确预测河流水质的变化趋势，我们能够及时发现潜在的水质污染风险，并提前采取相应的防控措施，可以有效避免水质污染事件的发生，降低治理成本，提高治理效率[308,309]。

河流水质评价和水质预测是保障水资源安全、促进经济发展和生态环境保护的重要手段。建立科学合理的决策模型，利用大数据和人工智能技术，提高监测和预测的准确性与时效性，为水资源的可持续利用和生态环境保护做出更大的贡献。

### 9.3.1　"一湖四水"水质综合评价研究——以湘江流域为例

解决"一湖四水"流域污染问题，首要任务就是对水体进行科学的评估和分析，找出污染源头和主要污染因素，并对水质进行针对性治理。

湘江是长江的重要一级支流、湖南的母亲河。流域地处长江经济带与华南经济圈的辐射地带，区域内城镇密布、人口集中、经济发达、人文厚重、交通便利，是湖南省社会经济发展的核心地区。由于传统的粗放型发展模式没有根本转变，水污染严重，流域资源和生态环境问题不断凸显，影响农业和工业的发展前景，并威胁生态系统的安全。本节以湘江流域为研究典型，提出一种水质综合评价模型，寻找解决流域污染问题的科学方法，为"一湖四水"流域的环境治理提供重要借鉴。

### 1. 评价方法概述

我们提出一种基于证据推理的水质综合评价方法。首先，针对水质监测数据的多源性和数据采集过程中的不确定性问题，提出了基于最优加权的水质监测数据一级融合模型，运用估计理论，综合考虑各种因素后，为每一个监测器分配一个反映其重要性的权重，将多个监测器测量的同一个指标的数据进行合成，实现多源监测数据的融合。

其次，针对流域水质综合评价中多评价指标的合成问题和多评估等级的置信度确定问题，提出了基于证据推理的水质评价数据二级融合模型，通过采用证据理论的合成规则和证据推理算法，求得各评估等级的综合概率，实现多评价指标多评估等级数据的科学合成。

最后，针对现有水质评价方法评价指标单一、水质类别划分不确定等问题，提出水质综合评价方法，并以"一湖四水"中最具代表性的湘江流域的 1 条干流和 8 条支流共 40 个监测断面 10 年的监测数据为研究对象，选择 8 项水质监测指标，建立 5 个评估等级，对城市和流域水质进行综合评价。具体技术路线如图 9-24 所示。

### 2. 湘江流域水质整体状况评价及时空分析

#### 1）湘江流域水质综合评价

本节以 2022 年湘江流域数据为例，对各二级支流的 8 种水质指标进行等级置信度评价，然后计算出湘江流域各水系水质综合评价结果（表 9-8）。由结果可知，在湘江流域的 9 条水系中，耒水水质最好，潇水次之，湘江居中，浏阳河水质相对较差。

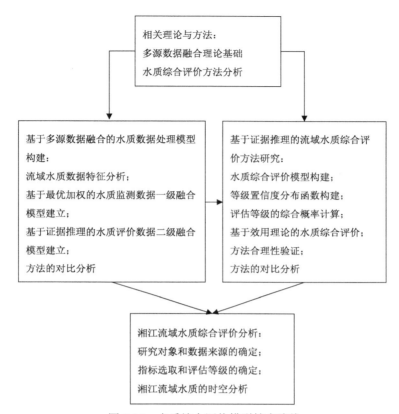

图 9-24　水质综合评价模型技术路线

表 9-8　2022 年湘江流域各水系水质综合评价结果

| 参评水系 | 综合概率（$b_{H_n}^{C(N-1)}$） | | | | | | 水质综合评价结果（$u(a_l)$） |
|---|---|---|---|---|---|---|---|
| | $b_{H_1}^{C(4)}$ | $b_{H_2}^{C(4)}$ | $b_{H_3}^{C(4)}$ | $b_{H_4}^{C(4)}$ | $b_{H_5}^{C(4)}$ | $b_{H_\Theta}^{C(4)}$ | |
| 湘江（$a_1$） | 0 | 0 | 0.023 | 0.090 | 0.496 | 0.391 | 0.8007 |
| 潇水（$a_2$） | 0 | 0 | 0.024 | 0.070 | 0.520 | 0.386 | 0.8065 |
| 春陵水（$a_3$） | 0 | 0 | 0.032 | 0.066 | 0.515 | 0.387 | 0.8036 |
| 蒸水（$a_4$） | 0 | 0 | 0.073 | 0.222 | 0.278 | 0.427 | 0.7383 |
| 耒水（$a_5$） | 0 | 0 | 0 | 0.063 | 0.564 | 0.373 | 0.8234 |
| 洣水（$a_6$） | 0 | 0 | 0.022 | 0.132 | 0.446 | 0.400 | 0.7886 |
| 渌水（$a_7$） | 0 | 0 | 0 | 0.125 | 0.484 | 0.391 | 0.8030 |
| 涟水（$a_8$） | 0 | 0 | 0.005 | 0.213 | 0.372 | 0.410 | 0.7750 |
| 浏阳河（$a_9$） | 0 | 0.027 | 0.061 | 0.211 | 0.272 | 0.429 | 0.7283 |

注：$b_{H_n}^{C(N-1)}$ 中，$H_n$ 指水质等级，$N-1$ 指局部概率

2）湘江流域水质时间变化分析

自实施湘江流域治理措施以来，"十三五"期间，湘江流域整体水质综合评价结果在 0.77 以上，水质在逐渐好转。2016~2020 年，水质环比上升，其中 2018 年的水质优化速度最快，环比增长率为 0.7%，2019 年的水质优化速度变缓，为 0.05%。与"十二五"期间同期相比，"十三五"期间各年的水质明显优于"十二五"期间，2016~2018 年的水质优化同比增长率持续提高，2019 年水质优化速度变缓，其中"十三五"最后一年（2020 年）的水质变化幅度最大，同比增长 1.90%，具体见图 9-25。

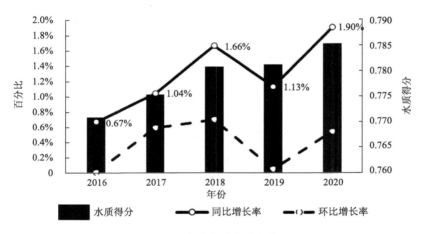

图 9-25    流域水质的时间变化

对 2013~2022 年湘江流域的 8 条支流以及 1 条干流分别进行水质综合评价，评价结果见表 9-9。从表 9-9 中可以看出，2013~2022 年湘江干流水质呈上升趋势，2018~2022 年的水质优于 2013~2017 年。在 2013~2017 年，各支流的水质优劣层级明显，支流的水质顺序无明显变化，2022 年综合水质由好到坏分别是潇水、耒水、洣水、渌水、湘江、春陵水、涟水、蒸水、浏阳河。其中春陵水水质波动较大，蒸水、潇水水质出现不同程度的恶化，其余河流水质变好；到 2018 年，湘江、蒸水、耒水、渌水、浏阳河水质继续上升。在 2018~2022 年，水质较差的支流（蒸水、涟水）变化比较明显，都呈现出大幅度上升趋势，耒水和渌水水质呈轻微的上升趋势，而春陵水、洣水水质则出现略微下降。与 2013~2017 年不同的是，2018~2022 年多数水系水质整体趋于平稳或出现小幅度上升趋势。

表 9-9　各水系水质评价结果

| $u(a_l)$ | 年份 | | | | | | | | | |
|---|---|---|---|---|---|---|---|---|---|---|
| | 2013 | 2014 | 2015 | 2016 | 2017 | 2018 | 2019 | 2020 | 2021 | 2022 |
| 湘江 | 0.777 | 0.779 | 0.775 | 0.776 | 0.774 | 0.781 | 0.790 | 0.794 | 0.793 | 0.801 |
| 潇水 | 0.822 | 0.818 | 0.816 | 0.817 | 0.815 | 0.800 | 0.812 | 0.795 | 0.803 | 0.807 |
| 春陵水 | 0.628 | 0.806 | 0.811 | 0.815 | 0.809 | 0.809 | 0.802 | 0.803 | 0.805 | 0.804 |
| 蒸水 | 0.737 | 0.722 | 0.684 | 0.693 | 0.689 | 0.714 | 0.741 | 0.719 | 0.732 | 0.738 |
| 耒水 | 0.793 | 0.818 | 0.818 | 0.820 | 0.811 | 0.818 | 0.822 | 0.830 | 0.829 | 0.823 |
| 洣水 | 0.772 | 0.786 | 0.798 | 0.791 | 0.793 | 0.791 | 0.797 | 0.791 | 0.791 | 0.789 |
| 渌水 | 0.774 | 0.775 | 0.782 | 0.786 | 0.777 | 0.795 | 0.778 | 0.811 | 0.794 | 0.803 |
| 涟水 | 0.738 | 0.745 | 0.758 | 0.759 | 0.753 | 0.748 | 0.774 | 0.763 | 0.761 | 0.775 |
| 浏阳河 | 0.659 | 0.626 | 0.651 | 0.686 | 0.701 | 0.736 | 0.716 | 0.747 | 0.733 | 0.728 |

3）湘江流域水质空间分布特征分析

A. 湘江干流的水质空间分布

根据专家建议，城市交界断面接纳的污水来自上游城市，因此对于归阳镇、朱亭镇、马家河、昭山、樟树港 5 个经纬度位于下游的断面，本节将其水质归属于上游城市水质，如表 9-10 所示。

表 9-10　湘江干流各监测断面所在城市分布

| 市区 | 湘江干流断面 |
|---|---|
| 永州市 | 绿埠头、港子口、归阳镇 |
| 衡阳市 | 松柏、黄茶岭、熬洲、朱亭镇 |
| 株洲市 | 枫溪、白石、霞湾、马家河 |
| 湘潭市 | 易家湾、五星、昭山 |
| 长沙市 | 猴子石、三汊矶、乔口、樟树港 |

湘江干流 18 个断面的水质变化情况如图 9-26 所示。从图中可以看出，湘江干流空间分布呈现以下特点。

永州市水质整体较好，境内水质呈现出先降后升的变化趋势。绿埠头和归阳镇断面为国控断面，其中绿埠头被划分为水源保护区，因此断面水质整体较好。

衡阳市境内水质呈现出阶段性下降和上升的趋势。湘江自永州市流入衡阳市，水质在松柏断面变差，经分析发现，松柏断面上下游 1000 公里被划分为Ⅳ类工业用水区，大量的工业废污水以及周边的生活污水排放致使水质恶化。松柏下游，水质较好的春陵水汇入湘江，至黄茶岭断面水质有所好转。在黄茶岭至熬洲断面，

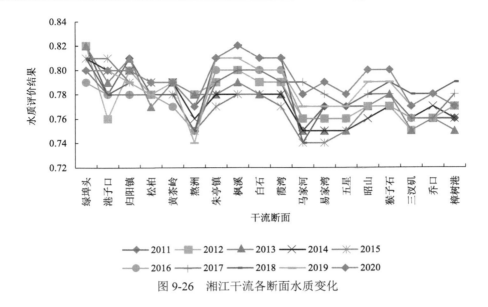

图 9-26　湘江干流各断面水质变化

水质较差的蒸水（8 条支流中水质综合排名第 7）和洣水（排名第 3）注入湘江，中途虽有水质良好的耒水（排名第 1）入江，但并不能完全稀释掉由支流带来的污染，因此熬州断面水质下降为境内最差水质。直至位于衡阳市和株洲市交界处的朱亭镇断面，水质突然大幅度上升。

湘潭市水质整体较差，但自易家湾至昭山断面，几乎每年都呈现出上升的趋势。其中易家湾和五星断面的监测点都位于湘潭市中心，大量的生活废水致使水质变差，加上涟水（排名第 6）自五星断面上游汇入湘江，使得干流水体再次被支流污染。昭山断面被列为国控断面，湘潭市政府投入了大量的精力用于净化湘江水质，在一定程度上改善了水质。

湘江进入长沙市境内后，水质也持续下降，其中，由于浏阳河（排名第 8）的注入，三汊矶断面成为境内水质相对较差的断面。

B. 湘江支流的水质空间分布

湘江各支流的水质空间分布见图 9-27。从图中可以看出，湘江流域上游支流（潇水、春陵水）的水质要优于下游支流（涟水、浏阳河）的水质；除浏阳河外，右岸支流（潇水、春陵水、耒水、洣水、渌水）的水质要好于左岸支流（蒸水、涟水）的水质。水质较差的蒸水和水质较好的耒水均位于衡阳市内。耒水水质较好，得益于东江水电站等几个大型水利枢纽工程。

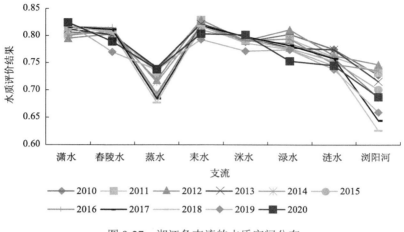

图 9-27  湘江各支流的水质空间分布

C. 水质指标空间分布

本书对 8 条河流 10 年共 4800 组水质指标监测数据进行了统计，分析发现，湘江流域的水质主要受到 pH 值、氨氮（$NH_4^+ - N$）和总磷（total phosphorus，TP）的影响，其中有 62.7% 的断面水质主要受 pH 值的影响，20.5% 的断面水质主要受氨氮的影响，以溶解氧（dissolved oxygen，DO）和总磷为主要影响的断面分别占到 6.7% 和 6.5%，具体见图 9-28。

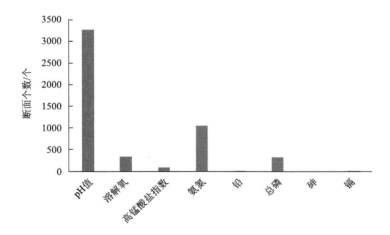

图 9-28  湘江流域主要影响指标的统计分析

通过对各个二级支流水质的主要影响指标进行统计分析发现，除浏阳河外，位于右岸的 5 条二级支流（渌水、洣水、耒水、春陵水、潇水）主要受 pH 值的

影响,第一影响指标为 pH 值的断面分别占 96.6%、84.7%、83.0%、78.1%、96.6%;
而流经人口密集城市的蒸水、涟水、浏阳河则主要受 pH 值、氨氮的影响,这两
个指标占比为 30%~40%,其中浏阳河还受到溶解氧和总磷的影响,指标占比分别
为 14.6% 和 23.1%。

4) 湘江流域水质特征总结

2010~2022 年,湘江流域得到了有效的治理和保护,水质呈上升趋势。"十四
五"期间的水质优于"十三五"期间,"十三五"期末(2020 年)的整体水质有
略微下降,"十四五"期中(2022 年)的整体水质小幅度上升。在"十三五"期
间,汛期的水质优于枯水期的水质,其中二季度水质优于三季度;2021~2022 年,
水质季度性差异减小,大体上是四季度水质较好,其中上游三季度水质优于二季
度,下游水质则刚好相反,二季度水质优于三季度水质。

湘江干流水质在空间上呈现出湘江上游的永州市及株洲市境内的上游水质较
好,湘江下游的湘潭市和长沙市境内的水质整体较差。除湘潭市外,各市境内水
质呈现出阶段性下降趋势,但在国控断面和饮用水保护区,水质变好。

通过分析各市交接断面水质变化发现,从永州市、衡阳市、湘潭市三市流出
的水质较好,说明水质治理有效,其中以衡阳市的治理效果最为显著。在株洲市
的下游,水质陡然恶化,致使进入湘潭市境内的水质整体较差。

湘江干流的各断面之间,呈现出国控断面(绿埠头、归阳镇、霞湾、昭山、
樟树港)水质优于省控断面;饮用水保护区断面(枫溪、白石、猴子石)水质普
遍较好。

湘江流域各支流水质在空间分布上呈现出湘江干流右岸(潇水、春陵水、耒水、
洣水、渌水)水质优于左岸(蒸水、涟水)水质。位于长沙市区境内的浏阳河,水
质波动最大,在"十三五"期间水质较差,但整体呈现逐渐变好的趋势。

湘江流域右岸的二级支流,除浏阳河外,其他 5 条支流的水质主要受到 pH
值的影响,而流经大城市的蒸水、涟水、浏阳河则主要受到 pH 值、氨氮的影响,
其中浏阳河还受到溶解氧和总磷的影响,占比相当。

### 9.3.2 "一湖四水"流域水质预测研究

水环境系统是一个受到生物、化学、物理、人为等多种因素影响的动态开放
复杂系统,水质指标随时间非线性地变化,因此运用传统方法很难建立一个精确
的水质预测模型。然而,在一些局部水环境系统中,长期来看,水质指标的变化
是缓慢的、有规律可循的。目前大多数采用灰色预测模型的水质预测方法虽然具
有解释性良好、计算简便、适于解决小样本贫信息条件下的短期预测问题的优点,
但是其存在两个问题,导致预测精度不足。首先,该方法只能进行单一指标预测,

不能准确地反映产业结构、人口因素和环保投入带来的影响。湘江流域水质污染物中大量存在的重金属和有机物污染物均与工业排放、生活排放等相关因素有着密切的相关性，且近年来的数据显示其虽然呈下降趋势，但存在较为明显的非线性波动现象，因此现有的湘江水质污染物预测模型已不能很好地反映污染物的变化趋势。其次，该方法虽然其能够反映线性趋势，但无法很好地反映非线性函数的发展趋势。如何改进湘江水质污染物预测模型并提高预测精度，从而为后续水环境评价、制定水资源规划和科学决策提供更为精准的预测基础和理论依据，显得尤为重要。

随着监测技术以及监测手段的多样化，环境监测站可以监测得到湘江流域各个断面越来越多的水质指标数据。运用近年来迅速发展的智能方法对监测数据进行分析和挖掘，建立人工神经网络非线性水质预测模型，可以提高对水体中的污染物浓度随时间非线性发展情况的预测精度。该方法已在水环境管理和污染控制中得到了初步应用。进一步，统计学习理论是有限样本情况下建立起来的统计学理论体系，为系统研究小样本情况下的机器学习问题提供了理论基础，基于此理论框架，支持向量机正在成为继神经网络之后新的研究热点。考虑到目前的湘江水质数据具有非线性、非周期、不规则的特性，两种机器学习方法强大的自学习自训练能力和无限逼近可微函数的优越性能，为其在水质预测方面的广泛应用提供了思路。

以湘江流域为研究对象，建立基于改进灰色神经网络的湘江流域水质组合预测模型，对水质污染物的浓度进行预测。该组合模型由改进灰色反向传播（back propagation，BP）神经网络的水质预测模型、GM(0,N)模型和支持向量机模型构成。由于水质污染物指标数据具有非线性特点，同时水质污染物指标受产业结构、人口因素和环保等相关因素的显著影响，因此采用线性预测和非线性预测相结合的方法能够有效地提高预测精度。为反映湘江水质污染物受产业结构、人口因素和环保等相关因素的影响，采用灰色粗糙集指标筛选方法分析不同水质污染物的主要影响因素并建立 GM(0,N) 模型进行线性协同预测，能够更全面地对污染物排放量进行分析预测。同时，改进灰色 BP 神经网络模型结合灰色预测模型样本量需求小、适合短期线性预测和 BP 神经网络适合非线性长期预测的优点，解决 BP 神经网络训练需要大量样本数据的问题，可以更好地发挥各自的优势，有效提高网络建模精度。由于支持向量机能很好地解决非线性、小样本、高维数和局部极小等问题，因此采用支持向量机对残差序列进行预测，通过残差修正初步预测值以进一步提高预测精度。通过基于改进灰色神经网络的湘江流域水质组合预测模型对"十四五"期间湘江流域水质污染物浓度进行预测，并针对预测结果为污染物防治工作提供对策建议。

1. 预测模型的基本思路

组合预测是指采用两种或两种以上的预测方法对同一问题进行预测。使用不同预测方法建立组合预测模型的优点是可以从不同角度来分析问题,最大程度地对信息进行挖掘,提高模型的预测精度。组合预测方法综合考虑实际问题中的各种数据的特点,针对不同类型的数据使用不同的预测方法进行处理,并使用一系列方法将所有预测方法结合起来,形成新的组合模型。

灰色预测模型近年来在经济、生活等领域有广泛应用。由于灰色预测是一种基于简单模型的预测,即便样本数据较少,灰色预测模型依然可以得到较好的结果且具有良好的解释性。神经网络是另一种被广泛应用的预测模型,相对于灰色预测模型,神经网络能够逼近任意函数,可以预测波动、无序的时间序列,适合进行长期预测。因此,灰色预测模型与神经网络的组合能够综合灰色预测模型运算方便、样本要求较低、规律性要求不高的优点,以及神经网络学习能力强大、实现简单、非线性拟合能力强大的优点,从而能够在很大程度上提高预测精度。

本书使用灰色神经网络组合模型对污染物排放量及浓度进行预测。该组合模型由 GM$(0,N)$ 模型、GM$(1,1)$ 模型和 BP 神经网络模型构成。在该组合预测模型中,GM$(1,1)$ 模型和 GM$(0,N)$ 模型主要用来进行初步预测,而 BP 神经网络模型主要用于进行残差修正。GM$(1,1)$ 模型是单输入、单输出的预测模型,不能准确反映产业结构、人口因素和环保投入带来的影响。GM$(0,N)$ 模型能够综合分析不同因素所造成的影响,协同该 GM$(0,N)$ 模型,能够更全面地对污染物排放量进行分析预测。组合模型结构如图 9-29 所示,污染物排放量预测模型的预测步骤可以分为数据准备阶段、初步预测阶段以及残差修正阶段。

2. 基于灰色关联度的 GM$(0,8)$ 水质预测模型

本节使用 GM$(0,8)$ 模型对水质指标进行预测。该模型需要使用 2005~2015 年的湘江水质指标数据以及对应的主要影响因素等。GM$(0,8)$ 模型的输入是单一水质指标数据与湘江水质主要相关影响因素的指标数据,总共 8 个输入,输出参数为预测值。

1)灰色关联度计算

根据 7 个湘江水质相关影响因素 2017~2022 年的指标值,计算得到水质影响因素和水质指标的灰色关联度,结果如表 9-11 所示。

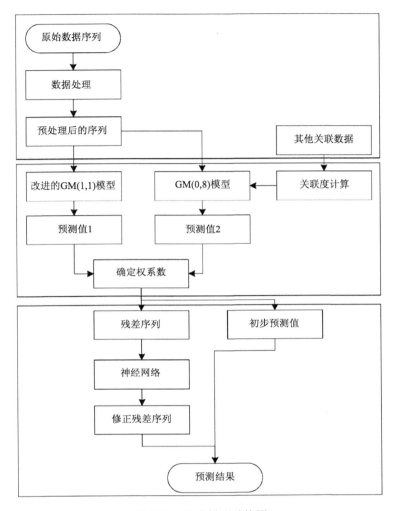

图 9-29 组合模型结构图

表 9-11 湘江水质指标与相关影响因素灰色关联度

| 相关因素 | pH 值 | 溶解氧 | 高锰酸盐指数 | 氨氮 | 铅 | 总磷 | 砷 | 镉 |
|---|---|---|---|---|---|---|---|---|
| 地区生产总值 | 0.723 | 0.832 | 0.503 | 0.578 | 0.559 | 0.551 | 0.502 | 0.853 |
| 第二产业总产出 | 0.600 | 0.715 | 0.633 | 0.898 | 0.961 | 0.916 | 0.702 | 0.739 |
| 第二产业占地区生产总值比重 | 0.624 | 0.658 | 0.647 | 0.998 | 0.557 | 0.702 | 0.699 | 0.998 |

续表

| 相关因素 | pH 值 | 溶解氧 | 高锰酸盐指数 | 氨氮 | 铅 | 总磷 | 砷 | 镉 |
|---|---|---|---|---|---|---|---|---|
| 规模工业增加值 | 0.583 | 0.955 | 0.641 | 0.984 | 0.571 | 0.804 | 0.706 | 0.635 |
| 常住人口城镇化率 | 0.727 | 0.706 | 0.629 | 0.537 | 0.634 | 0.795 | 0.507 | 0.762 |
| 单位地区生产总值能耗 | 0.734 | 0.913 | 0.702 | 0.804 | 0.894 | 0.850 | 0.514 | 0.681 |
| 环境污染治理投资额 | 0.785 | 0.925 | 0.694 | 0.716 | 0.589 | 0.839 | 0.659 | 0.643 |

灰色关联度越高，表示其影响程度越高。由表 9-11 可以看出，不同产业对不同水质指标的影响也有所不同。首先，第二产业占地区生产总值比重及规模工业增加值等因素与污染物排放量间的关联程度需要充分分析。由于工业等生产活动会使能源的消耗及污染物的排放增加，往往会引起水中重金属等指标的上升，造成水质污染。其次，常住人口城镇化率与水质指标之间的排放量的关联程度明显，这是由于在人数没有发生显著变化的同时，随着生活消费水平的提高，人们对各种消费品的需求也随之增加，尤其是对汽车、住房需求的增加，会导致水中生活垃圾增多及农药浓度上升。最后，由于政策引导及监督，随着产业结构升级及生态文明建设，单位地区生产总值能耗和环境污染治理投资额可以反映环保政策对水污染的治理和保护情况，因此在预测的过程中应该考虑到环保因素带来的影响。

2）基于灰色关联度的 GM(0,$N$) 的湘江水质预测模型

将水质指标 $X_i$（$i = 1, 2, \cdots, 8$）、地区生产总值 $X_2$、第二产业总产出 $X_3$、第二产业占地区生产总值比重 $X_4$、规模工业增加值 $X_5$、常住人口城镇化率 $X_6$、单位地区生产总值能耗 $X_7$，环境污染治理投资额 $X_8$ 作为 GM(0,8) 模型的输入数据进行预测。

设 $X_i$ 为特征序列，$X_2$、$X_3$、$X_4$、$X_5$、$X_6$、$X_7$、$X_8$ 为相关影响因素序列，对这八组序列进行初始化：

$$X_i^{(0)}(k) = X_i(k) / X_i(1), \quad k = 1, 2, \cdots, n, \ i = 1, 2, \cdots, 8 \tag{9-14}$$

其中，$X_i(1)$ 为数据序列的第一个值。

以高锰酸盐指数为例，将其 2005~2011 年的历史数据及相关数据进行初始化，得到

$$X_1^{(0)}(7) = (1, 1.05, 1.18, 1.41, 1.56, 1.63, 1.70) \tag{9-15}$$

$$X_2^{(0)}(7) = (1, 1.10, 1.14, 1.29, 1.44, 1.55, 1.66) \tag{9-16}$$

$$X_3^{(0)}(7) = (1, 1.06, 1.12, 1.28, 1.32, 1.49, 1.71) \tag{9-17}$$

$$X_4^{(0)}(7) = (1, 1.02, 1.06, 1.07, 1.29, 1.53, 1.57) \quad (9\text{-}18)$$

$$X_5^{(0)}(7) = (1, 1.07, 1.19, 1.40, 1.41, 1.48, 1.67) \quad (9\text{-}19)$$

$$X_6^{(0)}(7) = (1, 1.10, 1.15, 1.16, 1.38, 1.44, 1.46) \quad (9\text{-}20)$$

$$X_7^{(0)}(7) = (1, 1.15, 1.16, 1.25, 1.41, 1.61, 1.65) \quad (9\text{-}21)$$

$$X_8^{(0)}(7) = (1, 1.19, 1.20, 1.45, 1.66, 1.91, 1.98) \quad (9\text{-}22)$$

然后对初始化以后的数据序列进行累加，得到各个数据序列的累加序列：

$$X_i^{(1)} = \left( x_i^{(1)}(1), x_i^{(1)}(2), \cdots, x_i^{(1)}(n) \right) \quad (9\text{-}23)$$

其中，$x_i^{(1)}(k) = \sum_{j=1}^{k} x_i^{(0)}(j)$，为原始数据序列经过初始化的累加值，于是有

$$X_1^{(1)} = (1, 2.05, 3.24, 4.64, 6.21, 7.84, 9.53) \quad (9\text{-}24)$$

$$X_2^{(1)} = (1, 2.10, 3.24, 4.53, 5.98, 7.53, 9.19) \quad (9\text{-}25)$$

$$X_3^{(1)} = (1, 2.06, 3.18, 4.46, 5.77, 7.27, 8.98) \quad (9\text{-}26)$$

$$X_4^{(1)} = (1, 2.02, 3.08, 4.15, 5.45, 6.97, 8.54) \quad (9\text{-}27)$$

$$X_5^{(1)} = (1, 2.07, 3.26, 4.66, 6.08, 7.56, 9.22) \quad (9\text{-}28)$$

$$X_6^{(1)} = (1, 2.10, 3.25, 4.42, 5.80, 7.23, 8.69) \quad (9\text{-}29)$$

$$X_7^{(1)} = (1, 2.15, 3.31, 4.56, 5.97, 7.58, 9.23) \quad (9\text{-}30)$$

$$X_8^{(1)} = (1, 2.19, 3.39, 4.84, 6.51, 8.42, 10.40) \quad (9\text{-}31)$$

根据上述累加结果建立 GM(0,8) 模型：

$$\begin{aligned}
\hat{x}_1^{(0)}(k+1) = {} & a + b_2 x_2^{(1)}(k+1) + b_3 x_3^{(1)}(k+1) + b_4 x_4^{(1)}(k+1) + b_5 x_5^{(1)}(k+1) \\
& + b_6 x_6^{(1)}(k+1) + b_7 x_7^{(1)}(k+1) - x_1^{(1)}(k)
\end{aligned} \quad (9\text{-}32)$$

其中，$\hat{x}_1^{(0)}(k+1)$ 为水质指标第 $k+1$ 年的预测值；$x_i^{(1)}(k+1)$（$i = 2, 3, \cdots, 8$）分别为地区生产总值、第二产业总产出、第二产业占地区生产总值比重、规模工业增加值、常住人口城镇化率、单位地区生产总值能耗、环境污染治理投资额第 $k+1$ 年的预测值；$x_1^{(1)}(k)$ 为污染物第 $k$ 年的数据值；$a$ 为发展系数；$b$ 为灰色作用量。$a$ 和 $b$ 均通过对历史数据使用最小二乘法求解得到。

根据下式求解发展系数和灰色作用量：

$$[a,b_2,b_3,\cdots,b_7]^{\mathrm{T}} = \left(B^{\mathrm{T}}B\right)^{-1}B^{\mathrm{T}}Y$$

其中，

$$B = \begin{pmatrix} x_2^{(1)}(2) & x_3^{(1)}(2) & \cdots & 1 \\ x_2^{(1)}(3) & x_3^{(1)}(3) & \cdots & 1 \\ \vdots & \vdots & & \vdots \\ x_2^{(1)}(7) & x_3^{(1)}(7) & \cdots & 1 \end{pmatrix}, \quad Y = \begin{bmatrix} x_1^{(1)}(2) \\ x_1^{(1)}(3) \\ \vdots \\ x_1^{(1)}(7) \end{bmatrix} \quad （9\text{-}33）$$

计算得到系数：

$$\left(a,b_2,b_3,\cdots,b_7\right)^{\mathrm{T}} =$$

$$\left(1.22069, 0.19303, -0.32805, -0.10351, 0.12983, 0.17621, -08930, -0.08172\right)^{\mathrm{T}}$$

则预测模型为

$$\hat{x}^{(0)}(k+1) = 1.22069 + b_2 \times x_2^{(1)} + \cdots + b_7 \times x_7^{(1)} - x_1^{(1)}(k), \quad k = 2,3,\cdots,n \quad （9\text{-}34）$$

由于通过式（9-34）得到的是 $x_1^{(0)}(k+1)$ 序列的预测值，所以原始数据序列的预测值为

$$\hat{x}^{(0)}(k+1) = X_1(1) \times \hat{x}^{(0)}(k+1) \quad （9\text{-}35）$$

其中，$X_1(1)$ 为特征序列的第一个值。表 9-12 为高锰酸盐 GM(0,8)模型预测模拟结果。

表 9-12　高锰酸盐 GM(0,8)模型预测模拟结果

| 年份 | 实际值 | 模拟值 | 残差 | 误差率 |
|---|---|---|---|---|
| 2012 | 2.615 952 | 2.683 105 | 0.067 153 | 2.57% |
| 2013 | 2.637 143 | 2.753 785 | 0.116 642 | 4.42% |
| 2014 | 2.627 857 | 2.617 211 | −0.010 646 | 0.41% |
| 2015 | 2.165 476 | 2.300 733 | 0.135 257 | 6.25% |

以此类推，可得其他七种水质指标预测模拟值。

**3. 灰色 BP 神经网络的改进**

1）灰色理论与神经网络结合的必要性

灰色预测模型近年来在农业、天气等领域广泛应用，其主要有以下几个方面的特点：①灰色预测具有良好的解释性，这是一种基于简单模型的预测；②目前灰色预测模型主要应用于对短期内问题进行预测；③在灰色预测过程中使用的数

据越新，则得到的预测结果相对越好，反之则越差；④即便样本数据较少，灰色预测模型依然可以得到较好的结果；⑤灰色预测模型在趋势性强、波动性不大的问题上应用广泛；⑥灰色预测模型对于指数型函数具有先天优势，在预测其发展趋势时具有良好的效果。但是不可否认的是，灰色预测模型也具有其先天缺点，它不能很好地反映非线性函数的发展趋势。

神经网络同样也是一种被广泛应用的预测模型，相对于灰色预测模型，它具有以下特点：①神经网络可以预测波动、无序的时间序列；②神经网络能够逼近任意函数；③神经网络预测效果很好，但是在解释其预测结果方面较困难；④在对长期情况进行预测的时候，神经网络的预测效果相比其他预测模型更好；⑤神经网络预测模型需要大量的数据样本进行训练，在数据量较少的情况下，预测效果不佳。

将灰色预测模型与神经网络通过不同的组合方式结合使用，主要针对单一模型预测结果精度较低、具有不确定性等问题的模型就是灰色神经网络模型。这种新的模型综合了灰色预测方法运算方便、样本要求较低、规律性要求不高的优点，以及神经网络学习能力强大、实现简单、非线性拟合能力强大的优点。因此，将灰色预测模型和神经网络组成新的预测模型，能够在很大程度上避免灰色系统的软肋，提高预测精度。为了结合灰色系统理论和神经网络的优点，避免它们的不足，灰色神经网络模型将 GM(1,1)模型和 BP 神经网络简单地结合起来，将原始的数据序列输入 GM(1,1)模型中，进行初步预测，然后将预测结果和残差序列经过 BP 神经网络进行残差修正，得到最后的预测值。传统的灰色神经网络预测模型是一个单输入的预测模型，对数据样本要求较低，但是相比单一的 GM(1,1)模型和 BP 神经网络，具有相对较高的预测精度，在很多实际应用中已经能够满足用户的需求。但是在污染物排放量预测中，由于人口因素、产业产值等因素是污染物排放量的重要影响因素，不能忽略它们的影响，因此，我们在传统的灰色神经网络模型基础上进行了一系列改进。

2）改进的灰色 GM(1,1)模型

针对提到的灰色 GM(1,1)模型存在的缺陷，本节从以下方面进行改进：使用均方误差和最小准则修正模型的边值系数，对预测值进行指数修正，能够较好地得到预测点的预测结果。考虑边值修正项可以大大地降低预测误差。单方面的改进对模型精度提高的贡献有限，同时在多个方面优化可使模型精度得到更大程度的提升。

因此，提出将新的背景值优化公式与边值修正相结合的方法对，对模型进行改进，从而使所建模型的精度进一步提高。

A. 背景值优化

新的背景值优化公式：

$$z^{(1)}(k) = \frac{x^{(1)}(k) - x^{(1)}(k-1)}{\ln\left[x^{(1)}(k) - x^{(1)}(1)\right] - \ln\left[x^{(1)}(k-1)\right]} - \frac{x^{(1)}(1) - x^{(1)}(k-1)}{x^{(0)}(k) - x^{(1)}(1)} \quad (9\text{-}36)$$

B. 边值修正

现在考虑边值条件的修正形式，设修正为 $\tilde{x}^{(1)}(1) = x^{(0)}(1) + c$，其中参数 $c$ 为修正项。这时预测公式分别为

$$\tilde{x}^{(1)}(k+1) = \left[x^{(0)}(1) + c - \frac{b}{a}\right]e^{-ak} + \frac{b}{a} \quad k = 2, 3, \cdots, n \quad (9\text{-}37)$$

$$\tilde{x}^{(0)}(k+1) = (1 - e^{a})\left[x^{(0)}(1) + c - \frac{b}{a}\right]e^{-ak} + \frac{b}{a} \quad k = 2, 3, \cdots, n \quad (9\text{-}38)$$

进而得出

$$\tilde{x}^{(1)}(k+1) = \hat{x}^{(1)}(k+1) + ce^{-ak} \quad k = 1, 2, \cdots, n \quad (9\text{-}39)$$

$$\tilde{x}^{(0)}(k+1) = \hat{x}^{(0)}(k+1) + c(1 - e^{a})e^{-ak} \quad k = 1, 2, \cdots, n \quad (9\text{-}40)$$

可见修正项 $c$ 对于预测值有指数修正效用，其作用不容忽视，当 $c = 0$ 时，式（9-39）和式（9-40）就是通常的预测表达式。

对于修正项 $c$ 的确定有多种准则，这里针对原始序列和生成序列，分别使用最小准则和均方误差给出确定边值修正项的方法。

准则 1：选取 $c$，使得原始序列新预测值的误差在最小二乘意义下最小，即

$$\min_{c} \sum_{k=1}^{n}\left[\tilde{x}^{(0)}(k) - x^{(0)}(k)\right]^2$$

解得

$$c = \alpha / \beta - \left[x^{(0)}(1) - \frac{b}{a}\right]$$

其中，$\alpha = \sum_{k=1}^{n} x^{(0)}(k)e^{-ak}$；$\beta = (1 - e^{a})\dfrac{(1 - e^{-2na})}{(1 - e^{-2a})}$。

准则 2：选取 $c$，使得生成序列新预测值的误差在最小二乘意义下最小，即

$$\min_{c} \sum_{k=1}^{n}\left[\tilde{x}^{(1)}(k) - x^{(1)}(k)\right]^2$$

解得

$$c = \left\{\gamma - \xi\left[x^{(0)}(1) - \frac{b}{a}\right] - \frac{b}{a}\eta\right\}\Big/\zeta$$

其中，$\xi = \dfrac{\left(1 - e^{-2na}\right)}{\left(1 - e^{-2a}\right)}$；$\eta = \dfrac{\left(1 - e^{-na}\right)}{\left(1 - e^{-a}\right)}$；$\gamma = \displaystyle\sum_{k=1}^{n} x^{(1)}(k) e^{-ak}$。

在实际运用中，可先按照两种准则分别计算出结果，选择出最优的一个。

C. 运用改进的欧拉算法求解灰色作用量和发展系数

运用改进的欧拉算法求解灰色作用量和发展系数的具体过程如下。

由欧拉公式计算得到的一个初步的预测值，称为预报值。记作 $\overline{y}_{n+1}$，

$$\overline{y}_{n+1} = y_n + hf(x_n, y_n) \tag{9-41}$$

将式（9-41）代入梯形公式：

$$y_{n+1} = y_n + \frac{h}{2}\left(f(x_n, y_n) + f(x_{n+1}, y_{n+1})\right) \tag{9-42}$$

得到的新预测值为校正值，即

$$y_{n+1} = y_n + \frac{h}{2}\left(f(x_n, y_n) + f(x_{n+1}, \overline{y}_{n+1})\right) \tag{9-43}$$

于是就形成了一个预报-校正系统，也就是新的欧拉公式：

$$\begin{cases} \overline{y}_{n+1} = y_n + hf(x_n, y_n) \\ y_{n+1} = y_n + \dfrac{h}{2}\left(f(x_n, y_n) + f(x_{n+1}, \overline{y}_{n+1})\right) \end{cases} \tag{9-44}$$

将其改写为平均化的形式：

$$\begin{cases} y_p = y_n + hf(x_n, y_n) \\ y_c = y_n + hf(x_{n+1}, y_p) \\ y_{n+1} = 1/2\left(y_p + y_c\right) \end{cases} \tag{9-45}$$

假设经过数据预处理的数据序列为

$$X^{(0)} = \left(x^{(0)}(1), x^{(0)}(2), \cdots, x^{(0)}(n)\right) \tag{9-46}$$

由污染物排放量特性可知，该数据序列为一组非负序列。对该组序列进行累加生成，得到累加序列：

$$X^{(1)} = \left(x^{(1)}(1), x^{(1)}(2), \cdots, x^{(1)}(n)\right) \tag{9-47}$$

其中，$x^{(1)}(k) = \displaystyle\sum_{i=1}^{k} x^{(i)}(i), k = 1, 2, \cdots, n$，$n$ 为原始数据个数。建立 GM(1,1)模型，微分方程为

$$\frac{\mathrm{d}x^{(1)}(t)}{\mathrm{d}t} + ax^{(1)}(t) = b \tag{9-48}$$

设

$$f\left(t,\frac{\mathrm{d}x^{(1)}(t)}{\mathrm{d}t}\right)=\frac{\mathrm{d}x^{(1)}(t)}{\mathrm{d}t} \tag{9-49}$$

则微分方程可表示为

$$f\left(t,\frac{\mathrm{d}x^{(1)}(t)}{\mathrm{d}t}\right)=b-ax^{(1)}(t) \tag{9-50}$$

将式（9-50）代入改进的欧拉公式中，可得

$$x^{(1)}(t+1)=x^{(1)}(t)+hb-\frac{1}{2}\left[ahx^{(1)}(t)+abh^2-\left(a^2h^2-ah\right)x(t+1)\right]x^{(1)} \tag{9-51}$$

计算式（9-51），可得

$$x^{(1)}(t+1)\left(2-a^2h^2+ah\right)=x^{(1)}(t)(2-ah)+2hb-abh^2 \tag{9-52}$$

由于 $x^{(1)}(t+1)=x^{(1)}(t)+x^{(0)}(t+1)$，则式（9-52）可以表示为

$$x^{(0)}(t+1)=-x^{(1)}(t)\frac{ah}{1+ah}+\frac{bh}{1+ah} \tag{9-53}$$

设

$$A=-\frac{ah}{1+ah}, \quad B=\frac{bh}{1+ah} \tag{9-54}$$

通过计算比较发现，当 h=1 时，得到的误差最小。式（9-54）可以用向量形式表示为

$$\begin{bmatrix} x^{(0)}(2) \\ x^{(0)}(3) \\ \vdots \\ x^{(0)}(n) \end{bmatrix}=\begin{bmatrix} x^{(1)}(1) & 1 \\ x^{(1)}(2) & 1 \\ \vdots & \vdots \\ x^{(1)}(n-1) & 1 \end{bmatrix}\begin{bmatrix} A \\ B \end{bmatrix} \tag{9-55}$$

令

$$\begin{bmatrix} x^{(1)}(1) & 1 \\ x^{(1)}(2) & 1 \\ \vdots & \vdots \\ x^{(1)}(n-1) & 1 \end{bmatrix}=C, \quad \begin{bmatrix} x^{(0)}(2) \\ x^{(0)}(3) \\ \vdots \\ x^{(0)}(n) \end{bmatrix}=Y \tag{9-56}$$

使用最小二乘法求解 $A$ 和 $B$，得到

$$\begin{bmatrix} A \\ B \end{bmatrix}=(C^{\mathrm{T}}C)^{-1}C^{\mathrm{T}}Y \tag{9-57}$$

最后计算出发展系数 $a$ 和灰色作用量 $b$，建立 GM(1,1)模型。

3）改进灰色 BP 神经网络模型

BP 神经网络具有非常强大的非线性拟合能力，但由于采用经验风险最小的原则，若对有限的样本来说网络学习能力过强，足以记住每个样本，此时经验风险很快就会收敛到很小甚至为零，导致 BP 神经网络产生过学习问题，其根本原因是试图用一个十分复杂的模型去拟合有限的样本，导致丧失了推广能力。因此，用 BP 神经网络解决小样本预测问题的关键是解决 BP 神经网络的学习样本问题。

BP 神经网络和 GM(1,1)模型存在互补性：BP 神经网络具有逼近任意函数的能力，GM(1,1)模型不适合逼近复杂的非线性函数，但能较好地预测参数变化的总体趋势；灰色预测的累加生成使序列呈单调增长趋势，适合采用 BP 神经网络进行预测。因此，将两种方法组合在一起，可以有效地提高预测精度，在理论上是可行的。本章只保留灰色预测方法的"累加生成"和"累减还原"，运用 BP 神经网络来建立预测模型并求解模型参数。但在本节的预测实例中，若仅仅采用"累加"思想，仍不能克服水质数据缺乏、神经网络学习训练样本少的缺点。本节提出用灰色 GM(1,1)模型集群的预测结果作为 BP 神经网络的输入学习样本，从而突破 BP 神经网络需要大量学习样本的局限。依据 Kolmogorov（科尔莫戈罗夫）定理（连续函数表示定理）和映射的最小二乘逼近定理，建立的灰色 BP 神经网络模型采用三层 BP 神经网络（即输入层、隐含层和输出层）。灰色 BP 神经网络模型如图 9-30 所示，输入层神经元个数为不同 GM(1,1)模型数，输出层为相应的输出组。将 GM(1,1)的模拟值作为输入数据，将实际值作为输出训练网络。对于训练好的神经网络，当输入为各种 GM(1,1)模型的预测值时，其输出即为结合 BP 神经网络的组合预测值。从结构上看，两者的结合为"串联"型，因此该模型又可称为串联灰色 BP 神经网络模型。

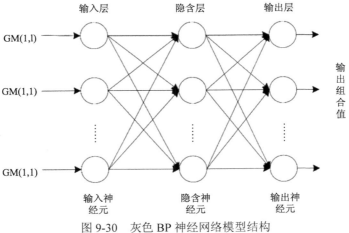

图 9-30　灰色 BP 神经网络模型结构

　　首先，根据灰色 GM(1,1)模型适合短期预测、求解速度快的特点，建立预测精度更高的新陈代谢灰色模型群；其次，结合 BP 神经网络具有较好的描述复杂非线性函数能力的特点，建立兼有两者优点的最优组合预测模型。灰色 BP 神经网络通过新陈代谢模型群对输入变量数据进行预处理，求解速度快，并且避免了 BP 神经网络建模水质样本的不足，为水质参数的中长期预测提供了保障。在保证新陈代谢模型预测精度的基础上，不断地为 BP 神经网络提供样本，从而可以更好地发挥各自的优势，有效提高网络建模精度。本书所提出的建模方法，可以有效地避免短期预测方法的不足。对于图 9-30 所示的灰色 BP 神经网络模型，其网络的设计包括训练样本集设计、网络结构设计、训练与测试三个方面。训练样本集设计包括原始数据的收集整理、数据分析、变量选择、特征提取及数据预处理等多方面的工作。主要工作描述如下。

　　（1）确定灰色 GM(1,1)模型嵌入维数：采用改进的相关熵算法确定时序数据的嵌入维数。

　　（2）确定输入、输出层：对于多项水质参数预测，输入层神经元个数为不同 GM(1,1)模型数。

　　（3）确定隐含层：首先，确定改进 GM(1,1)模型的维度；其次，确定隐含层数目为 1 后，隐含层节点数的选择参考式（9-58）确定：

$$l = 2m \pm 1$$
$$l = 2m + 1$$
$$l = \sqrt{m + n} + \dot{a} \tag{9-58}$$

其中，$l$ 为隐层节点数；$m$ 为输入层点数；$n$ 为输出层点数；$\dot{a}$ 为[1,10]范围内的常数。采用试错法最终确定隐含层的节点数。

　　（4）确定初始值：由于缺乏理论指导，主要靠经验和试错法，一般取较小的随机数。

　　（5）确定训练算法：LM（Levenberg-Marquardt，利文贝格-马夸特）优化算法的收敛速度和精度都比较好，一定程度上克服了传统 BP 算法的缺点。因此网络模型采用 MATLAB 之中的 trainlm 算法。

　　（6）提高网络推广能力的方法：为了提高网络推广能力，本节采用提前停止法。
　　改进灰色 BP 神经网络模型的具体操作步骤如下。

　　针对污染物浓度数据样本量小、序列非线性的特点，本书提出了改进灰色 BP 神经网络模型，该模型分为三个操作步骤。

　　第一步是模型训练。通过处理初始序列、重构背景值、改进欧拉公式对灰色 GM(1,1)预测模型进行改进，得到预测精度较高的改进灰色 GM(1,1)预测模型。令年份 $n = 2007, 2008, \cdots, 2013$，$m=2$，将第 $n-m$ 年到第 $n-1$ 年各月的水质指标实际值作为改进灰色 GM(1,1)预测模型的输入数据，输出数据为第 $n$ 年各月水质指标预测值，即将 2007~2013 年的水质年均实际值作为训练集，该样本占总样本数的 70%。然后，将第 $n$ 年各月水质指标预测值作为输入层，将第 $n$ 年年均水质指标实际值作为输出层建立改进灰色 BP 神经网络模型。

第二步是模型测试。令年份 $N$=2014,2015,2016，$m$=2，将第 $N-m$ 年到第 $N-1$ 年各月的水质指标实际值作为改进灰色 BP 神经网络模型的输入数据，得到第 $N$ 年的年均水质指标预测值,即将 2014~2016 年的年均水质指标实际值作为测试集，该样本占总样本数的 30%。然后，将第 $N$ 年的年均水质指标预测值与第 $N$ 年的年均水质指标实际值进行比较，计算得到残差序列 1 和改进灰色 BP 神经网络模型的预测精度。若预测精度符合要求，则保留模型；否则进行模型优化，直到预测精度符合要求。

第三步是模型预测。需要对 2017~2020 年每年的年均水质指标值进行预测，因此对于训练好的改进灰色 BP 神经网络模型，令年份 $X$=2017,2018,2019,2020，$m$=2，将第 $X-m$ 年到第 $X-1$ 年各月的水质指标实际值作为改进灰色 BP 神经网络模型的输入数据，得到第 $X$ 年年均水质指标预测值 1。

建立改进灰色 BP 神经网络模型的原因在于：根据灰色 GM(1,1)模型适合短期预测并且求解速度快的特点，建立预测精度更高的改进灰色 GM(1,1)模型；然后，结合 BP 网络具有较好的描述复杂非线性函数能力的特点，建立兼有两者优点的改进灰色 BP 神经网络模型。灰色 BP 神经网络对输入变量数据进行预处理，求解速度快，并且避免了 BP 神经网络建模水质样本的不足，为水质参数的中长期预测提供了保障，从而可以更好地发挥各自的优势，有效提高网络建模精度。

下面以"一湖四水"流域水质指标氨氮为例进行模拟计算。

（1）模型训练阶段。

将 2017~2018 年各个月的氨氮指标历史数据作为灰色预测模型的输入数据，输出 2019 年各月水质指标预测值。将预测的 2019 年各月氨氮值和 2019 年平均氨氮实际值组成第一个样本。同理，得到 2020~2022 年的样本。将每个样本的各月氨氮值作为自变量，将平均氨氮实际值作为因变量，输入 BP 神经网络模型。BP 神经网络的设置采用传统的灰色神经网络中的设置，激活函数采用 sigmoid 函数，输入层和隐含层使用 tansig 传递函数，输入层采用 logsig 传递函数，学习速率为 0.1，网络全局误差为 0.001，最大训练步数为 2000，误差函数为均方误差。隐含层设为 1 层，通过不断地修改，确定将隐含层节点数定为 5 个时最优，输出参数为 1 个，结构为 12-5-1。训练得到氨氮改进灰色 BP 神经网络模型。

（2）模型测试阶段。

采用 2020~2021 年各月的氨氮指标数据作为改进灰色 BP 神经网络模型的输入数据，得到 2022 年年均水质指标预测值，模拟结果如表 9-13 所示。

表 9-13　氨氮改进灰色 BP 神经网络模型预测模拟结果

| 年份 | 实际值 | 预测值 | 误差率 |
|---|---|---|---|
| 2022 | 0.1340 | 0.1219 | 9.03% |

以此类推，同理可得其他七种水质指标的预测模拟结果。

### 4. 水质组合预测模型

#### 1）数据预处理方法

在数据的收集过程中，经常会遇见一些不可避免的困难，虽然数据序列相对完整，但是由于系统的原因或者人为的原因，部分数据会特别异常，对研究工作的展开造成不小的困难。良好的数据是预测结果理想的先决条件，如果没有进行数据预处理就直接建立模型并进行相关预测，很有可能会导致预测精度不高，预测效果偏离实际值。如果去除这部分异常数据，虽然一方面消除了异常数据的干扰，但是另一方面却造成了数据死穴。同时，灰色方法的主要特点就是数据量要求较少，在使用灰色方法进行预测时，若其中有部分数据异常，则会明显地影响预测到的系统的发展趋势，使得预测精度较低。因此，在预测过程中，不能简单地去除异常数据，而是需要对数据进行预处理。同时，数据预处理也可以加快收敛速度。所以，数据预处理是进行预测的一个前提条件和必要条件。经常使用的数据预处理方法有归一化方法、均值生成法等。

由于污染物排放量历史统计政策不完善，在早些年对部分污染物的统计要求不严格，因此，在进行污染物排放量预测前，必须对这些数据进行预处理。本节采用均值生成法对缺失数据进行处理，再使用五点三次平滑处理法对数据序列进行平滑处理。

均值生成法算法如下。

将历史污染物排放量定义为 $X$，有

$$X = \left(x(1), x(2), \cdots, x(n)\right) \tag{9-59}$$

其中，$n$ 为原始数据的个数。假设 $x(k)$ 为空值，$x(k-1)$ 和 $x(k+1)$ 为 $x(k)$ 的两个临近值，则有

$$x^*(k) = \alpha x(k-1) + (1-\alpha)x(k+1), \ \alpha \in [0,1] \tag{9-60}$$

称 $x^*(k)$ 为由新信息 $x(k+1)$ 和老信息 $x(k-1)$ 在生成系数下的生成值，一般取值为 0.1 至 0.3。

特殊地，当缺失第一个数据时，有

$$x^*(1) = x(2) - \left[\alpha x(3) - (1-\alpha)x(2)\right], \ \alpha \in [0,1] \tag{9-61}$$

若缺失数据为连续 $m$ 个，分别为 $\cdots, x(k-2), x(k-1), x(k+1), x(k+2), \cdots$，则在保证灰色建模必要数据个数的前提下，可以通过与缺失数据中间数相邻的两个已知数求解该中间数，再通过该中间数与其他已知数求解其他数据。

对于经过数据填充后的完整数据，为了保证数据的平滑性，本节使用五点三次平滑处理法对历史污染物排放数据进行预处理，具体步骤如下。

将历史污染物排放量定义为 $X^{(0)}$，有

$$X^{(0)} = \left( x^{(0)}(1), x^{(0)}(2), \cdots, x^{(0)}(n) \right) \tag{9-62}$$

其中，$n$ 为原始数据个数。

使用公式：

$$\widehat{X}_l^{(0)}(1) = \frac{1}{70}\left( 69X^{(0)}(1) + 4X^{(0)}(2) - 6X^{(0)}(3) - X^{(0)}(5) \right)$$

$$\widehat{X}_l^{(0)}(2) = \frac{1}{35}\left( 2X^{(0)}(1) + X^{(0)}(5) + 27X^{(0)}(2) + 12X^{(0)}(3) - 8X^{(0)}(4) \right)$$

$$\widehat{X}_l^{(0)}(j) = \frac{1}{35}\left( -3X^{(0)}(j-2) - 3X^{(0)}(j+2) + 12X^{(0)}(j-1) + X^{(0)}(j+1) + 17X^{(0)}(j) \right)$$

$$\widehat{X}_l^{(0)}(n-1) = \frac{1}{35}\left( 2X^{(0)}(n) + X^{(0)}(n-4) + 27X^{(0)}(n-1) + 12X^{(0)}(n-2) - 8X^{(0)}(n-3) \right)$$

$$\widehat{X}_l^{(0)}(n) = \frac{1}{70}\left( 69X^{(0)}(n) + 4X^{(0)}(n-1) + 4X^{(0)}(n-3) - 6X^{(0)}(n-2) - X^{(0)}(n-4) \right)$$

$$\tag{9-63}$$

进行预处理，得到污染物排放量的原始数据序列 $X^{(0)}$ 转化后的数列 $\widehat{X}_l^{(0)}(n)$，该数据在很大程度上可避免数据异常，保证数据序列的平滑性。

2）权系数计算方法

分别计算 GM(0,8) 模型和 GM(1,1) 模型，可以得到预测值 1 和预测值 2，计算适合的权系数是得到初步预测值的关键。在权系数的计算中用固定的权系数显然不适用于上述模型，因此在模型中使用了变权方法。本节采用的变权方法主要参考了累加残差，这样可以使权系数反映出每个模型在整个预测过程中的误差。具体计算方法如下。

设 $\varepsilon(k)$ 为残差相对值，$\bar{\varepsilon}$ 为残差平均值，$p$ 为精度，则有

$$\varepsilon(k) = \frac{x^{(1)}(k) - \widehat{x}^{(0)}(k)}{x^{(0)}(k)} \times 100\% \tag{9-64}$$

$$\bar{\varepsilon} = \frac{1}{n} \sum_{k=1}^{n} = \left| \varepsilon(k) \right| \times 100\% \tag{9-65}$$

$$p = (1 - \bar{\varepsilon}) \times 100\% \tag{9-66}$$

$t$ 时刻第 $i$ 种模型的权重 $w_{it}$ 可表示为

$$w_{it} = \sum_{k=1}^{t} p_{ik} \Big/ \sum_{i=1}^{n} \sum_{k=1}^{t} p_{jk} \tag{9-67}$$

通过计算预测值 1 和预测值 2 的权系数，得到初步预测值 $\hat{X}^{(0)}(i)$，并计算出相应的残差序列 $\{e(0)\}$：

$$\hat{X}^{(0)}(k) = w_{1k} \hat{x}_{11}^{(0)}(k) + (1 - w_{2k}) \hat{x}_{21}^{(0)}(k)$$

$$= \left( 1 - \frac{1}{n} \sum_{k=1}^{n} \left| \frac{x_{11}^{(1)}(k) - \hat{x}_{11}^{(1)}(k)}{x_{11}^{(0)}(k)} \right| \right) \hat{x}_{11}^{(0)}(k) + \left( \frac{1}{n} \sum_{k=1}^{n} \left| \frac{x_{11}^{(1)}(k) - \hat{x}_{11}^{(1)}(k)}{x_{11}^{(0)}(k)} \right| \right) \hat{x}_{21}^{(0)}(k)$$

$$\tag{9-68}$$

$$e(k) = \hat{X}^{(0)}(k) - x^{(0)}(k) \tag{9-69}$$

其中，$\hat{x}_{11}^{(0)}(k)$ 和 $\hat{x}_{21}^{(0)}(k)$ 分别为第 $k$ 年的预测值 1 和预测值 2；$w_{1k}$ 与 $w_{2k}$ 分别为第 $k$ 年预测值 1 和预测值 2 的权重。

3）支持向量机残差预测模型

设有样本训练集 $(x_i, y_i)$，其中 $x_i = R^n$ 为输入空间，$y_i$ 为输出值，支持向量机的基本思想就是寻找一个从输入空间到输出空间的非线性映射 $\varphi(x)$，将数据映射到高维空间中，构造一个超平面进行数据分类，它用结构风险最小化代替传统的经验风险最小化，克服了神经网络的许多缺点，在引入不敏感损失函数后，支持向量机便可以在高维空间解决非线性问题，进行线性回归预测，构造线性函数：

$$f(x) = \omega \varphi(x) + b \tag{9-70}$$

其中，$\omega$ 为输入空间权向量；$b$ 为阈值。支持向量机的 $\varepsilon$ 不敏感形式表示为

$$|y_i - f(x_i)| = \begin{cases} 0, & |y_i - f(x_i)| < \varepsilon \\ |y_i - f(x_i)| - \varepsilon, & \text{其他} \end{cases} \tag{9-71}$$

此函数意味着以超平面为中心构造一个厚度为 2 的区域，如果样本落入该区域，则忽略预测值与实际值的差别，当样本落在区域外时，则对预测差距进行惩罚，经验风险函数如下：

$$R_{\text{emp}} = \sum_{i=1}^{l} |y_i - f(x_i)| \tag{9-72}$$

其中，$R_{\text{emp}}$ 为经验风险系数。根据统计学理论的结构风险最小化准则，支持向量机通过最小化结构风险函数来确定回归函数，所以支持向量机回归算法可以表示

为如下条件约束优化问题：

$$\min \frac{1}{2}\|\omega\|^2 + C\sum_{i=1}^{l}\left|y_i - f(x_i)\right|$$

$$\text{s.t.} \begin{cases} y_i - \omega\varphi(x) - b \leqslant \varepsilon + \xi \\ \omega\varphi(x) + b - y_i \leqslant \varepsilon + \xi^+ \end{cases} \tag{9-73}$$

其中，$\xi, \xi^+$ 为训练误差的上限和下限，且 $\xi, \xi^+ \geqslant 0$。

由于特征空间维数很高，所以直接对式（9-73）求解几乎不可能，利用 Wolfe（沃尔夫）对偶技巧并引入点积核函数 $k(x_i, x_j)$，转为求其对偶问题：

$$\max\left(\alpha, \alpha^+\right) - \frac{1}{2}\sum_{i=1, j=1}^{l}\left(\left(\alpha_i, \alpha_i^+\right)^{\mathrm{T}}\left(\alpha_j, \alpha_j^+\right)(x_i, x_j)\right) + \sum_{i=1}^{l}\left(\alpha_i - \alpha_i^+\right)y_i - \sum_{i=1}^{l}\left(\alpha_i - \alpha_i^+\right)\varepsilon$$

$$\text{s.t.} \sum_{i=1}^{l}\left(\alpha_i - \alpha_i^+\right) = 0$$

$$0 \leqslant \alpha, \alpha^+ \leqslant C \tag{9-74}$$

得到回归估计函数为

$$f(x) = \sum_{i=1}^{l}\left(\alpha_i - \alpha_i^+\right)k(x_i, x_j) + b \tag{9-75}$$

设共有 $m$ 年的水质指标数据，每个年度的排放数据共有 $n$ 个水质指标。$X = \{x_1, x_2, \cdots, x_m\}$ 是水质指标的输入集，$Y = \{y_1, y_2, \cdots, y_m\}$ 为预测残差指标集，矩阵 $A = (a_{ij})$ 表示的是 $X$ 的指标矩阵，设共有 $n$ 个指标，$a_{ij}$ 表示第 $i$ 年的第 $j$ 个指标的残差。将 $x_i = \{a_{i1}, a_{i2}, \cdots, a_{in}\}$ 作为支持向量机的输入向量，将 $y_i$ 作为支持向量机的回归目标值。

根据支持向量机理论，水质指标预测残差模型的建立需要式（9-76）成立：

$$Y = f(x) = \sum_{i=1}^{l}\left(\alpha_i - \alpha_i^+\right)k(x_i, x_j) + b \tag{9-76}$$

4）组合模型建立

污染物排放量预测模型由基于改进欧拉公式的 GM(1,1)模型、GM(0,4)模型和 BP 神经网络模型组成。其中，基于改进欧拉公式的 GM(1,1)模型为单输入单输出模型，输入数据为所预测区域污染物历史排放量，并使用改进的欧拉公式求解参数；GM(0,4)模型的输入包括所预测区域污染物历史排放量、人口因素以及三大产业产值中关联度最大的几个因素；BP 神经网络模型的输入数据为残差序列，输出数据为残差修正值。

首先，在改进灰色 BP 神经网络模型得到预测结果后，考虑湘江水质污染物受产业结构、人口因素和环保等相关因素的影响，通过灰色关联度得到不同水质污染物的主要影响因素权重并建立 GM(0,N)模型，结合相关因素的预测值对污染物浓度进行协同预测。GM(0,N)模型的因变量分别为各个水质指标的年均值，自变量为通过粗糙集筛选出的该水质指标的影响因素。其次，根据两个预测模型的残差序列计算两个预测值的权系数，并加权得到初步预测值。最后，建立由残差序列训练得到的支持向量机预测模型以对残差序列进行预测，并使用残差序列预测值对初步组合预测值进行修正得到最终的组合预测结果。该组合预测模型操作步骤如图 9-31 所示。

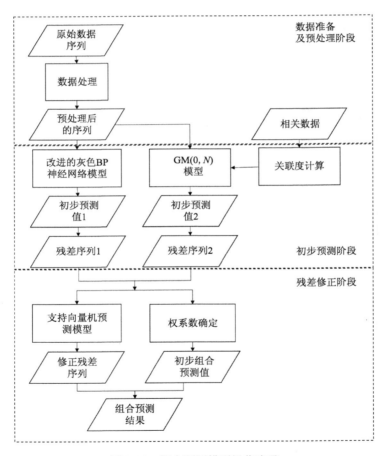

图 9-31　组合预测模型操作步骤

　　建立"一湖四水"水质组合预测模型的原因为：由于水质污染物指标数据的非线性特点，同时水质污染物指标受产业结构、人口因素和环保等相关因素的显著影响，因此采用线性预测和非线性预测相结合的方法能够有效地提高预测精度。

基于改进灰色神经网络的湘江流域水质组合预测模型，综合灰色预测模型运算方便、样本要求较低、规律性要求不高的优点，以及神经网络学习能力强大、实现简单、非线性拟合能力强大的优点，并通过协同预测更全面地对污染物排放量进行预测，能够提高预测精度并为水质预防和管理提供更精准的管理建议。

5）"一湖四水"水质预测结果分析

"一湖四水"监测断面众多，我们采用分层抽样的方式，选择不同污染程度的监测断面以验证组合预测模型的预测效果。根据水质污染程度，将"一湖四水"监测断面分为好、中、差三类，从中随机选择一个监测断面作为实验对象，共抽取出 15 个监测断面，其中湘江流域为曲河、管山村、大浦镇下游；资江流域为乔家村渡口、元木山电站、晓云渡口；沅江流域为深溪口、渔果嘴、黄潭州；澧水流域为樟木滩、张公庙、石龟山水文站；洞庭湖流域为蒋家嘴、虞公庙、岳阳楼。

利用 2017 年至 2021 年的"一湖四水"各个水质指标历史数据和相关数据，获得 2022 年"一湖四水" 15 个典型断面 1 月至 12 月的水质预测数据，具体结果如表 9-14 所示。

表 9-14  改进灰色 BP 神经网络组合预测模型预测结果

| 流域 | 断面 | 1月 | 2月 | 3月 | 4月 | 5月 | 6月 | 7月 | 8月 | 9月 | 10月 | 11月 | 12月 |
|---|---|---|---|---|---|---|---|---|---|---|---|---|---|
| 湘江 | 曲河 | 0.07 | 0.21 | 0.20 | 0.06 | 0.10 | 0.11 | 0.15 | 0.10 | 0.05 | 0.08 | 0.08 | 0.06 |
| | 管山村 | 0.18 | 0.19 | 0.15 | 0.07 | 0.11 | 0.35 | 0.06 | 0.10 | 0.09 | 0.09 | 0.10 | 0.13 |
| | 大浦镇下游 | 0.48 | 0.50 | 0.40 | 0.16 | 0.25 | 0.47 | 0.21 | 0.16 | 0.14 | 0.13 | 0.13 | 0.13 |
| 资江 | 乔家村渡口 | 0.41 | 0.35 | 0.33 | 0.04 | 0.02 | 0.02 | 0.10 | 0.14 | 0.17 | 0.11 | 0.11 | 0.11 |
| | 元木山电站 | 0.32 | 0.29 | 0.25 | 0.17 | 0.09 | 0.10 | 0.16 | 0.17 | 0.12 | 0.16 | 0.14 | 0.11 |
| | 晓云渡口 | 0.37 | 0.41 | 0.45 | 0.08 | 0.08 | 0.06 | 0.06 | 0.18 | 0.23 | 0.73 | 0.29 |
| 沅江 | 深溪口 | 0.09 | 0.06 | 0.08 | 0.05 | 0.06 | 0.07 | 0.09 | 0.06 | 0.08 | 0.07 | 0.09 | 0.10 |
| | 渔果嘴 | 0.06 | 0.05 | 0.03 | 0.03 | 0.04 | 0.05 | 0.04 | 0.04 | 0.05 | 0.04 | 0.06 | 0.04 |
| | 黄潭州 | 0.07 | 0.06 | 0.03 | 0.04 | | 0.09 | 0.06 | 0.03 | 0.05 | 0.05 | 0.07 |
| 澧水 | 樟木滩 | 0.10 | 0.15 | 0.07 | 0.08 | 0.14 | 0.03 | 0.07 | 0.11 | 0.05 | 0.07 | 0.06 | 0.04 |
| | 张公庙 | 0.10 | 0.10 | 0.09 | 0.09 | 0.10 | 0.09 | 0.09 | 0.08 | 0.08 | 0.05 | | 0.05 |
| | 石龟山水文站 | 0.32 | 0.37 | 0.34 | 0.25 | 0.14 | 0.11 | 0.28 | 0.10 | 0.11 | 0.28 | 0.31 | 0.27 |
| 洞庭湖 | 蒋家嘴 | 0.05 | 0.06 | 0.05 | 0.04 | 0.04 | 0.05 | 0.03 | 0.05 | 0.06 | 0.05 | 0.05 |
| | 虞公庙 | 0.06 | 0.04 | 0.04 | 0.05 | 0.05 | 0.07 | 0.07 | 0.07 | 0.02 | 0.05 | 0.04 |
| | 岳阳楼 | 0.07 | 0.06 | 0.06 | 0.07 | 0.07 | 0.08 | 0.07 | 0.08 | 0.09 | 0.10 | 0.12 | 0.12 |

根据上述预测结果，我们对比了 2022 年"一湖四水"真实的氨氮水质数据，进而计算出了每个站点的平均预测误差率，具体见表 9-15。

表 9-15　改进灰色 BP 神经网络组合预测模型预测误差率

| 流域 | 断面 | 1 月 | 2 月 | 3 月 | 4 月 | 5 月 | 6 月 | 7 月 | 8 月 | 9 月 | 10 月 | 11 月 | 12 月 |
|---|---|---|---|---|---|---|---|---|---|---|---|---|---|
| 湘江 | 曲河 | 11% | 2% | 5% | 3% | 5% | 1% | 8% | 3% | 60% | 20% | 16% | 8% |
| | 管山村 | 6% | 2% | 3% | 11% | 8% | 4% | 14% | 3% | 0 | 11% | 11% | 13% |
| | 大浦镇下游 | 0 | 6% | 6% | 1% | 2% | 1% | 3% | 13% | 1% | 3% | 10% | 1% |
| 资江 | 乔家村渡口 | 3% | 3% | 0 | 27% | 142% | 118% | 1% | 1% | 6% | 8% | 1% | 2% |
| | 元木山电站 | 1% | 1% | 6% | 3% | 15% | 4% | 5% | 2% | 11% | 2% | 3% | 7% |
| | 晓云渡口 | 2% | 5% | 2% | 8% | 21% | 22% | 19% | 21% | 4% | 5% | 3% | 0 |
| 沅江 | 深溪口 | 3% | 24% | 15% | 29% | 21% | 10% | 19% | 17% | 9% | 5% | 22% | 1% |
| | 渔果嘴 | 1% | 2% | 32% | 0 | 4% | 1% | 5% | 17% | 26% | 11% | 2% | 2% |
| | 黄潭州 | 9% | 0 | 34% | 6% | 22% | 19% | 9% | 6% | 16% | 2% | 16% | 17% |
| 澧水 | 樟木滩 | 9% | 4% | 10% | 2% | 6% | 26% | 2% | 27% | 2% | 6% | 2% | |
| | 张公庙 | 13% | 10% | 14% | 1% | 7% | 5% | 9% | 10% | 4% | 2% | 16% | 1% |
| | 石龟山水文站 | 2% | 2% | 5% | 2% | 1% | 4% | 3% | 10% | 7% | 9% | 5% | 6% |
| 洞庭湖 | 蒋家嘴 | 4% | 3% | 4% | 13% | 1% | 9% | 1% | 5% | 1% | 0 | 6% | |
| | 虞公庙 | 0 | 4% | 10% | 5% | 2% | 10% | 1% | 3% | 8% | 17% | 3% | 6% |
| | 岳阳楼 | 3% | 6% | 7% | 6% | 6% | 7% | 2% | 11% | 5% | 2% | 6% | |
| 平均预测误差率 | | 4% | 5% | 10% | 7% | 18% | 16% | 7% | 8% | 13% | 7% | 8% | 5% |

通过分析"一湖四水"15 个典型断面 2022 年 1 月至 12 月的平均预测误差率可知，组合预测模型在冬季和春季的预测效果较好，春季水质的平均预测准确率为 92.7%，冬季为 94.3%。夏季和秋季水质的预测效果较差，平均预测准确率分别为 86.3% 和 90.7%。经过模型的修正，"一湖四水"流域整体水质预测效果处于较高水平，通过对监测断面进行分层抽样也进一步验证了改进灰色 BP 神经网络组合预测模型的稳定性。此外，从流域的角度分析，组合预测模型在澧水和洞庭湖流域的预测效果较好，在湘江、资江和沅江流域的预测效果一般。

5. 预测模型精度仿真对比分析

首先以相关数据为基础，对单一预测模型与组合预测模型精度进行验证，以验证组合预测模型在水质指标预测上是否优于单一预测模型。具体做法是：以 2017 年至 2021 年的"一湖四水"各个水质指标历史数据和相关影响因素历史数据为基础，分别采用单一预测模型（GM(1,1)预测模型、GM(0,8)预测模型、BP 神经网络预测模型）与组合预测模型（改进灰色 BP 神经网络组合预测模型），对 2022 年"一湖四水"流域月度氨氮水质指标进行预测，与原始数据进行比较，进行精度验证，并确定精度最高的预测模型。预测误差率如表 9-16 所示。

表 9-16　各预测模型预测误差率

| 流域 | 断面 | GM(1,1)预测模型 | GM(0,8)预测模型 | BP 神经网络预测模型 | 改进灰色 BP 神经网络组合预测模型 |
|---|---|---|---|---|---|
| 湘江 | 曲河 | 22% | 38% | 11% | 12% |
| | 管山村 | 37% | 28% | 10% | 7% |
| | 大浦镇下游 | 37% | 17% | 28% | 4% |
| 资江 | 乔家村渡口 | 38% | 11% | 14% | 26% |
| | 元木山电站 | 33% | 13% | 16% | 5% |
| | 晓云渡口 | 35% | 19% | 23% | 9% |
| 沅江 | 深溪口 | 38% | 14% | 16% | 15% |
| | 渔果嘴 | 19% | 30% | 12% | 9% |
| | 黄潭州 | 9% | 16% | 6% | 13% |
| 澧水 | 樟木滩 | 24% | 23% | 11% | 8% |
| | 张公庙 | 50% | 7% | 22% | 8% |
| | 石龟山水文站 | 41% | 12% | 24% | 5% |
| 洞庭湖 | 蒋家嘴 | 45% | 29% | 25% | 4% |
| | 虞公庙 | 40% | 36% | 14% | 6% |
| | 岳阳楼 | 42% | 13% | 20% | 5% |
| 平均预测误差率 | | 34% | 20% | 17% | 9% |

由表 9-16 可知，四种预测模型的预测精度从高到低排列依次为：改进灰色 BP 神经网络组合预测模型>BP 神经网络预测模型>GM(0,8)预测模型>GM(1,1)预测模型。由于传统的灰色预测模型适合计算线性的变化趋势，而水质数据本身呈非线性变化，因此传统的 GM(1,1)预测模型的预测精度较低。BP 神经网络预测模型具有非线性函数逼近能力强的特点，其平均预测误差率较前两者有明显提升。但是由于样本量小，其所需要的大样本量无法实际得到满足，因此可能出现部分过拟合的现象，导致预测精度存在波动，如大浦镇下游、晓云渡口、张公庙、石龟山水文站和蒋家嘴的预测误差率都超过了 20%。这导致大部分的预测误差率较小的情况下的部分断面的平均误差率超过了 20%，不能满足平均误差率低于 10%的需求。

改进灰色 BP 神经网络组合预测模型对各断面水质指标的预测结果与实际值的误差范围相对较小，起伏变化不大，平均预测误差率也低于其他预测模型。将改进灰色预测模型作为改进灰色 BP 神经网络预测模型的一个初始步骤，有效地解决了 BP 神经网络训练样本不足的问题，提高了一定范围内波动小样本序列的预测精度，与单一的 BP 神经网络预测模型和灰色预测模型相比，改进灰色 BP 神经网络组合预测模型精度明显提高，能够应用于小样本水质参数时序数据的预测。在预测过程中，采用残差修正模型提高改进灰色 BP 神经网络模型的预测精度，从而提高整体组合预测模型的预测精度。这种结合了多种预测方法并进行了一定优化的模型不仅考虑了水质指标数据的非线性趋势，也考虑了相关影响因素对水质数据产生的线性影响，使得其预测结果更接近真实值，预测精度波动也较小。

### 9.3.3 小结

本书考虑现有水质评价方法评价指标单一、水质类别划分不确定等问题，结合证据理论在目标识别、绩效评估等不确定信息领域的成功应用，提出了基于证据推理的水质综合评价方法。该方法利用证据推理的多证据合成规则和对不确定性信息的处理能力，解决了水质评价的多指标合成问题和水质等级划分的不确定性问题，并引入效用理论，实现同类别水质的相互比较。本书应用该方法，对湘江流域 2010~2022 年的水质进行了综合评价，分别从时间和空间维度分析了湘江流域的水质变化特点，这将为"一湖四水"的针对性治理提供指导。

针对"一湖四水"流域水质预测问题，提出了一套基于 BP 神经网络和灰色理论的水质组合预测方法。该方法同时具有线性和非线性拟合优势，利用 GM(1,1) 模型从历史污染物排放量中捕捉趋势，根据改进的欧拉公式精确求解参数，通过 GM(0,4) 模型刻画区域污染物历史排放量、人口因素以及三大产业产值等因素对水质预测的影响。BP 神经网络模型则专注于处理残差序列，通过学习和训练输出残差修正值，进一步提高预测的准确性。利用 2017~2022 年"一湖四水"监测断面的水质数据验证模型的有效性，研究发现：所建立的组合预测模型的平均预测准确率在 90% 以上，在春季和冬季的预测精度较高。

# 第10章

## 保持便捷畅通——集成平台的交通运输应用示范

本章主要剖析了区域交通运输的痛点难点，基于多源交通大数据融合技术，将其应用在粤港澳大湾区客运交通及黑龙江省交通安全领域，以体现大数据驱动的管理与决策在交通运输领域的应用示范。

针对目前粤港澳大湾区重大节假日期间易发生交通拥堵，导致道路运输服务尤其是客运服务运行效率低下的实际问题，通过对重大节假日期间公路、铁路及航空交通大数据进行分析，系统地提出了大数据环境下客运交通流时空特征挖掘方法，构建了基于海量多维数据的粤港澳大湾区交通运行状态预测模型，并提出了以个体出行链为基础的重大节假日出行高峰运输组织优化策略。

针对寒冷地区高速公路交通事故频发，事故严重程度较高等问题，综合采用视频数据、气象数据、路网相关数据、事件（冰雪和交通事故）相关数据及与流量相关的交通大数据，挖掘和识别高速公路网络中的关键路段，评价黑龙江省高速公路网络的脆弱性，有针对性地提出寒冷地区高速公路交通安全提升技术体系。

## 10.1 区域交通运输管理中的痛点难点剖析

### 10.1.1 粤港澳大湾区交通运输管理中的痛点难点

粤港澳大湾区交通运输的发展在国内处于领先水平，但仍面临一系列的痛点和难点，主要涉及交通组织机制优化、多模式交通运输系统协调、运输组织方案制订、公共交通系统组织以及交通信息共享等多个层面。

首先，交通组织机制方面的问题主要表现为"重运力，轻组织"倾向，这意味着交通系统过度依赖基础设施的扩建，而未能充分重视对多模式交通运输系统的协调和组织，制约了整体运行效能的发挥。在未来规划中，应更加注重优化交通组织机制，实现运力和组织之间的平衡，通过整合各种交通模式，提升系统的整体运行效率。其次，粤港澳大湾区运输组织方案的制订缺乏前瞻性，缺乏对风险的预防性干预。应建立灵活、快速的决策机制，借助先进技术手段提前预测潜在的交通问题，并制订相应的组织方案，从而更有效地应对严重的交通拥堵问题。再次，粤港澳大湾区的公共交通系统在综合交通系统中的地位也面临挑战，影响了人们对公共交通的信任度和使用率。政府应加大对公共交通的支持力度，坚定实施"公交优先"战略，通过提高服务水平、优化线路规划等方式，鼓励更多市民选择公共交通工具。最后，粤港澳大湾区的交通信息来源广泛，但由于信息分散，无法实现系统性的交通信息共享。建议建立更为完善的信息共享平台，整合各类数据源，提高信息的时效性和准确性，为交通组织提供更可靠的数据支持。

### 10.1.2　黑龙江省高速公路交通安全管理中的痛点难点

黑龙江省作为我国寒冷地区之一，其高速公路系统面临多方面的复杂问题，在一定程度上制约了其交通运输业的发展和社会稳定，特别是在交通安全领域，这一问题尤为显著。在冬季极端寒冷条件下，高速公路交通事故频发，降低交通事故发生率成为亟待解决的紧迫问题。首先，首要问题在于气候条件，冬季严寒导致的路面结冰、积雪等现象普遍存在，这使得高速公路在冰雪覆盖的路段容易发生交通事故，对交通安全构成了严重威胁。路面冰雪冻融的复杂情况增大了交通建设和管理的难度，同时也对居民出行造成了极大的困扰。其次，寒冷地区高速公路交通事故频发和事故严重程度较高是该地区保障交通安全面临的难题。由于受到冰雪天气的影响，交通事故在寒冷地区的发生率较高，而事故的严重程度也相对较高。这不仅对驾驶员的生命安全构成潜在威胁，还会导致交通运输效率下降，给整个交通系统带来严重的影响。

为解决上述问题，应采用综合的数据分析方法，所需数据包括视频数据、气象数据、路网相关数据、事件（冰雪和交通事故）相关数据及与流量相关的交通大数据。对这些数据进行深度分析，挖掘和识别高速公路网络中的关键路段，评价黑龙江省高速公路网络的脆弱性，为制定寒冷地区高速公路交通安全提升技术体系提供科学支持。在技术体系的建设方面，可以采用先进的预警系统，利用气象数据进行实时监测，提前预警可能出现的冰雪天气。此外，对交通大数据进行深入分析，可以精准识别事故易发路段，促进交通流动，减少拥堵现象，提高整体交通效率。在冰雪路段，加强路面处理和维护，采用高效的防滑措施，提高路面抗寒性，有效降低事故发生的可能性。这一系列措施将为提升寒冷地区高速公路交通安全性提供可行的技术支持。

## 10.2　客运交通大数据应用示范——以粤港澳大湾区为例

### 10.2.1　应用示范的背景

粤港澳大湾区包括香港特别行政区、澳门特别行政区和广东省广州市、深圳市、珠海市、佛山市、惠州市、东莞市、中山市、江门市和肇庆市，是我国开放程度最高、经济活力最强的区域之一，具有重要战略地位。

作为城市群发展的主要动力之一，建立通畅、便捷、高效的交通系统，全面提升城市群内部联通水平和交通承载能力，对进一步增强城市群竞争力有着极其重要的意义，也是各地各级政府着重发展的方面。

截至 2023 年底，粤港澳大湾区高速公路通车里程达 5305 公里，高速公路路网密度达每百平方公里 9.7 公里，超过纽约、东京都市圈；初步形成以广州枢纽为中心，连通珠三角和粤东西北，辐射华东、中南、西南地区的放射性路网格局。

粤港澳大湾区内城市群已具相当规模，经济一体化、城乡一体化态势基本形成，2018 年、2019 年的劳动节、国庆节等节假日期间，粤港澳大湾区综合交通枢纽高峰客流饱和度达 80%以上，枢纽服务能力接近饱和，节假日、高峰日的高、快速路的拥堵里程比平日长41%。随着粤港澳大湾区社会经济的进一步融合发展，人、车、物流动愈加频繁，交通需求将快速增长，预计到 2035 年，粤港澳大湾区跨城出行的年均客流量将达 8.7 亿人次，主要枢纽、节点、对外通道的交通压力倍增，粤港澳大湾区交通协同发展面临严峻挑战，需加快推动综合交通运输体系一体化发展，提高交通运输效率，实现交通资源利用率最大化，促进粤港澳大湾区互联互通、协调发展。

节假日高速公路免费通行的相关政策降低了节假日公众出行成本，同时强烈刺激了节假日粤港澳大湾区公众出行意愿，对刺激消费、拉动内需起到了积极作用。然而，收费公路重大节假日小客车免费通行政策也引发了一些难以避免的问题，进一步加剧了道路资源紧张、交通拥堵的局面。

针对粤港澳大湾区重大节假日期间的交通运行特点，各区市都推行了一些卓有成效的交通运输组织措施，然而在实践中也暴露出一些问题，例如：交通组织机制"重运力，轻组织"；缺乏对多模式交通运输系统的协调与组织；运输组织方案的制订更多是针对"问题后"，而非"问题前"；公共交通系统组织不力；交通信息共享来源广泛，不成系统。

因此，本节结合收集到的广东省内客运班线离站客流数据、广东省"两客一危"车辆 GPS 数据、广东省春运大数据等，分析粤港澳大湾区重大节假日期间旅客的出行规律，采用改进神经网络、时间序列分析等方法预测重大节假日期间的交通出行需求，通过主干路网拓扑特性分析和脆弱性分析，识别主干路网的重要路段，制订针对重要路段的分流和绕行运输组织方案。

### 10.2.2　应用示范的数据基础

收集处理粤港澳大湾区重大节假日期间的多源交通数据，为粤港澳大湾区重大节假日客运需求分析、交通运行状态分析及预测提供必要的数据基础。本节的数据主要通过四个途径获得：第三方、统计资料、问卷调查和网络。

**1. 第三方数据**

在广东省交通运输厅的支持下，本书研究团队从第三方单位获取了丰富的交通数据，包括广东省内客运班线离站客流数据、广东省"两客一危"车辆 GPS 数据、广东省春运大数据等数据。该部分数据可信度较高，数据较为完整，有利于从不同角度分析粤港澳大湾区重大节假日期间的客运需求。

1）广东省内客运班线离站客流数据

广东省内客运班线离站客流数据是指各班线客车离站时的载客量数据，共有 7 个数据标签（表 10-1），包含 ID、出站时间、线路名称、起点站、终点站、座位数及出站总人数。本书所采集的数据包括 2017 年和 2018 年广东省内省际客运班线、市际客运班线、县际客运班线及县内客运班线的离站客流数据，共计 16 691 748 条记录。

**表 10-1　离站客流数据样式**

| ID | 出站时间 | 线路名称 | 起点站 | 终点站 | 座位数/个 | 出站总人数/人 |
|---|---|---|---|---|---|---|
| GUID 1 | 2017-02-23 08:25:00 | 英德—广州 | 英德汽车客运站 | 番禺汽车客运站① | 47 | 7 |
| GUID 2 | 2017-01-22 08:25:00 | 英德—广州 | 英德汽车客运站 | 番禺汽车客运站 | 47 | 47 |
| GUID 3 | 2017-02-01 08:25:00 | 英德—广州 | 英德汽车客运站 | 番禺汽车客运站 | 47 | 19 |

注：GUID 1、GUID 2、GUID 3 表示不同的客运班次

2）广东省"两客一危"车辆 GPS 数据

车辆 GPS 数据包括 2018 年 9 月 20 日至 2018 年 10 月 2 日在广东省交通运输厅注册的"两客一危"、出租车等车辆的运行轨迹数据，共含有两个数据表，分

---

① 番禺汽车客运站已于 2019 年 8 月停止运营。

别是 GPS 数据表和车辆基础信息数据表。GPS 数据表包含 15 个属性，包括车牌号、车牌颜色、GPS 时间、纬度、经度、速度、方向、海拔高度、里程数、驾驶员姓名、驾驶员编号、有效性、状态、记录时间及协议密码；车辆基础信息数据表共有 9 个属性，包括车辆所属辖区、车牌号、车牌颜色、经营范围、厂牌、型号、座位、核定吨位及车辆类别。以上属性分别对应 GPS 数据表中的车辆基本属性，对两份数据交叉分析最终获得广东省内不同类型商用车辆的使用需求特征。根据研究需要，主要选取了车牌号、GPS 时间、纬度、经度、里程数、记录时间 6 个属性进行分析（表 10-2）。

**表 10-2　"两客一危"车辆 GPS 数据字段选取说明**

| 车牌号 | GPS 时间 | 纬度 | 经度 | 里程数/公里 | 记录时间 |
| --- | --- | --- | --- | --- | --- |
| 粤 A74693 | 2018-09-30 | N22.54 | E114.08 | 6324 | 2018-10-11 |

3）广东省春运大数据

广东省春运交通大数据管理平台是广东省交通运输厅联合中国移动共同构建的广东省春运交通大数据预测分析平台。该平台对相关交通数据进行可视化展示，包括春运迁徙趋势数据、港珠澳大桥客流数据、交通枢纽旅客趋势数据、联网联控数据、迁徙洞察数据、预警中心（交通枢纽）数据及运输总览数据等。本节利用该平台所提供的 2019 年春运期间粤港澳大湾区主要客运集散地的旅客聚集、高速公路和国省道的畅通、春运旅客流向、各类运输方式的客运分担量等客运交通数据，为重大节假日粤港澳大湾区的客运需求提供实时性数据支撑。

2. 统计资料数据

统计资料数据主要包括广东省及粤港澳大湾区各区市发布的统计年鉴及相应的统计公报数据，细分为各城市的社会经济发展主要指标、人口统计数据、交通运输及相关行业发展与建设相关数据。

3. 问卷调查数据

以粤港澳大湾区常住居民为主要研究对象，问卷收集时间为 2018 年 4 月下旬至 5 月下旬，历时近一个月，详细反映了在清明节和劳动节期间居民出行的主观偏好。问卷调查的主要内容如表 10-3 所示，主要包括填写人员的基本信息、平日粤港澳大湾区城际出行调查和节假日粤港澳大湾区城际出行调查三个部分。

表 10-3　问卷调查的主要内容

| 问卷内容 | 设置目的 |
|---|---|
| 性别、年龄、职业、收入、常住地 | 了解填写人员的基本信息 |
| 平日粤港澳大湾区城际出行调查 | 了解填写人员平日出行的偏好及满意程度 |
| 节假日粤港澳大湾区城际出行调查 | 了解填写人员节假日出行的偏好及满意度 |

4. 网络数据

网络数据具体是指各交通运输管理部门及各交通枢纽官网上发布的各类数据、各种权威新闻媒体报道的相关数据及其他网络数据，网络数据来源网站如表10-4所示。网络上收集的相关数据针对性较强，可弥补其他数据获取方式的不足。

表 10-4　网络数据来源网站

| 网站 | 获取数据内容 |
|---|---|
| 广东省九市交通运输局 | 广东省九市公共交通数据统计结果 |
| 香港特别行政区政府运输署 | 通过各种交通方式出入境香港的旅客量 |
| 香港旅游发展局 | 历年节假日期间出入境香港旅客数及留宿比例 |
| 澳门特别行政区政府交通事务局 | 通过各种交通方式出入境澳门的旅客量 |
| 澳门特别行政区政府旅游局 | 历年旅游入境澳门人数及趋势分析数据 |

从各种渠道获得与重要节假日客运需求相关的多源数据后，对数据进行预处理，整理出合理有效的数据集，以便进行下一步的时空特征分析。

### 10.2.3　应用示范的模型与方法

从粤港澳大湾区总体客运需求、市内客运需求、城际客运需求、跨境客运需求、交通运行状态等五个方面展开粤港澳大湾区重大节假日出行高峰客运需求分析。

为了体现重大节假日对客运需求的影响，首先，分析平日粤港澳大湾区的客运需求，并以此为基础与节假日的客运需求进行比较；其次，从市内、城际和跨境的角度分析客运需求的时空特征；最后，总结粤港澳大湾区重大节假日期间的客运需求规律，提取变化趋势规律。

结合预测问题特点和数据类型及特征，主要选用改进的 BP 神经网络、平均增长系数法及时间序列分析法三种方法进行预测。

1. 改进的 BP 神经网络

节假日期间居民出行需求旺盛，普遍存在购票困难及交通拥堵等现象，部分出行者会采取提前出发及推迟回程等方式避开节假日购票困难及交通拥堵等出行难题。此外，节假日引发的高峰客流会在假期开始前及假期结束后的一段时间内延续。因此，将假期开始前及假期结束后的客流高峰延续时间和原本假期放假时长共同称为节假日影响时长。

节假日影响时长可根据市际客运班线的历史客流数据进行分析，在节假日影响时长内，日客流量波动较为剧烈，可通过假期前后的日客流量与年内"同星期几"平均客流量的比值确定。当假期前后连续几天的比值均超过设定阈值时，可认为该段时间为节假日影响时长。根据相关研究成果及实际情况，当假期前后连续几日的比值均超过 1.2 时，即可认为该段时间属于节假日影响时长，且不论假期内各日的比值是否大于 1.2，均将其计入节假日影响时长内，比值系数的计算公式为

$$\begin{cases} \alpha_i = \dfrac{Q_i}{\overline{Q}} \\[2mm] \beta_i = \dfrac{Z_i}{\overline{Q}} \\[2mm] \gamma_i = \dfrac{H_i}{\overline{Q}} \end{cases} \tag{10-1}$$

其中，$\alpha_i$ 为假期开始前 $i$ 日客流量与其年内"同星期几"平均客流量的比值；$\beta_i$ 为假期内第 $i$ 日客流量与其年内"同星期几"平均客流量的比值；$\gamma_i$ 为假期结束后第 $i$ 日客流量与其年内"同星期几"平均客流量的比值；$\overline{Q}$ 为年内"同星期几"平均客流量；$Q_i$ 为假期开始前第 $i$ 日客流量；$Z_i$ 为假期内第 $i$ 日客流量；$H_i$ 为假期结束后第 $i$ 日客流量。

基于数据限制，本节暂不单独考虑节假日重合、天气、重大活动等因素的影响。影响时长分析主要是测算节假日影响时长，运用相应节假日实际客流比值进行测算。

根据上述影响时长判断标准，并将调休日计入假期，元旦假期前 2 天，元旦假期 3 天，以及元旦假期后 2 天，共计 7 天，为元旦假期的影响时长。清明节假期、"五一"劳动节假期、端午节假期及中秋节假期的影响时长与元旦假期类似，影响时长都为假期前 2 天、假期 3 天及假期后 2 天，共计 7 天。国庆节假期前 3 天，国庆节假期 7 天，以及国庆节假期后 3 天，共计 13 天为国庆节假期的影响时长。春节假期前 10 天，春节假期 7 天，以及春节假期后 12 天，共计 29 天为春节假期的影响时长。

我国 2018 年的法定节假日及其调休日共计 29 天，在一年中的占比约为 7.95%，本节提出一种将节假日背景客流量与节假日客流波动系数相结合的节假日客流预测模型。

背景客流量，即忽略节假日所带来的客流增量效应，把节假日当作非节假日看待，根据当日处于一星期中第几日所表现的客流特征，即"星期几"属性，运用改进的遗传算法和 BP 神经网络（improved genetic algorithm and back propagation neural network，IGA-BPNN）模型，能较好预测节假日影响时长内各日的背景客流量。

节假日客流预测模型的原理较为通俗易懂，且所需的节假日历史客流数据较少，使得在本节满足需要的前提下具有较强的实用性和可操作性。预测模型表达式如式（10-2）所示：

$$Y_{ij} = \phi_{ij} y_{ij} \tag{10-2}$$

其中，$i$ 为上文所述的 7 个节假日，$i=1,2,\cdots,7$；$j$ 为节假日影响时长内的不同日期，$j=-10,-9,\cdots,0,1,\cdots,18$；$Y_{ij}$ 为节假日影响时长内各日客流量的预测值；$\phi_{ij}$ 为节假日影响时长内各日客流波动系数；$y_{ij}$ 为节假日影响时长背景客流量。

模型预测可分为三大步骤：第一步为运用非节假日客流预测模型预测节假日影响时长内各日背景客流量；第二步为结合历史客流数据确定节假日影响时长内各日客流波动系数；第三步为将节假日背景客流量与节假日客流波动系数相乘得到节假日客流量的预测值。节假日客流预测模型的基本流程如图 10-1 所示。

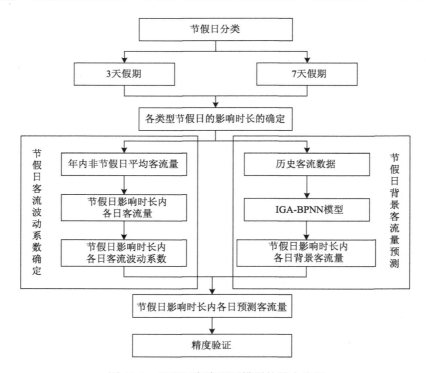

图 10-1　节假日客流预测模型的基本流程

　　首先，预测节假日影响时长内第 1 天的客流量，将节假日影响时长之前的前 7 日客流量，节假日影响时长内第 1 天所属的年、月、日及"星期几"属性等 11 个变量输入已经训练好的 BP 神经网络，输出为节假日影响时长内第 1 天的背景客流量预测值。其次，将节假日影响时长之前的前 6 日客流量及节假日影响时长内第 1 天客流量的预测值，节假日影响时长内第 2 天所属的年、月、日及"星期几"属性等 11 个变量作为输入，输出为节假日影响时长内第 2 天的背景客流量预测值。以此类推，直至节假日影响时长内所有日背景客流量全部预测完毕。

　　不同节假日的客流波动系数不同，同一个节假日假期内不同日的客流波动系数也不同。为使节假日客流量预测更为准确，需要对每个节假日影响时长内的每一日的客流波动系数加以确定。此外，相同节假日的历史客流波动系数是预测节假日客流波动系数的重要参考依据，由客流特征分析可得相近年份的节假日客流量。因此，选取前一年的客流数据确定节假日客流波动系数较为合适。前一年的客流量与预测年的存在差异，需要运用年日均客流变异系数对前一年的节假日客流波动系数进行修正得到预测年各节假日客流波动系数。

　　节假日客流波动系数由两个部分组成，第一部分为前一年各节假日影响时长内各日的客流量与年内其所属"星期几"平均客流量的比值；第二部分为前后两年节假日前日均客流变异系数。节假日客流波动系数的计算公式如式（10-3）所示：

$$\phi_{ij} = \varphi_{ij} k_i \tag{10-3}$$

其中，$\phi_{ij}$ 为节假日影响时长内各日客流波动系数；$\varphi_{ij}$ 为前一年各节假日影响时长内各日的客流量与年内其所属"星期几"平均客流量的比值；$k_i$ 为前后两年节假日前日均客流变异系数。

　　2.　平均增长系数法

　　由于目前数据样本量较小，选用平均增长系数法对重大节假日的运输需求进行预测，预测公式为

$$y^{t+1} = Ay^t \tag{10-4}$$

$$A = \frac{\sum\limits_{i=t-n+1}^{t} \dfrac{y^i}{y^{i-1}}}{n} \tag{10-5}$$

其中，$y^{t+1}$ 为 $t+1$ 年客运需求的预测结果；$y^t$ 为 $t$ 年客运需求的实际数据；$A$ 为增长系数，即过往历年客运需求的平均增长率。

### 3. 时间序列分析法

结合时间序列分析法的特点与本节的需求，本节采用时间序列预测方法对运输需求进行预测。时间序列预测方法的具体实施流程如下。

（1）时间序列中每一时期的数值都是由许许多多不同的因素同时发生作用后的综合结果，因此进行时间序列分析的首要任务是分析各影响因素。

（2）求时间序列的长期趋势（$T$）、季节变动（$S$）和不规则变动（$I$）的值，并选定近似的数学模型来代表它们。对于数学模型中的未知参数，采用合适的技术方法求出。

（3）运用时间序列资料建立长期趋势、季节变动和不规则变动的数学模型后，利用该模型来预测未来的长期趋势值和季节变动值，在可能的情况下预测不规则变动值。然后用以下模式计算出未来的时间序列的预测值 $Y$：加法模式 $T+S+I=Y$，乘法模式 $T \times S \times I=Y$。

此处选择具有黑箱性质的神经网络预测法，采用粤港澳大湾区已有的交通历史数据进行重大节假日的客流预测拟合。因此，在进行测算的过程中已将假日重合数据纳入测算数据集中，结合实际历史数据，无须将假日重合部分视为特例进行测算。

## 10.2.4 应用示范的方案及评价

在区域道路中起骨架作用的主干路网在交通运输网络中具有非常重要的地位。通过主干路网拓扑特性分析和脆弱性分析，识别主干路网的重要路段，制订针对重要路段的分流和绕行运输组织方案，设计微观组织方案，针对整个路网的拥堵情况，制订出宏观运输组织方案。

首先进行城市群主干路网脆弱性评价，其总体框架如图 10-2 所示。

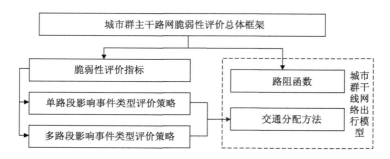

图 10-2　城市群主干路网脆弱性评价总体框架

针对城市群主干路网进行脆弱性评价，采用节点删除法进行，城市群干线网络出行模型为基于改进出行阻抗的美国公共道路局函数（Bureau of Public Roads function）。

通过评价分析，可以看出：虎门大桥为路网脆弱性最高的边；路网脆弱性较高的边主要集中在珠江两岸的连接道路及广深连接道路上，其他区域路段的路网脆弱性相对较低；在佛山、广州和四会连接区域，尽管交通流量较大，但其路网脆弱性相对较低。

1. 重要路段管控方案

由于节假日交通量激增，车辆从各方汇集到重要路段，接近甚至超过了路段通行能力，诱发拥堵的概率迅速增大。因此，交通组织的重点主要分为两个方面，一是引导绕行，避开重要路段；二是通过匝道控制强制分流，将车辆控制到可行路段上。绕行分流是一种提醒和预防措施，一方面可在拥堵前告知司机，引导司机绕行，避免重要路段发生拥堵；另一方面可在得知前方重要路段发生拥堵后给司机提供绕行方案，避免加剧拥堵，造成极大的出行延误。

1）虎门大桥东西两侧，莞佛高速（太平立交至威远立交段）和莞佛高速（南沙服务区至虎门大桥段）绕行路线

从虎门大桥通往粤西、广西方向的车辆可沿京港澳高速北上，或沿广深沿江高速北上，然后沿着广州绕城高速通过黄埔大桥，前往粤西、广西等目的地，或走南沙大桥。

2）广深沿江高速（连升南路至威远立交段）绕行路线

深圳方向来的车辆可选择直接沿京港澳高速北上，或沿外环高速—南光高速—莞佛高速绕行，或直接走龙大高速，从而避开广深沿江高速（连升南路至威远立交段），同时也避开虎门大桥拥堵路段。

3）广佛高速沙贝立交段绕行路线

由佛山方向来的车辆可以沿佛山一环北上，或沿广三高速—佛山二环绕行；由广州方向前往湖南、广西的车辆可选择直接沿许广高速北上，广州往粤西方向的车辆可选择直接往江夏立交方向西行再北上。

4）京港澳高速（济广高速出入口至京港澳高速出入口段）绕行

由深圳方向来的车辆可以选择从开创大道—广灿公路绕行，由广州方向来的车辆可选择走华南快速路。

5）广澳高速（南沙港快速路出口至莞佛高速出入口段）绕行

粤西方向来的车辆可选择从南沙港快速路北上，或走新广一路—亭角大桥，这样可以避开虎门大桥西侧的拥堵。

## 2. 重要路段匝道管控方案

实践表明，入口匝道控制是改善高速公路交通状况较为有效的办法，入口匝道控制能极大地缩短在途时间、降低事故发生率并降低燃料消耗。

由于节假日期间出行量剧增，立交的各个方向都汇集大量的车辆，导致车辆运行缓慢，交通运行效率低下，因此，通过匝道控制的方法可以减少甚至消除某些匝道上的交通量，减轻立交进行分流合流的压力，从而提高交通运行效率。我们选取虎门大桥路段作为案例，分析匝道控制分流的策略。

该路段的车辆主要来自三个方向，东北侧东莞方向、东南侧深圳方向和东侧粤东方向。总体分流措施为：深圳方向车流经莞佛高速（太平立交至威远立交段）走虎门大桥，部分深圳车流和粤东车流经广龙高速走南沙大桥，部分粤东车流和东莞车流往北绕行。

分流措施在匝道控制上表现为五点梅立交匝道控制、虎门互通匝道控制、虎门港立交—太平立交匝道控制、京港澳高速与广龙高速相交处匝道控制、望牛墩立交与东莞大道莞太立交匝道控制。

五点梅立交匝道控制：莞佛高速往虎门大桥方向五点梅立交处禁止右转，限制粤东方向经京港澳高速往太平立交汇集。同时，必须预先在花灯盏大桥附近连续设置提醒标志，引导粤东方向车流往虎门港立交方向通行。

虎门互通匝道控制：连升南路汇往广深沿江高速方向禁止右转，预先在连升南路南北两侧设置提醒标志连续提醒，确保司机能够获取信息。

虎门港立交—太平立交匝道控制：虎门港立交禁止左转，太平立交禁止右转，限制东莞方向车辆往虎门大桥方向汇集。

京港澳高速与广龙高速相交处匝道控制：禁止左转，目的是引导东莞往粤西方向的车辆往北绕行，避免和深圳往广州、粤西方向的车辆汇集于虎门大桥争抢道路资源。

通过以上四个地方的禁行分流，基本上可以把除东莞、深圳外其他粤东方向的车流隔离开来，减轻虎门大桥东侧的压力。

望牛墩立交与东莞大道莞太立交匝道控制：望牛墩立交处禁止左转，东莞大道莞太立交禁止左转，同时，注意在东莞市内和周边设置标志，提醒欲通过京港澳高速南行去往深圳方向的车辆选择其他道路。通过这两处的匝道控制，基本上可以把东莞方向的车流引导北上绕行，前往粤西各地。

## 3. 主干路网管控方案

主线管控的目的在于提高干道公路的安全水平，改善干道公路的运行效率，降低主线上的交通拥挤和交通瓶颈对交通的影响。本书提出以下主干路网的宏观管控措施。

1）公共交通和大容量交通优先控制

通过车道控制，将各类车型分隔开，对公共汽车等大容量的交通方式给予适当的优先权。这样做一方面是保证公共交通的正常通行，另一方面是通过优先通行的便利，提高公共交通吸引力，诱导公众选择公共交通方式出行，从而减少道路上的车辆数，减轻路网的交通压力。

2）设置可逆车道——应对潮汐车流的利器

每逢节假日，都会形成出行和返程两大高峰，必然会存在行车方向的不均衡性，为充分利用道路资源，提高车道利用率，可在高速上适当开辟可逆车道，并辅以车速检测和车速控制，以保障行车安全。

3）完善驾驶员情报系统

完善驾驶员情报系统，实时传递道路网的运行情况、禁行和限行等交通管控措施。同时，合理引导交通分流和绕行，给旅客出行增添便利，为交通管理减轻压力。

4）合理管控车道占有和车流密度，提高路网容错性

确保应急车道畅通，严禁用应急车道来满足大的交通量需求。另外，对其他车道的车流密度也应采取适当的管制措施，为突发事件的组织疏散留有余地。

5）严格交通执法

交通管理措施及管控策略得以有效实施，交通执法是必要保证。同时，严格执法也是打击违法载客、违规运行行为，保障交通安全的必要手段。

6）服务设施管理

加油站必须加大油量储备，并做好防火防爆等安全准备；服务区要做好食品、饮用水等物资的储备。另外，还应做好服务区的客流组织和应急预案相关工作。

7）交通应急管理

做好应急预案，在重大节假日居民出行过程中遇到突发事件时，在保证居民安全的前提下，及时保证道路畅通，提高应急处理效率，保障交通安全和行车秩序。

## 10.3　交通安全大数据应用示范——以黑龙江省为例

针对寒冷地区高速公路交通安全事故频发，事故严重程度较高等问题，综合采用了视频数据、气象数据、路网相关数据、事件（冰雪和交通事故）相关数据及与流量相关的交通大数据，挖掘和识别了高速公路网络中的关键路段，评价黑龙江省高速公路网络的脆弱性，有针对性地提出了寒冷地区高速公路交通安全提升技术体系。

### 10.3.1　应用示范的背景

黑龙江省位于东北边陲，与俄罗斯接壤，是我国重要的边境省份和国际合作区域。黑龙江省地域辽阔，资源丰富，人口众多，经济发展水平较高，是我国重要的粮食、石油、煤炭、林业、机械等产业基地。黑龙江省的交通运输业十分发达，拥有东北三省最长的铁路、公路、高速公路里程，是我国东北地区的交通枢纽和门户。

黑龙江省作为东北振兴战略的关键支撑要素，建立通畅、便捷、高效的交通网络具有极其重要且紧迫的战略价值。这将全面提升东北城市群的互联互通水平和交通承载能力。特别是在应对东北寒冷地区的交通问题时，开发具有冷区特色的高速公路交通安全关键技术和管理模式具有现实重要性。

截至 2021 年底，黑龙江省的高速公路总里程达到了 4520 公里，覆盖了全省 12 个市（地）和 38 个县（市）。黑龙江省的高速公路网构成了"两环、八射、六横、六纵"①的"2866"模式，与国家高速公路网相衔接，形成了以哈尔滨为中心的 4 小时高速公路交通圈。

然而，随着社会经济的快速发展，黑龙江省的交通安全问题也日益突出，受制于寒冷气候条件，高速公路交通事故尤为明显，成为制约黑龙江省交通运输业发展和社会稳定的重要因素。根据黑龙江省公安厅交通警察总队（黑龙江省公安交通管理局）的统计，2019 年，该省共发生道路交通事故 1.7 万起，死亡人数为 1500 人，同比分别下降了 8.5%和 9.1%，但仍居全国较高水平。事故的主要原因包括超速、酒驾、违章、疲劳驾驶，以及机动车与非机动车、行人的冲突等。据统计，2015 年气象条件对交通事故造成的影响中，雪天事故起数达 1067 起，直接财产损失达 1500 万元，其中高速公路雪天事故起数为总数的 15%，直接损失高达雪天事故总财产损失的 52%。2020 年上半年，全国低温冷冻和雪灾的直接经济损失占全年自然灾害直接经济损失的 3%。

因此，为建立通畅、便捷、安全、高效的黑龙江省高速交通网络，尤其在寒冷气候下改善黑龙江省的交通安全形势，提高交通运输业的发展水平，有必要运用大数据等新技术，对交通安全进行深入的研究和分析，亟须挖掘和识别高速公路网络中的关键路段，评价黑龙江省高速公路网络脆弱性。

---

① "两环"：哈尔滨绕城公路、哈尔滨都市圈环线；"八射"：哈尔滨—甘南（黑蒙界）、哈尔滨—黑河、哈尔滨—嘉荫、哈尔滨—同江、哈尔滨—绥芬河、哈尔滨—五常（黑吉界）、哈尔滨—双城、哈尔滨—肇源；"六横"：建三江—黑瞎子岛、鹤岗—齐齐哈尔、双鸭山—饶河、依兰—兴凯湖、绥化—大庆、宁安（杏山）—延吉；"六纵"：建三江—鸡西、鹤岗—大连（黑吉界）、铁力—科右中旗（黑吉界）、嫩江—绥化、大庆—广州（黑吉界）、漠河—双辽（黑吉界）。

### 10.3.2　应用示范的数据基础

收集处理黑龙江省高速公路交通安全相关的多源交通数据，为黑龙江省高速公路流量预测、关键路段识别，高速公路网络脆弱性评估提供必要的数据基础。本节的数据来源主要有：流量数据、事故数据、视频数据、气象数据等。

#### 1.　流量数据

数据来自中国黑龙江省某收费站，收费站记录了 2018 年 1 月 1 日至 2019 年 12 月 31 日的车辆到达数据，其中包括车辆类别、抵达时间、驶入站、收费等，具体如表 10-5 所示。

**表 10-5　车辆信息样表**

| 抵达时间 | 牌照 | 车辆类别 | 车型 | 轴数 | 收费/元 | 重量/千克 | 驶入站 |
|---|---|---|---|---|---|---|---|
| 2018-01-01 07:00:09 | 黑****** | 货车 | 5 | 6 | 14 | 31 600 | 阿城站 |
| 2018-01-01 07:01:18 | 吉****** | 乘用车 | 1 | 2 | 5 | 2 500 | 阿城站 |
| 2018-01-01 07:02:41 | 黑****** | 乘用车 | 1 | 2 | 5 | 1 500 | 阿城站 |
| 2018-01-01 07:02:57 | 黑****** | 乘用车 | 1 | 2 | 5 | 1 500 | 阿城站 |
| 2018-01-01 07:03:11 | 黑****** | 乘用车 | 1 | 2 | 5 | 1 500 | 阿城站 |
| 2018-01-01 07:03:57 | 黑****** | 乘用车 | 1 | 2 | 5 | 1 500 | 阿城站 |
| 2018-01-01 07:05:32 | 黑****** | 乘用车 | 1 | 2 | 15 | 1 500 | 哈尔滨站 |
| 2018-01-01 07:06:04 | 蒙****** | 乘用车 | 1 | 2 | 5 | 1 600 | 阿城站 |
| 2018-01-01 07:10:31 | 黑****** | 货车 | 5 | 6 | 10 | 17 100 | 阿城站 |

注：1 指代 1 类客车；5 指代 5 类货车

对 2018 年和 2019 年的收费站数据进行统计分析，得到两年的季度、月度、周和日交通量变化趋势[310]。由图 10-3（a）可以看出每年各季度的交通量有很大的差别，但是两年不同季节的交通量变化趋势基本相同。2019 年一、二季度交通量高于 2018 年一、二季度交通量，受到 2019 年 8 月、9 月高速公路修路影响，2019 年三、四季度交通量低于 2018 年三、四季度交通量。可以发现寒冷地区高速公路交通量的季节性变化特征非常明显。

同理，由图 10-3（b）~图 10-3（d）可以看出，2018 年和 2019 年月度、周、日交通量变化趋势基本相同。

为了进一步佐证这一观点，计算 2018 年和 2019 年日交通量数据相关系数，结果为 0.024，结果表明 2018 年和 2019 年的日交通量数据属于极弱相关或者不相关关系，分析发现 2019 年 8 月、9 月修路导致其交通量为 0，降低了 2018 年和 2019 年日交通量的相关性。本书还计算了 2018 年和 2019 年前 7 个月的日交通量数据的相关系数，结果为 0.498，相关关系为中度相关，即 2018 年和 2019 年日交通量变化趋势相近。

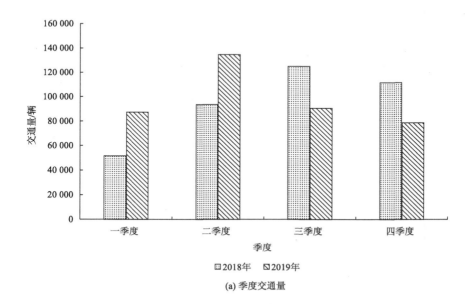

(a) 季度交通量

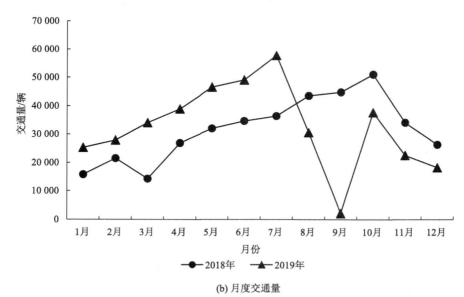

(b) 月度交通量

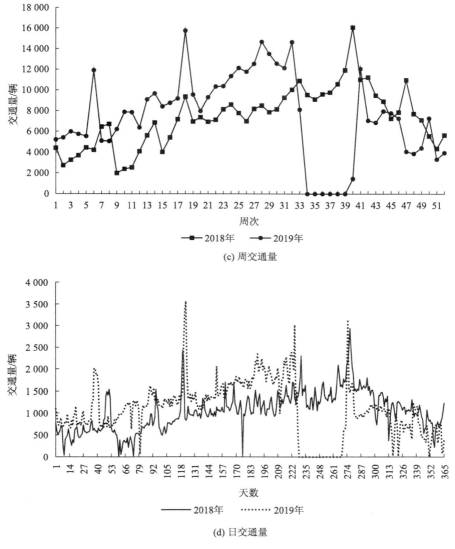

(c) 周交通量

(d) 日交通量

图 10-3　2018 年和 2019 年交通量统计分析

2. 事故数据

表 10-6 展示了部分黑龙江省高速公路事故数据，黑龙江省高速公路事故数据源于黑龙江省交通投资集团有限公司，字段包括高速公路代码、负责公司、事故发生桩号、事故发生上下行、道路状况、路段代码、事故持续时间、有无人员伤亡等。

表 10-6　部分黑龙江省高速公路事故数据

| 高速公路代码 | 负责公司 | 事故发生桩号 | 事故发生上下行 | 道路状况 | 路段代码 | 事故持续时间/秒 | 有无人员伤亡 |
|---|---|---|---|---|---|---|---|
| G1011 | 哈东养护分公司 | 138900 | 上行 | 正常 | G10-2 | 1344 | 无 |
| G10 | 哈东养护分公司 | 461000 | 上行 | 正常 | G10-21 | 2206 | 无 |
| G1011 | 哈东养护分公司 | 124010 | 下行 | 正常 | G10-2 | 2940 | 无 |
| G1011 | 哈东养护分公司 | 161800 | 上行 | 正常 | G10-2 | 1512 | 无 |
| G1011 | 哈东养护分公司 | 112200 | 上行 | 正常 | G10-2 | 1890 | 无 |
| G10 | 哈东养护分公司 | 405300 | 下行 | 正常 | G10-17 | 1890 | 无 |
| G11 | 佳木斯养护分公司 | 184950 | 上行 | 正常 | G10-2 | 1344 | 无 |
| G202 | 哈南养护分公司 | 647800 | 上行 | 正常 | G10-26 | 1536 | 轻伤 |
| G1011 | 哈东养护分公司 | 95100 | 上行 | 正常 | G10-2 | 1344 | 无 |
| G1011 | 哈东养护分公司 | 186100 | 下行 | 正常 | G10-2 | 2520 | 无 |
| G1011 | 哈东养护分公司 | 96700 | 上行 | 正常 | G10-2 | 1344 | 无 |
| G10 | 哈东养护分公司 | 398700 | 上行 | 正常 | G10-16 | 1890 | 无 |
| G1011 | 哈东养护分公司 | 119100 | 上行 | 正常 | G10-2 | 3150 | 无 |
| G10 | 哈东养护分公司 | 434000 | 下行 | 正常 | G10-20 | 1344 | 无 |
| G10 | 哈东养护分公司 | 434000 | 下行 | 正常 | G10-20 | 1344 | 无 |
| G10 | 哈东养护分公司 | 352100 | 上行 | 正常 | G10-14 | 1890 | 无 |
| G10 | 哈东养护分公司 | 434000 | 下行 | 正常 | G10-20 | 1536 | 轻伤 |
| G10 | 哈东养护分公司 | 327600 | 上行 | 正常 | G10-12 | 2940 | 无 |
| G1011 | 哈东养护分公司 | 137500 | 上行 | 正常 | G10-2 | 2742 | 无 |
| G10 | 哈东养护分公司 | 341600 | 上行 | 正常 | G10-13 | 1420 | 无 |
| G1011 | 哈东养护分公司 | 59300 | 下行 | 正常 | G10-2 | 1344 | 无 |
| G10 | 哈东养护分公司 | 384600 | 下行 | 正常 | G10-14 | 1890 | 无 |

由表 10-7 和图 10-4 知，黑龙江省二、三季度高速公路交通事故数较多，一、三季度的交通事故死伤人数较多。

表 10-7　黑龙江省 2007~2014 年高速公路交通事故季度数据统计

| 季度 | 事故起数 | | 死亡人数 | | 受伤人数 | |
|---|---|---|---|---|---|---|
| | 数量/起 | 占比 | 数量/人 | 占比 | 数量/人 | 占比 |
| 一季度 | 243 | 23.25% | 196 | 26.56% | 256 | 26.20% |
| 二季度 | 283 | 27.08% | 153 | 20.73% | 242 | 24.77% |
| 三季度 | 283 | 27.08% | 194 | 26.29% | 268 | 27.43% |
| 四季度 | 236 | 22.58% | 195 | 26.42% | 211 | 21.60% |
| 合计 | 1045 | 100.00% | 738 | 100.00% | 977 | 100.00% |

注：事故起数各季度占比合计不等于 100.00%，为修约所致

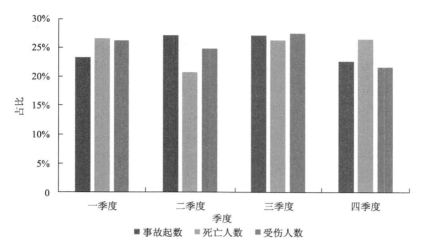

图 10-4 黑龙江省 2007~2014 年高速公路交通事故季度统计图

图 10-5 展示的是黑龙江省 2007~2014 年高速公路交通事故形态分布,排在第一位的是碰撞运动车辆,其中包括正面碰撞、侧面碰撞、追尾碰撞、同向刮擦、对向刮擦及其他角度碰撞等事故形态,其中追尾碰撞是主要的事故形态[311]。排在第二位的是碰撞固定物,主要体现为碰撞中央隔离设施、碰撞护栏等。

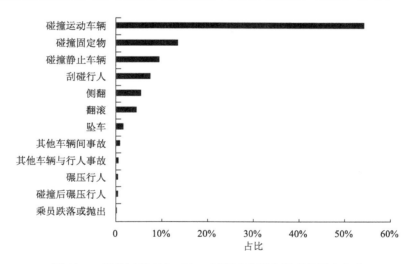

图 10-5 黑龙江省 2007~2014 年高速公路交通事故形态分布

3. 视频数据

通过视频图像采集技术进行道路交通流信息采集在国内外的应用非常广泛。

通过实地拍摄，获得的黑龙江省高速公路交通流动态运行信息有：道路交通量、车头间距、车头时距、车辆运行速度、加速度、车辆侧向偏移等。

使用 C++语言开发视频处理程序，经以下流程获得了车辆在追踪区域的每帧位置信息，包括帧数、质心像素位置、质心与摄像机的距离、距离偏差、质心与左右车道线的距离等，具体如表 10-8 所示。

表 10-8  程序的输出信息

| 帧数 | 质心像素位置（X 方向） | 质心像素位置（Y 方向） | 质心与摄像机的距离/米 | 距离偏差/米 | 质心与左车道线的距离/米 | 质心与右车道线的距离/米 |
|------|------|------|------|------|------|------|
| 852 | 907 | 576 | 102.1 | 10.456 | 1.856 | 1.88 |
| 853 | 914 | 584 | 100.5 | 10.456 | 1.856 | 1.88 |
| 854 | 936 | 612 | 95.5 | 10.456 | 1.856 | 1.88 |
| 855 | 956 | 635 | 91.5 | 10.456 | 1.856 | 1.88 |
| 856 | 978 | 663 | 87.3 | 10.456 | 1.856 | 1.88 |

（1）提取运动目标区域，也就是确定车辆可能存在的区域。

（2）车辆目标确认，对上阶段生成的候选区域进行确认，以判断是车辆还是背景。

（3）目标分割，识别出视频图像中符合车辆特征的像素集合，将待识别的目标从背景图像中分离出来。

（4）目标跟踪，根据提取出的特征来匹配前后帧图像序列中的车辆，从而计算出交通参数。

（5）目标分类，依据几何外形尺寸、纹理特性等对不同类型车辆进行分类。

（6）技术后处理，根据应用需求来计算交通参数，如流量、车速等。

4. 气象数据

黑龙江省南北跨中温带与寒温带，全年约有 6 个月时间温度低于零度。雨雪天气对高速公路出行影响较大。本书从气象部门收集了省内各气象站点的气象数据，结合高速公路管理部门记录的道路因冰雪封闭状况，分析气象对高速公路交通流的影响。气象数据中对于高速公路网络脆弱性分析有价值的字段主要为日降水量、风速、温度等。气象数据记录格式如表 10-9 所示。

全省全年约有 6 个月的温度在 0℃ 以下，一旦有降水，则路面的冰雪对高速公路交通会产生重要影响。威胁黑龙江省内高速公路的气象状况主要是冬季的冰雪灾害及个别路段附近的小气候（如团雾等）。团雾主要分布在哈大高速、哈牡高速及绕城高速沿线；而冰雪灾害分布广泛，几乎威胁着全省的高速公路运行情况。

表 10-9　黑龙江省气象数据

| 日期 | 日降水量 | 2:00 | | 8:00 | | 14:00 | | 20:00 | |
|---|---|---|---|---|---|---|---|---|---|
| | | 风速/<br>（米/秒） | 温度/°C | 风速/<br>（米/秒） | 温度/°C | 风速/<br>（米/秒） | 温度/°C | 风速/<br>（米/秒） | 温度/°C |
| 1 | 0.0 | 7.9 | −27 | 4.2 | −17 | 9.7 | −12 | 4.9 | −20 |
| 2 | 0.0 | 7.5 | −26 | 4.9 | −20 | 4.8 | −10 | 7.4 | −25 |
| 3 | 0.0 | 5.2 | −28 | 7.7 | −18 | 6.7 | −13 | 8.8 | −19 |
| 4 | 0.0 | 5.8 | −29 | 3.7 | −19 | 11.5 | −14 | 7.4 | −18 |
| ⋮ | ⋮ | ⋮ | ⋮ | ⋮ | ⋮ | ⋮ | ⋮ | ⋮ | ⋮ |
| 30 | 1.4 | 3.4 | −31 | 6.0 | −17 | 11.1 | −18 | 6.0 | −27 |

### 10.3.3　应用示范的模型与方法

为挖掘和识别高速公路网络中的关键路段，首先，预测黑龙江省高速公路的流量；其次，对高速公路安全风险进行评价；再次，识别黑龙江省高速公路关键路段；最后，对寒冷地区高速公路网络脆弱性进行评价。

#### 1. 改进的 SVM 模型

SVM 是一种机器学习方法，主要用于处理分类问题和回归问题。SVM 可以利用已知的有效算法发现目标函数的全局最小值，而其他分类方法一般只能获得局部最优解，并且表现出对过拟合问题的强大抵抗力和较高的泛化性能[312]。不同于神经网络算法，SVM 具有非常强大的理论支持。基本的 SVM 模型在非节假日的预测准确率非常高，但是在寒冷地区的交通量预测准确率偏低，因此，本书对 SVM 模型进行了改进，提出了一种结合 SVM 模型和转换系数的方法。

#### 2. 交通管理者和网络攻击者博弈模型

记高速公路网络为有向图 $G=(N,I)$，其中 $N$ 为网络中的节点集合，$I$ 为示网络中的路段集合。高速公路网络中的博弈模型如图 10-6 所示，博弈双方分别为交通管理者和网络攻击者，交通管理者指高速公路交通管理部门，网络攻击者为高速公路网络威胁事件的抽象主体。博弈双方的目的分别是通过实施相应的路径选择策略和路段失效策略，减少或增加整个高速公路网络的考虑失效风险的总出行费用 $V$。当某一博弈过程中系统的带有失效风险的总出行费用 $V$ 的变化量小于给定的收敛阈值 $\varepsilon$ 时，博弈过程终止，系统达到纳什均衡状态。此时交通管理者的交通分配策略与网络攻击者的路网攻击策略都达到最优。

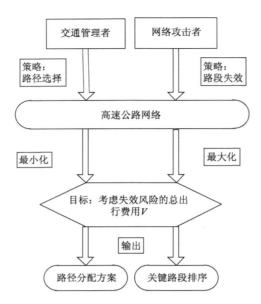

图 10-6　高速公路网络中的博弈模型

　　博弈结束时，输出的网络攻击者的各路段失效概率的排序，即为网络中关键路段识别的标准；交通管理者的交通流量分配策略，则包含了交通管理者为降低路网脆弱性所能够实施的相应的交通管理规划或交通设施改善的最优方案。

　　表 10-10 为相关符号的定义。交通管理者和网络攻击者之间的博弈目标可以用极大极小准则来表示：

$$\min_{\gamma} \max_{\rho} V^n(\gamma, \rho) = \sum_{i \in I} \gamma_i^n \rho_i^n T_i^{F,n} \tag{10-6}$$

$$\text{s.t.} \quad \sum_{i \in I} \rho_i = 1, \rho \geqslant 0$$

$$\sum_{i \in I} \gamma_i = 1, \gamma \geqslant 0 \tag{10-7}$$

表 10-10　相关符号的定义

| 符号 | 定义 |
|---|---|
| $i \in I$ | 路段集合 |
| $n$ | 迭代次数 |
| $\varepsilon$ | 收敛阈值 |
| $\rho_i^n$ | 在第 $n$ 次博弈时网络攻击者攻击路段 $i$ 的概率 |
| $\gamma_i^n$ | 在第 $n$ 次博弈时交通管理者的路段 $i$ 的流量分配比例 |
| $V^n$ | 高速公路网络的考虑失效风险的总出行费用 |

目标函数中，高速公路网络的考虑失效风险的总出行费用 $V$ 是由每个路段的考虑失效风险的出行费用累加求和得到的，与交通管理者的路段流量分配比例 $\gamma$ 和网络攻击者攻击路段的概率 $\rho$ 有关。在该博弈框架中，一个路段具有两个属性，即交通管理者在交通分配时将该路段作为可选路段的概率和网络攻击者在攻击路网时选择使该路段失效的概率。交通管理者的目标是通过交通分配策略使高速公路网络的考虑失效风险的总出行费用最少，而网络攻击者的目标是通过选择一些路段使其失效而使高速公路网络的考虑失效风险的总出行费用最多。式（10-7）提供了一些基本的约束，即高速公路网络中的所有路段被交通管理者所分配的流量比例累加和应该为 1，网络攻击者攻击路段的概率累加和为 1，并且每个路段的 $\gamma$ 和 $\rho$ 的取值都为非负。

然而，交通管理者问题和网络攻击者问题仍然比较复杂。目标函数是以路段累加的形式来表示的，实际上基于路径的方法能够更加真实地反映网络上的流量传播及分配情形，但很难以路径的形式进行表示。为简化模型及计算过程，本节以路段为基本单元表示目标函数。为了更真实地反映网络流量沿路径传播的情形，在交通管理者决策求解问题中，以路径为基本对象，体现流量沿路径传播的现实。网络攻击者的决策仍以路段为单元，但由于其选择路段时会相应地参考交通管理者的决策方案，所以也包含了路径方面的考虑。

### 3. 应急服务点选址及资源派遣模型

根据事故位置及桩号确定其服务点位置约束条件，即根据事故发生桩号，确定负责其位置的养护分公司，进而获取备选的应急服务点位置和数量。

应急物资分配模型的优化目标主要分为三类：①考虑分配的公平性，以需求满足率最大化为目标；②考虑救援的效率性，以时间最短为目标；③考虑调度的经济性，以成本最小化为目标。常见且应用较为广泛的资源派遣思路考虑直接成本，将交通事件发生地点附近的应急物资，同时该应急物资可用于救援是模型最优化的选择前提，在对应急物资进行派遣时只考虑直接成本，并满足救援响应的时间最短（或者说救援响应总时间最短）。该资源派遣模型的目标函数为关于资源救援响应总时间的函数，如果仅考虑派遣车辆的成本，对每次的交通应急事故进行救援，则派遣模型考虑如下。

应急物资供应点的应急物资 $j$ 储存量为 $q_{1j}, q_{2j}, \cdots, q_{mj}$，应急物资供应点 $i$ 调度的应急物资的数量为 $d_{ij}$，即 $d_{1j}, d_{2j}, \cdots, d_{mj}$，事故点的应急物资需求量为 $D_j$，应急出救方案务必满足：① $\sum_{i=1}^{m} d_{ij} \geqslant D_j$，即应急物资供应点的资源调度量之和应不小于事故点的应急物资需求量；② $0 \leqslant d_{ij} \leqslant f_{ij}$，即各应急物资供应点提供的物资总量不大于各点对该种物资的储备量，并在保证物资供应的基础上，将运输成本加入模型中进行考虑，实现出救点个数 $n$ 最小，以选取最终的出救点位置和派遣的各类物资数量。

构建考虑时效的单事故点的单目标应急救援调度模型：

$$\min Z_1 = \min \sum_{i \in L} \sum_{f \in F} R_{if} x_{if} \tag{10-8}$$

$$\text{s.t.} \quad \sum_{f \in F} x_{if} \leqslant q_i, \ \forall i \in L \tag{10-9}$$

$$\sum_{i \in L} x_{if} = D_f, \forall f \in F \tag{10-10}$$

$$R_{if} \geqslant 0$$
$$x_{if} \geqslant 0$$

其中，$L$ 为应急服务点集合；$F$ 为应急事件发生点；$x_{if}$ 为从应急服务点 $i$ 派遣到事故点 $f$ 的车辆数；$R_{if}$ 为从应急服务点 $i$ 到事故点 $f$ 的最短路径距离；$D_f$ 为事故点 $f$ 的物资需求总量；$q_i$ 为应急服务点 $i$ 的物资存储总量；$Z_1$ 为应急物资救援响应总时间。目标函数表示应急物资救援响应总时间最短。约束条件 1 表示从应急服务点 $i$ 派遣到事故点 $f$ 的车辆数不能超过应急服务点 $i$ 的物资存储总量；约束条件 2 表示各处应急服务点提供的应急物资的总数量要大于等于事故点对该类资源的需求总量。

模型的输出结果为 $Z_1$ 和 $d_{ij}$，表示本次事故应急服务点的选址情况和不同应急服务点为应急事故发生点提供的不同种类物资的数量。

### 10.3.4 应用示范的方案及评价

#### 1. 黑龙江省高速公路流量预测

改进的 SVM 模型对黑龙江省的流量预测精度较高，SVM 模型、GBDT（gradient boosting decision tree，梯度提升决策树）模型和改进的 SVM 模型的预测精度对比如表 10-11 和图 10-7 所示。从表 10-11 中可以看出，SVM 模型和 GBDT 模型的 $R^2$ 分别为 0.7582 和 0.6858，而改进的 SVM 模型的 $R^2$ 为 0.8340。此外，改进的 SVM 模型的评价指标 MAE、MAPE（mean absolute percentage error，平均绝对百分比误差）、RMSE、MSPE（mean squared percentage error，均方百分比误差）也优于 SVM 模型和 GBDT 模型。

表 10-11　模型预测精度对比分析

| 评价指标 | SVM 模型 | GBDT 模型 | 改进的 SVM 模型 |
|---|---|---|---|
| $R^2$ | 0.7582 | 0.6858 | 0.8340 |
| MAE | 147.47 | 167.98 | 128.06 |
| MAPE | 11.53% | 13.34% | 10.26% |
| RMSE | 232.15 | 264.62 | 192.37 |
| MSPE | 17.99% | 20.63% | 15.47% |

## 2. 黑龙江省高速公路关键路段及路网脆弱性分析

黑龙江省高速公路的联网收费数据记录了车辆进入路网和驶出路网的位置及时间，也就是说路网中的每个节点都是一个交通需求点，既是起始点也是目的地。流量分配比例及被攻击概率具体如表 10-12 所示。

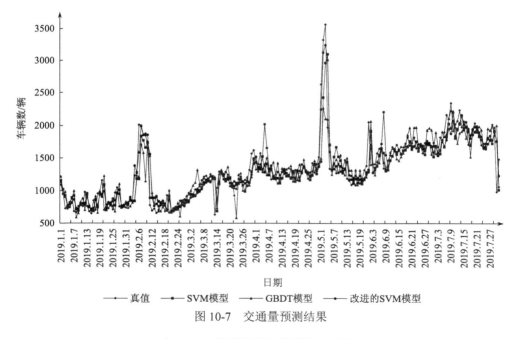

图 10-7　交通量预测结果

表 10-12　流量分配比例及被攻击概率

| $\theta =1$ | | | $\theta =5$ | | | $\theta =10$ | | |
|---|---|---|---|---|---|---|---|---|
| 路段编号 | 被攻击概率 | 流量分配比例 | 路段编号 | 被攻击概率 | 流量分配比例 | 路段编号 | 被攻击概率 | 流量分配比例 |
| 97 | 6.75% | 5.16% | 106 | 11.28% | 4.35% | 12 | 12.78% | 3.34% |
| 98 | 6.43% | 5.05% | 97 | 10.13% | 3.22% | 97 | 12.05% | 3.21% |

| θ=1 | | | θ=5 | | | θ=10 | | |
|---|---|---|---|---|---|---|---|---|
| 路段编号 | 被攻击概率 | 流量分配比例 | 路段编号 | 被攻击概率 | 流量分配比例 | 路段编号 | 被攻击概率 | 流量分配比例 |
| 26 | 4.82% | 3.22% | 98 | 10.22% | 3.54% | 98 | 11.99% | 3.25% |
| 27 | 4.81% | 3.20% | 12 | 8.13% | 5.45% | 106 | 10.28% | 4.11% |
| 28 | 4.81% | 3.20% | 1 | 5.37% | 5.32% | 27 | 6.11% | 2.54% |
| 12 | 3.20% | 7.41% | 28 | 5.22% | 5.24% | 28 | 6.05% | 2.48% |
| 106 | 2.58% | 4.28% | 27 | 4.57% | 5.01% | 26 | 6.52% | 2.53% |
| 107 | 2.55% | 4.01% | 26 | 4.45% | 4.99% | 107 | 4.21% | 3.00% |
| 101 | 2.20% | 3.28% | 101 | 3.22% | 3.42% | 101 | 4.11% | 2.96% |
| 13 | 2.20% | 1.45% | 16 | 3.05% | 3.53% | 13 | 1.22% | 2.23% |
| 14 | 1.96% | 1.35% | 107 | 3.03% | 4.22% | 14 | 0.95% | 2.11% |
| 32 | 1.56% | 2.16% | 32 | 1.55% | 4.33% | 16 | 0.86% | 3.25% |
| 142 | 1.55% | 3.22% | 14 | 1.29% | 3.43% | 1 | 0.83% | 3.33% |
| 141 | 1.40% | 3.08% | 13 | 1.11% | 3.55% | 141 | 0.75% | 2.97% |
| 1 | 1.40% | 2.15% | 141 | 1.09% | 1.99% | 142 | 0.55% | 2.99% |
| 16 | 1.36% | 5.14% | 78 | 0.96% | 2.11% | 32 | 0.43% | 2.54% |
| 70 | 1.33% | 0.96% | 82 | 0.87% | 2.25% | 74 | 0.42% | 2.64% |
| 74 | 1.27% | 0.98% | 70 | 0.85% | 2.21% | 70 | 0.28% | 1.98% |
| 10 | 1.27% | 1.01% | 10 | 0.54% | 1.19% | 109 | 0.22% | 2.15% |
| 11 | 1.18% | 0.78% | 142 | 0.33% | 1.87% | 60 | 0.22% | 1.78% |

其中，106 号路段为哈同高速宾县段，该路段不仅是事故多发路段，而且交通需求较大，车流量大；97 号、98 号路段为哈同高速依兰段，该路段同样为事故多发路段，冬季雪大且易结冰，夏季雨水多，发生过雨水淹没道路的情况；同样，26 号、27 号、28 号路段为哈牡高速亚布力段，冬季道路容易结冰，而且多连续弯路；12 号、14 号路段分别为京哈高速瓦盆窑段及拉林河段；16 号路段为哈阿高速。上述路段均为车流量较大路段，而且连接省会城市哈尔滨及与其联系紧密的双城区及阿城区，交通需求大，同时根据高速公路收费数据可以看出，京哈高速拉林河段，即 14 号路段大货车混入率较高，交通流组成混杂。

根据表 10-12 的计算结果，对 $\theta$ 值变化时的关键路段的被攻击概率及流量分配比例进行分析。随着 $\theta$ 的值由 1 增加到 10，网络攻击者使排序在前几位的关键路段的被攻击概率随 $\theta$ 值的增大而增大，由于受到约束条件 $\sum_{i \in E} \gamma_i = 1$ 的限制，排序靠后的路段的被攻击概率相应有所降低，逐渐集中到一小部分路段上，当 $\theta$=10

时，仅会集中在部分关键路段上，即随着 $\theta$ 值的增大，路段的失效概率在路网中的分配趋向于集中在某些路段上，也就是说 $\theta$ 的值越大，网络攻击者对于关键路段的攻击性越强，因此应相应制定重点攻击最为关键的一些路段的策略。

对于各路段的流量分配比例来说，情况则恰恰相反，当 $\theta$ 值较小时，由于网络攻击者的失效策略在网络中分配较为均匀，且各路段的失效概率都不太大，所以交通管理者能够更为可靠地使用路网中的最短路径，从而使路径的分配主要集中在某些重要道路上，同样由于 $\sum_{i \in E} \gamma_i = 1$ 的限制，其他道路的流量分配比例较小；而随着 $\theta$ 值的增大，网络攻击者对于关键路段，也就是最短路径较为集中的路段的攻击性变强，攻击概率增大，这时交通管理者将相应地对路径进行调整，将其流量分流到其他路段，从而使路网中路段的流量分配比例的分配趋于均衡，这正是博弈的结果。然而，无论 $\theta$ 取值的大小如何，一些被攻击概率大的路段的结果基本一致，即 $\theta$ 的取值只影响网络攻击者的攻击策略分布范围，而不会影响关键路段的识别结果。最终得到黑龙江省高速公路网络脆弱性评价结果。

根据关键路段的被攻击概率，基于专家打分法，将路段脆弱性分为六个等级，被攻击概率大于等于 8%，为 1 级；[5%, 8%) 为 2 级；[2%, 5%) 为 3 级；[1%, 2%) 为 4 级；[0.3%, 1%) 为 5 级；小于 0.3% 为 6 级。1 级表示路段脆弱性最高，即路段的安全等级较低，易发生突发事件，且一旦发生突发事件，对路网产生的影响较大；6 级表示路段脆弱性最低，即路段安全等级较高且即使发生突发事件，对整个高速公路网络的影响较小。

### 3. 黑龙江省应急服务点选址及物资调配

针对黑龙江省高速公路突发事故的考虑直接成本的应急服务点选址和物资调配模型的输出主要包括两个部分。

（1）应急服务点的选址情况，即当高速公路事故发生时，确定该事故地点应当具体由哪个养护分公司负责，并进一步确定哪些应急服务点将负责此次事故的物资派送。

（2）根据事故严重情况，确定每个应急服务点向事故地点派遣的不同类型的物资数量。

下面将以数值模拟案例为例，对选址调度模型结果进行说明分析。假设在如下坐标点发生一起突发交通事故，位置坐标为：经度 129.574066，纬度 46.298579。以路政车和养护车物资为例，需求物资量分别为 4 辆和 5 辆。识别该事故发生桩号，通过数据库中的信息，识别负责该桩号的养护分公司，同时确定其下属的具体备选服务点位置（表 10-13）。

表 10-13　备选服务点位置

| 经纬度 | A1 | A2 | A3 | A4 | A5 |
|---|---|---|---|---|---|
| 经度 | 124.715143 | 128.572847 | 129.868961 | 130.439832 | 131.941629 |
| 纬度 | 49.733824 | 44.91685 | 44.554293 | 46.759257 | 47.309166 |

获取每个服务点的备选物资量，以路政车和养护车物资为例，应急点库存物资如表 10-14 所示。

表 10-14　应急点库存物资（单位：辆）

| 编号 | A1 | A2 | A3 | A4 | A5 |
|---|---|---|---|---|---|
| 养护车 | 1 | 2 | 1 | 2 | 2 |
| 路政车 | 3 | 2 | 2 | 2 | 1 |

采用考虑直接成本的应急服务点选址和物资调配模型，样例输出如下。

应急服务点选址情况：A2、A3、A4。

各个应急服务点的物资调配情况如表 10-15 所示。

表 10-15　应急服务点物资调配情况（单位：辆）

| 编号 | A2 | A3 | A4 |
|---|---|---|---|
| 物资 1 | 2 | 0 | 2 |
| 物资 2 | 2 | 1 | 2 |

本书依托所完成项目，开发了黑龙江省高速公路交通安全决策系统，这是基于黑龙江省高速公路的收费站数据、事故数据进行的，其核心内容主要有四个方面，分别是流量数据挖掘分析、事故数据挖掘分析、网络脆弱性分析以及安全决策保障措施。黑龙江省高速公路交通安全决策系统还开展如下业务分析：黑龙江省高速公路网络流量分析图、黑龙江省高速公路事故多发点图、黑龙江省高速公路事故黑点图、黑点成因分析、黑龙江省高速公路道路安全等级图、高速公路交通安全决策库等。

图 10-8 具体展示了事故黑点鉴别分析，在地图上通过动态点的方式展示了事故多发点和该处的事故率。结合事故黑点鉴别分析的详细信息，可知事故位置和事故率以及成因和解决对策。

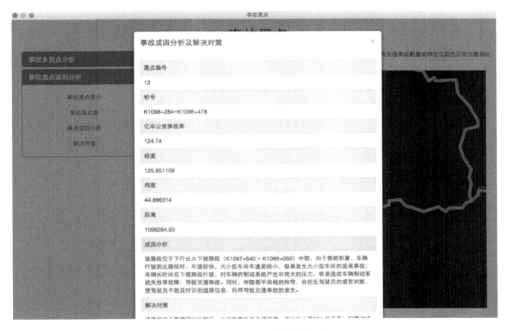

图 10-8　事故黑点鉴别分析

# 参 考 文 献

[1] 数字中国发展报告(2023 年)[EB/OL]. [2024-07-27]. https://www.digitalchina.gov.cn/2024/xwzx/szkx/202406/P020240630600725771219.pdf.

[2] 梅宏. 大数据发展现状与未来趋势[J]. 交通运输研究, 2019, 5(5): 1-11.

[3] 索雷斯 S. 大数据治理[M]. 匡斌, 译. 北京: 清华大学出版社, 2014.

[4] Loshin D. Big Data Analytics[M]. San Mateo: Morgan Kaufmann, 2013.

[5] 张绍华, 潘蓉, 宗宇伟. 大数据治理与服务[M]. 上海: 上海科学技术出版社, 2016.

[6] 王宏志, 李默涵. 大数据治理: 理论与方法[M]. 北京: 电子工业出版社, 2021.

[7] 王秀利, 吴新松, 王辉. 大数据治理与服务[M]. 北京: 高等教育出版社, 2022.

[8] 安小米, 许济沧, 王丽丽, 等. 国际标准中的数据治理: 概念、视角及其标准化协同路径[J]. 中国图书馆学报, 2021, 47(5): 59-79.

[9] 中国信息通信研究院. 大数据白皮书[R]. 北京: 中国信息通信研究院, 2021.

[10] 刘彬芳, 魏玮, 安小米. 大数据时代政府数据治理的政策分析[J]. 情报杂志, 2019, 38(1): 141-147.

[11] 中国信息通信研究院、政策与经济研究所、美团, 等. 数据治理研究报告(2020 年): 培育数据要素市场路线图[R]. 北京: 中国信息通信研究院, 2020.

[12] 柏亮, 赵金龙. 全国 44 家数据交易所规模、股权、标的、模式分析[EB/OL]. [2024-11-04]. https://finance.sina.com.cn/wm/2023-07-05/doc-imyzrqyq9754549.shtml.

[13] 赵丹宁, 郭晓慧, 孙宗锋. 数据治理机构推动跨部门数据共享面临的困境及原因分析: 基于山东两地市的案例分析[J]. 公共管理与政策评论, 2023, 12(1): 156-168.

[14] 许阳, 胡月. 政府数据治理的概念、应用场域及多重困境: 研究综述与展望[J]. 情报理论与实践, 2022, 45(1): 196-204.

[15] 曹惠民, 邓婷婷. 政府数据治理风险及其消解机制研究[J]. 电子政务, 2021, (1): 81-91.

[16] 郝艳丽. 大数据时代政府数据安全治理: 文献综述与研究展望[J]. 网络安全技术与应用, 2023, (8): 65-66.

[17] 宋姗姗, 白文琳. 中国大数据治理研究述评[J]. 农业图书情报学报, 2022, 34(4): 4-17.

[18] 全国信息技术标准化技术委员会大数据标准工作组, 中国电子技术标准化研究院. 数据治理工具图谱研究报告(2021 版)[EB/OL]. [2024-11-04]. http://www.cesi.cn/images/editor/20211103/20211103160022359.pdf.

[19] 刘桂锋, 钱锦琳, 卢章平. 国内外数据治理研究进展: 内涵、要素、模型与框架[J]. 图书情报工作, 2017, 61(21): 137-144.

[20] GB/T 34960.5-2018, 信息技术服务治理第 5 部分: 数据治理规范[S]. 北京: 中国标准出版社, 2018.

[21] 北京信百会信息经济研究院, 伏羲智库数字发展研究中心, 清华大学互联网治理研究中心. 数据治理[R]. 北京: 北京信百会信息经济研究院, 2022.

[22] Han J W, Kamber M, Pei J. 数据挖掘: 概念与技术[M]. 范明, 孟小峰, 译. 北京: 机械工业 出版社, 2012.

[23] Agrawal R，Srikant R. Fast algorithms for mining association rules[C]//Bocca J B, Jarke M, Zaniolo C. Proceedings of the 20th International Conference on Very Large Data Bases. New York: ACM, 1994: 487-499.

[24] Tan P N, Steinbach M, Kumar V. 数据挖掘导论[M]. 范明, 范宏建, 等译. 北京: 人民邮电 出版社, 2006.

[25] Han J W, Pei J, Yin Y W. Mining frequent patterns without candidate generation[J]. ACM SIGMOD Record, 2000, 29(2): 1-12.

[26] Borgelt C. Efficient implementations of apriori and eclat Christian borgelt[EB/OL]. [2024-11-04]. https://www.academia.edu/77973292/Efficient_Implementations_of_Apriori_and_ Eclat_Christian_Borgelt.

[27] Borgelt C. Keeping things simple: finding frequent item sets by recursive elimination[C]// Goethals B, Nijssen S, Zaki M J. Proceedings of the 1st International Workshop on Open Source Data Mining: Frequent Pattern Mining Implementations. New York: ACM, 2005: 66-70.

[28] Borgelt C. Simple algorithms for frequent item set mining[M]//Koronacki J, Raś Z W, Wierzchoń S T, et al. Advances in Machine Learning II. Berlin: Springer, 2010: 351-369.

[29] Pei J, Han J W, Lu H J, et al. H-mine: hyper-structure mining of frequent patterns in large databases[C]//Cercone N, Lin T Y, Wu X D. Proceedings 2001 IEEE International Conference on Data Mining. New York: IEEE, 2001: 441-448.

[30] Karl P. LIII. On lines and planes of closest fit to systems of points in space[J]. The London, Edinburgh, and Dublin Philosophical Magazine and Journal of Science, 1901, 2(11): 559-572.

[31] 李青. 城市人群社会参与意识影响因素研究[J]. 经济研究导刊, 2022, (4): 77-80.

[32] Quinlan J R. Induction of decision trees[J]. Machine Learning, 1986, 1(1): 81-106.

[33] 朱莉萍. 基于决策树算法的招生数据挖掘应用研究[J]. 现代信息科技, 2022, 6(17): 109-112.

[34] Vapnik V N. A note on one class of perceptrons[J]. Automation Remote Control, 1964, 25: 821-837.

[35] 方鸿强. 城市电力电缆隧道火灾风险评估研究[D]. 安徽: 中国科学技术大学, 2019.

[36] 刘滨, 刘春, 邵必飞, 等. 基于增强支持向量机的电力隧道多状态全过程监控方法[J]. 计算 技术与自动化, 2023, 42(4): 41-46.

[37] Box G E P, Jenkins G M, Reinsel G C, et al. Time Series Analysis: Forecasting and Control[M]. 5th ed. NewYork: Wiley, 2015.

[38] 邹小江, 赵寒, 王祈茵, 等. 基于 ARIMA 模型的重庆市流行性感冒预测研究[J]. 重庆医科 大学学报, 2023, 48(12): 1425-1429.

[39] Bayes T. An essay towards solving a problem in the doctrine of chances[EB/OL]. [2024-11-05]. https://www.ias.ac.in/article/fulltext/reso/008/04/0080-0088.

[40] 黎琮莹, 周玉松. 基于雷达数据和朴素贝叶斯模型的道路养护区车辆轨迹预测[J]. 公路, 2023, 68(11): 338-341.

[41] Hawkins D M. Identification of Outliers[M]. Dordrecht: Springer, 1980.

[42] Goldstein M, Dengel A. Histogram-based outlier score (HBOS): a fast unsupervised anomaly detection algorithm[EB/OL]. [2024-11-04]. https://www.goldiges.de/publications/HBOS-KI-2012.pdf.

[43] Wong W K, Moore A W, Cooper G F, et al. What's strange about recent events (WSARE): an algorithm for the early detection of disease outbreaks[J]. Journal of Machine Learning Research, 2005, 6: 1961-1998.

[44] 王彤, 谭索怡, 吕欣. 基于气象大数据的连续异常监测方法[J]. 中国科学院大学学报, 2023, 40(3): 362-370.

[45] Zhu Y C, Xi D B, Song B W, et al. Modeling users' behavior sequences with hierarchical explainable network for cross-domain fraud detection[C]//Huang Y N, King I, Liu T Y, et al. Proceedings of The Web Conference 2020. New York: ACM, 2020: 928-938.

[46] 李伟明, 李彤, 张大方, 等. 跨空间域数据管理分布式共识算法: 现状、挑战和展望[J]. 大数据, 2023, 9(4): 3-15, 1.

[47] 顾荣, 严金双, 杨晓亮, 等. Hadoop MapReduce 短作业执行性能优化[J]. 计算机研究与发展, 2014, 51(6): 1270-1280.

[48] Hedayati S, Maleki N, Olsson T, et al. MapReduce scheduling algorithms in hadoop: a systematic study[J]. Journal of Cloud Computing, 2023, 12(1): 143.

[49] 李翀, 张彤彤, 杜伟静, 等. 基于 Hive 的高可用双引擎数据仓库[J]. 计算机系统应用, 2019, 28(9): 65-71.

[50] el Yazidi A, Azizi M S, Benlachmi Y, et al. Apache hadoop-MapReduce on YARN framework latency[J]. Procedia Computer Science, 2021, 184: 803-808.

[51] 李钦, 朱延超, 刘轶, 等. 基于YARN集群的计算加速部件扩展支持[J]. 计算机研究与发展, 2016, 53(6): 1263-1270.

[52] Deshai N, Sekhar B V D S, Venkataramana S. Processing big data with apache flink[J]. International Journal of Recent Technology and Engineering, 2019, 8(1): 16-20.

[53] 曹张宇, 钟原, 周静. 基于 Flink 的分布式在线集成学习框架研究[J]. 计算机应用研究, 2023, 40(6): 1784-1788.

[54] 杨梓鑫, 薛源, 徐浩军, 等. 基于 Monte Carlo 仿真的武器装备贡献度评估法[J]. 火力与指挥控制, 2020, 45(4): 18-22, 28.

[55] 徐宗本, 冯芷艳, 郭迅华, 等. 大数据驱动的管理与决策前沿课题[J]. 管理世界, 2014, (11): 158-163.

[56] 陈国青, 曾大军, 卫强, 等. 大数据环境下的决策范式转变与使能创新[J]. 管理世界, 2020, 36(2): 95-105, 220.

[57] 陈国青, 吴刚, 顾远东, 等. 管理决策情境下大数据驱动的研究和应用挑战: 范式转变与研究方向[J]. 管理科学学报, 2018, 21(7): 1-10.

[58] 陈国青, 张维, 任之光, 等. 面向大数据管理决策研究的全景式 PAGE 框架[J]. 管理科学学报, 2023, 26(5): 4-22.

[59] 岳超源. 决策理论与方法[M]. 北京: 科学出版社, 2003.

[60] Hurwicz L. Optimality criteria for decision making under ignorance[R]. New Haven: Cowles Foundation for Research in Economics, 1951.

[61] Saaty T L. The analytic hierarchy process (AHP)[J]. The Journal of the Operational Research Society, 1980, 41(11): 1073-1076.

[62] Hwang C L, Yoon K. Multiple Attribute Decision Making: Methods and Applications A State-of-the-Art Survey[M]. Berlin: Springer, 1981.

[63] Zelany M. A concept of compromise solutions and the method of the displaced ideal[J]. Computers & Operations Research, 1974, 1(3/4): 479-496.

[64] 乔远慧. 刍议人工智能在公共管理中的运用[J]. 天津电大学报, 2018, 22(1): 65-69.

[65] 高磊. 电网建设项目多主体协同决策模型及应用研究[D]. 北京: 华北电力大学, 2020.

[66] 窦博浩. 基于多目标优化理论的处置群体性事件应急决策研究[J]. 长江信息通信, 2024, 37(5): 145-148.

[67] 郝志远, 马捷, 孙文晶. 重大突发事件下大群体靶向协同决策模型仿真研究[J]. 数据分析与知识发现, 2023, 7(3): 80-96.

[68] 高晓宁, 田军, 陈小艺, 等. 考虑多主体参与应急物资代储的利润分配机制与协调研究[J]. 工业工程与管理, 2024, 29(3): 103-114.

[69] 任磊, 杜一, 马帅, 等. 大数据可视分析综述[J]. 软件学报, 2014, 25(9): 1909-1936.

[70] 张雄, 高燕. 设计色彩[M]. 重庆: 重庆大学出版社, 2015.

[71] 陈瑞林, 尹彤云. 外国图形艺术简史[M]. 北京: 清华大学出版社, 2005.

[72] de Carvalho Mesquita Ayres J R, Paiva V, França I, Jr, et al. Vulnerability, human rights, and comprehensive health care needs of young people living with HIV/AIDS[J]. American Journal of Public Health, 2006, 96(6): 1001-1006.

[73] Liu C C, Lu X. Analyzing hidden populations online: topic, emotion, and social network of HIV-related users in the largest Chinese online community[J]. BMC Medical Informatics and Decision Making, 2018, 18(1): 2.

[74] 厉敏. 数字化改革引领, 深化推进大数据产业发展: 《"十四五"大数据产业发展规划》解读[J]. 信息化建设, 2022, (5): 12-15.

[75] Experian Data Quality. The data quality benchmark report[EB/OL]. [2024-11-04]. https://aptly.de/wp-content/uploads/2016/05/data-quality-benchmark-report-2015.pdf.

[76] Gudipati M, Rao S S, Mohan N D, et al. Big data: testing approach to overcome quality challenges[J]. Big Data: Challenges and Opportunities, 2013, 11(1): 65-72.

[77] 麦肯锡环球研究院. 大数据: 创新、竞争和生产力的下一个前沿[EB/OL]. [2024-11-04]. https://www.doc88.com/p-0803296950354.html?r=1.

[78] Chen M, Mao S, Liu Y. Big data: a survey[J]. Mobile Networks and Applications, 2014, 19(2): 171-209.

[79] 莫祖英. 大数据处理流程中的数据质量影响分析[J]. 现代情报, 2017, 37(3): 69-72, 115.

[80] 莫祖英. 大数据质量测度模型构建[J]. 情报理论与实践, 2018, 41(3): 11-15.

[81] 王力, 周晓剑. 大数据质量评估的标准及过程研究[J]. 经营与管理, 2018, (4): 84-88.

[82] Sidi F, Shariat Panahy P H, Affendey L S, et al. Data quality: a survey of data quality dimensions[C]//Mahmod R, Abdullah L N, Smeaton A, et al. 2012 International Conference on Information Retrieval & Knowledge Management. New York: IEEE, 2012: 300-304.

[83] Juddoo S. Overview of data quality challenges in the context of big data[R]. New York: 2015 International Conference on Computing, Communication and Security, 2015.

[84] Taleb I, Dssouli R, Serhani M A. Big data pre-processing: a quality framework[R]. New York: 2015 IEEE International Congress on Big Data, 2015.

[85] Demchenko Y, Grosso P, de Laat C, et al. Addressing big data issues in scientific data infrastructure[R]. San Diego: 2013 International Conference on Collaboration Technologies and Systems, 2013.

[86] Katal A, Wazid M, Goudar R H. Big data: issues, challenges, tools and good practices[R]// Noida: 2013 Sixth International Conference on Contemporary Computing, 2013.

[87] Batini C, Scannapieco M. 2006. Data Quality: Concepts, Methodologies and Techniques[M]. Berlin: Springer, 2006.

[88] Gao J, Xie C L, Tao C Q. Big data validation and quality assurance: issuses, challenges, and needs[R]. Oxford: 2016 IEEE Symposium on Service-Oriented System Engineering, 2016.

[89] Dean J, Ghemawat S. MapReduce: simplified data processing on large clusters[J]. Communications of the ACM, 2008, 51(1): 107-113.

[90] Al-Hajjar D，Jaafar N，Al-Jadaan M，et al. Framework for social media big data quality analysis[M]//Bassiliades N, Ivanovic M, Kon-Popovska M, et al. New Trends in Database and Information Systems II. Berlin: Springer, 2015: 301-314.

[91] 刘桂锋, 聂云贝, 刘琼. 数据质量评价对象、体系、方法与技术研究进展[J]. 情报科学, 2021, 39(11): 13-20.

[92] 王琳, 姚飞飞. 中国政府数据开放成熟度评价指标体系构建与应用研究[J]. 农业图书情报学报, 2023, 35(1): 56-72.

[93] 谭志远, 宫云平. 数据质量评估模型探讨[J]. 广东通信技术, 2021, 41(8): 7-12.

[94] Merino J, Caballero I, Rivas B, et al. A data quality in use model for big data[J]. Future Generation Computer Systems, 2016, 63: 123-130.

[95] Taleb I, El Kassabi H T, Serhani M A, et al. Big data quality: a quality dimensions evaluation[R]. Toulouse: 2016 Intl IEEE Conferences on Ubiquitous Intelligence & Computing, Advanced and Trusted Computing, Scalable Computing and Communications, Cloud and Big Data Computing, Internet of People, and Smart World Congress, 2016.

[96] Kulkarni A. A study on metadata management and quality evaluation in big data management[J]. Engineering, Technology and Applied Science Research, 2016, 4(7): 455-459.

[97] Bizer C. Quality-Driven Information Filtering: in the Context of Web-Based Information

Systems[M]. Saarbrücken: VDM Verlag, 2007.

[98] Batini C, Rula A, Scannapieco M, et al. From data quality to big data quality[J]. Journal of Database Management, 2015, 26(1): 60-82.

[99] Fabijan A, Olsson H H, Bosch J. Customer feedback and data collection techniques in software R&D: a literature review[M]//Fernandes J, Machado R, Wnuk K. Lecture Notes in Business Information Processing. Berlin: Springer, 2015: 139-153.

[100] Immonen A, Pääkkönen P, Ovaska E. Evaluating the quality of social media data in big data architecture[J]. IEEE Access, 2015, 3: 2028-2043.

[101] Cai L, Zhu Y Y. The challenges of data quality and data quality assessment in the big data era[J]. Data Science Journal, 2015, 14: 2.

[102] Tilson D, Lyytinen K, Sørensen C. Research commentary: digital infrastructures: the missing IS research agenda[J]. Information Systems Research, 2010, 21(4): 748-759.

[103] Gallegos I, Gates A Q, Tweedie C. DaProS: a data property specification tool to capture scientific sensor data properties[M]//Trujillo J, Dobbie G, Kangassalo H, et al. Advances in Conceptual Modeling: Applications and Challenges. Berlin: Springer, 2010: 232-241.

[104] UNSD. Fundamental principles of national official statistics[R]. New York: United Nations Statistics Division, 1994.

[105] Shi W Z, Fisher P, Goodchild M F. Spatial Data Quality[M]. London: CRC Press, 2002.

[106] Sha K W, Shi W S. Consistency-driven data quality management of networked sensor systems[J]. Journal of Parallel and Distributed Computing, 2008, 68(9): 1207-1221.

[107] ISO/IEC 25010: 2011. Systems and software engineering: systems and software quality requirements and evaluation (SQuaRE): system and software quality models[EB/OL]. [2024-11-04]. https://www.iso.org/standard/35733.html.

[108] ISO/IEC 25024: 2015. Systems and software engineering: systems and software quality requirements and evaluation(SQUARE): measurement of data quality[EB/OL]. [2024-11-04]. https://www.iso.org/standard/35749.html.

[109] ISO/IEC 25012: 2008. Software engineering: software product quality requirements and evaluation(SQuaRE): data quality model[EB/OL]. [2024-11-04]. https://www.iso.org/standard/35736.html.

[110] Strong D M, Lee Y W, Wang R Y. Data quality in context[J]. Communications of the ACM, 1997, 40(5): 103-110.

[111] Gómez-López M T, Gasca R M, Pérez-Álvarez J M. Compliance validation and diagnosis of business data constraints in business processes at runtime[J]. Information Systems, 2015, 48: 26-43.

[112] Loshin D. Enterprise Knowledge Management: The Data Quality Approach[M]. San Francisco: Morgan Kaufmann Publishers Inc., 2001.

[113] Ardagna D, Cappiello C, Samá W, et al. Context-aware data quality assessment for big data[J]. Future Generation Computer Systems, 2018, 89: 548-562.

[114] Ataie E, Gianniti E, Ardagna D, et al. A combined analytical modeling machine learning approach for performance prediction of MapReduce jobs in cloud environment[R]. Timisoara: 2016 18th International Symposium on Symbolic and Numeric Algorithms for Scientific Computing, 2016.

[115] Vapnik V N. The Nature of Statistical Learning Theory[M]. New York: Springer, 1995.

[116] 土红莉, 韩乔乔. 浅析大数据环境下档案资源数据治理体系构建[J]. 陕西档案, 2024, (1): 28-29, 24.

[117] 吕悦. 企业级异构数据集成平台的设计与实现[J]. 电脑知识与技术, 2023, 19(30): 44-47.

[118] 韦亚军, 张文文, 李冬青. 基于Kettle的数据转换同步方法研究[J]. 软件导刊, 2022, 21(8): 126-131.

[119] Feng D G, Yang K. Concretely efficient secure multi-party computation protocols: survey and more[J]. Security and Safety, 2022, 1: 2021001.

[120] Yao A C C. How to generate and exchange secrets[R]. Toronto: 27th Annual Symposium on Foundations of Computer Science (sfcs 1986), 1986.

[121] Rabin M O. How to Exchange Secrets with Oblivious Transfer[M]. Kuala Lumpur: International Association for Cryptologic Research, 2005.

[122] Beimel A, Chor B. Universally ideal secret-sharing schemes[J]. IEEE Transactions on Information Theory, 1994, 40(3): 786-794.

[123] Gentry C. Fully homomorphic encryption using ideal lattices[C]//Mitzenmacher M. Proceedings of the Forty-First Annual ACM Symposium on Theory of Computing. New York: ACM, 2009: 169-178.

[124] Fiege U, Fiat A, Shamir A. Zero-knowledge proofs of identity[C]//Aho A V. Proceedings of the Nineteenth Annual ACM Symposium on Theory of Computing. New York: ACM, 1987: 210-217.

[125] McMahan H B, Moore E, Ramage D, et al. Communication-efficient learning of deep networks from decentralized data[EB/OL]. [2024-11-04]. https://arxiv.org/abs/1602.05629v4.

[126] 刘珺. 互联网+时代下中国基础教育信息化的比较研究[D]. 武汉: 华中科技大学, 2015.

[127] 覃远菊. 大数据时代下的图书馆决策服务发展对策与实践[J]. 柴达木开发研究, 2023, (3): 58-63.

[128] 崔再山. 基于5G的新一代信息技术在交通运输领域的应用研究[J]. 物流科技, 2023, 46(10): 87-89, 95.

[129] 李芯嘉. 地铁高架车站太阳能光伏发电系统设计研究[J]. 电气技术与经济, 2023, (9): 165-167.

[130] 周发超, 王志坚, 叶枫. 一种新型的云任务调度算法研究[J]. 中国科学技术大学学报, 2014, 44(7): 590-598.

[131] 岳阳, 徐昆, 康利刚. 面向大数据的存储系统结构设计[J]. 数字技术与应用, 2020, 38(9): 115-117.

[132] 席晟哲. 混合云平台基于属性访问控制的多用户可搜索加密机制[D]. 兰州: 兰州理工大

学, 2018.

[133] 梁丽. 无线射频识别访问控制系统的设计与实现[D]. 武汉: 华中科技大学, 2012.

[134] 谢彬, 邓婕. 基于多方安全计算的电力云平台数据共享与隐私保护[J]. 通讯世界, 2023, 30(7): 46-48.

[135] 彭璇, 方艾芬, 张森. "互联网+"高速公路交通运行监测平台研究[J]. 中国交通信息化, 2017, (1): 90-92, 102.

[136] 甘胜丰, 孙林, 雷维新, 等. 硅钢酸洗-冷连轧系统中表面缺陷识别方法研究[J]. 机械设计与制造, 2009, (9): 113-115.

[137] 刘泉. 内存数据库在帐务后台中的应用[D]. 南京: 南京理工大学, 2004.

[138] 邱跃强. 建筑冷热负荷短期预测算法研究[D]. 天津: 天津大学, 2019.

[139] Li L. IDC FutureScape: 全球数据与分析市场 2024 预测: 中国启示[R]. Beijing: IDC Media Center, 2024.

[140] 付红安. 大数据在社会化媒体营销中的应用研究[D]. 重庆: 重庆大学, 2014.

[141] 王士斌. 大数据应用技术浅析[J]. 计算机光盘软件与应用, 2014, 17(8): 96-97.

[142] 林晓农. 试论人工智能与机器学习技术在智慧城市中的应用[J]. 信息系统工程, 2020, (1): 24-25.

[143] 冯圣中, 李根国, 栗学磊, 等. 新兴高性能计算行业应用及发展战略[J]. 中国科学院院刊, 2019, 34(6): 640-647.

[144] 刘凌旗. 中美人工智能垂直应用及产业趋势研究[J]. 经济师, 2019, (7): 49-50, 52.

[145] 王丽, 郭振华, 曹芳, 等. 面向模型并行训练的模型拆分策略自动生成方法[J]. 计算机工程与科学, 2020, 42(9): 1529-1537.

[146] 王占一. 当机器学习遇到信息安全[R]. 北京: 2015 年中国互联网安全大会, 2015.

[147] 张伯明, 张海波. 多控制中心之间分解协调计算模式研究[J]. 中国电机工程学报, 2006, (22): 1-5.

[148] 王伊民. 浅谈人工智能的发展现状与前景分析[J]. 科技资讯, 2018, 16(27): 11, 13.

[149] Hobday M, Davies A, Prencipe A. Systems integration: a core capability of the modern corporation[J]. Industrial and Corporate Change, 2005, 14(6): 1109-1143.

[150] Chapman C S, Kihn L A. Information system integration, enabling control and performance[J]. Accounting, Organizations and Society, 2009, 34(2): 151-169.

[151] Li Z G, Fu Z T, He J Y. Research of thermoelectric enterprise marketing management information system integration model[J]. Advanced Materials Research, 2013, 658: 578-586.

[152] Ortiz A, Lario F, Ros L. Enterprise integration: business processes integrated management: a proposal for a methodology to develop enterprise integration programs[J]. Computers in Industry, 1999, 40(2/3): 155-171.

[153] Dalla Valle L, Kenett R. Social media big data integration: a new approach based on calibration[J]. Expert Systems with Applications, 2018, 111: 76-90.

[154] 施骞, 黄遥, 陈进道, 等. 大数据技术下重大工程组织系统集成模式[J]. 系统管理学报, 2018, 27(1): 137-146, 156.

[155] Poltronieri C F, Ganga G M D, Gerolamo M C. Maturity in management system integration and its relationship with sustainable performance[J]. Journal of Cleaner Production, 2019, 207: 236-247.

[156] Hamamoto N, Ueda H, Furukawa M, et al. Toward the cross-institutional data integration from shibboleth federated LMS[J]. Procedia Computer Science, 2019, 159: 1720-1729.

[157] Cecílio J, Caldeira F, Wanzeller C. CityMii: an integration and interoperable middleware to manage a Smart City[J]. Procedia Computer Science, 2018, 130: 416-423.

[158] Nashipudimath M M, Shinde S K, Jain J. An efficient integration and indexing method based on feature patterns and semantic analysis for big data[J]. Array, 2020, 7: 100033.

[159] de Bakker M P, de Jong K, Schmitz O, et al. Design and demonstration of a data model to integrate agent-based and field-based modelling[J]. Environmental Modelling & Software, 2017, 89: 172-189.

[160] 韩智, 王会霞, 龚蕾, 等. 大数据技术在食品安全监管中的应用及挑战[J]. 食品安全质量检测学报, 2022, 13(3): 956-962.

[161] 宗欣, 王迎利. 美国 openFDA 数据公开对我国食品药品监管数据管理的启示[J]. 中国药事, 2017, 31(9): 976-979.

[162] 姚美伊, 凌云, 邢仕歌, 等. 食品安全突发事件应急机制的比较研究[J]. 食品安全质量检测学报, 2021, 12(10): 4221-4229.

[163] Lokers R, Knapen R, Janssen S, et al. Analysis of big data technologies for use in agro-environmental science[J]. Environmental Modelling & Software, 2016, 84: 494-504.

[164] 国务院. 中共中央 国务院关于深化改革加强食品安全工作的意见[N]. 人民日报, 2019-05-21(1).

[165] 贵州省大数据发展管理局. 贵州"食品安全云"大数据全链条溯源[EB/OL]. [2020-04-23]. http://dsj.guizhou.gov.cn/ztzl/dsjystjjsdrh/202004/t20200423_56482900.html.

[166] 国家市场监督管理总局. 福州市市场监督局利用大数据构建精准化预警体系[EB/OL]. [2021-01-05]. https://www.samr.gov.cn/xw/df/art/2023/art_b9a7d1b74f334dc692502c1d988804f9.html.

[167] 董云峰, 张新, 许继平, 等. 基于区块链的粮油食品全供应链可信追溯模型[J]. 食品科学, 2020, 41(9): 30-36.

[168] 李引, 罗海飙, 刘东成, 等. 面向食品产品生命全周期的分布式食品电子追溯平台[J]. 计算机与现代化, 2018, (6): 116-126.

[169] 郝志刚, 秦丽. 基于多属性综合评价的食品安全标准引用网络重要节点发现方法[J]. 计算机应用, 2022, 42(4): 1178-1185.

[170] 杜琳, 温圣军, 袁刚. 大数据在食品安全监管风险预警中的应用[J]. 食品与机械, 2022, 38(11): 82-85, 124.

[171] Zhang Y. Food safety risk intelligence early warning based on support vector machine[J]. Journal of Intelligent & Fuzzy Systems, 2020, 38(6): 6957-6969.

[172] Breiman L. Random forests: random features[EB/OL]. [2024-11-05]. https://www.mendeley.

com/catalogue/ad025ea1-7efa-3019-8993-70bb9ac63377/.

[173] 祁南南. 基于 FCEM 和 HMM 模型的水果质量安全风险评估的研究[D]. 合肥: 安徽农业大学, 2018.

[174] 纪思琪, 吴芳, 李乃祥. 基于决策树的蔬菜病害静态预警模型[J]. 天津农学院学报, 2017, 24(2): 77-80.

[175] 王小艺, 王姿懿, 赵峙尧, 等. 集成改进 AHP 与 XGBoost 算法的食品安全风险预测模型: 以大米为例[J]. 食品科学技术学报, 2022, 40(1): 150-158.

[176] Geng Z Q, Zhao S S, Tao G C, et al. Early warning modeling and analysis based on analytic hierarchy process integrated extreme learning machine (AHP-ELM): application to food safety[J]. Food Control, 2017, 78: 33-42.

[177] Box G E P, Pierce D A. Distribution of residual autocorrelations in autoregressive-integrated moving average time series models[J]. Journal of the American Statistical Association, 1970, 65(332): 1509-1526.

[178] Deng X Y, Cao S H, Horn A L. Emerging applications of machine learning in food safety[J]. Annual Review of Food Science and Technology, 2021, 12: 513-538.

[179] 王海燕, 詹沙磊, 陈达强. 基于质量链视角的食品质量管理新范式[J]. 管理评论, 2020, 32(4): 12-20.

[180] 王旎, 孙晓红, 吴锴, 等. 基于贝叶斯网络的食品安全舆情监控探针研究[J]. 计算机系统应用, 2022, 31(1): 29-36.

[181] Guan S P, Jin X L, Jia Y T, et al. Knowledge reasoning over knowledge graph: a survey[J]. Journal of Software, 2018, 29(10): 2966-2994.

[182] Min W Q, Liu C L, Xu L Y, et al. Applications of knowledge graphs for food science and industry[J]. Patterns, 2022, 3(5): 100484.

[183] Shi Y T, Zhou K, Li S Q, et al. Heterogeneous graph attention network for food safety risk prediction[J]. Journal of Food Engineering, 2022, 323: 111005.

[184] Cai M S, Huang G, Tan Y J, et al. Decoding the complexity of large-scale pork supply chain networks in China[J]. Industrial Management & Data Systems, 2020, 120(8): 1483-1500.

[185] Lu X, Horn A L, Su J H, et al. A universal measure for network traceability[J]. Omega, 2019, 87: 191-204.

[186] Song J, Huo H, Li T, et al. A dynamic source tracing method for food supply chain quality and safety based on big data[J]. Discrete Dynamics in Nature and Society, 2022, 2022: 1-11.

[187] Bani-Mustafa T, Zeng Z G, Zio E, et al. A new framework for multi-hazards risk aggregation[J]. Safety Science, 2020, 121: 283-302.

[188] Tilloy A, Malamud B D, Winter H, et al. A review of quantification methodologies for multi-hazard interrelationships[J]. Earth-Science Reviews, 2019, 196: 102881.

[189] Aven T. An emerging new risk analysis science: foundations and implications[J]. Risk Analysis, 2018, 38(5): 876-888.

[190] Jonas S, Fronczyk K, Pratt L M. A framework to understand extreme space weather event

probability[J]. Risk Analysis, 2018, 38(8): 1534-1540.

[191] Wu D D, Mitchell J, Lambert J H. Global systemic risk and resilience for novel coronavirus and COVID-19[J]. Risk Analysis, 2021, 41(5): 701-704.

[192] Hoang V T, Al-Tawfiq J A, Gautret P. The Tokyo Olympic games and the risk of COVID-19[J]. Current Tropical Medicine Reports, 2020, 7(4): 126-132.

[193] Sharp T W, Brennan R J, Keim M, et al. Medical preparedness for a terrorist incident involving chemical or biological agents during the 1996 Atlanta Olympic Games[J]. Annals of Emergency Medicine, 1998, 32(2): 214-223.

[194] Shin H, Hertelendy A J, Hart A, et al. Terrorism-related attacks in East Asia from 1970 through 2020[J]. Prehospital and Disaster Medicine, 2023, 38(2): 232-236.

[195] Lu Y, Shi X, Jiang X P, et al. Analyzing dynamic risk of stampede in stadium: a quantitative method considering the various status of risk factors in whole process[J]. International Journal of Disaster Risk Reduction, 2022, 82: 103339.

[196] Reniers G, Dullaert W, Soudan K. A domino effect evaluation model[EB/OL]. [2024-11-05]. https://medialibrary.uantwerpen.be/oldcontent/container1244/files/TEW%20-%20Onderzoek/Working%20Papers/RPS/2004/RPS-2004-029.pdf.

[197] 王航. 多源异构数据整合系统的设计与实现[D]. 成都: 电子科技大学, 2020.

[198] Hammer J, García-Molina H, Ireland K, et al. Information translation, mediation, and mosaic-based browsing in the TSIMMIS system[J]. ACM SIGMOD Record, 1995, 24(2): 483.

[199] 刘云峰, 杨冬青, 唐世渭, 等. 基于 XML 数据集成与交换中的完整性约束研究[J]. 计算机工程, 2005, (9): 39-40, 224.

[200] 李伟. 电力通信数据采集平台的设计与实现[D]. 南京: 东南大学, 2018.

[201] 刘盼雨, 王昊天, 郑栋毅, 等. 多源异构文化大数据融合平台设计[J]. 华中科技大学学报(自然科学版), 2021, 49(2): 95-101.

[202] 张瑶, 李蜀瑜, 汤玥. 大数据下的多源异构知识融合算法研究[J]. 计算机技术与发展, 2017, 27(9): 12-16.

[203] Wang F, Zhang B W, Han S, et al. Ultra-high voltage DC convertor station equipment condition data access technology based on multi-source heterogeneous fusion[J]. IOP Conference Series: Materials Science and Engineering, 2017, 220: 012027.

[204] 郑强, 高群. 大数据研究综述[J]. 科技视界, 2018, (30): 179-180.

[205] 白如江, 冷伏海. "大数据"时代科学数据整合研究[J]. 情报理论与实践, 2014, 37(1): 94-99.

[206] 赵芬, 张丽云, 赵苗苗, 等. 生态环境大数据平台架构和技术初探[J]. 生态学杂志, 2017, 36(3): 824-832.

[207] McClure C R, Moen W E, Bertot J C. Descriptive assessment of information policy initiatives: the government information locator service (GILS) as an example[J]. Journal of the American Society for Information Science, 1999, 50(4): 314-330.

[208] Maron D, Feinberg M. What does it mean to adopt a metadata standard? A case study of

Omeka and the Dublin Core[J]. Journal of Documentation, 2018, 74(4): 674-691.

[209] Chuttur M Y. Investigating the effect of definitions and best practice guidelines on errors in Dublin Core metadata records[J]. Journal of Information Science, 2014, 40(1): 28-37.

[210] Chung C W. Design and implementation of a heterogeneous distributed database management system[C]//IEEE INFOCOM'89, Proceedings of the Eighth Annual Joint Conference of the IEEE Computer and Communications Societies. Ottawa: IEEE, 1989: 356-362.

[211] Sagar-Ouriaghli I, Godfrey E, Bridge L, et al. Improving mental health service utilization among men: a systematic review and synthesis of behavior change techniques within interventions targeting help-seeking[J]. American Journal of Men's Health, 2019, 13(3): 1-18.

[212] Sanfélix J, Mathieux F, de la Rúa C, et al. The enhanced LCA resources directory: a tool aimed at improving life cycle thinking practices[J]. The International Journal of Life Cycle Assessment, 2013, 18: 273-277.

[213] Wang Y, Wei G Y. An implementation of CoAP-based resource directory in californium[R]. Beijing: 2018 2nd International Conference on Big Data and Internet of Things, 2018.

[214] Winkelman S，Rots A. Bibcat: the Chandra data archive bibliography cataloging system [EB/OL]. [2024-11-05]. https://www.aspbooks.org/publications/434/461.pdf.

[215] 陈宏晓. 政府信息资源目录体系研究[D]. 上海: 同济大学, 2008.

[216] 张晓娟, 任文华. 我国政务信息资源目录体系研究述评[J]. 图书与情报, 2017, (2): 48-54.

[217] 李文生. 政务信息资源目录体系理论与实践[J]. 图书馆学研究, 2011, (17): 10-15, 37.

[218] 刘文荣. 基于目录的政务信息资源管理系统设计与实现[D]. 济南: 山东大学, 2015.

[219] 刘可. 电子政务信息资源目录体系的设计与实现[D]. 北京: 北京邮电大学, 2010.

[220] 周晓红. 电子政务资源目录体系的设计与实现[D]. 长沙: 湖南大学, 2009.

[221] 曾涛. 资源目录体系的研究与应用[D]. 南昌: 南昌大学, 2012.

[222] 李宏卓. 基于区块链技术的信息资源目录体系研究与设计[D]. 北京: 北京工业大学, 2018.

[223] 于华. 论档案目录体系与政务信息资源目录体系的交互融合[J]. 北京档案, 2017, (3): 23-25.

[224] 庞小培, 何京一, 张正. 黑龙江省交通运输行业信息资源目录体系研究[J]. 公路交通科技(应用技术版), 2016, 12(10): 227-230.

[225] 杨雪, 于海涛, 杜勇. 基于交通数据中心的资源目录体系研究与应用[J]. 交通节能与环保, 2017, 13(6): 6-10.

[226] 许庆超. 新疆交通运输资源目录体系的研究与开发[D]. 乌鲁木齐: 新疆大学, 2019.

[227] 国务院办公厅. 国务院办公厅关于促进和规范健康医疗大数据应用发展的指导意见[J]. 中华人民共和国国务院公报, 2016, (19): 24-28.

[228] 陈敏, 黄竹青, 秦健. 湖北省健康医疗大数据资源目录体系建设研究[J]. 中国医院管理, 2018, 38(12): 67-68.

[229] 韦安琪. 湖北省健康医疗大数据资源目录体系研究[D]. 武汉: 华中科技大学, 2019.

[230] 孟群, 胡建平, 董方杰, 等. 我国健康医疗大数据资源目录体系建设研究[J]. 中国卫生信

息管理杂志, 2017, 14(3): 387-391.

[231] 李岳峰, 胡建平, 张学高. 中国健康医疗大数据资源目录体系与技术架构研究[J]. 中国卫生信息管理杂志, 2019, 16(3): 249-256.

[232] 储昭武, 李雪凝. 公共数据资源目录体系研究及应用[J]. 信息技术与标准化, 2019, (5): 10-14.

[233] 王永隆. 基于企业架构和本体的灾害应急信息资源目录体系研究[D]. 南昌: 南昌大学, 2012.

[234] 郭路生, 刘春年, 李瑞楠. 面向公众服务的应急信息资源目录体系的构建研究[J]. 图书馆学研究, 2016, (7): 41-49, 23.

[235] 程结晶, 陈淋. 数字资源目录体系的框架流程初探[J]. 图书馆学研究, 2014, (5): 63-68.

[236] Yu L N, Sun X, Wang Q, et al. Research on resource directory service for sharing remote sensing data under grid environment[R]. Lanzhou: 2009 Eighth International Conference on Grid and Cooperative Computing, 2009.

[237] An Q, Gao W L, Wu J J, et al. Directory services and data sharing for distributed agricultural information resources[J]. Intelligent Automation & Soft Computing, 2012, 18(8): 1085-1099.

[238] 孙彩萍, 王维, 张亚青. 面向业务驱动的大气环境数据资源分类体系及应用研究[J]. 环境工程技术学报, 2021, 11(1): 41-47.

[239] 童波邮, 陈高. 浅析环境政务信息资源目录体系建设研究[J]. 信息通信, 2019, (4): 135-136.

[240] 王燕枫, 陈高, 王继伟, 等. 江苏省环境信息资源目录体系建设与应用[R]. 北京: 2016 全国环境信息技术与应用交流大会暨中国环境科学学会环境信息化分会年会, 2016.

[241] 万晨. 江西省生态环境大数据资源目录体系研究[D]. 南昌: 南昌大学, 2021.

[242] 杨文娟. 面向大数据的分布式并行集群存储技术研究[J]. 电子测试, 2021, (9): 88-89.

[243] Cattell R. Scalable SQL and NoSQL data stores[J]. ACM SIGMOD Record, 2011, 39(4): 12-27.

[244] 夏正龙, 钟艳雯, 郑秋生, 等. 省级气象大数据存储模型设计[J]. 湖北农业科学, 2021, 60(10): 129-132.

[245] 杨厚新, 漆炜, 王鹏, 等. 湖北交通运输大数据存储应用平台设计与实现[J]. 测绘与空间地理信息, 2021, 44(4): 24-28, 34.

[246] 贾旖旎, 周新民, 曹芳. 基于 HDFS+Spark 的时空大数据存储与处理: 以智慧无锡时空大数据为例[J]. 软件, 2019, 40(11): 19-23.

[247] 范旭辉. 基于 Hadoop 的工业大数据存储分析系统[J]. 科技创新与应用, 2020, (23): 18-20, 24.

[248] 钟华. 基于 NoSQL 数据库的大数据存储安全技术的研究及应用[J]. 通讯世界, 2015, (20): 255.

[249] 李正武, 冯静, 张登云, 等. 基于 HBase 的区域化桥梁健康监测数据存储方法[J]. 中国公路, 2020, (2): 116-117.

[250] 李攀宇, 贾宏. 基于 HBase 的交通数据时空分块索引[J]. 信息技术, 2019, 43(12): 116-120.

[251] 董萌萍, 牟少敏, 曹旨昊, 等. 基于 HBase 的农作物病虫害数据存储系统的研究与实现[J]. 山东农业大学学报(自然科学版), 2019, 50(2): 264-269.

[252] 唐立, 李亚平, 曲金帅. 基于 HBase/Spark 的教学大数据存储及索引模型研究[J]. 云南民族大学学报(自然科学版), 2020, 29(5): 486-492, 507.

[253] 陈昉, 杜战朝, 倪翊龙, 等. 民用建筑"四节一环保"数据建模与存储方法研究[J]. 建筑科学, 2020, 36(S2): 382-389.

[254] 宋瑜辉, 张侠, 艾琳, 等. 基于 Mongodb 的智能电网大数据存储设计[J]. 电子制作, 2020, (19): 64-67.

[255] 段淑萍, 王晓丽. 基于 MongoDB 继电保护大数据管理系统设计[J]. 机械研究与应用, 2020, 33(4): 186-189.

[256] 原广平. 大数据技术在滇池流域水环境监测网络及信息平台中的应用[J]. 环境与发展, 2018, 30(11): 146-147.

[257] 田帅. 一种基于 MongoDB 和 HDFS 的大规模遥感数据存储系统的设计与实现[D]. 杭州: 浙江大学, 2013.

[258] 张志得. 面向物联网的数据存储策略研究[D]. 合肥: 安徽大学, 2020.

[259] Keller G R. GEON (GEOscience network): a first step in creating cyberinfrastructure for the geosciences[J]. Seismological Research Letters, 2003, 74(4): 441-444.

[260] Goble C A, Stevens R, Ng G, et al. Transparent access to multiple bioinformatics information sources[J]. IBM Systems Journal, 2001, 40(2): 532-551.

[261] Beneventano D, Bergamaschi S, Guerra F, et al. The MOMIS approach to information integration[EB/OL]. [2024-11-05]. https://dbgroup.ing.unimore.it/prototipo/paper/iceis01.pdf.

[262] Meng T, Jing X Y, Yan Z, et al. A survey on machine learning for data fusion[J]. Information Fusion, 2020, 57: 115-129.

[263] 秦永彬, 冯丽, 陈艳平, 等. "智慧法院"数据融合分析与集成应用[J]. 大数据, 2019, 5(3): 35-46.

[264] 刘忠宝, 张志剑, 赵文娟. 大数据环境下高血压知识库构建与系统集成方法研究[J]. 医学信息学杂志, 2020, 41(10): 37-42.

[265] 孟小峰, 杜治娟. 大数据融合研究: 问题与挑战[J]. 计算机研究与发展, 2016, 53(2): 231-246.

[266] 叶佳帆, 倪安辰. 智慧园区异构数据集成技术的研究与实现[J]. 电动工具, 2021, (2): 17-21.

[267] 刘婵, 谭章禄. 大数据条件下企业数据共享实现方式及选择[J]. 情报杂志, 2016, 35(8): 169-174.

[268] 刘海, 张瞩熹, 任雯, 等. 面向异构数据源的分布式集成工具研究与设计[J]. 计算机应用研究, 2020, 37(S1): 204-206.

[269] 张志强, 邹文杰, 陈豪贤. 家电服务全生命周期多源异构大数据集成技术研究[J]. 电子技术与软件工程, 2021, (16): 186-188.

[270] Batini C, Lenzerini M, Navathe S B. A comparative analysis of methodologies for database

schema integration[J]. ACM Computing Surveys, 1986, 18(4): 323-364.

[271] 严刚, 薛文博, 雷宇, 等. 我国臭氧污染形势分析及防控对策建议[J]. 环境保护, 2020, 48(15): 15-19.

[272] Wang Z B, Li J X, Liang L W. Spatio-temporal evolution of ozone pollution and its influencing factors in the[J]. Environmental Pollution, 2020, 256: 113419.

[273] Li Y S, Yin S S, Yu S J, et al. Characteristics of ozone pollution and the sensitivity to precursors during early summer in central plain, China[J]. Journal of Environmental Sciences, 2021, 99: 354-368.

[274] Ge S J, Wang S J, Xu Q, et al. Characterization and sensitivity analysis on ozone pollution over the Beaumont-Port Arthur Area in Texas of USA through source apportionment technologies[J]. Atmospheric Research, 2021, 247: 105249.

[275] Bleiholder J, Naumann F. Data fusion[J]. ACM computing surveys (CSUR), 2009, 41(1): 1-41.

[276] 王宁, 宁淼, 臧宏宽, 等. 日本臭氧污染防治经验及对我国的启示[J]. 环境保护, 2016, 44(16): 69-72.

[277] 万薇. 美国治理臭氧污染重在做好两个协同[N]. 中国环境报, 2020-06-29(3).

[278] 杨昆, 黄一彦, 石峰, 等. 美日臭氧污染问题及治理经验借鉴研究[J]. 中国环境管理, 2018, 10(2): 85-90.

[279] Peng Y P, Chen K S, Wang H K, et al. In situ measurements of hydrogen peroxide, nitric acid and reactive nitrogen to assess the ozone sensitivity in Pingtung County, Taiwan[J]. Aerosol and Air Quality Research, 2011, 11(1): 59-69.

[280] Wang T, Xue L K, Brimblecombe P, et al. Ozone pollution in China: A review of concentrations, meteorological influences, chemical precursors, and effects[J]. Science of the Total Environment, 2017, 575: 1582-1596.

[281] 蒋美青, 陆克定, 苏榕, 等. 我国典型城市群臭氧形成机制和关键VOCs的反应活性分析[J]. 科学通报, 2018, 63(12): 1130-1141.

[282] Lu K D, Zhang Y H, Su H, et al. Oxidant ($O_3$+$NO_2$) production processes and formation regimes in Beijing[J]. Journal of Geophysical Research: Atmospheres, 2010, 115: 1-18.

[283] Jin X M, Holloway T. Spatial and temporal variability of ozone sensitivity over China observed from the Ozone Monitoring Instrument[J]. Journal of Geophysical Research: Atmospheres, 2015, 120(14): 7229-7246.

[284] Tang G Q, Liu Y S, Zhang J Q, et al. Bypassing the $NO_x$ titration trap in ozone pollution control in Beijing[J]. Atmospheric Research, 2021, 249: 105333.

[285] 颜敏, 尹魁浩, 梁永贤, 等. 深圳市夏季臭氧污染研究[J]. 环境科学研究, 2012, 25(4): 411-418.

[286] Sun J, Shen Z X, Wang R N, et al. A comprehensive study on ozone pollution in a megacity in North China Plain during summertime: observations, source attributions and ozone sensitivity[J]. Environment International, 2021, 146: 106279.

[287] Zhao S P, Yu Y, Qin D H, et al. Analyses of regional pollution and transportation of $PM_{2.5}$ and

ozone in the city clusters of Sichuan Basin, China[J]. Atmospheric Pollution Research, 2019, 10(2): 374-385.

[288] Xu J W, Huang X, Wang N, et al. Understanding ozone pollution in the Yangtze River Delta of Eastern China from the perspective of diurnal cycles[J]. Science of the Total Environment, 2021, 752: 141928.

[289] Sillman S. The use of $NO_y$, $H_2O_2$, and $HNO_3$ as indicators for ozone-$NO_x$-hydrocarbon sensitivity in urban locations[J]. Journal of Geophysical Research: Atmospheres, 1995, 100(D7): 14175-14188.

[290] Choi Y, Souri A H. Chemical condition and surface ozone in large cities of texas during the last decade: observational evidence from OMI, CAMS, and model analysis[J]. Remote Sensing of Environment, 2015, 168: 90-101.

[291] Souri A H, Choi Y, Jeon W, et al. Remote sensing evidence of decadal changes in major tropospheric ozone precursors over East Asia[J]. Journal of Geophysical Research: Atmospheres, 2017, 122(4): 2474-2492.

[292] Jin X M, Fiore A M, Murray L T, et al. Evaluating a space-based indicator of surface ozone-$NO_x$-VOC sensitivity over midlatitude source regions and application to decadal trends[J]. Journal of Geophysical Research Atmospheres, 2017, 122(19): 10439-10461.

[293] Martin R V, Parrish D D, Ryerson T B, et al. Evaluation of GOME satellite measurements of tropospheric $NO_2$ and HCHO using regional data from aircraft campaigns in the southeastern United States[J]. Journal of Geophysical Research: Atmospheres, 2004, 109(D24): 1-11.

[294] Duncan B N, Yoshida Y, Olson J R, et al. Application of OMI observations to a space-based indicator of $NO_x$ and VOC controls on surface ozone formation[J]. Atmospheric Environment, 2010, 44(18): 2213-2223.

[295] 张静, 蒋洪强, 卢亚灵. 一种新的城市群大气环境承载力评价方法及应用[J]. 中国环境监测, 2013, 29(5): 26-31.

[296] 李闵. 成都市大气环境容量现状与污染物总量控制对策研究[D]. 成都: 四川师范大学, 2008.

[297] 李云生. 城市区域大气环境容量总量控制技术指南[M]. 北京: 中国环境科学出版社, 2005.

[298] 鲍仙华, 沈虹, 肖青, 等. 区域环评中大气环境容量计算及总量控制探讨[J]. 能源研究与信息, 2004, (2): 63-67.

[299] 程水源, 郝瑞霞, 乔文丽, 等. 二维多箱模型预测大气环境方法的研究[J]. 环境科学, 1998, (2): 16-19.

[300] 洪阳, 叶文虎. 可持续环境承载力的度量及其应用[J]. 中国人口·资源与环境, 1998, 8(3): 54-58.

[301] 郭秀锐, 毛显强, 冉圣宏. 国内环境承载力研究进展[J]. 中国人口·资源与环境, 2000, (S1): 29-31.

[302] 刘龙华, 汤小华, 陈加兵. 福建省大气环境承载力研究[J]. 亚热带资源与环境学报, 2013,

8(4): 31-39.

[303] 苏凯, 张军以, 苏维词, 等. 基于 PSR 模型的石漠化风险评价指标研究[J]. 重庆师范大学学报(自然科学版), 2011, 28(1): 71-75.

[304] 乌云塔娜. 牧区土地资源利用方式变迁探析[D]. 呼和浩特: 内蒙古师范大学, 2007.

[305] 钱跃东. 区域大气环境承载力评估方法研究[D]. 南京: 南京大学, 2011.

[306] 何术锋, 佘星源, 林育青, 等. 汉江中下游水质时空特征及环境流量确定[J]. 水力发电学报, 2024, 43(11): 17-26.

[307] 范家贞, 李荣荣, 席宁哲, 等. 2010~2021 年重庆市主要河流水质时空变化特征分析[J]. 人民长江, 2024, 55(6): 22-29.

[308] 刘杰, 陈前, 许妍, 等. 长江流域洞庭湖区出入湖磷通量模拟及水质预测: 机器学习与传统水文模型耦合方法[J]. 地球科学, 2024, 49(11): 3995-4007.

[309] 肖扬岚, 沈惠柔, 许一涵, 等. 基于 GBDT–LSTM 的闽江流域水质预测[J]. 生态环境学报, 2024, 33(4): 597-606.

[310] Hu X W, Xiao Y Z, Wang T L, et al. Traffic volume forecasting model of freeway toll stations during holidays: an SVM model[J]. Promet-Traffic & Transportation, 2022, 34(3): 499-510.

[311] 胡晓伟, 王健, 崔建勋. 寒冷地区高速公路交通安全评价理论与实践[M]. 北京: 人民交通出版社, 2017.

[312] 王健, 胡晓伟, 田原. 交通大数据管理与分析[M]. 北京: 科学出版社, 2023.